总 序

自20世纪末期开始,我国高等教育步入大众化教育发展阶段。当前,我国已建成了世界上最大规模的高等教育体系。随着经济发展进入新常态,经济结构深刻调整、产业升级步伐加快、社会文化建设不断进步,党中央、国务院适时作出了引导本科院校向应用型高校转变,推动高等院校转型发展的重大战略部署,以便为生产服务一线培养出大量的、急需的高层次应用型人才。

广东金融学院创建于1950年,是一所省属公办普通本科院校。近年来,学校以"建成国内知名的应用型金融品牌大学"为发展目标,坚持"面向金融、面向地方、面向需求"的办学思路,秉承"金融为根、育人为本、应用为先、创新为范"的办学理念,不断提高办学质量,在人才培养、科学研究、社会服务等方面履行大学职能和社会责任,赢得了良好的社会声誉。

广东金融学院会计系创立于1993年。伴随着我国会计市场化、国际化改革进程,以及我国会计规则体系的不断完善,会计系获得了"跨越式、可持续"的高速发展,并于2017年5月升级为会计学院。20余年来,会计学院始终立足于"培养高层次应用型会计人才",在会计学科建设、专业建设、人才培养模式、师资队伍建设、课程建设等方面进行了积极探索,取得了可喜的成就。

教材是体现教学内容和教学方法的知识载体,是组织教学的基本工具,也是深入教学改革、提高教学质量的重要保证。教材建设是专业建设、课程建设的基本要素,也是教师教学、科研水平及其成果的重要反映。我们推出的"应用型本科院校财会专业教改系列"教材,是会计学院近年来教材建设成果及应用型人才培养教改成果的集中体现。

"应用型本科院校财会专业教改系列"教材建设的指导思想及目标定位是:

(1)坚持和服务于应用型本科会计人才的培养定位。应用型本科会计人才,是能够将会计学专业知识和技能应用于会计工作实践的高级专门人才。应用型本科院校教材建设,始终要坚持以社会人才需求为导向,坚持以本科层次的学科教育为依托,以应用型专业教育为基础,服务于高层次应用型会计人才的培养目标。

(2)坚持"突出基础、突出应用、突出技能、突出特色"来构造教材体系和教材内容。在理论知识上,以保证系统性为前提,突出基础知识,以"应知应会"为度;在体例结构上,强化业务举例、知识链接、习题练习、实训案例等应用技能要素,以期打造出"在基础理论上弱于研究型本科、在知识体系上强于高职高专",符合应用型本科层次会计人才培养定位的专业教材。

（3）坚持"系统性"，兼顾"可行性"和"开放性"。坚持"系统性"，我们全面推出了财会专业的系列核心课教材、选修课教材及部分实验课教材；坚持"可行性"，现在组织编写的教材均具备一定的历史积累，主编均具有本门教材的编写经历或具有本门课程长期的执教经历；坚持"开放性"，对暂时不成熟的课程，将进行持续积累建设，陆续推出。

（4）坚持、发挥金融行业特色和优势。我校有几十年金融专业办学的历史积累和优势，在金融企业会计教学和课程建设中，已形成自己的特色和优势。在本系列教材中，我们组织推出了《银行会计》《非银行金融企业会计》《商业银行财务管理》三种金融行业特色专业教材。

本系列教材的推出，首先得益于我们拥有的一支"双师型、双强型"专业师资团队，我校会计学院现有19名教授、24名副教授、34名博士，教授和博士的全面参与，构成了系列教材建设的中坚力量；其次也得益于会计学院在"十一五""十二五"期间积累和取得的一系列教学成果，过去的10余年间，会计学院会计学专业、财务管理专业取得省级质量工程立项建设，会计学基础、会计信息系统、银行会计获得省精品课程立项建设，会计系在国家级教学实验中心建设、国家级教学实习基地建设，在人才培养模式创新，在校企协同培养班等方面取得的教学成果，均为推出本系列教材提供了基本的支撑和保证。

本系列教材的推出，凝结着全体参编人员的辛勤付出和智慧，也得到立信会计出版社同仁的大力协作和支持。同时我们深知，随着财会体制变革的不断深化，加之编写人员的水平所限，教材的不足和错误之处在所难免，恳请读者不吝赐教，多提宝贵意见，以便我们继续修订完善，不断提升本系列教材建设的质量和水平。

国家级一流本科专业（会计学）建设点配套教材
普通高等教育"十三五"规划教材
应用型本科院校财会专业教改系列
普通高等教育省级精品教材

税法与税务会计

（第二版）

易茜 主编

许剑娜 王会会 熊丹 副主编

立信会计出版社

图书在版编目(CIP)数据

税法与税务会计 / 易茜主编. —2版. —上海：立信会计出版社，2023.12
ISBN 978-7-5429-6252-2

Ⅰ. ①税… Ⅱ. ①易… Ⅲ. ①税法－中国②税务会计 Ⅳ. ①D922.22②F810.62

中国版本图书馆 CIP 数据核字(2019)第 158061 号

策划编辑　　蔡伟莉
责任编辑　　孙　勇
美术编辑　　南房间

税法与税务会计（第二版）
SHUIFA YU SHUIWU KUAIJI

出版发行	立信会计出版社	
地　　址	上海市中山西路 2230 号	邮政编码　200235
电　　话	(021)64411389	传　　真　(021)64411325
网　　址	www.lixinph.com	电子邮箱　lixinaph2019@126.com
网上书店	http://lixin.jd.com	http://lxkjcbs.tmall.com
经　　销	各地新华书店	
印　　刷	常熟市人民印刷有限公司	
开　　本	787 毫米×1092 毫米　　1/16	
印　　张	20	
字　　数	512 千字	
版　　次	2023 年 12 月第 2 版	
印　　次	2023 年 12 月第 1 次	
书　　号	ISBN 978-7-5429-6252-2/D	
定　　价	49.00 元	

如有印订差错，请与本社联系调换

第二版前言

感谢广大读者和各位同仁的厚爱,《税法与税务会计(第二版)》得以面世。自2016年至今,我国增值税、企业所得税、个人所得税等税收法规及相关政策发生了较大的变化。自2016年5月1日起,我国全面推开了营改增,并陆续出台了相关规定;自2017年7月1日起,简并了增值税的税率结构;2018年,陆续出台了一些企业所得税的税收优惠政策;自2019年1月1日起,新修订的《个人所得税法》开始正式实施;2019年,增值税改革进一步深化,增值税税率降低。本次修订以目前我国最新的税收政策为依据,对第一版的相关内容和习题进行了大量的修改和完善。

本书依照税务会计的核算流程来设计章节,层次分明,重点知识突出,每章节均专门设计了大量的应用实例。全书共分9章,以税制要素为主线,将每个税种的法律规范及会计核算的知识要点划分为征税范围与纳税义务人、应纳税额的计算、会计核算、征收管理等四个部分。各章框架简明扼要,以清晰的主线串联了大量税收法律法规和会计处理的规定,力求化繁为简。本书一方面根据最新的税收法规,按照税制要素的构成详细介绍各税种的征税范围与纳税义务人、应纳税额的计算、征收管理;另一方面详细介绍企业应如何根据最新的《企业会计准则》进行税务会计处理。同时,本书融入了课程思政元素。

本书第二版由易茜担任主编,许剑娜、王会会、熊丹担任副主编。其中,第一章由易茜编写,第三章、第四章由许剑娜编写,第二章、第五章由熊丹编写,第六章、第七章由吴越编写,第八章、第九章由王会会编写。在本书编写过程中,我们得到了立信会计出版社蔡伟莉、余榕、孙勇编辑的大力支持和悉心指导。在此对各位编者的辛苦付出以及对本书的出版作出努力的朋友一并表示感谢!恳请读者朋友们不吝指正!

易 茜

2023年12月于广东金融学院

目 录

第一章 税法与税务会计基础 … 1
- 第一节 税收制度概述 … 1
- 第二节 税收征收管理制度 … 8
- 第三节 税务会计基础 … 16
- 关键术语 … 22
- 问题思考 … 22
- 练习题 … 23

第二章 增值税 … 29
- 第一节 征税范围与纳税义务人 … 29
- 第二节 增值税应纳税额的计算 … 35
- 第三节 增值税的会计核算 … 55
- 第四节 增值税的征收管理 … 74
- 关键术语 … 77
- 问题思考 … 77
- 练习题 … 79

第三章 消费税 … 91
- 第一节 征税范围与纳税义务人 … 91
- 第二节 消费税应纳税额的计算 … 93
- 第三节 消费税的会计核算 … 105
- 第四节 消费税的征收管理 … 114
- 关键术语 … 115
- 问题思考 … 115
- 练习题 … 117

第四章 关税 … 123
- 第一节 征税范围与纳税义务人 … 123
- 第二节 关税应纳税额的计算 … 124
- 第三节 关税的会计核算 … 133
- 第四节 关税的征收管理 … 136
- 关键术语 … 137
- 问题思考 … 137
- 练习题 … 139

第五章 资源税 … 145
- 第一节 资源税 … 145

第二节	土地增值税	154
第三节	城镇土地使用税	165
关键术语		170
问题思考		170
练习题		171

第六章　财产和行为税　179

第一节	房产税	179
第二节	车船税	184
第三节	契税	189
第四节	印花税	193
关键术语		201
问题思考		201
练习题		203

第七章　特定目的税　207

第一节	城市维护建设税	207
第二节	耕地占用税	210
第三节	烟叶税	214
第四节	车辆购置税	216
关键术语		220
问题思考		220
练习题		221

第八章　企业所得税　225

第一节	征税范围与纳税义务人	225
第二节	企业所得税应纳税额的计算	228
第三节	企业所得税的会计核算	244
第四节	企业所得税的征收管理	263
关键术语		265
问题思考		265
练习题		267

第九章　个人所得税　277

第一节	征税范围与纳税义务人	277
第二节	个人所得税应纳税额的计算	281
第三节	个人所得税的会计核算	297
第四节	个人所得税的征收管理	300
关键术语		303
问题思考		304
练习题		305

第一章
税法与税务会计基础

教学目标

本章主要介绍我国现行的税收体系、税收制度的基本内容以及税务会计基本理论。通过学习,学生应了解我国目前的税制结构,熟悉税收制度的构成要素,掌握税收征收管理的主要规定,能够理解税务会计的基本概念、对象,掌握税务会计与财务会计的区别和联系。

第一节 税收制度概述

一、我国现行的税收体系

税收是政府为了满足社会公共需要,凭借其政治权力,强制、无偿地取得财政收入的一种形式。税收的本质是一种以国家为主体凭借政治权力来实现的分配,征税的目的是满足社会公共需要,具有无偿性、强制性和固定性的特征。

1994年我国进行了全面性、结构性的工商税制改革,确立了包含流转税、所得税、财产税等不同类别共26个税种为主体的税制结构。其后在此基础上又陆续进行了一定的改革与调整,目前开征的税种共18个(见表1-1)。其中关税和进口环节的增值税、消费税以及船舶吨税由海关负责征收管理,其他税种由税务机关负责征收管理。

(一)我国税收收入的归属

我国自1994年开始实行分税制财政管理体制,各税种的税收收入按规定分别属于中央政府固定收入、地方政府固定收入和中央政府与地方政府共享收入。中央税的税收管理权属于国务院及其税务主管部门(财政部和国家税务总局),由国家税务局系统负责征收;地方税的税收管理权属于地方人民政府及其税务主管部门,由地方税务局系统负责征收;共享税原则上由国家税务局系统负责征收,并将地方分享的部分划入地方金库。

2018年3月,国务院机构改革方案中指出:"改革国税地税征管体制。将省级和省级以下国税地税机构合并,具体承担所辖区域内的各项税收、非税收入征管等职责。国税地税机构合并后,实行以国家税务总局为主与省(区、市)人民政府双重领导管理体制。"

2018年6月15日，全国各省(自治区、直辖市)级以及计划单列市国税局、地税局合并且统一挂牌，标志着国税地税征管体制改革迈出阶段性关键一步并不断推进。

1. 中央政府固定收入

中央政府固定收入包括消费税(含进口环节海关代征部分)、车辆购置税、关税、海关代征的进口环节增值税等。

2. 地方政府固定收入

地方政府固定收入包括城镇土地使用税、耕地占用税、土地增值税、房产税、车船税和契税。

3. 中央政府与地方政府共享收入

(1) 增值税(不含进口环节海关代征部分)：中央政府享75%，地方政府享25%。

(2) 企业所得税：中国铁路总公司、各银行总行、各保险总公司、海洋石油企业缴纳的部分归中央政府，其余部分中央与地方政府按60%与40%的比例分享。

(3) 个人所得税：储蓄存款利息所得的个人所得税归中央政府，其余部分中央与地方政府按60%与40%的比例分享。

(4) 其他：资源税中海洋石油企业缴纳的部分归中央政府，其余部分归地方政府；证券交易印花税收入的97%归中央政府，其余3%和其他印花税收入归地方政府。

表1-1　　　　　　　　　　现行税种一览表

序号	税种	征税范围的简要说明
1	增值税	销售货物、提供应税劳务、销售应税服务、无形资产、不动产
2	消费税	14种消费品的销售
3	关税	进出口货物及物品
4	船舶吨税	进出中国港口的船舶
5	烟叶税	收购烟叶
6	城市维护建设税	从事工商经营，缴纳增值税、消费税
7	资源税	开采应税矿产品、生产盐
8	土地增值税	转让国有土地使用权、地上的建筑物及其附着物
9	印花税	在中国境内书立、使用、领受应税凭证
10	房产税	在中国境内拥有房产
11	车船税	在中国境内拥有应税车辆、船舶
12	城镇土地使用税	在中国境内拥有城镇土地使用权
13	契税	在中国境内转移土地、房屋权属
14	耕地占用税	建房或从事非农业建设占用耕地
15	车辆购置税	在中国境内购置应税车辆
16	个人所得税	个人取得所得
17	企业所得税	企业取得生产经营所得、其他所得和清算所得
18	环境保护税	直接向环境排放应税污染物

(二)我国的税法体系

我国对上述税种制定了相应的税收法规以具体规范各税种的征税要素,并制定了规范税收征收程序的有关法规,现行税法体系根据职能作用以及征税对象的不同可以进行不同类型的划分。

1. 按照职能作用不同分类

(1)税收实体法。税收实体法是指具体规定税种的征税对象、征税范围、税目税率等内容的法规,如我国颁布的《中华人民共和国企业所得税法》《中华人民共和国个人所得税法》《中华人民共和国增值税暂行条例》等均属于税收实体法。

(2)税收程序法。税收程序法是指税务管理方面的法规,主要包括税收管理、税收程序、发票管理、税务机关组织及税务争议处理等方面的各项法规,如《中华人民共和国税收征收管理法》就属于税收程序法。

2. 按照征税对象的不同分类

(1)商品和劳务税税法。它包括增值税、消费税、关税等与商品的生产、流通和消费以及提供劳务相关的税法,对于商品经济活动以及服务业具有直接的影响。

(2)资源税税法。它包括资源税、土地增值税、城镇土地使用税等以自然资源为征税对象的税法,主要用于调节纳税人因开发、利用的自然资源存在差异而形成的级差收入。

(3)财产和行为税税法。它针对拥有财产的价值征税的税法,主要发挥对某些财产和行为的调节作用,包括房产税、车船税、契税、印花税等。

(4)特定目的税税法。它对某种特定行为或特定对象进行征税的税法,征税具有特定的目的,包括城市维护建设税、耕地占用税、烟叶税、车辆购置税、船舶吨税等。

(5)所得税税法。它包括企业所得税、个人所得税,是直接对纳税人的所得进行征税的税法。

在现行税种中,除企业所得税、个人所得税、车船税、环境保护税、烟叶税、船舶吨税、车辆购置税和耕地占用税的法律是由全国人民代表大会及其常务委员会制定并以国家法律形式发布,其他税种都是由全国人民代表大会授权立法,由国务院以暂行条例形式发布实施。

二、税收制度要素

税收制度要素是指各税种的税收实体法规所共同具有的基本要素,包括纳税义务人、征税对象、税目、税率、纳税环节、纳税期限、纳税地点、减税和免税等11个项目。

(一)纳税义务人

纳税义务人简称为纳税人,也称纳税主体,是缴纳税款的主体,是税法所规定的直接负有纳税义务的单位和个人,包括自然人和法人。纳税义务人是税收实体法所规定的最基本的要素之一。每一税种都有关于纳税义务人的规定,无论征收什么税,总要由具体的纳税人来承担纳税的义务,通过规定纳税义务人落实税收任务和法律责任。

负有纳税义务的自然人,如在我国从事工商业活动的个人、工资和劳务报酬的获得者等,是以个人身份来承担法律规定的民事责任及纳税义务。负有纳税义务的法人是指依法成立,能够独立地支配财产,并能以自己的名义享受民事权利和承担民事义务的社会组织。例如,我国境内成立的企业,就是以其社会组织的名义承担民事责任。法人同自然人一样,负有依法向国家纳税的义务。

在实际纳税过程中，与纳税义务人相关的概念还有负税人，纳税人与负税人是两个既有联系又有区别的概念。纳税人是直接向税务机关缴纳税款的单位和个人，负税人是实际负担税款的单位和个人。纳税人如果能够通过一定途径将税负转嫁，纳税人就不再是负税人。

此外，我们还需要注意纳税义务人与扣缴义务人的区别。扣缴义务人是指为了加强税收的源头控制，简化征税手续和减少税款流失，按税法规定负有扣缴义务的单位和个人。扣缴义务人并不是纳税义务人。

（二）征税对象

征税对象又称为课税对象，是指税法所规定的各税种的征税客体，是征纳税双方权利和义务共同指向的客体或标的物，也是区别各个税种的重要标志。征税对象体现了各税种的征税范围，凡是被列为征税对象的就属于该税种的征税范围，各税种的名称一般也体现了该税种的征税对象。如增值税的征税对象是商品流转或者提供劳务的过程中产生的增值额，个人所得税的征税对象为个人所得，企业所得税的征税对象为企业所得，土地增值税的征税对象为土地及其地上建筑物流转过程中的增值额等。

征税对象是税制要素中的基础性要素，其他要素的内容一般都是以课税对象为基础确定的，例如，开征某一税种，该税种纳税人的确定正是因为其拥有税法所规定的征税对象或者发生了规定的课税行为。又如，税率要素也是以征税对象为基础确定的，税率表示对征税对象征税的比率或征税数，没有征税对象，也就无从确定税率。此外，纳税环节、减税免税等要素也是以征税对象为基础确定的。

用于计算征税对象的应纳税款的依据称为计税依据，是与征税对象相关的重要概念。计税依据又称为税基，是指税法规定的据以计算各种应征税款的依据或标准，是征税对象的量的规定。不同税种的计税依据是不同的，如增值税的计税依据是货物和应税劳务的增值额、消费税的计税依据是应税产品的销售额、所得税的计税依据是企业和个人的所得额等。

需要注意的是计税依据在表现形态上一般有两种：一种是价值的形态，称为从价计征或从价定率，是以征税对象的价值作为计税依据。在这种情况下课税对象和计税依据一般是一致的，如所得税的课税对象是所得额，计税依据也是所得额。另一种是实物形态，称为从量计征或从量定额，是以课税对象的数量、重量、容积、面积等作为计税依据。在这种情况下课税对象和计税依据一般是不一致的，如车船税的课税对象是各种车辆、船舶，而计税依据则是车辆或船只的类型、排量、使用年限和所有权。

（三）税目

税目是与征税对象相关的一个要素，是课税对象的具体化，反映具体的征税范围，代表征税的广度。不是所有的税种都规定了税目，有些税种的征税对象简单、明确，没有另行规定税目的必要，如房产税、契税等。但是从大多数税种来看，一般课税对象都比较复杂，需要采取不同的税率档次进行调节，需要对课税对象作进一步的划分，作出具体的界限规定，这个规定的界限范围就是税目。

划分税目的主要作用如下。

1. 进一步明确征税范围

凡列入税目的都征税，未列入的不征税。如未列入印花税税目的合同的书立不属于印花税征税范围。

2. 对征税对象进一步归类并根据归类确定税率

每一个税目都是课税对象的一个具体类别或项目,通过这种归类可以为确定差别税率打下基础。实际工作中,确定税目与确定税率是同步考虑的,以"税目税率表"的形式表示。如消费税税目税率表、增值税税目税率表、资源税税目税额表等。

税目一般可分为列举税目和概括税目。列举税目是将每一种商品或经营项目采用一一列举的方法,分别规定税目,必要时还可以在税目之下划分若干个细目。其优点是界限明确,便于征管人员掌握;缺点是税目过多,不便于查找,不利于征管。概括税目是按照商品大类或行业采用概括方法设计税目。其优点是税目较少,查找方便;缺点是税目过粗,不便于贯彻合理负担政策。

(四) 税率

税率是应纳税额与课税对象之间的数量关系或法定比例,是计算应纳税额的尺度,也是衡量纳税人的税收负担程度的标志。我国现行的税率主要有定额税率、比例税率、超额累进税率、超率累进税率等四种形式。

1. 定额税率

定额税率又称固定税额,这种税率是根据课税对象的计量单位直接规定一个固定的征税数额。课税对象的计量单位可以是数量、重量、体积、面积等自然单位,也可以是专门规定的复合单位。例如,我国的城镇土地使用税以"平方米"为计量单位、耕地占用税以"亩"为计量单位;消费税中的汽油、柴油分别以"升"为计量单位。按定额税率征税,税额的多少只同课税对象的数量有关,同价格无关,当价格普遍上涨或下跌时仍按固定税额计税。

2. 比例税率

比例税率是指按规定的比例对征税对象进行征税,对同一征税对象不分数额大小均规定相同的比例,如我国现行的企业所得税税率为25%,增值税的基本税率为13%等,均采用的是比例税率。实践中比例税率有二种具体形式。

(1) 单一比例税率。对同一征税对象的所有纳税人都适用同一比例税率。

(2) 差别比例税率。对同一征税对象的不同纳税人适用不同的比例税率。如消费税的产品差别比例税率,城市维护建设税的地区差别比例税率等。

(3) 幅度比例税率。对同一征税对象只规定最低税率和最高税率,由各地区在该幅度内确定具体的适用税率。如我国规定契税的税率为3%～5%的幅度税率,各省、自治区、直辖市人民政府可以在3%～5%的幅度税率规定范围内,按照本地区的实际情况决定实际适用税率。

比例税率计算简便,有利于保证财政收入、有利于纳税人公平竞争,符合税收效率原则。但不能针对不同的收入水平实施不同的税收负担,在调解纳税人的收入水平方面难以体现税收的公平原则。

3. 超额累进税率

超额累进税率是指随着征税对象的数量增大而随之提高的税率,将征税对象按照数额的大小划分为若干等级,每个等级分别适用不同的税率,数额越大使用的税率越高,应纳税额分别以课税对象数额超过前级的部分为基础来累计计算。如我国个人所得税规定个人取得的综合所得适用7级超额累进税率,见表1-2。

表 1-2　　　　　　　　　居民个人综合所得年度税率表

级数	全年含税应纳税所得额	税率	速算扣除数
1	不超过 36 000 元的	3%	0
2	超过 36 000～144 000 元的部分	10%	2 520
3	超过 144 000～300 000 元的部分	20%	16 920
4	超过 300 000～420 000 元的部分	25%	31 920
5	超过 420 000～660 000 元的部分	30%	52 920
6	超过 660 000～960 000 元的部分	35%	85 920
7	超过 960 000 元的部分	45%	181 920

采用超额累进税率征税的特点是：第一，计算方法比较复杂。征税对象数额越大，包括等级越多，计算步骤也越多。第二，累进幅度比较缓和，税收负担较为合理。在征税对象的级次分界点上下，只就超过部分按高一级税率计算，一般不会发生增加的税额超过增加的征税对象数额的不合理现象，有利于鼓励纳税人增产增收。第三，边际税率和平均税率不一致，税收负担的透明度较差。

目前，我国仅对个人所得项目的综合所得、个体工商户的生产经营所得、对企事业单位的承包和承租经营所得、个人独资企业和合伙企业的生产经营所得实行超额累进税率。

4. 超率累进税率

超率累进税率是指以课税对象数额的相对率为累进依据，按超率累进的方式计算应纳税额的税率。课税对象的相对率从低到高划分为若干级次，分别规定不同的税率，计税时按各级相对率计算出应税的课税对象数额，再按对应的税率分别计算各级税款，最后汇总求出全部应纳税额。我国现行的土地增值税即采用超率累进税率计税，其税率如表 1-3 所示。

表 1-3　　　　　　　　　土地增值税税率表

级数	增值额与扣除项目金额的比率	税率	速算扣除系数
1	不超过 50% 的部分	30%	0
2	超过 50%～100% 的部分	40%	5%
3	超过 100%～200% 的部分	50%	15%
4	超过 200% 的部分	60%	35%

（五）纳税环节

纳税环节是指税法上规定的征税对象从生产到消费的流转过程中应当缴纳税款的环节。纳税环节有广义和狭义之分。广义的纳税环节是指全部课税对象在再生产中的分布情况，如资源税分布在生产环节，商品税分布在流通环节，所得税分布在分配环节等。狭义的纳税环节是指应税商品在流转过程中应纳税的环节，是商品课税中的特殊概念。商品从生产到消费要经过许多环节，如工业品一般要经过生产、批发和零售环节，农产品一般要经过生产、收购、批发和零售环节。这些环节都存在商品流转额，都可以成为纳税环节。不同的课税规定了不同的纳税环节。按照纳税环节的多少,可以将税收划分为一次课征制和多次课征制。一次课征制是指同一税种在商品流转的全过程中只选择某一环节课征的制度,纳税环节多选择在商品流转的必经环节和税源比较集中的环节,以避免重复课征和税款流失;多次课征制是指同一税种在商品流转全过程中选择两个或两个以上环节课征的制度。

(六) 纳税期限

纳税期限是税法规定的纳税人向国家缴纳税款时间方面的限定。

1. 纳税义务发生时间

纳税义务发生时间即应税行为发生的时间,如纳税人采取分期收款方式销售货物的,其增值税的纳税义务发生时间为约定的收款日期。

2. 纳税期限

现行税法规定的纳税期限有三种形式:①按期纳税。纳税人应间隔一段固定的时间将期间内的纳税义务进行汇总,实行按期纳税。如增值税法规定,按期纳税的纳税间隔期分为 1 日、3 日、5 日、10 日、15 日、1 个月或 1 个季度,纳税人的具体纳税间隔期限由主管税务机关根据情况分别核定。②按次纳税。根据纳税行为的发生次数确定纳税期限。如车辆购置税就是采取按次纳税的办法,个人所得税规定个人取得偶然所得也是采取按次纳税的方法。③按年计算、分期预缴或缴纳。如企业所得税规定的纳税期限为按月或按季度预缴税款,年度结束后 5 个月内进行汇算清缴,多退少补;房产税、城镇土地使用税也实行按年计算、分期缴纳的方法。

3. 缴库期限

缴库期限即纳税期满后,纳税人将应纳税款缴入国库的期限。如增值税的纳税人以 1 个月或 1 个季度为纳税期限的,自期满之日起 15 日内申报纳税,以 1 日、3 日、5 日、10 日、15 日为纳税期限的,自期满之日起 5 日内预缴税款,于次月 1 日起 15 日内申报纳税并结清上月应纳税款。

(七) 纳税地点

根据各税种的纳税环节,考虑到更有利于对税款的源泉控制,税法规定了各税种的纳税人(包括代征、代扣、代缴义务人)的具体纳税地点。

(八) 减税和免税

减税和免税是指税法对某些纳税人和征税对象采取减征部分税款或免予征税的特殊规定。减税和免税包括:法定减免(即税收法规中明确的法定减税和免税)、特定减免(即在税收法规颁布之后作出的减免税的补充规定)、临时减免(即为了照顾纳税人的某些特殊的暂时的困难而临时批准的一些减税和免税)。

减税和免税的基本形式有三种,分别是税基式减免、税率式减免和税额式减免。

1. 税基式减免

税基式减免是指通过直接缩小计税依据的方式实现的减税和免税,包括规定起征点、免征额、项目扣除和跨期结转。其中,起征点是指征税对象达到一定数额开始征税的起点;免征额是指在征税对象的全部数额中免于征税的数额;项目扣除是指在征税对象中扣除一定项目的数额,以其余额作为依据计算税额;跨期结转是指将纳税年度的经营亏损等在本纳税年度经营利润中扣除,也等于直接缩小了税基。

2. 税率式减免

税率式减免是指通过直接降低税率的方式实行的减税、免税,具体包括重新确定税率、选用其他优惠税率、零税率等方式。

3. 税额式减免

税额式减免是指通过直接减少应纳税额的方式实行的减税、免税,包括免征、减半征收、核定减免率、抵免税额等方式。

第二节 税收征收管理制度

我国的税收征收管理制度包括以 2001 年 5 月 1 日开始施行的《中华人民共和国税收征收管理法》为主的一系列相关法规制度,其内容主要包括税务管理、税款征收、税务检查、税收法律责任四个方面,是税收执法部门和纳税人必须共同遵守的有关税收征收管理的法律规范。

一、税务管理制度

税务管理制度是对纳税人进行税务登记、账簿与凭证管理、纳税申报等税务工作所作出的规范,是税收征收管理的基础性工作规范。

(一) 税务登记

税务登记是税务机关对纳税人的开业、变更、歇业以及生产经营实行法定登记的一项管理制度,包括开业登记、变更登记、注销登记、报验登记、停复业处理、税务登记验审和更换、非正常户处理等。

1. 变更税务登记

纳税人税务登记内容发生重要变化时应向税务机关申报办理变更税务登记,需要办理变更税务登记的情形主要有:纳税人改变名称,改变法定代表人或业主姓名及其身份证,改变开户银行及账号,改变所有制形式或者隶属关系,改变经营地址,改变经营范围、经营方式,改变经营期限等。

纳税人已在工商行政机关办理变更登记的,应当自办理工商变更登记之日起 30 日内向原税务机关申报办理变更税务登记;纳税人按照规定不需要在工商行政机关办理变更登记,或者其变更登记的内容与工商登记内容无关的,应当自税务登记内容实际发生变化之日或者自有关机关批准之日或者宣布变更之日起 30 日内,向原税务机关申报办理变更税务登记。

2. 注销税务登记

纳税人发生破产、解散、撤销以及其他依法应当终止履行纳税义务的,应当在申报办理注销工商登记之前,持有关证件向原税务登记机关申报办理注销税务登记;按规定不需要在工商行政管理机关或其他机关办理注销登记的,应当自有关机关批准或宣告终止之日起 15 日内,持有关证件向原税务登记机关申报办理注销税务登记。

纳税人被工商行政管理机关吊销营业执照或被其他机关予以撤销登记的,应当自营业执照被吊销或者被撤销登记之日起15日内,向原税务机关申报办理注销税务登记。

纳税人因住所、经营地点变动,涉及改变税务登记机关的,应当在向工商行政管理机关或其他机关申请办理变更、注销登记前,或者在住所、经营地点变动前,持有关证件和资料向原税务登记机关申报办理注销税务登记。

境外企业在中国境内承包建筑、安装、装配、勘探工程和提供劳务的,应当在项目完工、离开中国前15日内,持有关证件向原税务登记机关申报办理注销税务登记。

3. 停业、复业税务登记

实行定期定额征收方式的纳税人,在营业执照核准的经营期限内需要停业的,应当在发生停业的上月向税务机关说明停业的理由、时间、停业前的纳税情况和发票的领、用、存情况,申请办理停业登记,已经办理停业登记的纳税人停业期满不能及时恢复生产经营的,应当在停业期满前向税务机关提出延长停业登记申请。停业期间发生纳税义务的应及时申报,依法补缴应纳税款。

纳税人按核准的停业期限准期复业的,应在停业到期前向税务机关申请办理复业登记;提前复业的,应当在恢复生产经营之前向税务机关申报办理复业登记。

4. 外出经营活动报验登记

从事生产、经营的纳税人到外县(市)临时从事生产、经营活动的,应当持税务登记证副本向所在地税务机关申请开具"外出经营活动税收管理证明"(以下简称外管证),外管证的有效期为30天,最长不得超过180天。纳税人到外县(市)进行生产经营前应持外管证向当地税务机关报验登记,接受税务管理。在经营活动结束后向经营地税务机关填报《外出经营活动情况申报表》,结清税款并缴销发票,在外管证的有效期届满后10天内回原主管税务机关办理缴销手续。

【知识链接】

国家税务总局印发《关于落实"三证合一"登记制度改革的通知》,明确自2015年10月1日起,新设立企业、农民专业合作社领取加载法人和其他组织统一社会信用代码的"三证合一"营业执照后,无须再次进行税务登记,企业办理涉税事宜时,在税务机关完成补充信息采集后,可凭加载统一代码的营业执照代替税务登记证使用。

实行"三证合一、一照一码"登记模式后的企业到工商登记"一个窗口"统一受理申请后,其申请材料和登记信息在部门间共享,各部门数据互换、档案互认。对于工商登记已采集信息,税务机关不再重复采集;其他必要涉税基础信息,可在企业办理有关涉税事宜时,及时采集,陆续补齐。发生变化的,由企业直接向税务机关申报变更,税务机关及时更新税务系统中的企业信息。

过渡期间,未换发"三证合一、一照一码"营业执照的企业,原税务登记证件继续有效,如企业申请注销,税务机关按照原规定办理。

(二) 账簿、凭证管理

纳税人、扣缴义务人应当自领取营业执照或发生纳税义务之日起15日内,按有关规定设置账簿,根据合法有效的凭证进行会计处理和会计核算;扣缴义务人应当自扣缴义务发生之日起10日内,按代收、代扣的税种,分别设置代扣代缴、代收代缴税款账簿;生产规模小又无建账能力的纳税人,可以聘请经批准从事会计代理记账业务的专业机构或经税务机关认可的财会人员代为建账和办理账务。

纳税人应当自领取税务登记证件之日起15日内,将其财务、会计制度处理办法报送税务机关备案。

纳税人、扣缴义务人应按财政、税务主管部门规定的保管期限保管会计凭证、账簿、完税凭证和其他有关资料。

(三) 发票管理

根据《中华人民共和国税收征收管理法》(以下简称《税收征收管理法》)的规定,税务机关是发票的主管机关,负责发票的印制、领购、开具、取得、保管、缴销的管理和监督。

依法办理了税务登记的单位和个人,在领取税务登记证后,可以向主管税务机关申请领购普通发票,增值税的一般纳税人可以申请领购使用增值税专用发票。

1. 普通发票的开具、使用和取得

(1) 销售方按规定填开发票。

(2) 购买方按规定索取发票。

(3) 纳税人进行电子商务必须开具或取得发票。

(4) 发票全部联次一次填开。

(5) 发票仅限于领购单位和个人在本省、自治区、直辖市内开具。未经批准不得跨区域携带、邮寄、运输空白发票,禁止携带、邮寄、运输空白发票出入境。

(6) 开具发票要加盖财务印章或发票专用章。

(7) 开具发票后,如发生销货退回需开具红字发票,必须收回原发票注明"作废"字样或取得对方的有效证明;发生销售折让的可以重新开具发票。

2. 发票保管

纳税人应建立发票保管制度,包括发票专人保管制度、发票专门场所保管制度、发票登记制度、发票保管交接制度、发票定期盘点制度等。

3. 发票缴销

用票单位和个人应按照规定向税务机关上缴已经使用或者未使用的发票;收缴的发票按规定的期限进行保管;税务机关应统一按照规定将已收缴的发票在保管期之后进行销毁。

(四) 纳税申报

纳税人应依照法律、行政法规的规定或者税务机关依法确定的申报期限、申报内容,如实向税务机关报送纳税申报表、财务会计报表以及税务机关根据实际需要要求纳税人报送的其他纳税资料。

扣缴义务人应依照法律、行政法规或者税务机关依法确定的申报期限、申报内容,如实向税务机关报送代扣代缴、代收代缴税款报告表以及税务机关根据实际需要要求扣缴义务人报送的其他有关资料。

纳税申报的形式主要有:直接申报、邮寄申报和数据电文。实行定期定额缴纳税款的纳税人,可以实行简易申报、简并征期等纳税申报方式。

纳税人因特殊情况,不能按期进行纳税申报的,应在规定的期限内向税务机关提出书面延期申请,经县以上税务机关核准可以延期申报,经核准延期办理纳税申报的,应在纳税期内按上期实际缴纳的税额或税务机关核定的税额预缴税款,并在核准的延期内办理纳税结算。

二、税款征收制度

(一)税款征收方式

1. 查账征收

查账征收是指税务机关按照纳税人所提供的账簿、报表所反映的生产经营情况,依照适用税率计算纳税人应缴纳的税款。查账征收一般适用于财务会计制度较为健全,能够认真履行纳税义务的纳税人。

2. 查定征收

查定征收是指税务机关根据纳税人的从业人员、生产设备、原材料等因素来查实核定其产量及销售额,并据以征收纳税人的应纳税款。查定征收适用于账册不健全,但是原材料及进销货能够控制的纳税人。

3. 查验征收

查验征收是指税务机关通过查验纳税人的应税商品的数量,按一般市场售价计算其销售收入并据以征收纳税人的应纳税款。查验征收适用于经营品种比较单一,经营地点、时间和商品来源不固定的纳税人。

4. 定期定额征收

定期定额征收是指税务机关通过典型调查,逐户确定营业额和所得额并据以征收纳税人的应纳税款。这种方式适用于计税依据不够完整、不便考核的纳税人。

5. 委托代征

委托代征是指税务机关委托代征人以税务机关的名义征收税款,并将税款缴入国库。这种方式适用于小额或比较零散的税源的征收。

(二)税收保全措施

税收保全措施是指税务机关对可能由于纳税人的行为或某种客观原因,致使以后税款的征收不能保证或难以保证的案件,采取限制纳税人处理或转移商品、货物或其他财产的措施。

税务机关有理由认为从事生产、经营的纳税人有逃避纳税义务行为的,可以在规定的纳税期之前,责令纳税人限期缴纳税款;在限期内发现纳税人有明显的转移、隐匿其应纳税的商品、货物以及其他财产迹象的,税务机关应责令其提供纳税担保。如果纳税人不能提供纳税担保,经县以上税务局(分局)局长批准,税务机关可以采取下列税收保全措施:

(1)书面通知纳税人开户银行或者其他金融机构,冻结纳税人的金额相当于应纳税款的存款。

(2)扣押、查封纳税人的价值相当于应纳税款的商品、货物或者纳税人的房地产、现金、有价证券等不动产和动产等其他财产。

纳税人在规定的限期内缴纳税款的,税务机关必须立即解除税收保全措施,限期届满仍未缴纳税款的,经县以上税务局(分局)局长批准,税务机关可以书面通知纳税人开户银行或者其他金融机构,从其冻结的存款中扣缴税款,或者依法拍卖或者变卖所扣押、查封的商品、货物或其他财产,以拍卖或变卖所得抵缴税款。

(三) 税收强制执行措施

税收强制执行措施是指当事人不履行法律、行政法规规定的义务,有关国家机关采用法定的强制手段,强迫当事人履行义务的行为。

从事生产、经营的纳税人(扣缴义务人、纳税担保人)未按照规定的纳税期限缴纳或者解缴税款,由税务机关责令限期缴纳,逾期仍未缴纳的,经县以上税务局(分局)局长批准,税务机关可以采取下列强制执行措施:

(1) 书面通知纳税人开户银行或者其他金融机构从其存款中扣缴税款。

(2) 扣押、查封、依法拍卖或者变卖其价值相当于应纳税款的商品、货物或其他财产,以拍卖或变卖所得抵缴税款纳税人的价值相当于应纳税款的商品、货物或者其他财产,以拍卖或变卖所得抵缴税款。

税务机关采取强制执行措施时,对上款所列纳税人、扣缴义务人、纳税担保人未缴纳的滞纳金同时强制执行。

个人及其所抚养家属维持生活必需的住房和用品,不在强制执行措施的范围之内。

(四) 税款征收其他制度

1. 代扣代缴、代收代缴制度

税法规定负有扣缴义务的扣缴义务人必须依法履行代扣代缴、代收代缴义务,否则税务机关将按规定予以处罚并责成扣缴义务人在规定的期限内补扣、补收相应的应收未收、应未扣税款。

税务机关应按照规定支付扣缴义务人代扣、代收税款的手续费。

扣缴义务人代扣、代收税款只限于法律、行政法规规定的范围和征收标准,依法履行代扣、代收义务时纳税人不得拒绝。

2. 税收滞纳金制度

纳税人未按照规定期限缴纳税款的,扣缴义务人未按照规定期限解缴税款的,税务机关除责令限期缴纳外,从滞纳税款之日起,按日加收滞纳税款5‰的滞纳金。

3. 延期缴纳税款制度

纳税人因有特殊困难,不能按期缴纳税款的,经省、自治区、直辖市国家税务局、地方税务局批准,可以延期缴纳税款,但最长不得超过3个月。同一笔税款不得滚动审批,经批准延期缴纳税款期间免予加收税收滞纳金。

特殊困难主要包括:纳税人因不可抗力导致发生较大损失,正常生产经营活动受到较大影响;当期货币资金在扣除应付职工工资、社会保险费后,不足以缴纳税款。

4. 税额核定制度

纳税人有下列情形之一的,税务机关有权核定其应纳税额:

(1) 依照法律、行政法规的规定可以不设置账簿的。

(2) 依照法律、行政法规的规定应当设置账簿但未设置账簿的。

(3) 虽设置了账簿但账目混乱或资料、凭证残缺不全,难以查账的。

(4) 擅自销毁账簿或者拒不提供纳税资料的。

(5) 发生纳税义务,未按照规定的期限办理纳税申报,经税务机关责令限期申报,逾期仍不申报的。

(6) 纳税人申报的计税依据明显偏低,又无正当理由的。

税务机关核定税额的方法有以下四种:

(1) 参照当地同类行业或类似行业中经营规模和收入水平相近的纳税人的收入额和利润率核定。

(2) 按照成本加合理费用和利润的方法核定。

(3) 按照耗用的原材料、燃料、动力等推算或测算核定。

(4) 按照其他合理方法核定。

纳税人对税务机关采取规定的方法核定的应纳税额有异议的,应当提供相关证据,经税务机关认定后,调整应纳税额。

5. 税收调整制度

企业或者外国企业在中国境内设立的从事生产、经营的机构、场所与其关联企业之间的业务往来,应当按照独立企业之间的业务往来收取或者支付价款、费用;不按照独立企业之间的业务往来收取或者支付价款、费用,而减少其应纳税的收入或者所得额的,税务机关有权进行合理调整。

关联企业是指有下列关系之一的公司、企业和其他经济组织:

(1) 在资金、经营、购销等方面,存在直接或间接的拥有或者控制关系。

(2) 直接或者间接地同为第三者所拥有或者控制。

(3) 在利益上具有相关联的其他关系。

税务机关进行对计税收入或者所得额进行税收调整的方法包括:

(1) 按照独立企业之间进行的相同或者类似业务活动的价格。

(2) 按照再销售给无关联关系的第三者的价格所应取得的收入和利润水平。

(3) 按照成本加合理的费用和利润。

(4) 按照其他合理的方法。

纳税人与其关联企业未按照独立企业之间的业务往来支付价款、费用的,税务机关自该业务往来发生的纳税年度起3年内进行调整,特殊情况的可以自该业务往来发生的纳税年度起10年内进行调整。

6. 欠税清缴及税款退还和追征制度

欠税是指纳税人未按照规定的期限缴纳税款,扣缴义务人未按照规定的期限解缴税款的行为。

根据规定,从事生产、经营的纳税人、扣缴义务人未按照规定的期限缴纳或者解缴税款的,纳税担保人未按照规定的期限缴纳所担保的税款的,由税务机关发出限期缴纳税款通知书,责令缴纳或者解缴税款的最长期限不得超过15日。欠缴税款数额在5万元以上的纳税人,在处分其不动产或者大额资产之前,应当向税务机关报告。

纳税人超过应纳税额缴纳的税款,税务机关发现后应当立即退还;纳税人自结算缴纳税款之日起3年内发现的,可以向税务机关要求退还多缴的税款并加算银行同期存款利息,税务机关及时查实后应当立即退还。

因税务机关责任,致使纳税人、扣缴义务人未缴或者少缴税款的,税务机关在3年内可以要求纳税人、扣缴义务人补缴税款,但不得加收滞纳金;因纳税人、扣缴义务人计算等失误,未缴或者少缴税款的,税务机关在3年内可以追征税款、滞纳金,数额达到10万元以上的追征期可以延长到5年,对偷税、抗税、骗税的,税务机关追征其未缴或者少缴的税款、滞纳金或所骗取的税款不受追征期限的限制。

三、税务检查制度

税务检查是税务机关根据税收法律制度的规定,采取一定的组织形式,运用一定的检查方法,对纳税人是否依法履行纳税义务的情况进行检查和监督,对纳税人逃税、违规等税务案件进行查处的一种管理活动。

税务检查包括由纳税人进行的自查、税务专管员进行的检查和税务稽查队进行的专业检查三种形式。

根据我国税收征管法的规定,税务机关有权对以下内容进行税务检查:

(1) 检查纳税人的账簿、记账凭证、报表和其他有关资料,检查扣缴义务人代扣代缴、代收代缴税款账簿、记账凭证、报表和其他有关资料。

(2) 根据需要到纳税人的生产、经营场所和货物存放地检查纳税人应纳税的商品、货物或者其他财产,检查扣缴义务人与代扣代缴、代收代缴税款有关的经营情况。

(3) 责成纳税人、扣缴义务人提供与纳税或代扣代缴、代收代缴有关的文件、证明材料和其他有关资料。

(4) 在职责范围内询问纳税人、扣缴义务人与纳税或代扣代缴、代收代缴有关的问题和情况。

(5) 根据需要到车站、码头、机场、邮政企业及其分支机构检查纳税人托运、邮寄应纳税商品、货物或其他财产的有关单据、凭证和有关资料。

(6) 经县以上税务局(分局)局长批准,凭全国统一格式的检查存款账户许可证明,查询纳税人、扣缴义务人在银行或其他金融机构的存款账户。经设区的市、自治州以上税务局(分局)局长批准,可以查询税收违法案件涉嫌人员的储蓄存款。查询资料不得用于税收以外的用途。

四、税收法律责任制度

税收法律责任是指税收法律关系的主体因违反税收法律规范所应承担的法律后果。

(一) 税收法律责任的形式

税收法律责任的形式主要有行政法律责任和刑事法律责任两种。

1. 行政法律责任

行政法律责任是由税收行政违法引起的,对于纳税主体而言,其行政法律责任形式主要是行政处罚。对于征税主体而言,税务机关承担的行政法律责任,主要有行政赔偿责任和撤销违法决定等,税务机关工作人员承担的行政法律责任主要是行政处分。

行政处罚主要有以下几种方式:

(1) 责令限期改正。这是税务机关对违反法律、行政法规所规定义务的当事人的谴责和申诫,主要是起到教育的作用,有一定的处罚作用。

(2) 罚款。罚款是对违反税收法律、法规,不履行法定义务的当事人的一种经济上的处罚。由于罚款既不影响被处罚人的人身自由及其合法活动,又能起到对违法行为的惩戒作用,它是税务行政处罚中应用最广泛的一种。

(3) 没收财产。没收财产是对行政管理相对一方当事人的财产权予以剥夺的处罚,包括没收相对人非法所得的财产或没收相对人所拥有的用于非法活动的财产。

(4) 收缴未用发票和暂停供应发票。

(5) 停止出口退税权。

2. 刑事法律责任

刑事法律责任是对违反税法行为情节严重、已构成犯罪的当事人或直接责任人所给予的刑事制裁。追究刑事责任以税务违法行为情节严重、构成犯罪为前提。经济责任和行政责任通常是由税务机关依法追究的,而刑事责任则是由司法机关追究,刑事责任是税收法律责任中最严厉的一种制裁措施。

刑法规定税务刑事处罚分为五种主刑(即死刑、无期徒刑、有期徒刑、拘役和管制)和三种附加刑(即罚金、剥夺政治权利和没收财产)。

(二) 违反税务管理基本规定行为的处罚

(1) 纳税人有下列行为之一的,由税务机关责令限期改正,可以处 2 000 元以下的罚款;情节严重的,处 2 000 元以上 10 000 元以下的罚款。①未按照规定的期限申报办理税务登记、变更或者注销登记的。②未按照规定设置、保管账簿或者保管记账凭证和有关资料的。③未按照规定将财务、会计制度或者财务、会计处理办法和会计核算软件报送税务机关备查的。④未按照规定将其全部银行账号向税务机关报告的。⑤未按照规定安装、使用税控装置,损毁或者擅自改动税控装置的。

(2) 纳税人不办理税务登记的,由税务机关责令限期改正;逾期不改正的,经税务机关提请,由工商行政管理机关吊销其营业执照。

(3) 纳税人未按照规定使用税务登记证件,或者转借、涂改、损毁、买卖、伪造税务登记证件的,处 2 000 元以上 10 000 元以下的罚款;情节严重的,处 10 000 万元以上 50 000 元以下的罚款。

(4) 纳税人未按照规定的期限办理纳税申报和报送纳税资料的,或者扣缴义务人未按照规定的期限向税务机关报送代扣代缴、代送代缴税款报告表和有关资料的,由税务机关责令限期改正,可以处 2 000 元以下的罚款;情节严重的,可以处 2 000 元以上 10 000 元以下的罚款。

(5) 扣缴义务人未按规定设置、保管代扣代缴、代收代缴税款账簿或者保管代扣代缴、代收代缴税款记账凭证及有关资料的,由税务机关责令限期改正,可处以 2 000 元以下的罚款;情节严重的,处以 2 000 元以上 5 000 元以下的罚款。

(6) 扣缴义务人应扣未扣、应收而不收税款的,由税务机关向纳税人追缴税款,对扣缴义务人处应扣未扣、应收未收税款 50% 以上 3 倍以下的罚款。

(7) 扣缴义务人在规定期限内不缴或者少缴应解税款,经税务机关责令限期缴纳,逾期仍未缴纳的,税务机关除依照规定采取强制执行措施追缴其不缴或者少缴的税款外,可以处不缴或者少缴的税款 50% 以上 5 倍以下的罚款。

(8) 扣缴义务人逃避、拒绝或者以其他方式阻挠税务机关检查的,由税务机关责令改正,可以处 10 000 元以下的罚款;情节严重的,处 10 000 元以上 50 000 元以下的罚款。

(9) 纳税人、扣缴义务人编造虚假计税依据的,由税务机关责令限期改正,并处 50 000 元以下的罚款。纳税人不进行纳税申报,不缴或者少缴应纳税款的,由税务机关追缴其不缴或者少缴的税款、滞纳金,并处不缴或者少缴的税款 50% 以上 5 倍以下的罚款。

(三) 偷税行为及其法律责任

(1) 纳税人伪造、变造、隐匿、擅自销毁账簿、记账凭证,或者在账簿上多列支出或者不列、少列收入,或者经税务机关通知申报而拒不申报或者进行虚假的纳税申报,不缴或者少缴应纳税款的,是偷税。对纳税人偷税的,由税务机关追缴其不缴或者少缴的税款、滞纳金,并处不缴或者少缴的税款 50% 以上 5 倍以下的罚款;构成犯罪的,依法追究刑事责任。

(2) 扣缴义务人采取偷税手段,不缴或少缴已扣、已收税款,由税务机关追缴其不缴或者少缴的税款、滞纳金,并处不缴或者少缴的税款 50% 以上 5 倍以下的罚款;构成犯罪的,依法追究刑事责任。

【课程思政】

从 2009 年 2 月 28 日起,"偷税"不再是一个刑法概念。第十一届全国人大常委会第七次会议表决通过了《刑法修正案(七)》,修订后的《刑法》对不履行纳税义务的定罪量刑标准以及相关表述进行了修改,用"逃避缴纳税款"的表述取代了"偷税"。

《刑法》规定,有逃避缴纳税款行为,经税务机关依法下达追缴通知后,补缴应纳税款,缴纳滞纳金,已受行政处罚的,不予追究刑事责任;但 5 年内因逃避缴纳税款受过刑事处罚或者被税务机关给予两次以上行政处罚的除外。

(四) 逃避追缴欠税的法律责任

(1) 纳税人欠缴应纳税款,采取转移或者隐匿财产的手段,妨碍税务机关追缴欠缴税款的,由税务机关追缴欠缴的税款、滞纳金,并处欠缴税款 50% 以上 5 倍以下的罚款;构成犯罪的,依法追究刑事责任。

(2) 纳税人欠缴应纳税款,采取转移或者隐匿财产的手段,致使税务机关无法追缴欠缴的税款,数额在 1 万元以上不满 10 万元的,处 3 年以下有期徒刑或者拘役,并处或者单处欠缴税款 1 倍以上 5 倍以下的罚金;数额在 10 万元以上的,处 3 年以上 7 年以下有期徒刑,并处欠缴税款 1 倍以上 5 倍以下的罚金。

第三节 税务会计基础

一、税务机关的权利与义务

从严格意义上讲,只有国家才能享有税收的所有权,国家是真正的征税主体,国家通过法律授权的方式赋予具体的国家职能机关代其行使征税权力,因此,税务机关享有国家税收征管权力和履行国家税收征管的职能,依法对纳税主体进行税收征收管理。

(一)税务机关的权利

根据我国现行的《税收征收管理法》,税务机关的主要权利包括如下。

1. 税务管理权

税务机关有权办理税务登记、审核纳税申报、管理有关发票事宜。

2. 税收征收权

税务机关有权依法征收税款和在法定权限范围内确定税收征管方式或时间、地点。

3. 税收检查权

税务机关有权对纳税人的财务会计核算、发票使用和其他纳税情况、纳税人的应税商品、货物或其他财产进行查验登记。

4. 税务违法处理权

税务机关有权对违反税法的纳税人采取行政强制措施,以及对情节严重、触犯刑法的移送司法机关依法追究其刑事责任。

5. 税收行政立法权

税务机关有权在授权范围内依照一定程序制定税收行政规章及其他规范性文件,作出行政解释等。

(二)税务机关的义务

税务机关的义务主要包括:

(1)税务机关不得违反法律、行政法规的规定开征、停征、多征或少征税款,不得擅自决定税收优惠。

(2)税务机关应当将征收的税款和罚款、滞纳金按时足额并依照市预算级次入库,不得截留和挪用。

(3)税务机关应当依照法定程序征税,依法确定有关税收征收管理的事项。

(4)税务机关应当依法办理减税、免税等税收优惠,对纳税人的咨询、请求和申诉作出答复处理或报请上级机关处理。

(5)税务机关对纳税人的经营状况负有保密义务。

(6)税务机关应当严格按照法定程序实施和解除税收保全措施,如因税务机关的原因致使纳税人的合法权益遭受损失的,税务机关应当依法承担赔偿责任。

(7)税务机关要广泛宣传税收法律、行政法规,普及纳税知识,无偿提供纳税咨询服务。

(8)税务机关的工作人员在征收税款和查处税收违法案件时,与纳税人、扣缴义务人或者税收违法案件有利害关系的,应当回避。

二、纳税义务人的权利与义务

(一)纳税义务人的权利

纳税人的权利主要包括如下几方面。

1. 知情权和保密权

纳税人有权向税务机关和税务人员了解国家税收法律、行政法规的规定以及与纳税程序有关的情况。纳税人、扣缴义务人有权要求税务机关为纳税人、扣缴义务人的商业秘密和个人隐私情况保密。

2. 申请延期申报权

纳税人、扣缴义务人因不可抗力或会计处理上的特殊情况不能按期办理纳税申报的，可以在规定期限内向税务机关提出书面申请报告，经税务机关批准后延期申报，延期申报的延长期最长不超过1个月。

3. 申请延期缴纳税款权

纳税人或扣缴义务人因不可抗力导致发生较大损失，正常生产经营活动受到较大影响的或者当期货币资金在扣除应付职工工资、社会保险费后不足以缴纳税款的，经省、自治区、直辖市税务机关批准，可以申请延期缴纳税款，但最长不得超过3个月，在批准的延长期内不加收滞纳金。

4. 申请退还多缴税款权

纳税人或扣缴义务人超过应纳税额缴纳的多缴税款，税务机关发现后将自发现之日起10日内办理退还手续；如纳税人或扣缴义务人自结算缴纳税款之日起3年内发现的可以向税务机关要求退还多缴的税款并加算银行同期存款利息。税务机关将自接到纳税人或扣缴义务人退还申请之日起30日内查实并办理退还手续，涉及从国库中退库的，依照法律、行政法规有关国库管理的规定退还。

5. 依法享受税收优惠权

纳税人或扣缴义务人可以依照法律、行政法规的规定书面申请减税、免税，减税、免税的申请须经法律、行政法规规定的减税、免税审查批准机关审批。减税、免税期满，应当自期满次日起恢复纳税。减税、免税条件发生变化的，应当自发生变化之日起15日内向税务机关报告；不再符合减税、免税条件的，应当依法履行纳税义务。纳税人或扣缴义务人享受的税收优惠需要备案的，应当按照税收法规、行政法规和有关政策规定，及时办理事前备案或事后备案。

6. 委托税务代理权

纳税人或扣缴义务人有权就以下事项委托税务代理人代为办理：办理、变更或者注销税务登记、除增值税专用发票外的发票领购手续、纳税申报或扣缴税款报告、税款缴纳和申请退税、制作涉税文书、审查纳税情况、建账建制、办理财务、税务咨询、申请税务行政复议、提请税务行政诉讼等。

7. 陈述权与申辩权

纳税人或扣缴义务人对税务机关作出的决定，享有陈述权、申辩权。如果纳税人或扣缴义务人有充分的证据证明自己的行为合法，税务机关就不得对纳税人或扣缴义务人实施行政处罚；纳税人或扣缴义务人的陈述或申辩不充分、不合理，税务机关应向纳税人或扣缴义务人解释实施行政处罚的原因，不因纳税人或扣缴义务人的申辩而加重处罚。

8. 对未出示税务检查证和税务检查通知书的拒绝检查权

税务机关派出的人员进行税务检查时应当向纳税人或扣缴义务人出示税务检查证和税务检查通知书，对未出示税务检查证和税务检查通知书的，纳税人或扣缴义务人有权拒绝检查。

9. 税收法律救济权

纳税人或扣缴义务人对税务机关作出的决定，依法享有申请行政复议、提起行政诉讼、请求国家赔偿等权利。纳税人或扣缴义务人、纳税担保人同税务机关或税务人员在纳税上发生争议时,必须先依照纳税决定缴纳或者解缴税款及滞纳金或者提供相应的担保,然后可以依法申请行政复议;对行政复议决定不服的,可以依法向人民法院起诉。纳税人或扣缴义务人对税务机关的处罚决定、强制执行措施或者税收保全措施不服的,可以依法申请行政复议,也可以依法向人民法院起诉。当税务机关或税务人员的职务违法行为给纳税人或扣缴义务人和其他税务当事人的合法权益造成伤害时,纳税人或扣缴义务人和其他税务当事人可以要求税务行政赔偿。

10. 索取有关税收凭证的权利

税务机关征收税款时,必须给纳税人或扣缴义务人开具完税凭证。扣缴义务人代扣、代收税款时纳税人要求扣缴义务人开具代扣、代收税款凭证时扣缴义务人应当开具。

税务机关扣押商品、货物或者其他财产时,必须开付收据,查封商品、货物或者其他财产时必须开付清单。

(二)纳税义务人的义务

纳税人的义务主要包括如下几方面。

1. 依法进行税务登记的义务

纳税人或扣缴义务人应当自领取营业执照之日起30日内,持有关证件向税务机关申请办理税务登记。

2. 依法设置账簿、保管账簿和有关资料以及依法开具、使用、取得和保管发票的义务

纳税人或扣缴义务人应当按照有关法律、行政法规和国务院财政、税务主管部门的规定设置账簿,根据合法、有效凭证记账,进行核算;从事生产、经营的,必须按照国务院财政、税务主管部门规定的保管期限保管账簿、记账凭证、完税凭证及其他有关资料;账簿、记账凭证、完税凭证及其他有关资料不得伪造、变造或者擅自损毁;纳税人或扣缴义务人在购销商品、提供或者接受经营服务以及从事其他经营活动中,应依法开具、使用、取得和保管发票。

3. 财务会计制度和会计核算软件备案的义务

纳税人或扣缴义务人的财务、会计制度或者财务、会计处理办法和会计核算软件应当报送税务机关备案。

4. 按照规定安装、使用税控装置的义务

5. 按时、如实纳税申报的义务

纳税人、扣缴义务人必须依照法律、行政法规规定或者税务机关依照法律、行政法规规定的申报期限、申报内容如实办理纳税申报,报送纳税申报表、财务会计报表或代扣代缴、代收代缴税款报告表以及税务机关根据实际需要要求纳税人或扣缴义务人报送的其他纳税资料。纳税人或扣缴义务人在纳税期限内没有应纳税款或者在享受减、免税待遇期间也应当按规定办理纳税申报。

6. 按时缴纳税款和代扣代收税款的义务

纳税人、扣缴义务人应当按照税收法规规定的期限缴纳或者解缴税款。

7. 依法接受税务检查的义务

纳税人应主动配合税务机关按照法定程序进行的税务检查,如实提供有关资料。

8. 及时提供信息的义务

除进行正常税务登记、纳税申报等提供的有关税务信息外,纳税人发生合并、分立、停

业、经营情况变化、遭受灾害等特殊情况,应及时向税务机关说明,纳税人欠缴税款数额在5万元以上时,处分不动产或者大额财产应向税务机关报告。

三、税务会计的含义

(一)税务会计的概念

简而言之,税务会计是关于税收活动的会计,从征税机关的角度而言税务会计可以称为税收会计,从纳税人的角度而言税务会计一般称为纳税会计。因此,广义的税务会计包括税收会计与纳税会计,狭义的税务会计则专门指企业纳税会计。本书所涉及的税务会计是指狭义的税务会计,是指以国家现行税收法规为依据,运用会计学的理论、核算方法和核算程序,对企业的涉税业务进行连续、系统、全面的核算和监督,对纳税人的税款形成进行确认、计量、记录和申报(报告)的一门专业会计。

目前理论界将会计学科领域划分为三大分支:财务会计、管理会计和税务会计。税务会计是从财务会计中分离出来的一门新兴的边缘学科,税务会计的学科内容既包括国家税收的相关规定,也包括税务处理中的会计问题和会计处理中的税务问题,因此,税务会计是现代会计学体系的重要组成部分。

世界各国由于税收立法以及会计规范的不同,财务会计与税务会计之间形成了不同的模式,既有财税分离的会计模式,也有财税合一的会计模式,还有的国家采取财税混合的会计模式,三种模式的主要区别在于是否需要单独设置税务会计岗位以及账簿进行税务会计的核算。我国目前普遍采用财税混合的税务会计模式,即企业设置专门的办税员或专门的税务会计机构,但并不设置单独一套账表,而是以财务会计核算所形成的凭证、账簿和会计报表为基础进行纳税调整和应纳税款的计算以及申报、缴纳。

(二)税务会计的对象

税务会计的对象是企业在生产经营活动中所发生的涉税事项,包括应纳税款的形成、计算、缴纳、补税、退税、缴纳滞纳金以及税收罚款等活动引起的税务资金运动。

1. 应纳税款的形成、计算、记录

不同税种的计税依据是不同的,因此对企业应纳税款的形成进行确认、计算和记录也就是对计税依据以及纳税义务形成的确认和计量。如增值税、消费税、营业税、关税、资源税等税款的计税依据为流转额,所得税的计税依据为所得额,财产税的计税依据为财产的金额或者数量等,这些计税依据体现为生产经营收入、财产转让收入、相关的成本费用、利润等,均在企业会计核算的过程中得到了确认和计量。在计税依据得到正确确认的基础上,税务会计还需要根据税率正确地进行应纳税款的计算,并对应纳税款即纳税义务进行相应的会计处理。

2. 应纳税款的申报、缴纳、退补、减免

各税种的征收方法和申报期限不同,缴纳方法也有所不同,同时还需要进行不同的会计处理。因此,税务会计的对象还包括根据税法规定填制纳税申报表,报送相关纳税资料,及时缴纳税款并进行会计处理,按规定办理多缴税款的退回、少纳税款的补税以及会计处理,符合减、免税条件的按规定程序办理申请及相应的税务处理和会计处理。

3. 税收滞纳金、税收罚款

逾期缴纳税款需支付税收滞纳金,违反税收法规需支付罚金、罚款,这些也属于税务会计核算的对象。

四、税务会计与财务会计的区别与联系

(一)税务会计与财务会计的联系

1. 财务会计是税务会计的基础

税务会计以财务会计的资料为基础,根据税收法律制度的规定,对税法与会计准则不一致的处理进行纳税调整,以满足应纳税款的计算、申报和缴纳的需要。

2. 税务会计适用财务会计的基本假设

(1)会计主体。税务会计应当先正确界定纳税主体,即税法规定的负有纳税义务的特定单位或组织,纳税主体是税务会计工作的服务对象。在一般情况下,纳税主体与会计主体是一致的,组织会计核算的单位即成为承担纳税义务的纳税主体,但是也有特殊情况。例如,企业所得税的纳税主体是具有法人资格的企业和其他组织,法人企业下设的独立核算的分支机构作为会计主体却不是纳税主体。又如,银行总行、保险公司总公司、中国铁路总公司等实行汇总纳税,其下属单位作为会计主体并不承担具体的纳税义务,也就不成为纳税主体。

(2)持续经营。税务会计同样以持续经营为前提,假设税务会计主体的生产经营活动将持续下去,税务会计在持续经营的前提下才能正确进行税务处理,包括资产的折旧、亏损的弥补以及暂时性差异的确认转回等,纳税主体才能够在将来足额承担其应尽的纳税义务。

(3)会计分期。在持续经营的前提下,需要将企业经营划分为若干个相等的会计期间,以分期核算和提供相关会计信息,在我国纳税年度和会计年度一致,采用公历年度为一个纳税年度,即从公历1月1日起,至12月31日止。

(4)货币计量。税务会计核算同样采用货币作为同一计量单位。

3. 基本核算程序、核算方法相同

税务会计不单独设账,利用现有的财务会计核算程序和核算方法形成的会计资料来对税务资金运动进行核算和监督。

(二)税务会计与财务会计的区别

1. 核算目标不同

财务会计的核算目标是向财务报告使用者提供相关会计信息,以反映企业管理者受托责任的履行情况,以助于相关者进行经济决策;税务会计的核算目标是遵循税法规定正确计算、申报、缴纳应纳税款,向税务会计信息使用者提供有助于进行税务决策、实现最大涉税利益的相关信息。

2. 核算对象不同

财务会计的核算对象是企业发生的以货币表现的全部经济活动,税务会计的核算对象是企业在经济活动中所发生的涉税事项,包括应纳税款的形成、计算、缴纳、补税、退税、缴纳滞纳金和税收罚款等活动引起的税务资金运动。

3. 核算基础不同

财务会计的核算基础是权责发生制,但税收制度的设计和制定需要考虑到税收的合理

负担和税款的及时上缴,因此税务会计核算基础不仅建立在权责发生制的基础上,对于某些应税收入的确认和成本费用的扣除还体现了收付实现制的核算基础。

4. 核算依据不同

财务会计是以会计准则及相关制度为核算依据,税务会计的核算则是以税收法律制度为依据。

5. 计算损益的程序和方法不同

财务会计以会计准则为依据,遵循会计核算的基本前提和基本原则,在会计期末以收入与费用的配比来计算企业实现的会计利润;税收制度对于应税收入、扣除项目的确认与会计准则的规定有所差异,因此税务会计实际核算损益时是在会计利润的基础上,对于差异进行纳税调整来计算应纳税所得,应纳税所得与会计利润是两个不同的概念。

【关键术语】

税收 税收制度要素 税收征收管理制度 税务会计 财务会计

【问题思考】

1. 如何理解税收之"取之于民,用之于民"?
2. 从事生产经营的企业一般会涉及哪些税种?
3. 税收制度要素的基本内容是什么?
4. 税务会计的岗位职责应包括哪些?
5. 税务会计与财务会计的关系如何?

练　习　题

一、名词解释

1. 税收
2. 税收实体法
3. 税收程序法
4. 税收保全措施
5. 税收强制执行措施
6. 关联企业
7. 税收调整
8. 税务会计

二、单项选择题

1. 我国现行的税法中,属于对财产课税的是(　　)。
   A. 土地增值税　　　　　　　　B. 耕地占用税
   C. 车船税　　　　　　　　　　D. 车辆购置税

2. 在我国现行的税收种类中,采用定额税率的是(　　)。
   A. 增值税　　　　　　　　　　B. 城镇土地使用税
   C. 消费税　　　　　　　　　　D. 个人所得税

3. 以征税对象的重量、容积、体积、数量为计税依据的税种属于(　　)。
   A. 价内税　　　　　　　　　　B. 价外税
   C. 从价计征的税种　　　　　　D. 从量计征的税种

4. 下列减免税形式中,属于税基式减免的是(　　)。
   A. 减半征收　　　　　　　　　B. 起征点
   C. 税收抵免　　　　　　　　　D. 优惠税率

5. 下列减免税形式中,属于税额式减免的是(　　)。
   A. 减半征收　　　　　　　　　B. 免征额
   C. 跨期结转　　　　　　　　　D. 优惠税率

6. 按照税法规定,从事生产经营的纳税人,应在取得营业执照之日起(　　)日内到主管税务机关办理税务登记。
   A. 15　　　　　　　　　　　　B. 30
   C. 45　　　　　　　　　　　　D. 60

7. 纳税人发生因住所、经营地址迁移而涉及改变原税务机关的情形,应及时办理(　　)登记。
   A. 变更税务　　　　　　　　　B. 注销税务
   C. 停业、复业税务　　　　　　D. 开业税务

8. 从事生产经营的纳税人、扣缴义务人应自领取营业执照之日起(　　)日内,设置账簿,并根据合法、有效的凭证进行账务处理。
   A. 15　　　　　　　　　　　　B. 30

C. 45　　　　　　　　　　　　　　　D. 60

9. 对于账册不健全,但是原材料及进销货能够控制的纳税人,税款征收应采取(　　)方式。
   A. 查定征收　　　　　　　　　　　B. 查验征收
   C. 定期定额征收　　　　　　　　　D. 委托代征税款

10. 对于计税依据不够完整,不便考核的纳税人,税款征收可以采取(　　)的方式。
    A. 查定征收　　　　　　　　　　　B. 查验征收
    C. 查账征收　　　　　　　　　　　D. 定期定额征收

11. 按照税法规定,税收保全措施的适用范围是(　　)。
    A. 从事生产、经营的纳税人　　　　B. 非从事生产、经营的纳税人
    C. 扣缴义务人　　　　　　　　　　D. 纳税担保人

12. 纳税人因不可抗力或当期货币资金不足等特殊困难,不能按期纳税的,经省级税务机关批准,可以延期纳税,但最长不得超过(　　)个月。
    A. 12　　　　　　　　　　　　　　B. 6
    C. 3　　　　　　　　　　　　　　 D. 1

13. 因纳税人、扣缴义务人计算错误等失误,未缴或者少缴税款,且数额达到10万元以上的,税务机关可以在(　　)年内追征税款和滞纳金。
    A. 1　　　　　　　　　　　　　　 B. 3
    C. 5　　　　　　　　　　　　　　 D. 10

14. 按税法规定,纳税人未按规定期限缴纳税款或者解缴税款的,税务机关除责令限期缴纳外,从滞纳税款之日起,按日加收滞纳税款(　　)的滞纳金。
    A. 3‰　　　　　　　　　　　　　 B. 5‰
    C. 3‱　　　　　　　　　　　　　D. 5‱

15. 按税法规定,未按规定将财务、会计制度或者财务、会计处理方法和会计核算软件报送备查的可以处2 000元以下的罚款;情节严重的,处(　　)的罚款。
    A. 2 000元以上10 000元以下
    B. 2 000元以上20 000元以下
    C. 2 000元以上30 000元以下
    D. 2 000元以上40 000元以下

16. 按税法规定,扣缴义务人未按规定设置、保管代扣(收)代缴税款账簿或者保管代扣(收)代缴税款记账凭证及有关资料的可处2 000元以下的罚款;情节严重的,处(　　)的罚款。
    A. 2 000元以上5 000元以下
    B. 2 000元以上10 000元以下
    C. 2 000元以上20 000元以下
    D. 2 000元以上30 000元以下

17. 税务会计的对象是(　　)。
    A. 企业的资金运动　　　　　　　　B. 企业的经济业务活动
    C. 企业的税务资金运动　　　　　　D. 企业的税务活动

18. 下列关于税务会计与财务会计主体之间关系的表述中,正确的是( )。
    A. 税务会计主体与财务会计主体相同
    B. 财务会计主体都是税务会计主体
    C. 税务会计主体不一定是财务会计主体
    D. 税务会计主体一定是财务会计主体
19. 税务会计主体与纳税主体之间( )。
    A. 完全一致   B. 可能一致,也可能不一致
    C. 完全不一致   D. 不能确定
20. 税务会计受会计准则、会计制度和税收法律制度等多重因素影响,如果对某项经济业务的处理在会计准则、会计制度、税收法律制度上不相一致时,则税务会计应按照( )的规定进行处理。
    A. 会计准则   B. 会计制度
    C. 税收法律制度   D. 国际会计准则

三、多项选择题

1. 税收具有( )的特征。
    A. 强制性   B. 无偿性
    C. 有偿性   D. 固定性
2. 下列税收收入中,属于中央政府固定收入的有( )。
    A. 消费税   B. 增值税
    C. 关税   D. 车辆购置税
3. 下列税收收入中,属于地方政府固定收入的有( )。
    A. 增值税   B. 土地增值税
    C. 企业所得税   D. 车船税
4. 下列税收收入中,属于中央政府与地方政府共享收入的有( )。
    A. 个人所得税   B. 增值税
    C. 印花税   D. 资源税
5. 我国现行税法体系按照职能作用不同分为( )
    A. 税收实体法   B. 税收程序法
    C. 商品与劳务税税法   D. 所得税税法
6. 在我国现行的税法体系中,属于资源税类的有( )。
    A. 土地增值税   B. 资源税
    C. 城镇土地使用税   D. 耕地占用税
7. 在我国现行的税法体系中,属于财产税类的有( )。
    A. 契税   B. 车船税
    C. 城镇土地使用税   D. 房产税
8. 我国现行税率的形式有( )。
    A. 比例税率   B. 超额累进税率
    C. 定额税率   D. 超率累进税率
9. 比例税率在具体运用时的形式有( )。

A. 行业比例税率 B. 单一比例税率
C. 差别比例税率 D. 幅度比例税率

10. 广义的纳税环节是指课税对象在再生产中的分布情况,可能为(　　)环节。
    A. 购买 B. 生产
    C. 流通 D. 分配

11. 现行税法规定的纳税期限的形式有(　　)。
    A. 按期纳税 B. 按年纳税
    C. 按次纳税 D. 按年计算,分期预缴或缴纳

12. 税收减免是税收优惠的主要内容,基本减免形式包括(　　)。
    A. 税基式减免 B. 税额式减免
    C. 返还式减免 D. 税率式减免

13. 纳税人进行纳税申报时,可采取的申报方式有(　　)。
    A. 直接申报 B. 邮寄申报
    C. 数据电文申报 D. 简易申报

14. 税款征收方式主要包括(　　)。
    A. 查账征收 B. 查定征收
    C. 查验征收 D. 定期定额征收
    E. 委托代征 F. 核定征收

15. 税收强制执行措施的适用范围包括(　　)。
    A. 纳税人 B. 扣缴义务人
    C. 纳税担保人 D. 委托代征人

16. 按照税法规定,税收保全措施的形式主要有(　　)。
    A. 书面通知纳税人开户银行或者其他金融机构冻结纳税人的金额相当于应纳税款的存款
    B. 书面通知纳税人开户银行或者其他金融机构扣交纳税人的金额相当于应纳税款的存款
    C. 扣押、查封纳税人的价值相当于应纳税款的商品、货物或者其他财产
    D. 扣押、查封、拍卖纳税人的价值相当于应纳税款的商品、货物或者其他财产,以拍卖所得抵缴税款

17. 按照税法规定,纳税人有(　　)行为者,由税务机关责令其限期改正,可以处2 000元以下的罚款;情节严重的,处以2 000元以上10 000元以下的罚款。
    A. 未按规定期限申报办理税务登记、变更或注销登记的
    B. 未按规定领购、开具、使用和保管发票的
    C. 未按规定设置、保管账簿或者记账凭证和有关资料的
    D. 未按规定将其全部银行账号向税务机关报告的

18. 纳税人如遇到(　　)情形的,可申请延期纳税。
    A. 因发生严重亏损
    B. 因不可抗力导致较大损失
    C. 当期货币资金在扣除应付工资、社会保险费后不足以缴纳税款
    D. 应收款项无法收回

19. 税务会计的对象有（   ）。
    A. 应纳税款的形成　　　　　　　　　B. 应纳税款的计算、缴纳
    C. 税款补缴及退税　　　　　　　　　D. 缴纳税收滞纳金及税收罚款
20. 下列关于税务会计概念的各种表述中，正确的有（   ）。
    A. 是一种纳税会计，属于预算会计体系的范畴。
    B. 以财务会计核算资料为基础，不另设一套账簿与核算体系
    C. 独立于财务会计之外，需设一套完整的账簿与核算体系
    D. 以国家税收法律制度为核算依据
    E. 以会计准则和相关制度为核算依据

四、判断题

1. 目前我国的税收主要由税务机关、海关、财政部门负责征收管理。（　　）
2. 负税人是最终承担税收负担的单位和个人，纳税义务人不一定是负税人。（　　）
3. 征税对象的量的具体化是计税依据，又称为税基。（　　）
4. 税目是征税对象的具体化，反映具体的征税范围。（　　）
5. 我国的土地增值税采用超额累进税率计税。（　　）
6. 免征额是税法规定对征税对象总额中免予征税的数额，未达到该数额的，不予征税；达到该数额的，就其全部数额征税。（　　）
7. 纳税人停业期间发生纳税义务的，可以不必办理纳税申报，在办理复业税务登记后一并进行纳税申报。（　　）
8. 从事生产经营的纳税人应当自领取税务登记证件之日起30日内，将其财务、会计制度或者财务、会计处理办法报送税务机关备案。（　　）
9. 享有减税、免税待遇的纳税人，在减免期间不须办理纳税申报。（　　）
10. 纳税人有明显转移、隐匿其应纳税的商品、货物等行为，企图少缴税款时，经县以上税务局局长批准，税务机关就可以采取税收保全措施。（　　）
11. 税务机关有理由认为从事生产、经营的纳税人有逃避纳税义务行为的，可以采取税收强制执行措施。（　　）
12. 因税务机关责任，致使纳税人、扣缴义务人未缴或者少缴税款的，税务机关在3年内可要求纳税人、扣缴义务人补缴税款及滞纳金。（　　）
13. 税收强制执行措施，不仅适用于从事生产、经营活动的纳税人，而且也适用于扣缴义务人和纳税担保人。（　　）
14. 纳税人因有特殊困难，不能按期缴纳税款的，经县以上国家税务局、地方税务局批准，可以延期缴纳税款，但最长不得超过3个月。（　　）
15. 纳税人经批准延期缴纳税款期间免予加收税收滞纳金。（　　）
16. 税务会计是一门体系独立的专业会计，它需要单独设置一套完整的账簿体系进行会计核算。（　　）
17. 税务会计主体与企业会计主体假设的实质和内容完全一致。（　　）
18. 税务会计的核算基础不仅包括权责发生制，还包括收付实现制。（　　）

五、简答题

1. 如何理解税收的概念？

2. 简述我国现行的税法体系。
3. 简述征税对象、征税范围、计税依据、税目的具体含义以及上述概念之间的区别与联系。
4. 我国现行的税率有哪几种形式？
5. 税法上关于纳税期限一般规定了哪些方面？
6. 我国税收征收管理制度的主要内容包括哪几个方面？
7. 简述我国目前税款征收的主要方式。
8. 简述税收保全措施与税收强制措施的区别与联系。
9. 税收的行政处罚主要有哪几种形式？
10. 简述税务机关的权利和义务。
11. 简述纳税义务人的权利和义务。
12. 如何理解税务会计的概念？
13. 简述税务会计的核算对象。
14. 简述税务会计与财务会计的联系与区别。

第二章 增值税

教学目标

本章主要介绍增值税的税制要素及会计核算。通过学习,学生应熟悉我国增值税的基本法律规定,了解增值税的税收优惠政策及其征收管理,能够正确计算增值税的应纳税额,掌握增值税的会计核算方法。

第一节 征税范围与纳税义务人

增值税是以商品(含应税劳务和应税服务)在流转过程中产生的增值额作为计税依据而征收的一种商品与劳务税。我国从1979年开始在部分城市试行生产型增值税;2008年,我国将生产型增值税转为消费性增值税;从2011年始,我国在上海试点营业税改征增值税工作,并逐步扩展试点的地区;2016年5月1日,我国开始在全国范围内全面推开"营改增"试点,原缴纳营业税的全部营业税纳税人均纳入了试点范围,由缴纳营业税改为缴纳增值税。至此,营业税退出了历史的舞台。

一、征税范围

(一) 征税范围的一般规定

1. 销售或者进口货物

货物是指有形动产,包括电力、热力、气体在内。

销售货物是指有偿转让货物的所有权。

2. 提供应税劳务

应税劳务是指纳税人提供的加工、修理修配劳务。其中,加工是指受托加工货物,即委托方提供原料及主要材料,受托方按照委托方的要求制造货物并收取加工费的业务;修理修配是指受托对损伤和丧失功能的货物进行修复,使其恢复原状和功能的业务。

提供应税劳务是指有偿提供加工、修理修配劳务,单位或者个体工商户聘用的员工为本单位或者雇主提供加工、修理修配劳务,不包括在内。

3. 销售服务

销售服务是指提供交通运输服务、邮政服务、电信服务、建筑服务、金融服务、现代服务、生活服务。

1）交通运输服务

交通运输服务是指利用运输工具将货物或者旅客送达目的地，使其空间位置得到转移的业务活动。它包括陆路运输服务、水路运输服务、航空运输服务和管道运输服务。

（1）陆路运输服务是指通过陆路（地上或者地下）运送货物或者旅客的运输业务活动。它包括铁路运输服务、公路运输服务、缆车运输服务、索道运输服务、地铁运输服务、城市轻轨运输服务等。出租车公司向使用本公司自有出租车的出租车司机收取的管理费用，按照陆路运输服务缴纳增值税。

（2）水路运输服务是指通过江、河、湖、川等天然、人工水道或者海洋航道运送货物或者旅客的运输业务活动。水路运输的程租、期租业务属于水路运输服务。其中，程租业务是指运输企业为租船人完成某一特定航次的运输任务并收取租赁费的业务；期租业务是指运输企业将配备有操作人员的船舶出租给他人使用一定期限，船舶和操作人员在承租期内听候承租方调遣，不论承租方是否经营，运输企业均按天向承租方收取租赁费，发生的固定费用均由船东负担的业务。

（3）航空运输服务是指通过空中航线运送货物或者旅客的运输业务活动。航空运输的湿租业务属于航空运输服务。湿租业务是指航空运输企业将配备有机组人员的飞机出租给他人使用一定期限，飞机和机组人员在承租期内听候承租方调遣，不论是否经营，均按一定标准向承租方收取租赁费，发生的固定费用均由承租方承担的业务。航天运输服务按照航空运输服务缴纳增值税。

（4）管道运输服务是指通过管道设施输送气体、液体、固体物质的运输服务业务活动。

无运输工具承运业务按照交通运输服务缴纳增值税。无运输工具承运业务是指经营者以承运人身份与托运人签订运输服务合同，收取运费并承担承运人责任，然后委托实际承运人完成运输服务的经营活动。

2）邮政服务

邮政服务是指中国邮政集团公司及其所属邮政企业提供邮件寄递、邮政汇兑和机要通信等邮政基本服务的业务活动。它包括邮政普遍服务、邮政特殊服务和其他邮政服务。

（1）邮政普遍服务是指函件、包裹等邮件寄递，以及邮票发行、报刊发行和邮政汇兑等业务活动。

（2）邮政特殊服务是指义务兵平常信函、机要通信、盲人读物和革命烈士遗物的寄递等业务活动。

（3）其他邮政服务是指邮册等邮品销售、邮政代理等业务活动。

3）电信服务

电信服务是指利用有线、无线的电磁系统或者光电系统等各种通信网络资源，提供语音通话服务，传送、发射、接收或者应用图像、短信等电子数据和信息的业务活动。它包括基础电信服务和增值电信服务。

（1）基础电信服务是指利用固网、移动网、卫星、互联网，提供语音通话服务的业务活动，以及出租或者出售带宽、波长等网络元素的业务活动。

（2）增值电信服务是指利用固网、移动网、卫星、互联网、有线电视网络，提供短信和彩信服务、电子数据和信息的传输及应用服务、互联网接入服务等业务活动。卫星电视信号落地转接服务按照增值电信服务缴纳增值税。

4) 建筑服务

建筑服务是指各类建筑物、构筑物及其附属设施的建造、修缮、装饰,线路、管道、设备、设施等的安装以及其他工程作业的业务活动。它包括工程服务、安装服务、修缮服务、装饰服务和其他建筑服务。

(1) 固定电话、有线电视、宽带、水、电、燃气、暖气等经营者向用户收取的安装费、初装费、开户费、扩容费和类似收费,按照安装服务缴纳增值税。

(2) 其他建筑服务是指上列工程作业之外的各种工程作业服务,如钻井(打井)、拆除建筑物或者构筑物、平整土地、园林绿化、疏浚(不包括航道疏浚)、建筑物平移、搭脚手架、爆破、矿山穿孔、表面附着物(包括岩层、土层、沙层等)剥离和清理等工程作业。纳税人将建筑施工设备出租给他人使用并配备操作人员的,按照"建筑服务"缴纳增值税。

5) 金融服务

金融服务是指经营金融保险的业务活动。它包括贷款服务、直接收费金融服务、保险服务和金融商品转让。

(1) 贷款服务是指将资金贷与他人使用而取得利息收入的业务活动。各种占用、拆借资金取得的收入,包括金融商品持有期间(含到期)的利息(保本收益、报酬、资金占用费、补偿金等)收入、信用卡透支利息收入、买入返售金融商品利息收入、融资融券收取的利息收入,以及融资性售后回租、押汇、罚息、票据贴现、转贷等业务取得的利息及利息性质的收入,按照贷款服务缴纳增值税。以货币资金投资收取的固定利润或者保底利润,按照贷款服务缴纳增值税。

(2) 直接收费金融服务是指为货币资金融通及其他金融业务提供相关服务并且收取费用的业务活动。它包括提供货币兑换、账户管理、电子银行、信用卡、信用证、财务担保、资产管理、信托管理、基金管理、金融交易场所(平台)管理、资金结算、资金清算、金融支付等服务。

(3) 保险服务是指投保人根据合同约定,向保险人支付保险费,保险人对于合同约定的可能发生的事故因其发生所造成的财产损失承担赔偿保险金责任,或者当被保险人死亡、伤残、疾病或者达到合同约定的年龄、期限等条件时承担给付保险金责任的商业保险行为。它包括人身保险服务和财产保险服务。

(4) 金融商品转让服务是指转让外汇、有价证券、非货物期货和其他金融商品所有权的业务活动。其他金融商品转让包括基金、信托、理财产品等各类资产管理产品和各种金融衍生品的转让。

6) 现代服务

现代服务是指围绕制造业、文化产业、现代物流产业等提供技术性、知识性服务的业务活动。它包括研发和技术服务、信息技术服务、文化创意服务、物流辅助服务、租赁服务、鉴证咨询服务、广播影视服务、商务辅助服务和其他现代服务。

(1) 研发和技术服务包括研发服务、合同能源管理服务、工程勘察勘探服务、专业技术服务。

(2) 信息技术服务是指利用计算机、通信网络等技术对信息进行生产、收集、处理、加工、存储、运输、检索和利用,并提供信息服务的业务活动。它包括软件服务、电路设计及测试服务、信息系统服务、业务流程管理服务和信息系统增值服务。

(3) 文化创意服务包括设计服务、知识产权服务、广告服务和会议展览服务。

(4) 物流辅助服务包括航空服务、港口码头服务、货运客运场站服务、打捞救助服务、装卸搬运服务、仓储服务和收派服务。

（5）租赁服务包括融资租赁服务和经营租赁服务。车辆停放服务、道路通行服务（包括过路费、过桥费、过闸费等）等按照不动产经营租赁服务缴纳增值税。水路运输的光租业务、航空运输的干租业务属于经营租赁。其中，光租业务是指运输企业将船舶在约定的时间内出租给他人使用，不配备操作人员，不承担运输过程中发生的各项费用，只收取固定租赁费的业务活动；干租业务是指航空运输企业将飞机在约定的时间内出租给他人使用，不配备机组人员，不承担运输过程中发生的各项费用，只收取固定租赁费的业务活动。

（6）鉴证咨询服务包括认证服务、鉴证服务和咨询服务。

（7）广播影视服务包括广播影视节目（作品）的制作服务、发行服务和播映（含放映，下同）服务。

（8）商务辅助服务包括企业管理服务、经纪代理服务、人力资源服务、安全保护服务。

（9）其他现代服务是指除研发和技术服务、信息技术服务、文化创意服务、物流辅助服务、租赁服务、鉴证咨询服务、广播影视服务和商务辅助服务以外的现代服务。

7）生活服务

生活服务是指为满足城乡居民日常生活需求提供的各类服务活动，包括文化体育服务、教育医疗服务、旅游娱乐服务、餐饮住宿服务、居民日常服务和其他生活服务。

4．销售无形资产

销售无形资产是指转让无形资产所有权或者使用权的业务活动。其中，无形资产是指不具实物形态，但能带来经济利益的资产，包括技术、商标、著作权、商誉、自然资源使用权和其他权益性无形资产。其中，技术，包括专利技术和非专利技术；自然资源使用权包括土地使用权、海域使用权、探矿权、采矿权、取水权和其他自然资源使用权；其他权益性无形资产包括基础设施资产经营权、公共事业特许权、配额、经营权（包括特许经营权、连锁经营权、其他经营权）、经销权、分销权、代理权、会员权、席位权、网络游戏虚拟道具、域名、名称权、肖像权、冠名权、转会费等。

5．销售不动产

销售不动产是指转让不动产所有权的业务活动。不动产是指不能移动或者移动后会引起性质、形状改变的财产，包括建筑物、构筑物等。其中，建筑物包括住宅、商业营业用房、办公楼等可供居住、工作或者进行其他活动的建造物；构筑物包括道路、桥梁、隧道、水坝等建造物。

转让建筑物有限产权或者永久使用权的，转让在建的建筑物或者构筑物所有权的，以及在转让建筑物或者构筑物时一并转让其所占土地的使用权的，按照销售不动产缴纳增值税。

需要注意的是，确定一项经济行为需要缴纳增值税，一般应同时具备以下四个条件：第一，应税行为发生在中华人民共和国境内；第二，应税行为属于上述范围内的业务活动；第三，应税服务是为他人提供的；第四，应税行为是有偿的。其中，有偿是指取得货币、货物或者其他经济利益。

在境内销售服务、无形资产或者不动产，是指服务（租赁不动产除外）或者无形资产（自然资源使用权除外）的销售方或者购买方在境内；所销售或者租赁的不动产在境内；所销售自然资源使用权的自然资源在境内。

下列情形不属于在境内销售服务或者无形资产：境外单位或者个人向境内单位或者个人销售完全在境外发生的服务；境外单位或者个人向境内单位或者个人销售完全在境外使

用的无形资产;境外单位或者个人向境内单位或者个人出租完全在境外使用的有形动产;财政部和国家税务总局规定的其他情形。

(二) 征税范围的具体规定

除了上述增值税的征收范围规定以外,税法对于实务中某些特殊项目或行为是否属于增值税范围,是否征收增值税还做出了具体规定,本书部分列举如下。

1. 属于征税范围的特殊项目

(1) 关于罚没物品征免增值税问题。拍卖罚没物品的收入上缴财政的,不征收增值税;经营单位购入拍卖物品再销售的,对其应照章征收增值税。

(2) 航空运输企业已售票但未提供航空运输服务取得的逾期票证收入,按照"航空运输服务"征收增值税。

(3) 纳税人取得的财政补贴收入,与其销售货物、劳务、服务、无形资产、不动产的收入或者数量直接挂钩的,应按规定计算缴纳增值税。纳税人取得的其他情形的财政补贴收入,不属于增值税应税收入,不征收增值税。

(4) 在融资性售后回租业务中,承租方出售资产的行为不属于增值税的征税范围,不征收增值税。

(5) 药品生产企业销售自产创新药的销售额为向购买方收取的全部价款和价外费用,其提供给患者后续免费使用的相同创新药,不属于增值税视同销售范围。

(6) 根据国家指令无偿提供的铁路运输服务、航空运输服务属于用于公益事业的服务,不征收增值税。

(7) 存款利息不征收增值税。

(8) 被保险人获得的保险赔付不征收增值税。

(9) 房地产主管部门或者其指定机构、公积金管理中心、开发企业以及物业管理单位代收的住宅专项维修资金,不征收增值税。

(10) 纳税人在资产重组过程中,通过合并、分立、出售、置换等方式将全部或者部分实物资产以及与其相关联的债权、负债和劳动力一并转让给其他单位和个人的行为,不属于增值税的征税范围。

2. 视同销售行为

视同销售行为,顾名思义,其不同于一般销售,是一种特殊的销售行为,只是从税收的角度为了计税的需要将其"视同销售",具体包括如下内容。

(1) 将货物交付其他单位或者个人代销。

(2) 销售代销货物。

(3) 设有两个以上机构并实行统一核算的纳税人,将货物从一个机构移送至其他机构用于销售,但相关机构设在同一县(市)的除外。

(4) 将自产或者委托加工的货物用于非增值税应税项目。

(5) 将自产、委托加工的货物用于集体福利或者个人消费。

(6) 将自产、委托加工或者购进的货物作为投资,提供给其他单位或者个体工商户。

(7) 将自产、委托加工或者购进的货物分配给股东或者投资者。

(8) 将自产、委托加工或者购进的货物无偿赠送其他单位或者个人。

(9) 单位或个体工商户向其他单位或者个人无偿销售应税服务、无偿转让无形资产或者不动产,但用于公益事业或者以社会公众为对象的除外。

(10)财政部和国家税务总局规定的其他情形。

(三)混合销售

一项销售行为如果既涉及货物又涉及服务,则为混合销售。从事货物的生产、批发或者零售的单位和个体工商户的混合销售行为,按照销售货物缴纳增值税;其他单位和个体工商户的混合销售行为,按照销售服务缴纳增值税。

上述从事货物的生产、批发或者零售的单位和个体工商户包括以从事货物的生产、批发或者零售为主、兼营销售服务的单位和个体工商户。

二、纳税义务人及扣缴义务人

(一)基本规定

在中华人民共和国境内销售或者进口货物,提供应税劳务,销售服务、无形资产或者不动产的单位和个人,为增值税的纳税人。其中,单位包括企业(集体企业、私有企业、股份制企业、外商投资企业和外国企业、其他企业)、行政单位、事业单位、军事单位、社会团体及其他单位;个人包括个体工商户和其他个人。

境外的单位或个人在境内发生应税行为而境内未设有经营机构的,以购买方为扣缴义务人。

(二)一般纳税人和小规模纳税人的资格登记和管理

增值税实行凭增值税专用发票抵扣税款的制度,对纳税义务人的会计核算水平要求较高,要求纳税义务人能够准确核算销项税额、进项税额和应纳税额。但实际情况是有众多的纳税义务人达不到这一要求,大量小企业和个人还不具备自行开具增值税专用发票和抵扣税款的能力。为了简化增值税的计算和征收,同时减少税收征管漏洞,我国将增值税纳税人按会计核算水平和经营规模分为一般纳税人和小规模纳税人,分别采取不同的资格登记和管理办法。

对增值税纳税义务人进行分类,主要是为了适应纳税人经营管理规模差异大、财务核算水平不一的实际情况。分类管理有利于税务机关加强重点税源管理,简化小型企业的计算缴纳程序,也有利于增值税专用发票正确使用与安全管理要求的落实。这两类纳税人在税款计算方法、适用税率以及管理办法上都有所不同。我国对一般纳税人实行凭增值税专用发票扣税、计算扣税、核定扣税的计税方法,对小规模纳税人则规定了简便易行的计税方法和征收管理办法。

1. 一般纳税人的资格登记及管理

一般纳税人是指年应征增值税销售额(以下简称"年应税销售额")超过财政部、国家税务总局规定的小规模纳税人标准的企业和企业性单位(以下简称"企业")。

(1)年应税销售额超过财政部、国家税务总局规定标准的企业,除另有规定外,应当向主管税务机关办理一般纳税人资格登记;未按规定时限办理的,主管税务机关应当在规定时限结束后5个工作日内制作《税务事项通知书》,告知纳税人应当在5个工作日内向主管税务机关办理相关手续。

(2)年应税销售额未超过规定标准以及新开业的纳税人,会计核算健全,能够提供准确税务资料的,可以向主管税务机关办理一般纳税人资格登记,成为一般纳税人。

(3)下列纳税人无须办理一般纳税人资格认定:①个体工商户以外的其他个人即自然

人。②选择按照小规模纳税人纳税的非企业性单位。非企业性单位是指行政单位、事业单位、军事单位、社会团体和其他单位。③应税行为年销售额超过规定标准的其他个人不属于一般纳税人。不经常发生应税行为的非企业性单位、企业和个体工商户可选择按照小规模纳税人纳税。

2. 小规模纳税人的资格登记及管理

小规模纳税人是指年销售额在规定标准以下,并且会计核算不健全,不能按规定报送有关税务资料的增值税纳税人。其中,会计核算不健全是指不能正确核算增值税的销项税额、进项税额和应纳税款。

根据《中华人民共和国增值税暂行条例》(以下简称《增值税暂行条例》)及其实施细则、"营改增"及相关文件的规定,小规模纳税人的认定标准是:①纳税人年应征增值税销售额在500万元以下的。②年应税销售额超过小规模纳税人标准的其他个人按小规模纳税人纳税。③不经常发生应税行为的非企业性单位、企业和个体工商户可选择按小规模纳税人纳税。

【课程思政】

根据各国法律在确定增值额时对外购固定资产的进项税额是否扣除及如何扣除的不同规定,增值税可以分为生产型、收入型和消费型三种类型。在生产型增值税模式下,计算增值税时,不允许扣除任何外购固定资产的价款,作为课税基数的法定增值额除包括纳税人新创造的价值外,还包括当期计入成本的外购固定资产价款部分,即法定增值额相当于当期工资、利息、租金、利润等理论增值额和折旧额之和。从整个国民经济来看,这一课税基数大体相当于国民生产总值的统计口径,故称为生产型增值税。在收入型增值税模式下,计算增值税时,外购固定资产价款只允许扣除当期计入产品价值的折旧费部分,作为课税基数的法定增值额相当于当期工资、利息、租金和利润等各增值项目之和。从整个国民经济来看,这一课税基数相当于国民收入部分,故称为收入型增值税。在消费型增值税模式下,计算增值税时,允许将当期购入的固定资产价款一次全部扣除。作为课税基数的法定增值额相当于纳税人当期的全部销售额扣除外购的全部生产资料价款后的余额。从整个国民经济来看,这一课税基数仅限于消费资料价值的部分,故称为消费型增值税。

我国从2009年1月1日起,在全国所有地区实施消费型增值税,这有利于切实降低税负,促进经济发展。

第二节 增值税应纳税额的计算

一、税率、征收率

(一)税率

1. 基本税率

增值税一般纳税人销售或者进口货物,提供加工、修理、修配劳务,提供有形动产租赁服务,税率一律为13%。这就是通常所说的基本税率。

2. 低税率

增值税一般纳税人销售或者进口下列货物,税率为9%:

(1) 粮食、食用植物油、食用盐。

(2) 自来水、暖气、冷气、热水、煤气、石油液化气、天然气、沼气、居民用煤炭制品。

(3) 图书、报纸、杂志、音像制品、电子出版物。

(4) 饲料、化肥、农药、农机、农膜、农业产品。

(5) 国务院及其有关部门规定的其他货物,如(初级)农产品、音像制品、电子出版物、二甲醚、频振式杀虫灯等。

3. 9%税率

增值税一般纳税人提供交通运输服务、邮政服务、基础电信服务、建筑服务、不动产租赁服务,销售不动产,转让土地使用权,税率为9%。

4. 6%税率

增值税一般纳税人提供增值电信服务、金融服务、现代服务(租赁服务除外)、生活服务、转让土地使用权以外的其他无形资产的应税行为,税率为6%。

5. 0税率

中华人民共和国境内(以下称境内)的单位和个人销售的下列服务和无形资产,适用增值税0税率。

(1) 国际运输服务,在境内载运旅客或者货物出境;在境外载运旅客或者货物入境;在境外载运旅客或者货物。

(2) 航天运输服务。

(3) 向境外单位提供的完全在境外消费的研发服务、合同能源管理服务、设计服务、广播影视节目(作品)的制作和发行服务、软件服务、电路设计及测试服务、信息系统服务、业务流程管理服务、离岸服务外包业务、转让技术。

(4) 其他。

(二) 征收率

小规模纳税人以及一般纳税人销售货物、提供应税劳务、发生应税行为按规定可以选择简易计税方法计税的,适用5%或3%的征收率。

1. 5%征收率

下列情况适用5%的征收率。

(1) 小规模纳税人销售自建或者取得的不动产。

(2) 小规模纳税人出租(经营租赁)其取得的不动产(不含住房)。

(3) 其他个人销售其取得(不含自建)的不动产(不含其购买的住房)。

(4) 其他个人出租(经营租赁)其取得的不动产(不含住房)。

(5) 个人出租住房应按照5%的征收率减按1.5%计算应纳税额。

(6) 房地产开发企业中的小规模纳税人销售自行开发的房地产项目。

(7) 一般纳税人选择简易计税方法计税的不动产销售。

(8) 一般纳税人选择简易计税方法计税的不动产经营租赁。

(9) 一般纳税人和小规模纳税人提供劳务派遣服务选择差额纳税的。

(10) 一般纳税人提供人力资源外包服务,选择适用简易计税方法的。

(11) 一般纳税人2016年4月30日前签订的不动产融资租赁合同,或以2016年4月30日前取得的不动产提供的融资租赁服务,选择适用简易计税方法的。

(12) 一般纳税人收取试点前开工的一级公路、二级公路、桥、闸通行费,选择适用简易计税方法的。

(13) 纳税人转让2016年4月30日前取得的土地使用权,选择适用简易计税方法的。

(14) 房地产开发企业中的一般纳税人购入未完工的房地产老项目(2016年4月30日之前的建筑工程项目)继续开发后,以自己名义立项销售的不动产,属于房地产老项目,可以选择适用简易计税方法按照5%的征收率计算缴纳增值税。

2. 3%征收率

小规模纳税人以及适用简易征收办法的一般纳税人和其他个人,发生除上述以外的其他业务所取得的销售额,增值税征收率为3%。

3. 2%征收率

下列情况减按2%征收增值税。

(1) 一般纳税人销售自己使用过的属于《增值税暂行条例》第十条规定不得抵扣且未抵扣进项税额的固定资产,按照简易办法依照3%征收率减按2%征收增值税。

(2) 小规模纳税人(除其他个人外,下同)销售自己使用过的固定资产,减按2%征收率征收增值税。

(3) 纳税人销售旧货,按照简易办法依照3%征收率减按2%征收增值税。其中,旧货是指进入二次流通的具有部分使用价值的货物(含旧汽车、旧摩托车和旧游艇),但不包括自己使用过的物品。纳税人销售自己使用过的固定资产、旧货,适用按照简易办法依照3%征收率减按2%征收增值税的,按下列公式确定销售额和应纳税额:

$$销售额 = 含税销售额 \div (1 + 3\%)$$
$$应纳税额 = 销售额 \times 2\%$$

【例2-1】 天河服装厂(增值税一般纳税人)决定缩小生产规模,2021年12月3日将闲置的已使用过的机器设备以400万元的价格出售。该批固定资产系在2010年之前购入,含税价格为726.50万元,已计提折旧300万元。请计算该厂的应纳增值税。

按税法规定,销售2010年12月31日前购入固定资产,按照简易办法依照3%征收率减按2%征收增值税。

$$应纳增值税 = [400 \div (1 + 3\%) \times 2\%] = 7.77(万元)$$

该销售事项纳税人应开具增值税普通发票给购买人,不得开具增值税专用发票。

4. 兼营行为的税率选择

纳税人销售货物、提供应税劳务、发生应税行为适用不同税率或者征收率的,应当分别核算适用不同税率或者征收率的销售额。未分别核算销售额的,按照以下方法适用税率或者征收率。

(1) 兼有不同税率的销售货物、提供应税劳务、发生应税行为,从高适用税率。

(2) 兼有不同征收率的销售货物、提供应税劳务、发生应税行为,从高适用税率。

(3) 兼有不同税率和征收率的销售货物、提供应税劳务、发生应税行为,从高适用税率。

(三) 兼营行为

兼营行为的具体规定如下。

(1) 兼有不同税率的销售货物、加工修理修配劳务、服务、无形资产或者不动产,从高适用税率。

(2) 兼有不同征收率的销售货物、加工修理修配劳务、服务、无形资产或者不动产,从高适用征收率。

(3) 兼有不同税率和征收率的销售货物、加工修理修配劳务、服务、无形资产或者不动产,从高适用税率。

(4) 纳税人兼营免税、减税项目的,应当分别核算免税、减税项目的销售额;未分别核算的,不得免税、减税。

二、一般计税方法下应纳增值税额的计算

增值税计税方法包括一般计税方法和简易计税方法。一般纳税人原则上必须采用一般计税方法,销售(提供或者发生)属于财政部和国家税务总局规定的特定的货物(应税劳务或者应税行为),也可以选择适用简易计税方法计税,但是不得抵扣进项税额。小规模纳税人均采用简易计税方法。

一般计税方法的应纳税额是指当期销项税额抵扣当期进项税额后的余额。应纳税额计算公式为:

$$应纳增值税额 = 当期销项税额 - 当期进项税额$$

当期销项税额小于当期进项税额不足抵扣时,其不足部分可以结转下期继续抵扣。

(一) 销项税额的计算

销项税额是纳税人销售货物或提供应税劳务,按照销售额和税率计算并向购买方收取的增值税额,其计算公式为:

$$销项税额 = 销售额 \times 适用税率$$

式中,在适用税率已定的情况下,销售额的确定是正确计算销项税额的关键。税法明确规定了销售额的确定范围和确定方法。

1. 一般销售方式下的销售额

销售额是纳税人销售货物或提供应税劳务向购买方(承受应税劳务视为购买方)收取的全部价款和价外费用,但不包括向购买方收取的销项税额。

价外费用包括向购买方收取的价外手续费、补贴、基金、集资费、返还利润、奖励费、违约金、滞纳金、延期付款利息、赔偿金、代收款项、代垫款项、包装费、包装物租金、储备费、优质费、运输装卸费和其他各种性质的价外收费。价外费用并入销售额计征增值税,为的是防止纳税人以各种名目的收费来分解税基,逃避纳税,但下列项目不包括在内。

(1) 受托加工应征消费税的消费品所代收代缴的消费税。

(2) 同时符合以下条件的代垫运输费用:承运部门的运输费用发票开具给购买方的;纳税人将该项发票转交给购买方的。

(3) 以委托方名义开具发票代委托方收取的款项。

(4) 同时符合以下条件代为收取的政府性基金或者行政事业性收费：一是由国务院或者财政部批准设立的政府性基金，由国务院或者省级人民政府及其财政、价格主管部门批准设立的行政事业性收费；二是收取时开具省级以上财政部门印制的财政票据；三是所收款项全额上缴财政。

(5) 在销售货物的同时代办保险等而向购买方收取的，以及向购买方收取的代购买方缴纳的车辆购置税、车辆牌照费。

应当注意，一般纳税人向购买方收取的价外费用和逾期包装物押金应视为含税收入，在征税时换算成不含税收入再并入销售额。

2. 视同销售行为销售额的确定

纳税人发生视同销售行为，价格明显偏低、偏高且不具有合理商业目的的，或者无销售额的，主管税务机关应按照下列顺序确定其计税销售额。

(1) 按纳税人最近时期销售同类货物的平均销售价格确定。

(2) 按其他纳税人最近时期销售同类货物的平均销售价格确定。

(3) 按组成计税价格确定，计算公式为：

$$组成计税价格＝成本×(1＋成本利润率)$$

征收增值税的货物，同时又征收消费税的，其组成计税价格中应加计消费税税额，计算公式为：

$$组成计税价格＝成本×(1＋成本利润率)＋消费税税额$$

或：

$$组成计税价格＝成本×(1＋成本利润率)÷(1－消费税税率)$$

或：

$$组成计税价格＝[成本×(1＋成本利润率)＋课税数量×消费税定额税率]÷(1－消费税税率)$$

式中，"成本"分为两种情况：属于销售自产货物的为实际生产成本，属于销售外购货物的为实际采购成本。"成本利润率"为10%，但属于应从价定率征收消费税的货物，其组成计税价格公式中的成本利润率为《消费税若干具体问题的规定》中规定的成本利润率（详见第三章消费税组成计税价格的计算）。

【例2-2】 2022年10月，甲厂将自产的运动服作为福利发给本厂职工，共发放A型运动服500套，对外销售价为每件150元（不含税）；发放B型运动服400套，无同类货物销售价，已知生产B型服装的单位成本为700元。请计算该笔业务的销项税额。

A型运动服计税销售额＝500×150＝75 000(元)
B型运动服计税销售额＝400×700×(1＋10%)＝308 000(元)
销项税额＝75 000×13%＋308 000×13%＝49 790(元)

3. 含税销售额的换算

我国现行增值税为价外税，即纳税人向购买方销售货物或提供应税劳务所收取的价款中不包含增值税税款，价款和税款在增值税专用发票上分别注明。作为增值税税基的只是增值税专用发票上单独列明的不含增值税税款的销售额。在实际工作中，常会出现一般纳税人在销售货物或应税劳务时将价款和税款合并定价,合并收取销售额和增值税额的情况。在这种情况下,计算销项税额就必须将含税销售额换算成不含税销售额,其换算公式为:

不含税销售额＝含税销售额÷(1＋增值税税率)

4. 特殊销售方式下销售额的确定

在市场竞争过程中,纳税人会采取某些特殊、灵活的销售方式销售货物,以求扩大销售、占领市场。这些特殊销售方式下销售额的确定方法如下。

1) 以折扣方式销售货物

折扣销售所指的折扣即商业折扣,是指销售方在销售货物、应税劳务、应税服务时,因购买方购货数量较大等原因,而给予的价格方面的优惠或补偿等折扣行为。例如,购买10件商品,可按销售价格给予5%折扣;购买20件,给予10%折扣。按照现行税法规定,纳税人采取折扣方式销售货物,如果销售额和折扣额在同一张发票上分别注明的,可以按折后的销售额征收增值税;如果将折扣额另开发票,不论其在财务上如何处理,均不得从销售额中减除销售额。

需要注意以下几个方面。

(1) 折扣销售与销售折扣不同。销售折扣通常是为了鼓励购货方及时偿还货款而给予的折扣优待。例如,10天内付款,折扣为2%;20天内付款,折扣为1%;30天内全价付款,无折扣。折扣销售则是与销售同时发生,而销售折扣发生在销货之后,因此,销售折扣不得从销售额中减除。

(2) 销售折扣与销售折让不同。销售折让通常是指由于货物的品种或质量等原因引起销售额的减少,即销货方在购货方未退货状况下给予的价格折让。销售折让可以从销售额中减除。

(3) 折扣销售仅限于货物价格的折扣。如果销货方将自产、委托加工和购买的货物用于实物折扣的,该实物款额不得从货物销售额中减除,应按"视同销售货物"计征增值税。

这里需要着重说明的是,税法对纳税人采取折扣方式销售货物销售额的核定,之所以强调销售额与折扣额必须在同一张发票上注明,这主要是从保证增值税征收管理的需要,即征税、扣税相一致考虑的。如果允许按销售额开一张销货发票,对折扣额再开一张退款红字发票,就可能造成销货方按减除折扣额后的销售额计算销项税额,而购货方却按未减除折扣额的销售额及其进项税额进行抵扣的问题,显然会造成增值税计算征收上的混乱。

【例2-3】 天河涂料经销公司系增值税一般纳税人,2022年6月8日,该公司以九折优惠价格销售涂料5 800桶,商品原销售单价为500元,与客户约定销售折扣为1/10,n/30,客户5天之内已付清货款。请计算该笔业务的销项税额。

销项税额＝5 800×500×90%×13%＝339 300(元)

2) 以旧换新方式销售货物

以旧换新销售是指纳税人在销售过程中,折价收回同类旧货物,并以折价款部分冲减货物价款的一种销售方式。税法规定,纳税人采取以旧换新方式销售货物的,应按新货物的同期销售价格确定销售额,不得扣减旧货物的收购价格。考虑到金银首饰以旧换新业务的特殊情况,对金银首饰以旧换新业务,税法规定可以按销售方实际收取的不含增值税的全部价款征收增值税。

【例 2-4】 2022 年 10 月,某商场(一般纳税人)采取以旧换新方式销售变频滚筒洗衣机,开出增值税普通发票,共收到货款 42 000 元,并注明已扣除旧货折价 3 000 元。请计算该商场本月计税销售额和销项税额。

本月计税销售额=(42 000+3 000)÷(1+13%)=39 823(元)
本月应纳增值税=39 823×13%=5 177(元)

3) 还本销售方式销售货物

还本销售是指销货方将货物出售之后,按约定的时间,一次或分次将购货款部分或全部退还给购货方。纳税人采取还本销售方式销售货物的,不得从销售额中减除还本支出。

4) 以物易物方式销售货物

以物易物是一种较为特殊的购销活动,是指购销双方不是以货币结算,而是以同等价款的货物相互结算,从而实现货物购销的一种销售方式。在实际工作中,有的纳税人认为以物易物不是购销行为,销货方收到购货方抵顶货款的货物,认为自己不是购物,购货方发出抵顶货款的货物,认为自己不是销货。这两种认识都是错误的。正确的方法应当是:以物易物双方都应作购销处理,以各自发出的货物核算销售额并计算销项税额,以各自收到的货物核算购货额及进项税额。需要强调的是,在以物易物活动中,双方应各自开具合法的票据,必须计算销项税额,但如果收到货物不能取得相应的增值税专用发票或者其他合法票据,不得抵扣进项税额。

【例 2-5】 2022 年 10 月,天河服装厂以其生产的 A 型运动服与海珠企业生产的 B 型电脑交换,双方交易的协议价值为 92.8 万元(含税价),A 型运动服的成本为 62 万元,B 型电脑的成本为 60 万元,适用的增值税税率均为 13%,双方均开具了防伪税控系统的增值税专用发票。请计算天河服装厂当期确认的增值税销项税额、进项税额和应缴纳的增值税。

当期销项税额=92.8÷(1+13%)×13%=10.68(万元)
当期进项税额=92.8÷(1+13%)×13%=10.68(万元)
当期应缴纳的增值税=10.68-10.68=0(万元)

5. 包装物押金的税务处理

包装物是指纳税人包装本单位货物的各种物品。为了促使购货方尽早退回包装物以便周转使用,在一般情况下,销货方向购货方收取包装物押金,购货方在规定的期间内返回包装物,销货方再将收取的包装物押金返还。根据税法规定,纳税人为销售货物而出租出借包装物收取的押金,单独记账核算的,时间在 1 年内且未过期的,不并入销售额征税;但对因逾期未收回包装物不再退还的押金,应按所包装货物的适用税率计算销项税额。

这里需要注意 3 个问题:一是"逾期"的界定。"逾期"是指按照合同约定实际逾期,或者以 1 年(12 个月)为期限,收取的押金在 1 年以上的视为逾期,无论是否退还均并入销售额征税;二是押金属于含税收入,应先将其换算为不含税销售额再并入销售额征税(注:包装物押金与包装物租金不能混淆,包装物租金属于价外费用,在收取时便并入销售额征税);三是征税税率为所包装货物适用税率。

从 1995 年 6 月 1 日起,我国规定销售除啤酒、黄酒以外的其他酒类产品收取的包装物押金,无论是否返还以及会计上如何核算,均应并入销售额征税。对销售除啤酒、黄酒以外的其他酒类产品所收取的包装物押金,按上述一般押金的规定处理。

【例 2-6】 2022 年 6 月,天河服装厂销售衬衣 20 000 件,每件售价为 400 元(不含税价),对于销售衬衣所用的包装物有两种方案:一是收取包装物租金,每件为 58 元;二是收取包装物押金每件 58 元(押金在 1 年内可以收回)。请分别计算两种方案的销项税额。

方案一:采取收取包装物租金的方式。

当期销项税额 $= 20\ 000 \times 400 \times 13\% + 20\ 000 \times 58 \div (1+13\%) \times 13\% = 1\ 173\ 451.33$(元)。

方案二:采取收取包装物押金的方式。

包装物押金不用并入当月销售额中征税。

当期销项税额 $= 20\ 000 \times 400 \times 13\% = 1\ 040\ 000$(元)。

(二)按差额确定销售额

由于通过增值税的抵扣机制仍然存在一些重复征税的情况,因此,根据营改增的有关规定,下列项目可以按差额确定销售额。需要注意的是,纳税人按照规定从全部价款和价外费用中扣除的价款,应当取得符合法律、行政法规和国家税务总局规定的有效凭证;否则,不得扣除。

1. 金融商品转让

金融商品转让按照卖出价扣除买入价后的余额确认销售额。

转让金融商品出现的正负差,按盈亏相抵后的余额确认销售额。若相抵后出现负差,可结转下一纳税期与下期转让金融商品销售额相抵,但年末时仍出现负差的,不得再转入下一个会计年度。

金融商品的买入价可以选择按照加权平均法或者移动加权平均法进行核算,选择后 36 个月内不得变更。

金融商品转让不得开具增值税专用发票。

2. 经纪代理服务

经纪代理服务以取得的全部价款和价外费用扣除向委托方收取并代为支付的政府性基金或者行政事业性收费后的余额为销售额。向委托方收取的政府性基金或者行政事业性收费,不得开具增值税专用发票。

3. 航空运输服务

航空运输企业的销售额不包括代收的机场建设费和代售其他航空运输企业客票而代收转付的价款。

4. 旅游服务

纳税人提供旅游服务可以选择以取得的全部价款和价外费用,扣除向旅游服务购买方收取并支付给其他单位或者个人的住宿费、餐饮费、交通费、签证费、门票费和支付给其他接团旅游企业的旅游费用后的余额为销售额。选择上述办法计算销售额的纳税人,向旅游服务购买方收取并支付的上述费用,不得开具增值税专用发票,可以开具普通发票。

5. 建筑服务

小规模纳税人和一般纳税人提供建筑服务适用简易计税方法计税的,应以取得的全部价款和价外费用扣除支付的分包款后的余额为销售额。计算公式为:

销售额 $=$ (全部价款和价外费用 $-$ 支付的分包款) $\div (1+3\%)$

一般纳税人提供建筑服务适用一般计税方法计税的,应以取得的全部价款和价外费用为销售额。计算公式为:

$$销售额＝(全部价款和价外费用)÷(1＋9\%)$$

自 2016 年 9 月 1 日起,纳税人跨县(市、区)提供建筑服务,需要按照工程项目分别计算应预交税款。适用一般计税方法的,应以取得的全部价款和价外费用扣除支付的分包款后的余额,按照 2% 的预征率在项目发生地向主管税务机关预交税款;选择适用简易计税方法的一般纳税人以及小规模纳税人,应以取得的全部价款和价外费用扣除支付的分包款后的余额,按照 3% 的征收率在项目发生地向主管税务机关预交税款。纳税人预交的增值税税款,可以在当期增值税应纳税额中抵减;抵减不完的,结转下期继续抵减,并向机构所在地主管税务机关进行汇总纳税申报。纳税人应自行建立预交税款台账,区分不同县(市、区)和项目,逐笔登记全部收入、支付的分包款、已扣除的分包款、扣除分包款的发票号码、已预交税款和预交税款的完税凭证号码等相关内容,留存备查,计算公式为:

$$应预交税款＝(全部价款和价外费用－支付的分包款)÷(1＋税率或征收率)×2\%(3\%)$$

6.房地产开发企业销售自行开发的房地产项目

(1)房地产开发企业中的一般纳税人销售其自行开发的房地产项目适用一般计税方法计税的(选择简易计税方法的房地产老项目除外),以取得的全部价款和价外费用扣除当期销售房地产项目对应的受让土地时向政府部门支付的土地价款后的余额为销售额。其中,向政府部门支付的土地价款包括土地受让人向政府部门支付的征地和拆迁补偿费用、土地前期开发费用和土地出让收益等。计算公式为:

$$销售额＝(全部价款和价外费用－当期允许扣除的土地价款)÷(1＋9\%)$$
$$当期允许扣除的土地价款＝(当期销售房地产项目建筑面积÷房地产项目可供销售面积)×支付的土地价款$$

房地产开发企业中的一般纳税人销售其自行开发的房地产老项目可以选择简易计税方法。其中,房地产老项目是指《建筑工程施工许可证》注明的合同开工日期在 2016 年 4 月 30 日前的房地产项目。适用简易计税方法计税的,以取得的全部价款和价外费用为销售额,不得扣除对应的土地价款,按照 5% 的征收率计税。计算公式为:

$$销售额＝全部价款和价外费用÷(1＋5\%)$$

(2)房地产开发企业中的小规模纳税人销售自行开发的房地产项目,以取得的全部价款和价外费用为销售额,不得扣除对应的土地价款,按照 5% 的征收率计税。计算公式为:

$$销售额＝全部价款和价外费用÷(1＋5\%)$$

(3)房地产开发企业的一般纳税人采取预收款方式销售自行开发的房地产项目,应在收到预收款时按照 3% 的预征率预交增值税。计算公式为:

$$应预交税款＝预收款÷(1＋适用税率或征收率)×3\%$$

适用一般计税方法的,按照 9% 的适用税率计算;适用简易计税方法的,按照 5% 的适用税率计算。一般纳税人应在取得预收款的次月纳税申报期向主管税务机关预交税款。按照规定的纳税义务发生时间正确计算当期应纳税额,抵减已预缴税款后,向主管税务机关申报纳税。未抵减完的预交税款可以结转下期继续抵减。

7. 转让不动产

纳税人(非房地产开发企业)转让其取得的不动产,包括以直接购买、接受捐赠、接受投资入股、自建以及抵债等各种形式取得的不动产,分以下情况计算销售额。

(1) 一般纳税人转让其2016年4月30日前取得(不含自建)的不动产,可以选择适用简易计税方法计税。选择适用简易计税方法计税的,以取得的全部价款和价外费用扣除不动产购置原价或者取得不动产时的作价后的余额为销售额,按照5%的征收率计税。计算公式为:

$$销售额=(全部价款和价外费用-不动产原价或作价)\div(1+5\%)$$

一般纳税人转让其2016年4月30日前自建的不动产,可以选择适用简易计税方法计税,但应以取得的全部价款和价外费用为销售额,按照5%的征收率计税。计算公式为:

$$销售额=(全部价款和价外费用)\div(1+5\%)$$

一般纳税人转让其2016年4月30日前取得或者自建的不动产,选择适用一般计税方法计税的,均以取得的全部价款和价外费用为销售额。计算公式为:

$$销售额=(全部价款和价外费用)\div(1+5\%)$$

一般纳税人转让其2016年5月1日后取得或者自建的不动产,均适用一般计税方法计税,以取得的全部价款和价外费用为销售额。计算公式为:

$$销售额=(全部价款和价外费用)\div(1+5\%)$$

(2) 小规模纳税人(除个人以外)转让其取得(不含自建)的不动产,以取得的全部价款和价外费用扣除不动产购置原价或者取得不动产时的作价后的余额为销售额,按照简易计税方法计税,适用5%的征收率。计算公式为:

$$销售额=(全部价款和价外费用-不动产原价或作价)\div(1+5\%)$$

小规模纳税人(除个人以外)转让其自建的不动产,以取得的全部价款和价外费用为销售额,按照简易计税方法计税,适用5%的征收率。计算公式为:

$$销售额=(全部价款和价外费用)\div(1+5\%)$$

无论是一般纳税人还是小规模纳税人,发生转让不动产行为时应以上述方法计算的销售额按照5%的预征率向不动产所在地主管税务机关预缴税款,向机构所在地主管税务机关申报纳税。计算公式为:

$$应预交税款=销售额\div(1+适用税率或征收率)\times5\%$$

(3) 个人销售其取得(不含自建)的不动产,以取得的全部价款和价外费用扣除不动产购置原价或者取得不动产时的作价后的余额为销售额,按照简易计税方法计税,向不动产所在地主管税务机关按照5%的征收率申报纳税。计算公式为:

$$销售额=(全部价款和价外费用-不动产原价或作价)\div(1+5\%)$$

个人转让自建的不动产,以取得的全部价款和价外费用为销售额,按照简易计税方法计税。计算公式为：

$$销售额 = (全部价款和价外费用) \div (1 + 5\%)$$

个人转让其购买的住房，具体参照相关规定分别按全额或差额计算应纳增值税，向不动产所在地主管税务机关按照5%的征收率申报纳税。

（三）进项税额的抵扣

进项税额是纳税人购进货物、加工修理修配劳务、服务、无形资产或者不动产，所支付或负担的增值税额。进项税额是与销项税额相对应的另一个概念，在开具增值税专用发票的情况下，销售方收取的销项税额就是购买方支付的进项税额。对于一般纳税人而言，由于其在经营活动中既会发生销售货物或提供劳务行为，又会发生购进货物或接受劳务行为，因此，每一个纳税人都会有收取的销项税额和支付的进项税额。增值税的核心就是用纳税人收取的销项税额抵扣其支付的进项税额。其余额即为纳税人实际应缴纳的增值税额。这样，进项税额作为可抵扣的部分，对于纳税人实际纳税多少就产生了举足轻重的作用。

需要注意的是，并不是纳税人支付的所有进项税额都可以从销项税额中抵扣。因此，严格把握哪些进项税额可以抵扣、哪些进项税额不能抵扣是十分重要的。

1. 准予从销项税额中抵扣的进项税额

准予从销项税额中抵扣的进项税额，限于下列增值税扣税凭证上注明的增值税税款和按规定的扣除率计算的进项税额。

（1）从销售方或者提供方取得的增值税专用发票（含税控《机动车销售统一发票》，下同）上注明的增值税额。

【例2-7】 2022年10月21日，天河服装厂外购原材料一批，取得的增值税专用发票上注明的价款为200 000元，原材料已入库。支付运输企业的运输费8 000元（不含税价），取得运输公司开具的货物运输业增值税专用发票。请计算可以抵扣的进项税额和原材料采购成本。

$$可以抵扣的进项税额 = 200\ 000 \times 13\% + 8\ 000 \times 9\% = 26\ 720(元)$$
$$原材料采购成本 = 200\ 000 + 8\ 000 = 208\ 000(元)$$

（2）从海关取得的海关进口增值税专用缴款书上注明的增值税额。

（3）购进农产品可以抵扣的进项税额。

购进农产品，如果取得了增值税专用发票或者海关进口增值税专用缴款书，以扣税凭证上注明的增值税额为进项税额；从小规模纳税人购进农产品，以取得的增值税专用发票上注明的金额和9%的扣除率计算进项税额；取得（开具）农产品销售发票或收购发票的，以农产品收购发票或者销售发票上注明的农产品买价和9%的扣除率计算进项税额。计算公式为：

$$进项税额 = 买价 \times 9\%$$

式中，买价包括纳税人购进农产品在农产品收购发票或者销售发票上注明的价款和按规定缴纳的烟叶税。烟叶收购单位收购烟叶时按照国家有关规定以现金形式直接补贴烟农的生产投入补贴（以下简称价外补贴）属于农产品买价，为"价款"的一部分。烟叶收购单位应将价外补贴与烟叶收购价格在同一张农产品收购发票或者销售发票上分别注明，否则价外补贴不得在计算增值税进项税额时进行抵扣。计算公式为：

烟叶收购金额＝烟叶收购价款×(1＋10％)

烟叶税应纳税额＝烟叶收购金额×税率(20％)

准予抵扣的进项税额＝(烟叶收购金额＋烟叶税应纳税额)×扣除率

【例 2-8】 天河食品公司是一般纳税人，2022 年 9 月 15 日，天河食品公司从农业生产者手中购进免税农产品，收购凭证上注明的价款为 70 000 元；支付运费取得增值税专用发票，运费为 2 000 元，增值税额为 180 元。请计算可以抵扣的进项税额和农产品采购成本。

可以抵扣的进项税额＝70 000×9％＋180＝6 480(元)

农产品采购成本＝70 000×91％＋2 000＝65 700(元)

（4）从境外单位或者个人购进服务、无形资产或者不动产，自税务机关或者扣缴义务人取得的解缴税款的完税凭证上注明的增值税额。

（5）一般纳税人支付的通行费，暂凭取得的通行费发票上注明的收费金额计算可抵扣的进项税额。

高速公路通行费可抵扣进项税额＝[通行费发票注明的金额÷(1＋3％)]×3％

一、二级公路、桥、闸通行费可抵扣进项税额＝[通行费发票注明的金额÷(1＋5％)]×5％

2. 不得从销项税额中抵扣的进项税额

纳税人购进货物或者应税劳务，取得的增值税扣税凭证(增值税专用发票、海关进口增值税专用缴款书、农产品收购发票和农产品销售发票以及从税务机关或者境内代理人取得的解缴税款的税收缴款凭证)不符合法律、行政法规或者国务院税务主管部门有关规定的，其进项税额不得从销项税额中抵扣。若购进货物或者应税劳务时已经抵扣，应将该项进项税额从当期发生的进项税额中扣减。

根据《增值税暂行条例》规定，下列项目的进项税额不得从销项税额中抵扣：

（1）用于简易计税方法计税项目、免征增值税项目、集体福利或者个人消费的购进货物、加工修理修配劳务、服务、无形资产和不动产。其中，个人消费包括纳税人的交际应酬消费。

（2）非正常损失的购进货物以及相关的加工修理修配劳务和交通运输服务。

（3）非正常损失的在产品、产成品所耗用的购进货物(不包括固定资产)、加工修理修配劳务和交通运输服务。

（4）非正常损失的不动产以及该不动产所耗用的购进货物(不包括固定资产)、设计服务和建筑服务。

（5）非正常损失的不动产在建工程所耗用的购进货物(不包括固定资产)、设计服务和建筑服务。

非正常损失是指因管理不善造成货物被盗、丢失、霉烂变质，以及因违反法律法规造成货物或者不动产被依法没收、销毁、拆除的情形。这些非正常损失是由于纳税人自身原因导致的征税对象实体的灭失，为保证税负公平，其损失不应由国家承担，因而纳税人无权要求抵扣进项税额。

从 2009 年 1 月 1 日起，纳税人因自然灾害造成物质损失的相关进项税额可以从销项税额中扣除。自然灾害损失往往是由地震、台风、海啸等不可抗力造成的货物损毁形成的物质损失。因为损失的数额往往较为巨大，如不予以抵扣，纳税人的负担就较重。同时，自然灾害是不可抗力造成的,纳税人已经是尽到保护货物的(法律上保全)的义务,不应再对其施加税款缴纳的负担。

(6) 购进的旅客运输服务、贷款服务、餐饮服务、居民日常服务和娱乐服务。

(7) 纳税人接受贷款服务向贷款方支付的与该笔贷款直接相关的投融资顾问费、手续费、咨询费等费用,其进项税额不得从销项税额中抵扣。

需要注意的是,已抵扣进项税额的货物(不含固定资产)、劳务、服务,发生上述情况的,应当将该进项税额从当期进项税额中扣减;无法确定该进项税额的,按照当期实际成本计算应扣减的进项税额。已抵扣进项税额的固定资产、无形资产或者不动产,发生上述情况的,按照固定资产、无形资产或者不动产的净值及适用税率计算不得抵扣的进项税额。

适用一般计税方法的纳税人,兼营简易计税方法计税项目、免征增值税项目而无法划分不得抵扣的进项税额,按照下列公式计算不得抵扣的进项税额:

不得抵扣的进项税额=当期无法划分的全部进项税额×(当期简易计税方法计税项目销售额
＋免征增值税项目销售额)÷当期全部销售额

【例 2-9】 2022 年 10 月,天河服装厂发生如下业务(购进和销售的货物税率均为 13%):

(1) 将外购已抵扣进项税额的一批货物用于职工福利,无相同货物售价,购入成本为 30 000 元。

(2) 将外购已抵扣进项税额的一批货物用于对外捐赠,无相同货物售价,购入成本为 8 000 元。

(3) 当月外购货物取得增值税专用发票并得到认证,增值税额为 5 000 元。

(4) 当月销售货物取得含税收入 92 800 元。

请计算该纳税人本期应纳增值税额。

(1) 将外购已抵扣进项税额的货物用于职工福利,其进项税额不得抵扣,因此应转出进项税额,无法准确确定该部分进项税额的,按其实际成本计算。

进项税额转出=30 000×13%=3 900(元)

(2) 将外购货物用于对外捐赠应视同销售货物计算销项税额。无同类货物销售价格的,按组成计税价格计算。

销项税额=8 000×(1+10%)×13%=1 144(元)

(3) 外购货物取得增值税专用发票并得到认证,可以抵扣增值税进项税额 5 000 元。

(4) 销项税额=92 800÷(1+13%)×13%=10 676.12(元)

当月应纳增值税=(1 144+10 676.12)−(5 000−3 900)=10 720.12(元)

【例 2-10】 2022 年 8 月,天河服装厂有关业务资料如下:

(1) 购进生产用原材料(布匹)并取得增值税专用发票,发票上注明的价款、税款分别为 200 000 元、26 000 元;支付运输费用 2 000 元(不含税价),取得运输公司开具的货物运输业增值税专用发票。上述款项已付讫,材料已运抵企业。

(2) 将订做的生产经营用包装物运回企业并取得增值税专用发票,发票上注明的价款、税款分别为 3 000 元、390 元;款项已转账付讫。

（3）购进生产用零部件 1 批，取得增值税普通发票，金额为 3 480 元。该批零部件已入库并部分投入使用。

（4）支付生产设备修理费并取得增值税专用发票，发票上注明的修理费、增值税分别为 800 元、104 元。

（5）支付水费，取得自来水公司开具的增值税专用发票，发票注明的价款、增值税款分别为 20 000 元、1 200 元；支付电费，取得供电部门开具的增值税专用发票，发票注明的价款、增值税款分别为 20 000 元、2 600 元；上述水电均为生产、经营管理耗用。

（6）发出各式服装，委托某商场代销。月末收到商场送来的代销清单，代销服装的零售金额（含税）为 80 000 元；服装厂按零售金额的 10% 支付给商场代销手续费 8 000 元。

（7）向某百货公司销售服装一批，货已发出，开具的增值税专用发票上注明的价款为 200 000 元，货款尚未收回。

（8）因管理不善，前期购进的生产用材料（布匹）霉烂变质，实际成本为 6 000 元（包含运费 300 元），该批材料在购进时已取得相关增值税专用发票。

其他资料：该厂上月无留抵税额；本例涉及的增值税专用发票已纳入防伪税控系统，均通过主管税务机关认证。

要求：根据上述资料，分别计算该厂本月实现的销项税额、本月可申报抵扣的进项税额及本月的应纳增值税额。

计算过程如下：

（1）购进原材料并取得增值税专用发票，进项税额可抵扣：

$$可抵扣进项税额 = 26\,000 + 2\,000 \times 9\% = 26\,180(元)$$

（2）委托加工包装物并取得增值税专用发票，进项税额可抵扣：

$$可抵扣进项税额 = 390(元)$$

（3）购进生产用零部件并取得增值税普通发票，进项税额不可抵扣。

（4）支付生产设备修理费并取得增值税专用发票，进项税额可抵扣：

$$可抵扣进项税额 = 104(元)$$

（5）生产、经营管理耗用的水电费并取得增值税专用发票，进项税额可抵扣：

$$可抵扣进项税额 = 1\,200 + 2\,600 = 3\,800(元)$$

（6）委托代销为视同销售货物行为，应计算销项税额：

$$销项税额 = 80\,000 \div (1 + 13\%) \times 13\% = 9\,203.54(元)$$

（7）销售货物，开具增值税专用发票，应计算销项税额：

$$销项税额 = 200\,000 \times 13\% = 26\,000(元)$$

（8）因管理不善，发生非正常损失的购进货物，进项税额不得抵扣：

$$进项税额转出 = 5\,700 \times 13\% + 300 \times 9\% = 768(元)$$

$$销项税额 = 9\,203.54 + 26\,000 = 35\,203.54(元)$$

$$进项税额 = 26\,180 + 390 + 104 + 3\,800 - 768 = 29\,706(元)$$

$$应纳增值税额 = 35\,203.54 - 29\,706 = 5\,497.54(元)$$

（四）计算应纳税额的时间限定

为了保证应纳税额计算的合理、准确性，纳税人必须严格把握"当期进项税额从当期销项税额中抵扣"这个要点。"当期"是个重要的时间限定，具体是指税务机关依照税法规定对纳税人确定的纳税期限；只有在纳税期限内实际发生的销项税额、进项税额才是法定的当期销项税额或当期进项税额。目前，有些纳税人为了达到逃避纳税的目的，把当期实现的销售额隐瞒不记账或滞后记账，以减少当期销项税额，或者把不是当期实际发生的进项税额（上期结转的进项税额除外）也充作当期进项税额，以加大进项税额，少纳税甚至不纳税，这是违反税法规定的行为。为了制止这种违法行为，税法对销售货物或应税劳务计算当期销项税额以及抵扣进项税额的时间作了限定。

1. 计算销项税额的时间限定

增值税纳税人销售货物或提供了应税劳务后，什么时间计算销项税额？这关系到当期销项税额的大小。关于销项税额的确定时间，总的原则是销项税额的确定不得滞后。税法对此作了严格的规定具体确定，以保证准时、准确记录和核算当期销项税额。

2. 进项税额抵扣时间的限定

进项税额是纳税人购进货物或者接受应税劳务所支付或负担的增值税额，进项税额的大小直接影响纳税人应纳税额的多少，而进项税额抵扣时间则影响纳税人不同纳税期应纳税额。关于进项税额的抵扣时间，总的原则是进项税额的抵扣不得提前。税法对不同扣税凭证的抵扣时间作了详细的规定。

1）防伪税控专用发票进项税额抵扣的时间限定

增值税一般纳税人取得 2017 年 1 月 1 日以后开具的增值税专用发票，应自开具之日起 360 日内到税务机关办理认证，并在认证通过的次月申报期内向主管税务机关申报抵扣进项税额。未在规定期限内到税务机关办理认证、申报抵扣或者申请稽核比对的，发票不得作为合法的增值税扣税凭证，不得计算进项税额抵扣（注：本章的例题为了简化核算，假设当月开具的发票均在当月认证通过，并在当月进行抵扣计算）。

自 2018 年 4 月 1 日起，纳税信用等级为 A 级、B 级、M 级、C 级的企业的增值税发票认证取消，它们通过登录增值税发票选择确认平台进行增值税发票信息确认。

2）海关进口增值税专用缴款书进项税额抵扣的时间限定

自 2013 年 7 月 1 日起，增值税一般纳税人进口货物取得的属于增值税扣税范围的海关缴款书，实行"先比对后抵扣"管理办法，经税务机关稽核比对相符后，其增值税额方能作为进项税额在销项税额中抵扣。

增值税一般纳税人进口货物取得属于增值税扣税范围的海关缴款书，应按照有关规定，自开具之日起 180 天内向主管税务机关报送《海关完税凭证抵扣清单》（电子数据），申请稽核比对，如果逾期未申请，其进项税额不予抵扣。

对稽核比对结果为相符的海关缴款书，增值税一般纳税人应在税务机关提供稽核比对结果的当月纳税申报期内申报抵扣，如果逾期，其进项税额不予抵扣。

3）当期进项税额不足抵扣

由于增值税实行购进扣税法，有时企业当期购进的货物很多，在计算应纳税额时会出现当期销项税额小于当期进项税额而不足抵扣的情况，根据税法规定，当期进项税额不足抵扣的部分可以结转下期继续抵扣。

三、简易计税方法下应纳增值税额的计算

(一) 简易计税方法的适用范围

小规模纳税人销售货物、提供应税劳务均采用简易计税方法。一般纳税人销售或提供财政部和国家税务总局规定的特定的货物或应税劳务,也可以选择适用简易计税方法计税。适用简易计税方法计税一经选择,36个月内不得变更。

一般纳税人发生下列应税行为可以选择适用简易计税方法计税。

(1) 公共交通运输服务。公共交通运输服务包括轮客渡、公交客运、地铁、城市轻轨、出租车、长途客运、班车。

(2) 经认定的动漫企业为开发动漫产品提供的动漫脚本编撰、形象设计、背景设计、动画设计、分镜、动画制作、摄制、描线、上色、画面合成、配音、配乐、音效合成、剪辑、字幕制作、压缩转码(面向网络动漫、手机动漫格式适配)服务,以及在境内转让动漫版权(包括动漫品牌、形象或者内容的授权及再授权)。

(3) 电影放映服务、仓储服务、装卸搬运服务、收派服务和文化体育服务。

(4) 以纳入营改增试点之日前取得的有形动产为标的物提供的经营租赁服务。

(5) 在纳入营改增试点之日前签订的尚未执行完毕的有形动产租赁合同。

(6) 一般纳税人以清包工方式提供的建筑服务。其中,以清包工方式提供建筑服务是指施工方不采购建筑工程所需的材料或只采购辅助材料,并收取人工费、管理费或者其他费用的建筑服务。

(7) 为甲供工程提供的建筑服务。其中,甲供工程是指全部或部分设备、材料、动力由工程发包方自行采购的建筑工程。

(8) 一般纳税人销售、出租2016年4月30日前取得的不动产。

(9) 一般纳税人转让2016年4月30日前取得的土地使用权。

(10) 房地产开发企业销售自行开发的房地产老项目。其中,房地产老项目是指《建筑工程施工许可证》注明的合同开工日期在2016年4月30日前的建筑工程项目;未取得《建筑工程施工许可证》的,建筑工程承包合同注明的开工日期在2016年4月30日前的建筑工程项目。

(11) 提供非学历教育服务。

(12) 收取试点前开工的一级公路、二级公路、桥、闸通行费。

(13) 一般纳税人提供劳务派遣服务选择差额纳税的。

(14) 县级及县级以下小型水力发电单位生产的自产电力。

(15) 自产建筑用和生产建筑材料所用的砂、土、石料。

(16) 自产的商品混凝土。

(17) 自产的自来水。

(18) 自来水公司销售自来水。

(19) 寄售商店代销寄售物品。

(20) 典当业销售死当物品。

(21) 药品经营企业销售生物制品。

（二）简易计税方法的应纳税额的计算公式

按简易计税方法销售货物或者应税劳务，实行按照销售额和规定的征收率计算应纳税额的简易方法，并不得抵扣进项税额。计算公式为：

$$应纳税额 = 不含税销售额 \times 征收率$$

$$不含税销售额 = 含税销售额 \div (1 + 征收率)$$

（三）简易计税方法的差额计税的计算公式

（1）小规模纳税人提供建筑服务应以取得的全部价款和价外费用扣除支付的分包款后的余额为销售额。计算公式为：

$$应纳税额 = 不含税销售额 \times 征收率$$

$$不含税销售额 = (全部价款 + 价外费用 - 分包款) \div (1 + 征收率)$$

（2）小规模纳税人转让其取得（不含自建）的不动产，以取得的全部价款和价外费用扣除不动产购置原价或者取得不动产时的作价后的余额为销售额。计算公式为：

$$应纳税额 = 不含税销售额 \times 征收率$$

$$不含税销售额 = (全部价款 + 价外费用 - 不动产购置原价) \div (1 + 征收率)$$

（3）小规模纳税人转让其自建的不动产，以取得的全部价款和价外费用为销售额。计算公式为：

$$应纳税额 = 不含税销售额 \times 征收率$$

$$不含税销售额 = (全部价款 + 价外费用) \div (1 + 征收率)$$

（4）其他个人转让其非自建的住房，以取得的全部价款和价外费用扣除该项不动产购置原价或者取得不动产时的作价后的余额为销售额。计算公式为：

$$应纳税额 = 不含税销售额 \times 征收率$$

$$不含税销售额 = (全部价款 + 价外费用 - 不动产购置原价) \div (1 + 征收率)$$

（5）其他个人转让其自建的不动产，应以取得的全部价款和价外费用为销售额。

四、进口货物应纳增值税额的计算

对进口货物征税是国际惯例。根据《增值税暂行条例》的规定，申报进入中华人民共和国境内海关的货物，均应缴纳增值税。进口货物的收货人（承受人）或办理报关手续的单位和个人为进口货物的纳税义务人。

进口货物的纳税人，无论是一般纳税人还是小规模纳税人，均应按照组成计税价格和规定的税率计算应纳税额。进口货物增值税税率与增值税一般纳税人在国内销售同类货物的税率相同。计算公式为：

$$应纳进口增值税额 = 组成计税价格 \times 税率$$

（1）如果进口的货物不征消费税，则组成计税价格的计算公式为：

$$组成计税价格 = 关税完税价格 + 关税税额$$

(2) 如果进口的货物应征消费税,则组成计税价格的计算公式为:

组成计税价格＝关税完税价格＋关税税额＋消费税税额

或

组成计税价格＝(关税完税价格＋关税)÷(1－消费税税率)

【例 2-11】 天河服装厂是增值税一般纳税人。2022 年 7 月,该厂从国外进口一批原材料(布匹),海关审定的完税价格为 200 万元,该批原材料分别按 10％ 和 13％ 的税率向海关缴纳了关税和进口环节增值税,并取得了相关完税凭证。该批原材料当月加工成产品后全部在国内销售,取得销售收入 500 万元(不含增值税),同时支付运输费 3 万元(不含税价),运输行业增值税税率为 9％,已取得运输公司开具的货物运输业增值税专用发票。已知该厂适用的增值税税率为 13％。计算该厂进口环节应纳增值税额和当月应缴纳的增值税额。

(1) 进口环节应纳增值税额:

进口环节应纳的进口关税＝200×10％＝20(万元)
进口环节应纳增值税的组成计税价格＝200＋20＝220(万元)
进口环节应纳增值税额＝220×13％＝28.6(万元)

(2) 国内销售环节应纳增值税额:

允许抵扣的增值税进项税额＝28.6＋3×9％＝28.87(万元)
国内销售环节的销项税额＝500×13％＝65(万元)
国内销售环节应纳增值税额＝65－28.87＝36.13(万元)

五、税收优惠

增值税的优惠政策由国务院统一规定,任何地区和部门不得擅自出台优惠政策。增值税现行优惠政策如下。

(一) 法定免税项目

增值税的免征是指对货物或应税劳务在纳税人所承担环节的应纳税额全部予以免税。免税只免征自身环节的应纳税额,对货物在以前生产流通环节所缴纳的税款不予退还,免税后的货物仍然负担着一定的增值税,即进项税额。按规定,下列项目免征增值税:

(1) 农业生产者销售的自产农产品。其中,农业是指种植业、养殖业、林业、牧业、水产业;农业生产者包括从事农业生产的单位和个人;农产品是指初级农产品,具体范围由财政部、国家税务总局确定。

(2) 避孕药品和用具。

(3) 古旧图书。古旧图书是指向社会收购的古书和旧书。

(4) 直接用于科学研究、科学试验和教学的进口仪器、设备。

(5) 外国政府、国际组织无偿援助的进口物资和设备。

(6) 由残疾人的组织直接进口供残疾人专用的物品。

(7) 销售自己使用过的物品。自己使用过的物品是指其他个人使用过的物品。

(二) "营改增"规定的税收优惠政策

根据营改增试点过渡政策,下列项目免征增值税(部分列举):

(1) 养老机构提供的养老服务。
(2) 托儿所、幼儿园提供的保育和教育服务。
(3) 医疗机构提供的医疗服务。
(4) 残疾人福利机构提供的育养服务。
(5) 残疾人员本人为社会提供的服务。
(6) 婚姻介绍服务。
(7) 殡葬服务。
(8) 从事学历教育的学校提供的教育服务。
(9) 学生勤工俭学提供的服务。
(10) 农业机耕、排灌、病虫害防治、植物保护、农牧保险和相关技术培训业务,家禽、牲畜、水生动物的配种和疾病防治。
(11) 纪念馆、博物馆、文化馆、文物保护单位管理机构、美术馆、展览馆、书画院、图书馆在自己的场所提供文化体育服务取得的第一道门票收入。
(12) 寺院、宫观、清真寺和教堂举办文化、宗教活动的门票收入。
(13) 个人转让著作权。
(14) 个人销售自建自用住房。
(15) 以下利息收入:①国家助学贷款。②国债、地方政府债。③中国人民银行对金融机构的贷款。④住房公积金管理中心用住房公积金在指定的委托银行发放的个人住房贷款。⑤外汇管理部门在从事国家外汇储备经营过程中委托金融机构发放的外汇贷款。⑥统借统还业务中,企业集团或企业集团中的核心企业以及集团所属财务公司按不高于支付给金融机构的借款利率水平或者支付的债券票面利率水平,向企业集团或者集团内下属单位收取的利息。⑦金融同业往来利息收入。
(16) 保险公司开办的一年期以上人身保险产品取得的保费收入。
(17) 下列金融商品转让收入:①合格境外投资者(QFII)委托境内公司在我国从事证券买卖业务。②香港市场投资者(包括单位和个人)通过沪港通买卖上海证券交易所上市A股。③香港市场投资者(包括单位和个人)通过基金互认买卖内地基金份额。④证券投资基金(封闭式证券投资基金和开放式证券投资基金)管理人运用基金买卖股票债券。⑤个人从事金融商品转让业务。
(18) 纳税人提供技术转让、技术开发和与之相关的技术咨询、技术服务。
(19) 将土地使用权转让给农业生产者用于农业生产。
(20) 工程项目在境外的建筑服务、工程监理服务;工程、矿产资源在境外的工程勘察勘探服务;会议展览地点在境外的会议展览服务;存储地点在境外的仓储服务;标的物在境外使用的有形动产租赁服务;在境外提供的广播影视节目(作品)的播映服务;在境外提供的文化体育服务、教育医疗服务、旅游服务。
(21) 为出口货物提供的邮政服务、收派服务、保险服务。
(22) 向境外单位提供的完全在境外消费的电信服务、知识产权服务、物流辅助服务(仓储服务、收派服务除外)、鉴证咨询服务、专业技术服务、商务辅助服务、广告投放地在境外的广告服务、无形资产。其中,完全在境外消费是指服务的实际接受方在境外,且与境内的货物和不动产无关;或者无形资产完全在境外使用,且与境内的货物和不动产无关。

(23) 自 2012 年 1 月 1 日起,免征蔬菜流通环节增值税。

(24) 自 2016 年 5 月 1 日起,社会团体收取的会费,免征增值税。

(25) 符合规定的研发机构采购的国产设备,按规定实行全额退还增值税。

(26) 自 2021 年 4 月 1 日起,小规模纳税人发生增值税应税销售行为,合计月销售额未超过 15 万元(以 1 个季度为 1 个纳税期的,季度销售额未超过 45 万元,下同)的,免征增值税。小规模纳税人发生增值税应税销售行为,合计月销售额超过 15 万元,但扣除本期发生的销售不动产的销售额后未超过 15 万元的,其销售货物、劳务、服务、无形资产取得的销售额免征增值税。

(27) 个人将购买不足 2 年的住房对外销售的,按照 5% 的征收率全额缴纳增值税;个人将购买 2 年以上(含 2 年)的住房对外销售的,免征增值税。上述政策适用于北京市、上海市、广州市和深圳市之外的地区。

(28) 个人将购买 2 年以上(含 2 年)的普通住房对外销售的,免征增值税。个人将购买 2 年以上(含 2 年)的非普通住房对外销售的,以销售收入减去购买住房的价款后的差额按照 5% 的征收率缴纳增值税。此政策仅适用于北京市、上海市、广州市、深圳市。

(三) 增值税即征即退

(1) 纳税人销售自产的综合利用产品和提供资源综合利用劳务,可享受增值税即征即退政策。退税比例有 30%、50%、70%、100% 四个档次。

(2) 增值税一般纳税人销售其自行开发的软件产品,对其增值税实际税负超过 3% 的部分实行即征即退政策。

(3) 增值税一般纳税人提供管道运输服务,对其增值税实际税负超过 3% 的部分实行即征即退政策。

(4) 经批准从事融资租赁业务的试点纳税人中的增值税一般纳税人,提供有形动产融资租赁业务和有形动产融资性售后回租服务,对其增值税实际税负超过 3% 的部分实行即征即退政策。

(5) 纳税人安置残疾人员按照纳税人所在区(县)适用的经省(含自治区、直辖市、计划单列市)人民政府批准的月最低工资标准 4 倍享受增值税即征即退优惠政策。

(四) 增值税起征点的规定

个体工商户(不包括认定为一般纳税人的个体工商户)和其他个人的销售额未达到国务院财政、税务主管部门规定的增值税起征点的,免征增值税;达到起征点的,按规定全额计算缴纳增值税。具体起征点由省级财政厅(局)和国家税务局在规定幅度内确定,并报财政部、国家税务总局备案。增值税起征点幅度如下:

(1) 按期纳税的,起征点为月销售额 5 000 元—20 000 元(含本数)。

(2) 按次纳税的,起征点为每次(日)销售额 300 元—500 元(含本数)。

增值税小规模纳税人中月销售额未达到 10 万元的企业或非企业性单位,免征增值税。

(五) 其他有关减免税规定

(1) 纳税人兼营免税、减税项目的,应当分别核算免税、减税项目的销售额;未分别核算销售额的,不得免税、减税。

(2) 纳税人销售货物或提供应税劳务适用免税规定的,可以放弃免税,放弃免税后,36 个月内不得再申请免税。

第三节 增值税的会计核算

一、设置账户

(一)一般纳税人增值税核算的账户设置

我国增值税实行"价外计税",即以不含增值税税款的价格为计税依据,同时根据增值税专用发票注明税额实行税款抵扣制度,按购进扣税法的原则计算应纳税额。因此,货物、应税劳务和应税服务的价款、税款应分别核算。

在会计核算上,一般纳税人应在"应交税费"账户下设置"应交增值税""简易计税""预交增值税""未交增值税""待抵扣进项税额""待认证进项税额""待转销项税额""增值税留抵税额""转让金融商品应交增值税"和"代扣代交增值税"等相关二级账户。

1."应交税费——应交增值税"账户

"应交税费——应交增值税"账户用来核算企业增值税的计算、解缴和抵免等情况。该账户的借方反映企业购进货物或接受应税劳务和应税服务所支付的进项税额和实际已缴的增值税税款;贷方反映企业销售货物或者提供应税劳务和应税服务所取得的销项税额、出口货物退税、转出不得抵扣的进项税额;期末借方余额反映期末留抵的增值税额。

"应交税费——应交增值税"二级明细账户一般设置借贷多栏账,多栏账包括以下10个项目。

(1)"进项税额"借方专栏,用来核算企业购入货物或接受应税劳务和应税服务而支付的并准予从销项税额中抵扣的增值税额;若发生购货退回或折让,应以红字记入,以示冲销的进项税额。

(2)"已交税金"借方专栏,用来核算企业本期(月)上缴应交增值税额,若缴纳以前各期的增值税款应通过"应交税费——未交增值税"账户。

(3)"减免税款"借方专栏,用来核算一般纳税人按现行制度规定准予减免的增值税税额。

(4)"出口抵减内销产品应纳税额"借方专栏,用来核算实行"免、抵、退"办法的生产企业出口货物按规定计算的抵减内销产品的应纳税额。

(5)"销项税额抵减"借方专栏,用来核算一般纳税人差额计税时允许扣减销售额而减少的销项税额。

(6)"转出未交增值税"借方专栏,用来核算一般纳税人月末转出的当月未交增值税税额。

(7)"销项税额"贷方专栏,用来核算企业销售货物、提供应税劳务和应税服务应收取的增值税额。若发生销货退回或销售折让,应以红字记入,以示冲减销项税额。

(8)"出口退税"贷方专栏,用来核算一般纳税人根据国家的出口退税政策退回的增值税税额。

（9）"进项税额转出"贷方专栏，用来核算一般纳税人购进货物、在产品、产成品等发生非正常损失及其他情况时，不应从销项税额中抵扣而应按规定转出的进项税额。

（10）"转出多交增值税"借方专栏，用来核算一般纳税人月末转出的当月多交增值税税额。

2."应交税费——简易计税"账户

"应交税费——简易计税"账户用来核算一般纳税人选择适用简易计税办法的业务所发生的增值税计提、抵减、预缴以及缴纳等业务。该账户的贷方登记计提的增值税额以及实际缴纳的增值税额；借方登记差额计税时允许抵减的增值税额以及预缴的增值税额；期末借方余额反映多缴的增值税额，贷方余额反映尚未缴纳的税额。

3."应交税费——预交增值税"账户

"应交税费——预交增值税"账户用来核算一般纳税人转让不动产、提供不动产经营租赁服务、提供建筑服务、采用预收款方式销售自行开发的房地产项目等，按规定应预缴的增值税额。该账户的借方登记预缴的增值税额；月末根据相关规定计算的应纳税额从贷方转入"应交税费——未交增值税"；期末借方余额反映未抵减完的预交税款。

4."应交税费——未交增值税"账户

"应交税费——未交增值税"账户用来核算一般纳税人的增值税缴纳情况。月度终了从"应交税费——应交增值税"结转当月应交未交的增值税额，借记"应交税费——应交增值税（转出未交增值税）"，贷记该账户；从"应交税费——应交增值税"结转当月多交的增值税额，借记该账户，贷记"应交税费——应交增值税（转出多交增值税）"；从"应交税费——预交增值税"结转已预缴的增值税额，借记该账户，贷记"应交税费——预交增值税"；实际缴纳增值税时，借记该账户，贷记"银行存款"账户。

5."应交税费——待抵扣进项税额"账户

"应交税费——待抵扣进项税额"账户用来核算一般纳税人取得了相应的扣税凭证，但按照现行规定准予以后期间从销项税额中抵扣的进项税额。该账户的借方登记取得扣税凭证但不能在当期进行抵扣的进项税额，贷方登记在允许抵扣的期间结转至"应交税费——应交增值税（进项税额）"账户的金额。期末借方余额反映尚未抵扣的进项税额。

6."应交税费——待认证进项税额"账户

"应交税费——待认证进项税额"账户用来核算一般纳税人已取得扣税凭证，但尚未经税务机关认证而不得从当期销项税额中抵扣的进项税额。该账户的借方登记取得扣税凭证但尚未经税务机关认证的进项税额；贷方登记通过认证后结转至"应交税费——应交增值税（进项税额）"账户的金额。期末借方余额反映尚未经税务机关认证的进项税额。

7."应交税费——待转销项税额"账户

"应交税费——待转销项税额"账户用来核算一般纳税人销售货物、加工修理修配劳务、服务、无形资产或不动产，已确认相关收入（或利得）但尚未发生增值税纳税义务而需于以后期间确认为销项税额的增值税额。

8."应交税费——增值税留抵税额"账户

"应交税费——增值税留抵税额"账户用来核算兼有销售服务、无形资产或者不动产的原增值税一般纳税人，截至纳入营改增试点之日前的增值税期末留抵税额按照现行增值税制度规定不得从销售服务、无形资产或不动产的销项税额中抵扣的增值税留抵税额。

9. "应交税费——转让金融商品应交增值税"账户

"应交税费——转让金融商品应交增值税"账户用来核算增值税纳税人转让金融商品发生的增值税额。

10. "应交税费——代扣代交增值税"账户

"应交税费——代扣代交增值税"明细科目核算纳税人购进在境内未设经营机构的境外单位或个人在境内的应税行为代扣代缴的增值税。

(二)小规模纳税人增值税核算的账户设置

小规模纳税人只需在"应交税费"账户下设置"应交增值税"二级账户,不需要设置上述专栏。"应交税费——应交增值税"账户贷方反映应交增值税;借方反映实际上交的增值税;贷方余额反映尚未上缴或欠缴的增值税,借方余额反映多缴的增值税。

如有金融商品转让和代扣代交增值税的相关业务还应在"应交税费"账户下设置"转让金融商品应交增值税""代扣代交增值税"两个二级明细科目。

二、增值税进项税额的会计核算

按照增值税税款抵扣的规定,纳税人购买(进口)货物、无形资产、不动产,购入加工修理修配劳务或者购入服务时,满足抵扣条件的进项税额可以从当期的销项税额中抵扣,应记入"应交税费——应交增值税"账户的借方专栏"进项税额";而不符合条件的进项税额不允许从当期的销项税额中抵扣,不能记入"应交税费——应交增值税"账户的借方专栏"进项税额",而应计入采购货物(购入无形资产、不动产视同采购货物,下同)的成本或者相关费用中,因此,在会计处理上要视不同情况做不同处理。

(一)准予抵扣的进项税额

1. 取得货物、无形资产、不动产的进项税额

取得货物、无形资产、不动产时,符合抵扣条件的进项税额,直接按照企业取得的增值税专用发票上注明的买价,借记"在途物资""原材料""无形资产""固定资产""制造费用""管理费用"等账户;按照增值税专用发票上注明的增值税额,借记"应交税费——应交增值税(进项税额)"账户;按照实际支付或应付的金额,以及按照取得货物、无形资产、不动产的不同来源渠道贷记"银行存款""应付账款""应付票据""实收资本""资本公积""营业外收入"等账户。

【例2-12】 2022年10月8日,天河服装厂购进原材料(布匹)一批,取得的增值税专用发票注明价款300 000元,税款为39 000元。原材料已验收入库,该厂已开出一张面额339 000元、期限为6个月的银行承兑汇票。请对该笔业务进行会计核算。

借:原材料　　　　　　　　　　　　　　　　　　　　　　　　　300 000
　　应交税费——应交增值税(进项税额)　　　　　　　　　　　　39 000
　　贷:应付票据　　　　　　　　　　　　　　　　　　　　　　　339 000

【例2-13】 2022年10月15日,天河服装厂接受某供应商捐赠包装物一批,取得相应的增值税专用发票,其上注明的价款为10 000元,税款为1 300元。请对该笔业务进行会计核算。

借:周转材料——包装物	10 000
应交税费——应交增值税(进项税额)	1 300
贷:营业外收入	11 300

【例 2-14】 2022 年 10 月 25 日,天河新科公司取得德明股份公司投入专利一项,增值税专用发票上注明的价款为 700 000 元,增值税额为 91 000 元,款项已支付。根据协议,资本溢价为 162 000 元。请对该笔业务进行会计核算。

借:无形资产	700 000
应交税费——应交增值税(进项税额)	91 000
贷:实收资本	629 000
资本公积	162 000

【例 2-15】 2022 年 10 月 30 日,天河服装厂支付本月水费 15 000 元,其中:车间用水 10 000 元,管理部门用水 5 000 元,增值税专用发票注明的增值税额为 450 元(征收率 3%)。请对该笔业务进行会计核算。

借:制造费用	10 000
管理费用	5 000
应交税费——应交增值税(进项税额)	450
贷:银行存款	15 450

2. 购入加工、修理修配劳务,购入服务的进项税额

购入加工、修理修配劳务,购入服务时,符合抵扣条件的进项税额,直接按照企业取得的增值税专用发票上注明的价款,借记"委托加工物资""在建工程""制造费用""管理费用""销售费用""财务费用"等账户;按照注明的增值税额,借记"应交税费——应交增值税(进项税额)"账户;按照实际支付或应付的金额,贷记"银行存款""应付账款""应付票据"等账户。

【例 2-16】 2022 年 10 月 18 日,天河服装厂委托发出布料 80 000 元,委托海珠天利工厂加工一批服装。10 月 28 日加工完毕,支付天利工厂加工费 1 100 元,增值税专用发票上注明的增值税额为 143 元,开出转账支票支付。请对该笔业务进行会计核算。

发出材料时:

借:委托加工物资	80 000
贷:原材料	80 000

支付加工费时:

借:委托加工物资	1 100
应交税费——应交增值税(进项税额)	143
贷:银行存款	1 243

加工完毕,收回产品时:

借:库存商品	81 100
贷:委托加工物资	81 100

3. 收购免税农产品

企业向农业生产者收购免征增值税的农产品时,按收购凭证上注明的收购价款和规定的扣除率(9%)计算的进项税额,借记"应交税费——应交增值税(进项税额)"账户,按收购价款扣除可抵扣进项税额的差额,借记"在途物资""原材料""库存商品"等账户,按实际支付或应付的款项,贷记"银行存款""应付账款"等账户。

【例2-17】 2022年10月28日,天河肉联厂收购猪肉1 000千克,每千克收购价为12元,以现金支付,开出收购凭证。请对该笔业务进行会计核算。

借:原材料　　　　　　　　　　　　　　　　　　　　　　　　　　　10 920
　　应交税费——应交增值税(进项税额)　　　　　　　　　　　　　　1 080
　　贷:库存现金　　　　　　　　　　　　　　　　　　　　　　　　　12 000

4. 待抵扣进项税额

一般纳税人2016年5月1日后取得(2019年后已取消)的按固定资产核算的不动产或不动产在建工程,其进项税额应自取得之日起分2年从销项税额中抵扣。第一年抵扣比例为60%,第二年抵扣40%。购入固定资产时,按扣税凭证上注明进项税额的60%,借记"应交税费——应交增值税(进项税额)",按扣税凭证上注明进项税额的40%,借记"应交税费——待抵扣进项税额"。第二年,将待抵扣进项税额结转至"应交税费——应交增值税(进项税额)"。

【例2-18】 天河服装厂2018年8月1日购入设备一台,取得增值税专用发票,发票注明价款1 250 000元,增值税款200 000元。请对该笔业务进行会计核算。

借:原材料　　　　　　　　　　　　　　　　　　　　　　　　　　1 250 000
　　应交税费——应交增值税(进项税额)　　　　　　　　　　　　　　120 000
　　应交税费——待抵扣进项税额　　　　　　　　　　　　　　　　　　80 000
　　贷:银行存款　　　　　　　　　　　　　　　　　　　　　　　　1 450 000

第二年:

借:应交税费——应交增值税(进项税额)　　　　　　　　　　　　　　80 000
　　贷:应交税费——待抵扣进项税额　　　　　　　　　　　　　　　　80 000

5. 待认证进项税额

纳税人取得扣税凭证后,应将扣税凭证通过税务机关认证,经认证后才能抵扣。若采购业务发生时还未通过认证,应将进项税额先记入"应交税费——待认证进项税额"账户过渡,待通过认证后再转入"应交税费——应交增值税(进项税额)"账户。

【例2-19】 2022年7月30日,天河服装厂收到银行转来的购买海珠批发市场布匹的"托收承付结算凭证"及增值税专用发票,发票上注明的价款为500 000元,增值税额为65 000元,布匹已验收入库,向银行办理了承付手续,但发票尚未通过认证。请对该笔业务进行会计核算。

借:在途物资——布匹　　　　　　　　　　　　　　　　　　　　　　500 000
　　应交税费——待认证进项税额　　　　　　　　　　　　　　　　　　65 000
　　贷:银行存款　　　　　　　　　　　　　　　　　　　　　　　　　565 000

材料验收入库时：

借：原材料——布匹　　　　　　　　　　　　　　　　　　　　　　500 000
　　贷：在途物资——布匹　　　　　　　　　　　　　　　　　　　　500 000

认证通过时：

借：应交税费——应交增值税（进项税额）　　　　　　　　　　　　65 000
　　贷：应交税费——待认证进项税额　　　　　　　　　　　　　　65 000

（二）不得抵扣的进项税额

根据相关规定，一般纳税人取得的增值税扣税凭证不符合相关规定的，或者用于简易计税方法计税项目、用于免税项目、用于集体福利或者个人消费的购进，以及非正常损失的相关购进、购进的旅客运输服务、购进的贷款服务，相应的进项税额不得从销项税额中抵扣。不得抵扣的进项税额不能记入"应交税费——应交增值税"账户的借方专栏"进项税额"，而应计入采购货物（购入无形资产、不动产视同采购货物，下同）的成本或者相关费用中。

【例 2-20】 2022 年 10 月 15 日，天河服装厂购进原材料（布匹）一批，取得增值税普通发票，其上注明的价款为 120 000 元，税款为 15 600 元。原材料已验收入库，开出转账支票付款。请对该笔业务进行会计核算。

借：原材料　　　　　　　　　　　　　　　　　　　　　　　　　135 600
　　贷：应付票据　　　　　　　　　　　　　　　　　　　　　　　135 600

（三）增值税进项税额转出

按税法规定，企业购进的货物、无形资产、固定资产（包括不动产）发生非正常损失及改变用途等情况，其进项税额不得从销项税额中扣除。由于相应的增值税税额在其购进时已作为进项税额从当期的销项税额中作了扣除，故应将其从本期的进项税额中转出。借记有关成本、费用、损失等账户，贷记"应交税费——应交增值税（进项税额转出）"账户。

1. 改变用途

购进的货物、应税劳务、服务、无形资产和不动产，企业支付的增值税已记入"进项税额"专栏，若日后它们被用于简易计税方法计税项目、免税项目、集体福利、个人消费时，属于改变了它们的用途，应将其负担的增值税从"进项税额"专栏中转出，根据不同的用途，分别借记"生产成本""制造费用""应付职工薪酬"等账户，贷记"应交税费——应交增值税（进项税额转出）"账户。

【例 2-21】 2022 年 7 月 25 日，天河元仓商品批发中心将准备作为商品出售的大米 2 000 袋作为职工福利发给职工，该商品的进价为 150 元/袋。请对该笔业务进行会计核算。

应转出的进项税额＝（2 000×150）×13％＝39 000（元）

借：应付职工薪酬　　　　　　　　　　　　　　　　　　　　　　339 000
　　贷：库存商品——大米　　　　　　　　　　　　　　　　　　　300 000
　　　　应交税费——应交增值税（进项税额转出）　　　　　　　　39 000

【例 2-22】 2022 年 7 月，天河锐意广告有限公司购入 100 套时装用于商业演出，增值税专用发票上注明的价款为 18 万元,进项税额 2.34 万元,款已支付,货物已验收入库并已做相应会计处理。12 月 30 日,该公司从仓库中领用所购入的时装 20 套作为福利发放给职工。请对该笔领用业务进行会计核算。

应转出的进项税额＝23 400÷100×20＝4 680(元)

借:应付职工薪酬　　　　　　　　　　　　　　　　　　　　40 680
　　贷:周转材料　　　　　　　　　　　　　　　　　　　　　36 000
　　　　应交税费——应交增值税(进项税额转出)　　　　　　　4 680

2. 非正常损失货物

购进货物因管理不善造成被盗、丢失、霉烂变质等,以及被执法部门依法没收或者强令自行销毁,称为非正常损失。非正常损失的货物不可能再出售,其税负也就不能再向后转嫁。因购进货物时支付的增值税额已记入"进项税额"专栏,因此,发生损失后应将其转出,即与遭受损失的资产成本一起转作待处理财产损溢,待查明原因后进行处理。

由于非正常损失的购进货物和非正常损失的在产品、产成品所耗用的购进货物或者应税劳务的进项税额,一般都已在以前的纳税期做了抵扣,发生损失后,一般很难核实所失的货物或劳务是在过去何时购进的。其原始进价和进项税额也无法准确核定,因此,应转出的进项税额一般按货物或劳务的账面实际成本计算。对损失的在产品、产成品耗用的外购货物或应税劳务的实际成本,还需要参照本企业近期的成本资料加以计算。

【例 2-23】 2022 年 8 月 31 日,天河服装厂在月末盘点时发现短缺原材料(布匹) 20 000 元(不含增值税),原因待查。该厂先调整有关账目:

借:待处理财产损溢　　　　　　　　　　　　　　　　　　　　20 000
　　贷:原材料——布匹　　　　　　　　　　　　　　　　　　　20 000

短缺的布匹经查属仓库保管员张某的过失造成被盗,保管员应负赔偿责任。经查,短缺布匹增值税进项税额为 2 600 元,该损失属于非正常损失,进项税额不得抵扣,应作进项税额转出处理。其会计处理为:

借:其他应收款——张某　　　　　　　　　　　　　　　　　　22 600
　　贷:待处理财产损溢　　　　　　　　　　　　　　　　　　　20 000
　　　　应交税费——应交增值税(进项税额转出)　　　　　　　2 600

三、增值税销项税额的会计核算

(一)一般销售方式下的销项税额核算

在一般销售方式下,企业应根据不同的货款结算方式,确定增值税纳税义务的发生时间,确认销项税额。按实现的销售收入额,贷记"主营业务收入""其他业务收入"等账户;根据增值税发票上所列增值税额,贷记"应交税费——应交增值税(销项税额)"账户,按实际收到或应收的价款和税款,借记"银行存款""应收账款""应收票据"等账户。

销售货物时收取的价外费用要应视为含税收入,先换算,再计算税款,并根据不同项目,借记"银行存款""应收账款""应收票据"等账户,贷记"其他业务收入"等账户。

【例2-24】 2022年6月20日,天河服装厂向天河商场销售西装300套,单价为350元,增值税额为13 650元,另以现金支付运费,取得货物运输业增值税专用发票,其上注明的运费为600元,增值税额54元,货款尚未收到。请对该笔业务进行会计核算。

借:应收账款——天河商场　　　　　　　　　　　　　　　　118 650
　　贷:主营业务收入　　　　　　　　　　　　　　　　　　　105 000
　　　　应交税费——应交增值税(销项税额)　　　　　　　　 13 650

借:销售费用　　　　　　　　　　　　　　　　　　　　　　　　600
　　应交税费——应交增值税(进项税额)　　　　　　　　　　　　54
　　贷:库存现金　　　　　　　　　　　　　　　　　　　　　　 654

【例2-25】 2022年8月16日,天河服装厂销售服装时取得出租包装物租金收入2 260元,开出普通发票,已收到现金。请对该笔业务进行会计核算。

借:库存现金　　　　　　　　　　　　　　　　　　　　　　 2 260
　　贷:其他业务收入——出租包装物　　　　　　　　　　　　 2 000
　　　　应交税费——应交增值税(销项税额)　　　　　　　　　 260

【例2-26】 2022年9月3日,天河服装厂销售服装300套,每套不含税销售价格为600元,单位成本为400元,30日后收到货款,同时收取滞纳金10 000元。请对该笔业务进行会计核算。

收取的滞纳金为价外费用,滞纳金应纳税额的计算为:

不含税销售额＝10 000÷(1+13%)＝8 849.56(元)

应纳增值税＝8 849.56×13%＝1 150.44(元)

① 借:应收账款　　　　　　　　　　　　　　　　　　　　　203 400
　　　贷:主营业务收入　　　　　　　　　　　　　　　　　　180 000
　　　　　应交税费——应交增值税(销项税额)　　　　　　　　23 400

② 借:主营业务成本　　　　　　　　　　　　　　　　　　　120 000
　　　贷:库存商品　　　　　　　　　　　　　　　　　　　　120 000

③ 借:银行存款　　　　　　　　　　　　　　　　　　　　　213 400
　　　贷:应收账款　　　　　　　　　　　　　　　　　　　　203 400
　　　　　营业外收入　　　　　　　　　　　　　　　　　　 8 849.56
　　　　　应交税费——应交增值税(销项税额)　　　　　　　1 150.44

(二) 特殊销售方式下销项税额的会计核算

1. 折扣方式销售

1) 折扣销售

折扣销售也称商业折扣,是指销货方在销售货物或应税劳务时,因购货方购货数量较大等原因而给予购货方的价格优惠(打折)。该折扣在交易成立及实际付款之前予以扣除,税法规定:如果销售额和折扣额在同一张发票上的"金额"栏分别注明的,可按扣除这部分折扣后的销售额计算销项税额;未在同一张发票"金额"栏注明折扣额,仅在发票的"备注"栏注明折扣额的,折扣额不得销售额中扣除。如果将折扣额另开发票的,也不得从销售额中扣除折扣额,即要按折扣前的销售额全额计算销项税额,相应的会计处理与一般销售方式相同。

折扣销售仅限于货物价格的折扣,如果销货者将自产、委托加工和购买的货物用于实物折扣的,则该实物款额不能从货物销售额中减除,且该实物折扣应按《增值税暂行条例》"视同销售货物"中的"将自产、委托价加工或者购进的货物无偿赠送其他单位或者个人"的行为计算征收增值税。

2) 销售折扣

销售折扣又称现金折扣,它是销货方为了鼓励购货方及早偿还货款,而协议许诺购货方的一种折扣优待(如10天内付款,货款折扣率为2%;20天内付款,货款折扣率为1%)。销售折扣发生在销货之后,是一种融资性质的理财费用,因此,计税时销售折扣不得从销售额中减除,应记入"财务费用"账户。现金折扣的会计处理方法有总价法和净价法两种,我国会计实务采用总价法。

【例2-27】 2022年5月21日,天河服装厂赊销商品一批,货款金额总计200 000元(不含税),给买方的商业折扣为10%,适用增值税税率为13%。1个月后,收到转账支票。请对该笔业务进行会计核算。

借:应收账款   203 400
　　贷:主营业务收入   180 000
　　　　应交税费——应交增值税(销项税额)   23 400

收到货款时:

借:银行存款   203 400
　　贷:应收账款   203 400

【例2-28】 2022年6月19日,天河服装厂销售一批服装给海珠企业,增值税专用发票上注明的价款为100 000元,税额为13 000元,规定现金折扣条件为"2/10,1/20,n/30"。请对该笔业务采用总价法进行会计核算。

(1) 发出产品并办理完托收手续时:

借:应收账款   113 000
　　贷:主营业务收入   100 000
　　　　应交税费——应交增值税(销项税额)   13 000

(2) 上述货款在10日内付款时:

借:银行存款   111 000
　　财务费用   2 000
　　贷:应收账款   113 000

(3) 上述货款超过10日不超过20日付款时:

借:银行存款   112 000
　　财务费用   1 000
　　贷:应收账款   113 000

(4) 上述货款超过20日付款时:

借：银行存款　　　　　　　　　　　　　　　　　　　　　　　　113 000
　　贷：应收账款　　　　　　　　　　　　　　　　　　　　　　　　113 000

2. 包装物出售、出租、收取押金业务的会计核算

1）包装物出售

随同产品销售、单独计价的包装物，按销售货物计算缴纳增值税。按应收或实际收到的全部价款，借记"银行存款""应收账款"等账户，按应确认的收入，贷记"其他业务收入"账户，按计算出应纳的增值税额，贷记"应交税费——应交增值税（销项税额）"账户。

随同产品销售且不单独计价的包装物，其收入随同所销售的产品一起记入"主营业务收入"账户，会计处理同一般销售业务。

2）包装物出租

按税法规定，纳税人销售货物或应税劳务向购买方收取的包装物租金属于价外费用，应换算为不含税金额后计算缴纳增值税。按租金金额，借记"银行存款""应收账款"等账户，按不含税金额，贷记"其他业务收入"账户，按应缴纳的增值税，贷记"应交税费——应交增值税（销项税额）"账户。

3）收取包装物押金

销售酒类产品之外的货物而收取的押金，如果包装物逾期未收回时没收押金，应按适用税率（与销售货物的增值税税率相同）计算销项税额。"逾期"以1年为限，收取押金超过1年时，无论是否退还，均应并入销售额计税。按收取的押金（此时为含增值税的销售额），借记"其他应付款"账户，按规定的税率将押金收入换算为不含增值税的销售额，贷记"其他业务收入"等账户，按换算为不含增值税的销售额和规定的税率计算的增值税，贷记"应交税费——应交增值税（销项税额）"账户。销售酒类产品而收取的押金分两种情况：一是啤酒、黄酒，其计税要求、会计处理方法同上。二是其他酒类，销售这类货物时收取的包装物押金无论将来押金是否返回、是否按时返还以及财务会计如何核算，均应并入当期销售额计税，收到押金时，借记"银行存款"账户，贷记"其他应付款"账户；同时，将含增值税的押金收入，换算为不含增值税的销售额和规定的税率计算的增值税，借记"销售费用"账户，贷记"应交税费——应交增值税（销项税额）"账户；退回押金时，借记"其他应付款"账户，贷记"银行存款"账户。

【例2-29】 2022年8月26日，天河服装厂销售服装4 000件，单价为450元，增值税额为234 000元，出租包装物40个，承租期为1个月，租金共计2 260元，一次收取包装物押金4 800元，账款尚未收到。请对该笔业务进行会计核算。

包装物租金销售额＝2 260÷(1＋13%)＝2 000(元)
包装物租金应计销项税额＝2 000×13%＝260(元)

借：应收账款　　　　　　　　　　　　　　　　　　　　　　　　2 041 060
　　贷：主营业务收入　　　　　　　　　　　　　　　　　　　　　　1 800 000
　　　　其他业务收入　　　　　　　　　　　　　　　　　　　　　　　　2 000
　　　　应交税费——应交增值税（销项税额）　　　　　　　　　　　234 260
　　　　其他应付款——包装物押金　　　　　　　　　　　　　　　　　4 800

如果包装物逾期没收回，没收押金：

包装物押金应计销项税额＝4 800÷(1+13％)×13％＝552.21(元)

借：其他应付款——包装物押金　　　　　　　　　　　　　　　4 800
　　贷：其他业务收入　　　　　　　　　　　　　　　　　　　　4 247.79
　　　　应交税费——应交增值税(销项税额)　　　　　　　　　　　552.21

3. 以旧换新业务的会计核算

纳税人采取以旧换新方式销售货物的,应按新货物的同期销售价格确定销售额,不得扣减旧货物的收购价格。按新货物的售价贷记"主营业务收入"账户,按新货物的售价计算销项税额,贷记"应交税费——应交增值税(销项税额)"账户,按应收或实际收到的全部价款,借记"银行存款""应收账款"等账户。

【例2-30】 2022年7月,百货大楼销售A牌彩电,零售价为5 800元/台,若顾客交还同品牌旧彩电可以作价500元,按差价5 300元就可换回全新彩电。当月采用此种方式销售彩电300台。请对该笔业务进行会计核算。

借：银行存款　　　　　　　　　　　　　　　　　　　　　　　1 590 000
　　库存商品——旧彩电　　　　　　　　　　　　　　　　　　　150 000
　　贷：主营业务收入　　　　　　　　　　　　　　　　　　　　1 539 823
　　　　应交税费——应交增值税(销项税额)　　　　　　　　　　　200 177

(三) 视同销售业务的会计核算

视同销售是指在会计上不作为销售核算,而在税务上视同销售并确认计缴增值税的商品或劳务的转移行为。根据税法规定,所有视同销售行为都应正常计税。对于视同销售货物的行为,在会计处理上一般可分为两种情况:如果视同销售行为能获得收益或体现企业与外部的关系,就作为主营业务收入处理,如委托代销商品等业务,应按正常的销售程序核算,即按售价贷记"主营业务收入"账户并计算"销项税额",再按成本结转"主营业务成本";而其他销售行为,如货物无偿赠送他人等业务,则不通过"主营业务收入"账户核算,应在货物发出时直接按成本结转,根据税法的规定,按货物的成本或双方确认的价值、同类产品的销售价格或组成计税价格乘以适用税率计算应纳增值税,并记入"销项税额"专栏。

1. 委托代销商品

委托代销是用来扩大企业商品销售范围和销售量的一种经营措施,是委托其他单位代为销售商品的一种销售方式。按税法的规定,将货物交付他人代销,应视同销售货物,在收到代销清单前已收到全部或部分货款的,其纳税义务发生时间为收到全部或部分货款的当天。发出代销商品超过180天仍未收到代销清单及货款的,视同销售实现,一律征收增值税,其纳税义务发生时间为发出代销商品满180天的当天。因此,委托代销的货物增值税纳税义务发生的时间按照收到代销清单、收到货款、商品发出满180天孰先原则予以确认,即最长不超过商品发出后180天。委托代销商品业务的涉税会计处理视委托代销方式不同而有所区别。

1) 支付手续费方式的委托代销

在支付手续费代销方式下,委托方在发出商品时,商品所有权上的主要风险和报酬并未转移给受托方,委托方在发出商品时通常不应确认销售商品收入,而应在收到受托方开出的代销清单时确认销售商品收入,同时将应支付的代销手续费计入销售费用。如果受托单位为一般纳税人,则应给其开具增值税专用发票,列明代销商品价款和增值税税款;如果受托单位为小规模纳税人,应按税款和价款合计开具普通发票。委托方开出发票时,借记"应收账款"或"银行存款"账户,贷记"主营业务收入""应交税费——应交增值税(销项税额)"账户。收到受托单位开来的手续费普通发票时,借记"销售费用——手续费"账户,贷记"应收账款"或"银行存款"账户。

【例 2-31】 2022 年 9 月 2 日,天河服装厂委托美达公司代销服装 80 套,单位成本为 300 元,合同规定单位售价为 500 元(不含税),天河服装厂按售价的 10% 支付美达公司手续费,每月末结算一次。美达公司当月售出 50 套,其于月末开具并转交的代销清单上注明价款 25 000 元,税款为 3 250 元。天河服装厂向美达公司开出一张金额相同的增值税专用发票(天河服装厂必须开具增值税专用发票,同时收到美达公司开具的代销手续费普通发票)。10 月 6 日,该厂收到美达公司汇来的扣除手续费后的代销款。请对该笔业务进行会计核算。

(1)商品交付美达公司时:

借:发出商品　　　　　　　　　　　　　　　　　　　　　　24 000
　　贷:库存商品　　　　　　　　　　　　　　　　　　　　　　24 000

(2)月末收到美达公司代销清单时:

借:应收账款　　　　　　　　　　　　　　　　　　　　　　28 250
　　贷:主营业务收入　　　　　　　　　　　　　　　　　　　25 000
　　　　应交税费——应交增值税(销项税额)　　　　　　　　3 250

(3)月末计提代销手续费时:

借:销售费用　　　　　　　　　　　　　　　　　　　　　　 2 500
　　贷:应收账款　　　　　　　　　　　　　　　　　　　　　 2 500

(4)月末结转已代销商品成本时:

借:主营业务成本　　　　　　　　　　　　　　　　　　　　15 000
　　贷:委托代销商品　　　　　　　　　　　　　　　　　　　15 000

(5)收到代销货款和销项税额时(已扣除手续费):

借:银行存款　　　　　　　　　　　　　　　　　　　　　　25 750
　　贷:应收账款　　　　　　　　　　　　　　　　　　　　　25 750

2)视同买断方式的委托代销

视同买断方式是指由委托方和受托方签订协议,委托方按协议价收取所代销商品的货款,实际售价可由受托方自定,实际售价与协议价之间的差额归受托方所有的销售方式。在这种销售方式下,委托方在交付商品时不确认收入。在收到受托单位的代销清单时,按商品代销的协议价确认销售收入及相应的销项税额,其涉税会计处理基本同支付手续费方式相同,只是不需支付手续费而已。

【例 2-32】 承[例 2-31],假定双方协议价为 500 元/套(不含税),美达公司自定销售价为 550 元/套(不含税)。

(1)商品交付美达公司时:

借：发出商品	24 000	
贷：库存商品		24 000

(2) 月末收到美达公司代销清单时：

借：应收账款	28 250	
贷：主营业务收入		25 000
应交税费——应交增值税（销项税额）		3 250

(3) 月末结转已代销商品成本时：

借：主营业务成本	15 000	
贷：发出商品		15 000

(4) 收到代销货款和销项税额时：

借：银行存款	28 250	
贷：应收账款		28 250

2. 受托代销商品

受托代销是商品流通企业接受其他单位的委托，代为销售商品或者接受其他单位寄销商品的一种销售方式。企业受托代销货物与委托代销货物方式正好相对的一个概念，无论财务会计上是否作为销售处理，税务上均应计算应交增值税。受托单位在登记代销商品入库时，应填制代销商品入库单并登记代销商品明细账，借记"受托代销商品"账户，贷记"代销商品款"账户；代销商品销售后，有关部门应定期填制代销商品清单，并将其提供给委托单位。

1) 收取手续费方式的受托代销

受托方一般不核算销售收入，代销属于提供应税服务，手续费收入应按6%税率缴纳增值税。根据收取的手续费金额，借记"银行存款"账户，贷记"其他业务收入""应交税费——应交增值税（销项税额）"账户。同时，受托代销商品属于视同销售行为，应计算销项税额，受托方销售货物时，若购货方为一般纳税人，应开具增值税专用发票。会计处理如下：销售受托代销的商品时，借记"银行存款"账户，贷记"应付账款——××企业""应交税费——应交增值税（销项税额）"账户；与委托方结算，收到委托单位开具的增值税专用发票时，借记"应付账款——××企业""应交税费——应交增值税（进项税额）"账户，贷记"银行存款"账户。

【例2-33】 承[例2-31]，在收取手续费方式下，其销售代销货物及增值税的账务处理如下。

(1) 收到代销商品时（按含税价格入账）：

借：受托代销商品[80×500×(1+13%)]	45 200	
贷：受托代销商品款		45 200

(2) 实际销售50件时：

借：银行存款[50×500×(1+13%)]	28 250	
贷：应付账款		25 000
应交税费——应交增值税（销项税额）		3 250

(3) 月末结转已销代销商品成本时：

借：受托代销商品款　　　　　　　　　　　　　　　　　　　　　　　　28 250
　　贷：受托代销商品　　　　　　　　　　　　　　　　　　　　　　　　　　28 250

(4) 扣除代销手续费（手续费发票为普通发票，应换算为不含税收入并计算销项税额）：

借：应付账款　　　　　　　　　　　　　　　　　　　　　　　　　　　　2 500
　　贷：其他业务收入　　　　　　　　　　　　　　　　　　　　　　　　　2 358.49
　　　　应交税费——应交增值税（销项税额）　　　　　　　　　　　　　　　141.51

(5) 美达公司将已销货物的代销清单交予天河服装厂，支付代销商品款，同时收到天河服装厂开来的增值税专用发票：

借：应付账款　　　　　　　　　　　　　　　　　　　　　　　　　　　 22 250
　　应交税费——应交增值税（进项税额）　　　　　　　　　　　　　　　　3 250
　　贷：银行存款　　　　　　　　　　　　　　　　　　　　　　　　　　　25 750

2) 视同买断方式的受托代销

在这种方式下，委托方和受托方之间的协议明确标明，受托方在取得代销商品后，无论是否能够卖出、是否获利，均与委托方无关，那么委托方和受托方之间的代销商品交易，与委托方直接销售商品给受托方没有实质区别，受托方实属赊购商品销售。受托方销售代销商品视同销售自有货物进行会计核算，在符合销售商品收入确认条件时，受托方应确认相关商品销售收入和销项税额。受托方与委托方结算代销款项时，根据所取得的委托方开具的增值税专用发票，应借记"应交税费——应交增值税（进项税额）"账户。

【例 2-34】　承［例 2-32］，在视同买断方式下其受托代销货物及增值税的账务处理如下。

(1) 收到代销商品时（按含税价格入账）：

借：受托代销商品　　　　　　　　　　　　　　　　　　　　　　　　　45 200
　　贷：受托代销商品款　　　　　　　　　　　　　　　　　　　　　　　　45 200

(2) 实际销售 50 件时：

借：银行存款[50×550×(1+13％)]　　　　　　　　　　　　　　　　　　 31 075
　　贷：主营业务收入　　　　　　　　　　　　　　　　　　　　　　　　　27 500
　　　　应交税费——应交增值税（销项税额）　　　　　　　　　　　　　　3 575

(3) 结转代销商品款：

借：受托代销商品款[50×500×(1+13％)]　　　　　　　　　　　　　　　 28 250
　　贷：应付账款　　　　　　　　　　　　　　　　　　　　　　　　　　　28 250

(4) 将代销款交天河服装厂，收到天河服装厂开具增值税专用发票，同时结转代销商品成本：

借：主营业务成本　　　　　　　　　　　　　　　　　　　　　　　　　 25 000
　　应交税费——应交增值税（进项税额）　　　　　　　　　　　　　　　3 250
　　贷：受托代销商品　　　　　　　　　　　　　　　　　　　　　　　　　28 250

借：应付账款　　　　　　　　　　　　　　　　　　　　　　　　28 250
　　贷：银行存款　　　　　　　　　　　　　　　　　　　　　　　　28 250

3. 将自产、委托加工或购买的货物用于投资

将自产、委托加工或购买的货物作为投资提供给其他单位或个体经营者，应视同销售货物，计算缴纳增值税，借记"长期股权投资"账户，同时，如果用于投资的是企业购进的库存材料，则应按材料账面成本，贷记"原材料"账户；如果用于投资的是企业自产、委托加工的货物，则应按货物的售价或组成计税价格贷记"主营业务收入"账户，并结转货物成本；同时，按应纳增值税额，贷记"应交税费——应交增值税（销项税额）"账户。

【例 2-35】 2022 年 6 月，天河服装厂将购入的原材料（布匹）一批对外投资，其账面成本为 300 000 元，适用的增值税税率 13%。请对该笔业务进行会计核算。

借：长期股权投资　　　　　　　　　　　　　　　　　　　　　　339 000
　　贷：原材料　　　　　　　　　　　　　　　　　　　　　　　　300 000
　　　　应交税费——应交增值税（销项税额）　　　　　　　　　　　39 000

若上述对外投资不是外购原材料（布匹），而是企业生产的产品（服装），投出的服装成本为 180 000 元，市场售价为 300 000 元，则财务处理如下：

对外投资时：

借：长期股权投资　　　　　　　　　　　　　　　　　　　　　　339 000
　　贷：主营业务收入——A 产品　　　　　　　　　　　　　　　　 300 000
　　　　应交税费——应交增值税（销项税额）　　　　　　　　　　　39 000

结转投出服装成本时：

借：主营业务成本　　　　　　　　　　　　　　　　　　　　　　180 000
　　贷：库存商品　　　　　　　　　　　　　　　　　　　　　　　180 000

4. 将自产、委托加工或购买的货物分配给股东或投资者

股东或投资者是有别于企业的另一个实体（会计主体）的。企业将自产、委托加工或购买的货物分配给股东或投资者时虽然没有直接的现金流入或流出，但实际上与将货物出售后取得货币资产然后再分配利润给股东，并无实质区别，体现的是企业内部与外部的关系。因此，属于视同销售行为，确认销售成立、发生纳税义务的时间为分配货物的当天。企业应按应税货物的售价、市场价格或组成计税价格，贷记"主营业务收入""其他业务收入"账户；按应纳增值税额，贷记"应交税费——应交增值税（销项税额）"账户；按上述两者之和，借记"应付利润"或"应付股利"账户。

【例 2-36】 天河服装厂将自产的服装 1 500 件作为股利分配给股东，该商品单位成本为 300 元，单位售价为 500 元。请对该笔业务进行会计核算。

应计销项税额 = 1 500 × 500 × 13% = 97 500（元）

借：应付股利　　　　　　　　　　　　　　　　　　　　　　　　847 500
　　贷：主营业务收入　　　　　　　　　　　　　　　　　　　　　750 000
　　　　应交税费——应交增值税（销项税额）　　　　　　　　　　　97 500

借：主营业务成本　　　　　　　　　　　　　　　　　　　　　　450 000
　　贷：库存商品　　　　　　　　　　　　　　　　　　　　　　　　450 000

5. 将自产、委托加工的货物用于集体福利、个人消费

根据财务会计制度，企业将自产、委托加工的货物用于集体福利、个人消费并非销售活动，会计处理不涉及有关收入类账户。但按税法规定，此类活动应视同销售货物，需计算缴纳增值税。其应税销售成立、纳税义务发生时间为移送货物的当天。企业应按所计算的应纳增值税与货物的成本之和，借记"在建工程""固定资产""应付职工薪酬"等账户；按所用货物的成本，贷记"库存商品""原材料"等账户；按应纳增值税税额，贷记"应交税费——应交增值税（销项税额）"账户。

【例2-37】 天河服装厂将一批自产新款服装分给职工，生产成本为30 000元，无同类产品销售价格。请对该笔业务进行会计核算。

销项税额=30 000×(1+10%)×13%=4 290(元)

借：应付职工薪酬　　　　　　　　　　　　　　　　　　　　　34 290
　　贷：库存商品　　　　　　　　　　　　　　　　　　　　　　　　30 000
　　　　应交税费——应交增值税（销项税额）　　　　　　　　　　　4 290

6. 将自产、委托加工或购买的货物无偿赠送他人

企业将自产、委托加工或购买的货物无偿赠送他人并未获得经济利益，并非销售活动，但由于货物的所有权发生了转移，且自产、委托加工的货物本身所耗原材料和支付的加工费所确认的进项税额、购买货物中的"进项税额"已在购买或支付时计入进项税额，并从当期销项税额中抵扣，若不作为视同销售处理，将造成税收的流失。因此，这类业务要视同销售计税。其应税销售成立、纳税义务发生时间为移送货物的当天。企业应按所赠货物的成本与计算的应纳增值税之和，借记"营业外支出"账户；按所赠货物成本，贷记"库存商品""原材料"等账户；按应纳增值税税额，贷记"应交税费——应交增值税（销项税额）"账户。

【例2-38】 2022年8月10日，天河服装厂将自产的服装1 000套无偿赠送给地震灾区难民，该商品单位成本为150元，单位售价为300元。请对该笔业务进行会计核算。

销项税额=1 000×300×13%=39 000(元)

借：营业外支出　　　　　　　　　　　　　　　　　　　　　　189 000
　　贷：库存商品　　　　　　　　　　　　　　　　　　　　　　　150 000
　　　　应交税费——应交增值税（销项税额）　　　　　　　　　　39 000

（四）销售、转出使用过的固定资产

企业销售本企业已使用过的固定资产，如该项固定资产取得时增值税进项税额已记入"应交税费——应交增值税（进项税额）"账户，销售时计算确定的增值税销项税额，应借记"固定资产清理"账户，贷记"应交税费——应交增值税（销项税额）"账户。

如果销售的对象是在增值税转型前即2009年1月1日前购入的固定资产，当初购入时增值税进项税额不得抵扣，已计入固定资产成本，即进项税额未记入"应交税费——应交增值税（进项税额）"账户，则其出售视为旧货销售，按照不含税销售额与3%的征收率减按2%计算缴纳增值税。

【例2-39】 天河服装厂2022年8月26日销售一台生产用已使用过的设备(适用税率为13%),购入时含税价为226万元,已提折旧120万元,取得该设备时,其进项税额26万元记入了"应交税费——应交增值税(进项税额)"账户,出售时收到价款50万元。请对该笔业务进行会计核算。

(1)购入时:

借:固定资产	2 000 000
应交税费——应交增值税(进项税额)	260 000
贷:银行存款	2 260 000

(2)计提折旧(实务上应按月计提折旧):

| 借:制造费用 | 1 200 000 |
| 　　贷:累计折旧 | 1 200 000 |

(3)出售时:

借:固定资产清理	800 000
累计折旧	1 200 000
贷:固定资产	2 000 000

不含税销售额＝500 000÷(1＋13%)＝442 477.88(元)

销项税额＝442 477.88×13%＝57 522.12(元)

借:银行存款	500 000
贷:固定资产清理	442 477.88
应交税费——应交增值税(销项税额)	57 522.12

| 借:营业外支出 | 357 522.12 |
| 　　贷:固定资产清理 | 357 522.12 |

若该设备为2008年购入,取得该设备时,其进项税额34万元(税率为17%)不得抵扣,计入了设备原值,会计处理如下:

(1)购入时:

| 借:固定资产 | 2 340 000 |
| 　　贷:银行存款 | 2 340 000 |

(2)计提折旧(实务上应按月计提折旧):

| 借:制造费用 | 1 200 000 |
| 　　贷:累计折旧 | 1 200 000 |

(3)出售时:

借:固定资产清理	1 140 000
累计折旧	1 200 000
贷:固定资产	2 340 000

不含税销售额＝500 000÷(1+3%)＝485 436.89(元)

销项税额＝485 436.89×2%＝9 708.74(元)

借：银行存款　　　　　　　　　　　　　　　　　　　　　500 000
　　贷：固定资产清理　　　　　　　　　　　　　　　　　　490 291.26
　　　　应交税费——应交增值税(销项税额)　　　　　　　　9 708.74
借：营业外支出　　　　　　　　　　　　　　　　　　　　649 708.74
　　贷：固定资产清理　　　　　　　　　　　　　　　　　　649 708.74

(五) 差额计税的会计核算

对于属于税法规定允许差额计税的业务，纳税人取得相关收入时应确认收入及增值税的销项税额，借记"银行存款""应收账款"等账户，贷记"主营业务收入""其他业务收入""应交税费——应交增值税(销项税额)"等账户；支付各项允许扣除的项目金额并取得相应的增值税扣税凭证时，按允许扣除的增值税额，借记"主营业务成本"等账户，借记"应交税费——应交增值税(销项税额抵减)"账户，贷记"银行存款"账户。

【例2-40】 天悠旅行社为一般纳税人，2022年4月取得旅游收入106万元(价税合计)，支付相关住宿费、餐饮费、交通费等合计95.4万元(适用的增值税税率为6%)。请对该笔业务进行会计核算。

(1) 取得旅游收入时：

借：银行存款　　　　　　　　　　　　　　　　　　　　1 060 000
　　贷：主营业务收入　　　　　　　　　　　　　　　　　1 000 000
　　　　应交税费——应交增值税(销项税额)　　　　　　　　60 000

(2) 支付可扣除的相关费用时：

借：主营业务成本　　　　　　　　　　　　　　　　　　　900 000
　　应交税费——应交增值税(销项税额抵减)　　　　　　　　54 000
　　贷：银行存款　　　　　　　　　　　　　　　　　　　　954 000

四、减免增值税的会计核算

按我国现行增值税的减免规定，减免增值税分为直接减免、即征即退、先征收后返回三种形式，其会计处理有所不同。

1. 直接减免

企业销售直接免征增值税的货物时，不能开具增值税专用发票，其销售收入不能价税分离。免税产品销售时，销售收入不必计提销项税额。

企业发生其他减免税的业务，在收入取得时确认相应的收入和增值税销项税额。享受减免税时，借记"应交税费——应交增值税(减免税款)"账户，贷记"其他收益"账户。

2. 即征即退

税法规定，对符合条件的应税事项，采用增值税即征即退的办法，即企业按税法规定缴纳的税款，由税务机关在征税时部分或全部退还纳税人。上交增值税时，借记"应交税费——应交增值税(已交税金)"或"应交税费——未交增值税"账户,贷记"银行存款"账户；同时,按即退税额,借记"银行存款"账户,贷记"其他收益"等账户。

3. 先征收后返回

企业销售货物或提供应税劳务和应税服务时,正常计税,并按规定正常交税。日后按有关规定收到财政部门退税款时,应借记"银行存款"账户,贷记"其他收益"账户。

五、上交增值税的会计核算

一般纳税人上交增值税的会计核算如下。

1. 月末结转未交(多交)增值税的会计处理

平时,企业通过"应交税费——应交增值税"多栏式明细账户核算增值税的进项税额、销项税额、进项税额转出等相关业务；月末,应分别结出借、贷方发生额合计及余额,并将余额结转至"应交税费——未交增值税"账户,会计核算如下：

（1）当月存在应交未交的增值税：

借：应交税费——应交增值税(转出未交增值税)
　　贷：应交税费——未交增值税

（2）当月多交增值税：

借：应交税费——未交增值税
　　贷：应交税费——应交增值税(转出多交增值税)

2. 缴纳增值税的会计处理
（1）预缴增值税的会计处理：
预缴时：

借：应交税费——预交增值税
　　贷：银行存款

月末结转时：

借：应交税费——未交增值税
　　贷：应交税费——预交增值税

（2）缴纳当月应缴的增值税会计处理：

借：应交税费——应交增值税(已交税金)
　　贷：银行存款

（3）缴纳以前期间未交增值税的会计处理：

借：应交税费——未交增值税
　　贷：银行存款

六、小规模纳税人销售货物及上交增值税的会计核算

小规模纳税人实行简易办法计算并缴纳增值税,征收率为3%,应以不含增值税销售额

乘以征收率计算应交增值税,只需通过"应交税费——应交增值税"账户反映增值税的应缴、上缴和欠缴情况。

【例 2-41】 天明公司为增值税小规模纳税人,2022 年 10 月,购进生产用钢材一批,普通发票注明价税合计 9 628 元,材料已验收入库,款项尚未支付,公司开出期限为 6 个月的商业汇票一张;同月销售货物一批,由税务所代开增值税专用发票一张,注明价款 12 500 元,增值税额 375 元,货款以银行存款收讫;月末以银行存款缴纳当月应纳的增值税。请对该笔业务进行会计核算。

(1) 购进材料时:

借:原材料　　　　　　　　　　　　　　　　　　　　　　　　　　9 628
　　贷:应付票据　　　　　　　　　　　　　　　　　　　　　　　　9 628

(2) 销售货物时:

借:银行存款　　　　　　　　　　　　　　　　　　　　　　　　12 875
　　贷:主营业务收入　　　　　　　　　　　　　　　　　　　　　12 500
　　　　应交税费——应交增值税　　　　　　　　　　　　　　　　　375

(3) 上交增值税时:

借:应交税费——应交增值税　　　　　　　　　　　　　　　　　　375
　　贷:银行存款　　　　　　　　　　　　　　　　　　　　　　　　375

第四节　增值税的征收管理

一、纳税义务发生时间

增值税的纳税义务发生时间是指增值税纳税义务人(扣缴义务人)发生应税(扣缴税款行为)应承担纳税义务(扣缴义务)的起始时间。《增值税暂行条例》和"营改增"相关规定明确规定了增值税纳税义务发生的时间,销售货物或者提供应税劳务和应税服务的纳税义务发生时间可以分为一般规定和具体规定。

(一) 一般规定

(1) 销售货物或者提供应税劳务和应税服务,为收讫销售款项或者取得索取销售款项凭据的当天;先开具发票的,为开具发票的当天。

(2) 进口货物,为报关进口的当天。

(3) 增值税扣缴义务发生时间为纳税人增值税纳税义务发生的当天。

(二) 具体规定

纳税人销售货物或者提供应税劳务和应税服务的销售结算方式不同,纳税义务发生时间也不同,具体如下:

(1) 采取直接收款方式销售货物，不论货物是否发出，均为收到销售款或者取得索取销售凭证的当天；纳税人生产经营活动中采取直接收款方式销售货物，已将货物移送对方并暂估销售收入入账，但既未取得销售款或取得索取销售款凭据也未开具销售发票的，其增值税纳税义务发生时间为取得销售款或取得索取销售款凭据的当天；先开具发票的，为开具发票的当天。

(2) 采取托收承付和委托银行收款方式销售货物，为发出货物并办妥托收手续的当天。

(3) 采取赊销和分期收款方式销售货物，为书面合同约定的收款日期的当天。无书面合同或者书面合同没有约定收款日期的，为货物发出的当天。

(4) 采取预收货款方式销售货物，为货物发出的当天。但生产销售、生产工期超过12个月的大型机械设备、船舶、飞机等货物，为收到预收款或者书面合同约定的收款日期的当天。

(5) 委托其他纳税人代销货物，为收到代销单位销售的代销清单或者收到全部或者部分货款的当天；未收到代销清单及货款的，其纳税义务发生时间为发出代销货物满180日的当天。

(6) 销售应税劳务，为提供劳务同时收讫销售额或取得索取销售额的凭据的当天。

(7) 纳税人发生视同销售货物行为，为货物移送的当天（不包括委托代销和受托代销行为）。

(8) 纳税人提供建筑服务、租赁服务采取预收款方式的，为收到预收款的当天。

(9) 纳税人从事金融商品转让的，为金融商品所有权转移的当天。

(10) 纳税人发生视同销售服务、无形资产或者不动产情形的，为服务、无形资产转让完成的当天或者不动产权属变更的当天。

二、纳税期限

增值税的纳税期限分别为1日、3日、5日、10日、15日、1个月或者1个季度。纳税人的具体纳税期限由主管税务机关根据纳税人应纳税额的大小分别核定，不能按照固定期限纳税的，可以按次纳税。

纳税人以1个月或者1个季度为纳税期的，自期满之日起15日内申报纳税；以1日、3日、5日、10日或者15日为一期纳税的，自期满之日起5日内预缴税款，于次月1日起15日内申报纳税并结清上月应纳税款。扣缴义务人解缴税款的期限，按照前两款规定执行。

以1个季度为纳税期限的规定仅适用于小规模纳税人以及财政部和国家税务总局规定的其他纳税人。小规模纳税人的具体纳税期限，由主管税务机关根据其应纳税额的大小分别核定。

纳税人进口货物，应当自海关填发海关进口增值税专用缴款书之日起15日内缴纳税款。

三、纳税地点

(1) 固定业户应当向其机构所在地的主管税务机关申报纳税。总机构和分支机构不在同一县（市）的，应当分别向各自所在地的主管税务机关申报纳税；总机构和分支机构不在同一省、自治区、直辖市的,经财政部和国家税务总局批准,可以由总机构汇总向总机构所在地的主管税务机关申报纳税。

(2) 固定业户到外县(市)销售货物或者应税劳务,应当向其机构所在地的主管税务机关报告外出经营事项,并向其机构所在地的主管税务机关申报纳税;未报告的,应当向销售地或者劳务发生地的主管税务机关申报纳税;未向销售地或者劳务发生地的主管税务机关申报纳税的,由其机构所在地的主管税务机关补征税款。

(3) 非固定业户销售货物或者应税劳务,应当向销售地或者劳务发生地的主管税务机关申报纳税;未向销售地或者劳务发生地的主管税务机关申报纳税的,由其机构所在地或者居住地的主管税务机关补征税款。

(4) 进口货物,应当向报关地海关申报纳税。

(5) 扣缴义务人应当向其机构所在地或者居住地的主管税务机关申报缴纳其扣缴的税款。

四、纳税申报

纳税申报资料包括纳税申报表及其附列资料和纳税申报的其他资料两类。纳税申报表及其附列资料为必报资料,其纸质资料的报送份数、期限由市(地)国税机关确定。

(一) 纳税申报表及其附列资料

1. 增值税一般纳税人(以下简称"一般纳税人")纳税申报表及其附列资料

(1)《增值税及附加税费申报表(一般纳税人适用)》。

(2)《增值税纳税申报表附列资料(一)》(本期销售情况明细)。

(3)《增值税纳税申报表附列资料(二)》(本期进项税额明细)。

(4)《增值税纳税申报表附列资料(三)》(服务、不动产和无形资产扣除项目明细)。

一般纳税人销售服务、不动产和无形资产,在确定服务、不动产和无形资产销售额时,按照有关规定可以从取得的全部价款和价外费用中扣除价款的,需填报《增值税纳税申报表附列资料(三)》。其他情况不填写该附列资料。

(5)《增值税纳税申报表附列资料(四)》(税额抵减情况表)。

(6)《增值税纳税申报表附列资料(五)》(不动产分期抵扣计算表)。

(7)《增值税减免税申报明细表》。

2. 增值税小规模纳税人纳税申报表及其附列资料

(1)《增值税及附加税费申报表(小规模纳税人适用)》。

(2)《增值税纳税申报表(小规模纳税人适用)附列资料》。

小规模纳税人销售服务,在确定服务销售额时,按照有关规定可以从取得的全部价款和价外费用中扣除价款的,需填报《增值税纳税申报表(小规模纳税人适用)附列资料》。其他情况不填写该附列资料。

(3)《增值税减免税申报明细表》。

(二) 纳税申报的其他资料

(1) 已开具的税控机动车销售统一发票和普通发票的存根联。

(2) 符合抵扣条件且在本期申报抵扣的增值税专用发票(含税控机动车销售统一发票)

的抵扣联。

（3）符合抵扣条件且在本期申报抵扣的海关进口增值税专用缴款书、购进农产品取得的普通发票的复印件。

（4）符合抵扣条件且在本期申报抵扣的税收完税凭证及其清单，书面合同、付款证明和境外单位的对账单或者发票。

（5）已开具的农产品收购凭证的存根联或报查联。

（6）纳税人销售服务、不动产和无形资产，在确定服务、不动产和无形资产销售额时，按照有关规定从取得的全部价款和价外费用中扣除价款的合法凭证及其清单。

（7）主管税务机关规定的其他资料。

【关键术语】

增值税　一般纳税人　小规模纳税人　进项税额　销项税额　进项税额转出　视同销售　营改增

【问题思考】

1. 选择简易计税方法是否能节税？
2. "视同销售"业务在会计与税法处理上有何差异？
3. 哪些业务可以按差额确定销售额？
4. 房地产开发企业与非房地产开发企业销售不动产的计税方法有何区别？
5. 小规模纳税人年应税销售额超过财政部、国家税务总局规定标准的，应如何申请认定增值税一般纳税人？若不提出申请，主管税务机关会如何处理？
6. 如果销售方应开具增值税专用发票而开具了普通发票，其行为是否合法？其会造成什么后果？
7. 按简易计税办法计税的业务如何进行会计处理？
8. 销售农产品在何种情况下适用9%的低税率，在何种情况下免税？

练 习 题

一、名词解释

1. 增值税
2. 一般纳税人
3. 小规模纳税人
4. 进项税额
5. 销项税额
6. 进项税额转出
7. 视同销售
8. 营改增

二、单项选择题

1. 下列项目中,属于增值税视同销售行为的是（　　）。
   A. 将购买的货物用于投资
   B. 将购买的货物用于个人消费
   C. 将购买的货物用于职工集体福利
   D. 将购买的货物用于非应税项目

2. 下列关于增值税一般纳税人和小规模纳税人划分规定的表达中,不正确的是（　　）。
   A. 年应税销售额超过小规模纳税人标准的其他个人按小规模纳税人缴纳增值税
   B. 年应税销售额未超过 50 万元的纳税人为小规模纳税人
   C. 非企业性单位可以选择按小规模纳税人缴纳增值税
   D. 年应税销售额未超过小规模纳税人标准的企业,也可以被认定为一般纳税人

3. 依据增值税的有关规定,下列关于增值税小规模纳税人的说法中,正确的是（　　）。
   A. 年应税销售额超过 500 万元的事业单位,不得按照小规模纳税人纳税
   B. 年应税销售额超过小规模纳税人标准的其他个人可以按照一般纳税人纳税
   C. 已认定为一般纳税人的企业满足条件可以再转为小规模纳税人
   D. 年应税销售额在 500 万元（含）以下的企业,应认定为小规模纳税人

4. 下列劳务中,应当征收增值税的是（　　）。
   A. 单位为本单位员工提供班车运输劳务
   B. 甲国某公民向我国公民王某出租在甲国使用的机动车
   C. 境外单位在境外向境内单位提供运输劳务
   D. 甲企业向其他单位或者个人无偿提供交通运输业

5. 根据增值税有关规定,下列各项中,不属于增值税征税范围的是（　　）。
   A. 销售蔬菜
   B. 销售热力
   C. 取得的存款利息
   D. 销售房地产

6. 依照增值税有关规定,销售下列货物,不适用 9% 增值税的税率的是（　　）。
   A. 食用植物油
   B. 转让土地使用权
   C. 农药
   D. 暖气、热水

7. 关于下列项目,一般纳税人适用的税率正确的是（　　）。
   A. 不动产租赁服务为 6%
   B. 现代服务（租赁服务除外）6%

C. 交通运输服务为3% D. 建筑服务为13%

8. 依据增值税的有关规定,下列销售行为中,免征增值税的是(　　)。
   A. 农业生产者销售的自产农产品　　B. 农业生产者销售外购的农业产品
   C. 国有粮食购销企业销售的食用植物油　　D. 商场销售的水产品罐头

9. 根据增值税的有关规定,下列关于特殊销售方式下销售额确定的表述中,正确的是(　　)。
   A. 纳税人采取折扣方式销售货物的,折扣额一律不得冲减销售额
   B. 纳税人采取还本销售方式销售货物的,销售额可以扣除还本支出
   C. 纳税人销售白酒收取的包装物押金,收取时应并入当期销售额
   D. 纳税人采取以旧换新方式销售洗衣机,以实际收取的价款作为销售额

10. 某单位销售电机产品适用的增值税税率为13%,取得不含税价款500万元,为敦促顾客尽早付清货款而提供的现金折扣为"5/10、2/20、n/30"。因购货方及时付款,给予了5%的折扣。此业务应计算的销项税额为(　　)万元。
    A. 85 B. 50 C. 76 D. 65

11. 某企业为增值税一般纳税人,适用13%的增值税税率生产某种冰箱,本月采用以旧换新方式促销,销售该冰箱500台,每台旧冰箱不含税作价280元,按照出厂价扣除旧货收购价实际取得不含税销售收入2 600 000元,此业务应计算的销项税额为(　　)元。
    A. 356 200 B. 393 600 C. 22 400 D. 416 000

12. 位于广州市天河区的一家百货商场为增值税一般纳税人。2022年10月,该商场份零售金银首饰取得含税销售额15.21万元,其中包括以旧换新首饰的含税销售额5.80万元,一般销售的含税销售额9.41万元。在以旧换新业务中,旧首饰作价的含税金额为3.48万元,百货商场实际收取的含税金额为2.32万元。此业务应计算的销项税额为(　　)元。
    A. 1.28 B. 1.35 C. 0.8 D. 0.48

13. 某家电生产企业,2022年10月21日,用15台空调与原材料供应商换取等值生产用原材料,双方均开具增值税专用发票,注明销售额为67 500元,原材料已入库,此业务应计算的销项税额为(　　)元。
    A. 0 B. 21 600 C. 11 475 D. 8 775

14. 某葡萄酒厂为一般纳税人,适用的增值税税率为13%。该厂本月向一小规模纳税人销售葡萄酒,并开具普通发票上注明金额33 900元;同时收取单独核算的包装物押金3 000元(尚未逾期),本月逾期未退还包装物押金5 000元。酒厂应计算的销项税额为(　　)元。
    A. 4 800 B. 5 600 C. 4 475.22 D. 5 903.45

15. 某白酒厂为增值税一般纳税人,适用的增值税税率为13%。2019年11月,该厂销售白酒取得收入900万元,已开具增值税专用发票,收取包装物押金3.39万元。该厂的增值税销项税额为(　　)万元。
    A. 124.14 B. 117.39 C. 144 D. 0.48

16. 下列行为中,不属于增值税视同销售行为的是(　　)。
    A. 企业将委托加工的钢材现用于建房　　B. 企业将购进的酒发给职工作为福利
    C. 企业将委托加工的卷烟赠送给客户　　D. 无偿为客户提供劳务

17. 某商场为增值税一般纳税人,2022年10月将本月采购入库的一批食品40%赠送受灾地区,近期没有同类货物的销售。购入时取得的增值税专用发票上注明的价款为80万元,增值税额为10.4万元。赠送时销项税额为( )万元。
    A. 0.512   B. 4.576   C. 0   D. 5.12

18. 某企业为增值税一般纳税人,2022年5月,生产加工一批新产品600件,每件成本价为380元(无同类产品市场价格),全部赠送给客户作为样品。此业务的销项税额为( )元。
    A. 0   B. 36 480   C. 32 604   D. 66 800

19. 某生产企业(增值税一般纳税人)2022年7月购入生产用原材料一批,取得增值税专用发票上注明税款48万元,当月销售应税产品,取得不含税收入600万元,销售免税产品60万元(不含税),应税产品与免税产品无法划分耗料情况,则该生产企业当月应纳增值税( )万元。
    A. 39   B. 57   C. 78   D. 34.36

20. 某制药企业系增值税一般纳税人,2022年4月份同时生产感冒药和抗癌药,本期购买生产设备一台,取得增值税专用发票上注明税额为10万元;为感冒药和抗癌药共同购买原材料,取得增值税专用发票上注明税额为12万元。当月实现感冒药不含税销售收入210万元,抗癌药不含税收入150万元,该企业对抗癌药选择简易办法计算纳税,当月应纳的增值税额为( )万元。
    A. 9.8   B. 12.8   C. 14.8   D. 21.8

21. 某食品油加工厂为增值税一般纳税人,因发生自然灾害损失库存2022年8月购入的一批包装物,成本20 000元,已抵扣进项税额。同期外购的一批免税农产品因管理不善发生霉烂,账面成本48 000元,其中包括3 000元运输费,取得运输部门的增值税专用发票,已抵扣进项税额。该加工厂当期应转出进项税额( )元。
    A. 6 120   B. 4 450.55   C. 4 320   D. 4 720.55

22. 纳税人购入的下列项目中,可以抵扣进项税额的是( )。
    A. 购入办公用品取得增值税专用发票
    B. 非正常损失的购进货物及其相关的运费
    C. 购进旅客运输服务
    D. 用于简易计税方法项目的购进货物

23. 按照增值税纳税义务发生时间的规定,下列说法中,错误的是( )。
    A. 将货物交付给他人代销,为向受托人发出货物的当天
    B. 采取直接收款方式销售货物,为收到销售款或者取得索取销售款凭据的当天
    C. 采取分期收款结算方式的为合同约定的收款日期的当天
    D. 采取委托银行收款结算方式的,为货物发出并办妥托收手续的当天

24. 广州市A、B两店为实行统一核算的连锁店,A店的下列经营活动中,不视同销售货物计算增值税销项税额的是( )。
    A. 销售深圳市某商场的代销货物
    B. 将货物交付给位于深圳市的某商场代销
    C. 将货物移送B店销售
    D. 为促销将本店货物无偿赠送消费者

25. 委托加工的特点是（　　）。
   A. 委托方提供原料或主要材料，受托方代垫辅助材料并收取加工费
   B. 委托方支付加工费，受托方提供原料或主要材料
   C. 委托方支付加工费，受托方以委托方的名义购买原料或主要材料
   D. 委托方支付加工费，受托方先购买原料或主要材料再卖给委托方进行加工

26. 2022年9月，某百货商场（增值税一般纳税人）以收取手续费的方式为A公司代销服装一批，零售总额为33.9万元，手续费为售价的10%，已经将代销清单交与A公司，并取得A公司开具的增值税专用发票，则该商场应缴纳的增值税（　　）万元。
   A. 3.9　　　　　B. 1.8　　　　　C. 3　　　　　D. 0

27. 下列业务中，不允许差额计税的是（　　）。
   A. 金融商品转让　　　　　　　　B. 房地产开发企业销售房地产老项目
   C. 纳税人提供旅游服务　　　　　D. 航空运输企业代收的机场建设费

28. 某商贸企业为增值税一般纳税人，2022年12月发生如下业务：购进商品取得增值税专用发票，注明价款92 000元、增值税额11 960元；购进农民自产的农产品，农产品收购发票注明价款20 000元；销售商品一批，开具增值税专用发票，注明价款200 000元、增值税额26 000元；销售农产品取得含税销售额35 000元；购进货物支付运费，取得增值税专用发票上注明总金额4 500元。取得的增值税专用发票均在当月通过认证并在当月抵扣。2022年12月该企业应纳增值税（　　）元。
   A. 10 429.91　　B. 10 890　　C. 10 629.91　　D. 11 090

29. 某饮料厂将自产的饮料作为福利发给本厂职工，该批产品制造成本共计9万元，利润率为10%，按当月同类产品平均销售价格计算为13万元，则该笔业务计征增值税的销售额应为（　　）万元。
   A. 9.9　　　　　B. 10　　　　　C. 9　　　　　D. 13

30. 企业将自产的商品用于仓库的基建工程时，其账务处理为（　　）。
   A. 借：在建工程
         贷：库存商品
             应交税费——应交增值税（销项税额）
   B. 借：在建工程
         贷：库存商品
   C. 借：在建工程
         贷：主营业务收入
             应交税费——应交增值税（销项税额）
   D. 借：在建工程
         贷：库存商品
             应交税费——应交增值税（进项税额转出）

31. 企业将购进生产用的原材料用于职工福利时，其账务处理为（　　）。
   A. 借：应付职工薪酬
         贷：原材料
             应交税费——应交增值税（进项税额转出）
   B. 借：应付职工薪酬
         贷：原材料

C. 借：应付职工薪酬
　　贷：主营业务收入
　　　　应交税费——应交增值税（销项税额）

D. 借：应付职工薪酬
　　贷：原材料
　　　　应交税费——应交增值税（销项税额）

32. 企业将自产的产品用于职工福利时，其账务处理为（　　）。

A. 借：应付职工薪酬
　　贷：库存商品

B. 借：应付职工薪酬
　　贷：库存商品
　　　　应交税费——应交增值税（进项税额转出）

C. 借：应付职工薪酬
　　贷：主营业务收入
　　　　应交税费——应交增值税（销项税额）

D. 借：应付职工薪酬
　　贷：库存商品
　　　　应交税费——应交增值税（销项税额）

33. 企业将购进生产用的原材料用于无偿赠送他人时，其账务处理为（　　）。

A. 借：营业外支出
　　贷：原材料
　　　　应交税费——应交增值税（销项税额）

B. 借：营业外支出
　　贷：库存商品
　　　　应交税费——应交增值税（销项税额）

C. 借：营业外支出
　　贷：原材料
　　　　应交税费——应交增值税（进项税额转出）

D. 借：营业外支出
　　贷：主营业务收入
　　　　应交税费——应交增值税（销项税额）

34. 企业将购进生产经营用钢材用于基建时，其账务处理为（　　）。

A. 借：在建工程
　　贷：原材料
　　　　应交税费——应交增值税（销项税额）

B. 借：在建工程
　　贷：原材料
　　　　应交税费——应交增值税（进项税额转出）

C. 借：在建工程
　　贷：主营业务收入
　　　　应交税费——应交增值税（销项税额）

D. 借：在建工程
　　　贷：原材料

35. 企业因仓库保管不善产品被盗时,其账务处理为( )。
　A. 借：待处理财产损溢
　　　贷：库存商品
　B. 借：待处理财产损溢
　　　贷：库存商品
　　　　　应交税费——应交增值税(销项税额)
　C. 借：待处理财产损溢
　　　贷：库存商品
　　　　　应交税费——应交增值税(进项税额转出)
　D. 借：待处理财产损溢
　　　贷：主营业务收入
　　　　　应交税费——应交增值税(进项税额转出)

三、多项选择题

1. 划分一般纳税人与小规模纳税人的基本依据有( )。
　A. 看纳税人的会计核算是否健全　　B. 看纳税人是否能提供准确的税务资料
　C. 看企业年销售额的大小　　　　　D. 看企业生产的产品性质

2. 下列项目中,销售( )属于增值税征收范围。
　A. 商誉　　　B. 电力　　　C. 热力　　　D. 气体

3. 根据增值税的有关规定,下列行为中,属于增值税的征税范围的有( )。
　A. 销售电力　　　　　　　　　B. 销售不动产
　C. 进口小汽车　　　　　　　　D. 修理汽车

4. 根据增值税的有关规定,企业发生下列行为时,应当计算确认销项税额的有( )。
　A. 提供房屋的装修服务　　　　B. 购买不动产
　C. 转让有价证券　　　　　　　D. 委托加工卷烟

5. 下列各项中,应视同销售货物行为征收增值税的有( )。
　A. 商场将购进的冰箱用于投资　　　　B. 商场将购进的洗衣机分配给股东
　C. 商场将购进的运动服发给职工　　　D. 商场将购进的水泥用于库房建设

6. ( )的销售适用9%的增值税低税率。
　A. 土地使用权　　　　　　　　B. 农膜
　C. 农药　　　　　　　　　　　D. 农机配件

7. 下列关于增值税的说法中,正确的有( )。
　A. 增值税分为生产型增值税、收入型增值税、消费型增值税
　B. 纳税人提供加工、修理修配劳务,增值税税率为13%
　C. 增值税的纳税人按其经营范围大小,分为一般纳税人和特殊纳税人
　D. 增值税是以商品在生产过程中产生的增值额作为计税依据而征收的一种流转税

8. 下列关于增值税小规模纳税人的说法中,正确的有( )。
　A. 实行简易征收办法

B. 不得自行开具增值税专用发票
C. 不得抵扣进项税额
D. 一经认定为小规模纳税人,不得再转为一般纳税人

9. 下列业务中,属于增值税征税范围中的提供现代服务的有(　　)。
   A. 有形动产租赁业务　　　　　　B. 建筑
   C. 广告　　　　　　　　　　　　D. 物流

10. 下列行为中,应按"提供加工和修理修配劳务"征收增值税的有(　　)。
    A. 电梯制造厂为客户安装电梯
    B. 企业接受委托方的材料后为另一企业加工服装
    C. 企业为另一企业修理锅炉
    D. 汽车修配厂为本厂修理汽车

11. 下列项目中,进项税额不得从销项税额中抵扣的有(　　)。
    A. 用于免税项目的购进货物或者应税劳务
    B. 将自产或委托加工的货物用于集体福利,该货物在生产或加工过程中所耗用的购进货物或应税劳务
    C. 用于捐赠的货物在生产过程中耗用的购进货物或应税劳务
    D. 用于按简易办法征税项目的购进货物或应税劳务

12. 按照增值税现行政策,企业购进货物用于(　　)的,其进项税额可以抵扣。
    A. 对外捐赠　　　　　　　　　　B. 用于职工福利
    C. 分配给股东　　　　　　　　　D. 用于个人消费

13. 下列行为中,不属于视同销售货物的有(　　)。
    A. 某企业将自产产品赠送给福利院　　B. 某企业将自产产品用于对外投资
    C. 某企业将外购的水泥用于集体福利　D. 某企业将外购的洗衣液用于个人消费

14. 某企业为增值税的一般纳税人,发生的下列业务中,不需要作进项税额转出的有(　　)。
    A. 已抵扣税款的购进货物用于不动产在建工程
    B. 因地震而损失的产成品所耗用的购进货物
    C. 非正常损失的产品所耗用的购进货物
    D. 已抵扣进项税额的购进货物用于职工福利

15. 我国《增值税暂行条例》中所称非正常损失,是指生产、经营过程中正常损耗外的损失,包括(　　)。
    A. 自然灾害损失
    B. 因管理不善造成货物被盗窃、发生霉烂变质等损失
    C. 定额损耗
    D. 被执法部门依法没收或者强令自行销毁的货物

16. 下列关于增值税的计税销售额规定的说法中,正确的有(　　)。
    A. 以物易物方式销售货物,由多交付货物的一方以价差计算缴纳增值税
    B. 以旧换新方式销售货物,以新货物不含增值税的价款计算缴纳增值税(金银首饰除外)
    C. 还本销售方式销售货物,以实际销售额计算缴纳增值税

D. 销售折扣方式销售货物,不得从计税销售额中扣减折扣额

17. 代为收取的政府性基金或者行政事业性收费不征收增值税的条件为(　　)。
    A. 由国务院或者财政部批准设立的政府性基金
    B. 由国务院或者省级人民政府及其财政、价格主管部门批准的行政事业性收费
    C. 收取时开具省级以上财政部门印制的财政票据
    D. 所收款项全额上缴财政

18. 对价格明显偏低,且无正当理由的,主管税务机关有权核定其销售额,确定顺序及方法有(　　)。
    A. 按纳税人最近时期销售同类货物的平均销售价格确定
    B. 按纳税人最近时期销售同类货物的最高销售价格确定
    C. 按其他纳税人最近时期销售同类货物的平均销售价格确定
    D. 按组成计税价格确定销售额

19. 关于增值税的纳税义务发生时间,下列表述中,正确的有(　　)。
    A. 纳税人发生视同销售货物行为的,纳税义务发生时间为货物移送的当天
    B. 委托其他纳税人代销货物,未收到代销清单不发生纳税义务
    C. 采取分期收款方式销售货物的,纳税义务发生时间为发出货物的当天
    D. 采取预收货款方式销售货物的,纳税义务发生时间为发出货物的当天

20. 增值税一般纳税人销售下列货物,应计算缴纳增值税的有(　　)。
    A. 商店销售食用植物油　　　　　B. 食品交易中心批发蔬菜
    C. 盐厂销售的食用盐　　　　　　D. 农业生产者销售自产水果

21. 在以物易物方式下,甲企业以其生产的产品与乙企业换入原材料,双方均出具了增值税专用发票,甲企业的账务处理为(　　)。
    A. 借:原材料
    　　贷:库存商品
    B. 借:原材料
    　　　应交税费——应交增值税(进项税额)
    　　贷:库存商品
    　　　　应交税费——应交增值税(销项税额)
    C. 借:原材料
    　　　应交税费——应交增值税(进项税额)
    　　贷:主营业务收入
    　　　　应交税费——应交增值税(销项税额)
    D. 借:主营业务成本
    　　贷:库存商品

22. 在视同买断代销方式下,受托方销售受托代销商品并收到货款时,其账务处理为(　　)。
    A. 借:银行存款
    　　贷:应付账款
    　　　　应交税费——应交增值税(销项税额)
    B. 借:应付账款
    　　贷:银行存款

C. 借：银行存款
    贷：主营业务收入
        应交税费——应交增值税(销项税额)
D. 借：主营业务成本
    贷：受托代销商品

23. 在收取手续费代销方式下,受托方销售受托代销商品并收到货款时,其账务处理为(　　)。
    A. 借：银行存款
        贷：应付账款
            应交税费——应交增值税(销项税额)
    B. 借：受托代销商品款
        贷：受托代销商品
    C. 借：银行存款
        贷：主营业务收入
            应交税费——应交增值税(销项税额)
    D. 借：主营业务成本
        贷：受托代销商品

24. 征收增值税同时又征收消费税的货物,发生视同销售行为时计算增值税的组成计税价计算方式为(　　)。
    A. 组成计税价格＝成本×(1＋成本利润率)
    B. 组成计税价格＝成本×(1＋成本利润率)＋消费税额
    C. 组成计税价格＝成本×(1＋成本利润率)÷(1－消费税税率)
    D. 组成计税价格＝成本×(1＋成本利润率)＋增值税额

四、判断题

1. 从事货物批发或零售的纳税人,年应税销售额在50万元以下的,为增值税小规模纳税人。( )
2. 煤气公司销售煤气,不属于增值税的征税范围。( )
3. 除国家税务总局另有规定外,纳税人一经认定为一般纳税人后,不得转为小规模纳税人。( )
4. 小规模纳税人购进货物取得的增值税专用发票可以抵扣进项税额,取得普通发票不允许扣除进项税额。( )
5. 某增值税一般纳税人销售从农业生产者处购进的自产谷物,其缴纳增值税时适用零税率。( )
6. 某企业将外购的货物(取得增值税专用发票)赠送儿童福利院,其进项税额不得抵扣。( )
7. 企业采用支付手续费方式委托代销商品,委托方应在发出商品时确认销售商品收入。( )
8. 已抵扣进项税额的购进货物,如果再投资给其他单位,应将该货物的进项税额从当期发生的进项税额中转出。( )
9. 已抵扣进项税额的购进货物,如果因自然灾害而造成损失,应将损失货物的进项税额从购进当期的进项税额中扣减。   （　　）
10. 按照我国现行增值税法的有关规定,销售折扣可以从销售额中减除;折扣销售不可以从销售额中减除。   （　　）

五、简答题

1. 简述我国增值税的征税范围。
2. 简述增值税两类纳税人的划分标准。
3. 一般纳税人的哪些业务可以选择采用简易计税办法?
4. 我国现行增值税税率划分为哪几个档次?
5. 一般纳税人收取包装物押金、逾期以及没收的包装物押金应如何进行税务处理及会计处理?
6. 简述"应交增值税"账户的各个专栏的核算内容。

六、计算及实务题

1. 天河家电公司系增值税一般纳税人,2022年7月,为了增加产品的销售量,赢得市场,公司宣布每台空调不含税单价由4 500元降到4 200元。当月发给外省市分支机构500台用于销售,并支付发货运费,取得运输公司开具的货物运输业增值税专用发票上注明的运费为1万元,增值税额900元;向苏宁电器商场销售1 000台,商场在10天内付清货款,给予2%的折扣;采用以旧换新方式,从消费者个人手中收购旧型号空调,销售新型号空调200台,每台按上述不含税单价折价400元;向当地福利院赠送空调20台;本单位管理部门办公用空调5台。当月购进空调零部件,取得增值税专用发票上注明的价款为300万元,增值税进项税额39万元。

【要求】根据以上资料回答下列问题:

(1) 发给外省市分支机构的500台空调的销项税额为(　　)万元。
　　A. 27.39　　　B. 36.1　　　C. 27.3　　　D. 36

(2) 销售1 000台空调的销项税额为(　　)万元。
　　A. 54.6　　　B. 70.56　　　C. 53.508　　　D. 72

(3) 采取以旧换新方式销售的200台空调销项税额为(　　)万元。
　　A. 9.88　　　B. 10.92　　　C. 14.4　　　D. 13.12

(4) 为当地福利院赠送空调20台的销项税额为(　　)万元。
　　A. 0　　　B. 1.312　　　C. 1.092　　　D. 1.44

(5) 当月的全部销项税额为(　　)万元。
　　A. 94.002　　　B. 120.1　　　C. 116.64　　　D. 93.912

(6) 当月允许抵扣的进项税额为(　　)万元。
　　A. 39.09　　　B. 39　　　C. 39.07　　　D. 38.91

(7) 当月的应纳增值税为(　　)万元。
　　A. 55.002　　　B. 54.822　　　C. 72　　　D. 67.684

2. 天河食品加工厂系增值税一般纳税人,2022年7月,该厂发生下列业务:向农民收购大豆20吨,收购凭证上注明价款120 000元,验收后送另一食品加工厂(增值税一般纳税人)加工豆粉,支付加工费价税合计1 356元,取得增值税专用发票;上月向农民收购的大豆因保管不善霉烂,账面成本为5 100元(含运费600元,有运输公司开具的货物运输业增值税专用发票);生产豆奶销售,开具的增值税专用发票上注明的销售额为80 000元;生产豆皮销售给小规模纳税人,开具的普通发票上注明的销售额为20 000元;从某工具厂(小规模纳税人)购进小工具一批,取得的普通发票上注明的金额为8 000元;支付本月水电费,取得的增值税专用发票上注明的金额为5 000元,增值税额650元。

【要求】请计算该工厂2022年8月应缴纳的增值税额。

3. 新鸿商业企业系增值税一般纳税人,2022年8月初,该企业留抵税额2 500元,10月发生以下业务:

(1) 购入商品一批,取得的增值税专用发票上注明的价款为10 000元,税款为1 300元。

(2) 销售货物发出包装物,收取押金3 000元;本月没收逾期未收回的包装物押金7 000元。

(3) 从小规模纳税人处购买自行车零件,支付价税合计金额8 000元,取得税务机关代开的增值税专用发票。

(4) 零售日用商品,取得含税收入150 000元。

(5) 外购电脑30台,取得增值税专用发票,每台不含税单价为7 000元,购入后10台全部批发销售,批发含税价每台9 000元,5台办公使用,5台捐赠希望小学,仓库还有10台。

(6) 从农民手中收购大豆1吨,税务机关规定的收购凭证上注明收购款6 000元。

【要求】根据上述资料回答下列问题:

(1) 本月准予抵扣的进项税额是多少?

(2) 本月销项税额是多少?

(3) 本月应纳增值税是多少?(假设上述有关涉税凭证均合法且已通过税务机关认证并在本月抵扣,该企业所有业务均选择按一般计税方法计算纳税)

4. 广州天河区某生产企业系增值税一般纳税人,2022年9月初,该企业留抵税额5 000元,10月份发生以下业务:

(1) 销售给长期合作关系的天河超市8万件货物,价目表上注明该批货物不含税单价为150元,按八八折销售,开具增值税专用发票,在金额栏注明销售额为1 200万元,折扣额为144万元。

(2) 销售给白云商场一批货物,开具的增值税专用发票上注明的销售额330万元,A商场尚未付款提货。

(3) 转让本企业一项非专利技术使用权,取得特许权使用费10万元。出租不需用的2010年购进的机动车,取得租金收入6万元,上述两项业务均开具普通发票。

(4) 因管理不善毁损上月购进已抵扣进项税额的免税农产品一批,该批农产品账面成本为18万元。

(5) 为生产免税产品购入一批原材料,取得的增值税专用发票上注明的价款为6万元,增值税额0.78万元。

(6) 为生产应税产品购进一批生产用原材料,取得的增值税专用发票上注明的价款为600万元,增值税额为78万元,已支付货款并已验收入库;支付运费价税合计21.8万元,取得运输业增值税专用发票。

(7) 支付生产设备修理5 500元,取得普通发票。

(8) 支付水费,取得自来水公司开具的增值税专用发票,发票中注明的价款、增值税款分别为 3 000 元、180 元;支付电费,取得供电部门开具的增值税专用发票,发票中注明的价款、增值税款分别为 30 000 元、3 900 元;上述水电均为经营管理耗用。

(9) 结转本月未交增值税。

【要求】根据上述资料计算本月准予抵扣的进项税额、本月销项税额、本月应纳增值税额并进行相应的会计处理。(假设上述有关涉税凭证均合法且已通过税务机关认证并在本月抵扣,该企业所有业务均选择按一般计税方法计算纳税)

第三章 消费税

教学目标

本章主要介绍消费税的税制要素及其会计核算,通过学习,学生应熟悉我国消费税的基本法律规定,了解消费税的纳税环节及其征收管理,能够正确计算纳税义务人消费税的应纳税额,掌握企业消费税的会计处理方法及纳税申报。

第一节 征税范围与纳税义务人

一、征税范围

消费税是指对特定的消费品和消费行为按流转额征收的商品税。具体来说,消费税是指对在我国境内从事生产、委托加工、进口、批发或零售应税消费品的单位和个人,对其销售额或销售数量在特定环节征收的一种流转税。

(一)征税对象

消费税征税对象主要包括四大类:一是过度消费会对人类健康、社会秩序、生态环境等方面造成危害的特殊消费品;二是奢侈品和非生活必需品;三是高能耗及高档消费品;四是不可再生和替代的石油类消费品。

(二)具体征税范围的划分

消费税征税范围具体表现为15个税目,即烟、酒、高档化妆品、贵重首饰及珠宝玉石、鞭炮焰火、成品油、摩托车、小汽车、高尔夫球及球具、高档手表、游艇、木制一次性筷子、实木地板、电池和涂料。

(三)纳税环节

现行消费税基本上是对生产销售的单一环节征税,但对卷烟在批发环节亦征收一道消费税,采用复合计税。

1. 生产环节

(1)纳税人生产的应税消费品,对外销售的,在销售时纳税。

(2)纳税人自产自用的应税消费品,用于连续生产应税消费品的,不纳税;用于其他方面的(如用于生产非应税消费品、在建工程、管理部门、馈赠、赞助、集资、广告、样品、职工福利、奖励等),视同销售,在移送使用时纳税。

2. 委托加工环节

委托加工是指由委托方提供原料或主要材料,受托方只收取加工费和代垫部分辅助材料进行加工。委托加工的应税消费品,委托方是消费税的纳税义务人,委托加工的应税消费品,除受托方为个人外,由受托方在向委托方交货时代收代缴消费税税款。委托个人加工的应税消费品,由委托方收回后缴纳消费税。

委托加工的应税消费品,按照"受托方"(而非委托方)的同类消费品的销售价格计征消费税;没有同类消费品销售价格的,按照组成计税价格计征消费税。纳税人委托加工应税消费品的,消费税的纳税义务发生时间为纳税人提货的当天。受托方(提供加工劳务)是增值税的纳税义务人,在计算增值税时,代收代缴的消费税不属于价外费用。

委托方将收回的应税消费品,以不高于受托方的计税价格出售的,为直接出售,不再缴纳消费税;委托方以高于受托方的计税价格出售的,不属于直接出售,需按照规定申报缴纳消费税,在计税时准予扣除受托方已代收代缴的消费税。

委托加工的应税消费品,委托方用于连续生产应税消费品的,所纳税款准予按规定抵扣。

3. 进口环节

进口应税消费品,应于报关进口时缴纳关税、消费税和增值税。为了减少征税成本,进口环节的消费税由海关代征。

4. 零售环节

金银首饰、钻石及钻石饰品、铂金首饰的消费税在零售环节纳税。经国务院批准,自1995年1月1日起,金银首饰消费税由生产环节征收改为零售环节征收。金银首饰消费税改变征税环节后,经营单位进口金银首饰的消费税,由进口环节征收改为在零售环节征收。其计税依据是不含增值税的销售额。

5. 对移送使用应税消费品在移送使用环节征税

如果企业在生产经营的过程中,将应税消费品移送用于加工非应税消费品,则应对移送部分征收消费税。

6. 对批发卷烟在卷烟的批发环节征税

我国对卷烟除了在生产销售环节征收消费税外,还在批发环节征收一次。自2015年5月10日起,在卷烟的"批发环节"加征11%税率的从价税率,并按0.005元/支征从量税。

纳税人兼营卷烟批发和零售业务的,应当分别核算批发和零售环节销售额、销售数量;未分别核算批发和零售环节销售额、销售数量的,按照全部销售额、销售数量计征批发环节消费税。

卷烟消费税在生产和批发两个环节征收后,批发企业在计算纳税时不得扣除已含的生产环节的消费税税款。

2022年10月25日,财政部、海关总署、税务总局发布了关于对电子烟征收消费税的公告,其中,明确了将电子烟纳入消费税征收范围,在烟税目下增设电子烟子目。电子烟是指用于产生气溶胶供人抽吸等的电子传输系统,包括烟弹、烟具以及烟弹与烟具组合销售的电子烟产品。烟弹是指含有雾化物的电子烟组件。烟具是指将雾化物雾化为可吸入气溶胶的电子装置。在中华人民共和国境内生产(进口)、批发电子烟的单位和个人为消费税纳税人。

电子烟实行从价定率的办法计算纳税。生产(进口)环节的税率为36%,批发环节的税率为11%。11月1日起执行。

二、纳税义务人和扣缴义务人

国务院颁布的修订后的《中华人民共和国消费税暂行条例》自2009年1月1日起施行。该条例规定,在我国境内生产、委托加工和进口《消费税暂行条例》规定的消费品的单位和个人,以及国务院确定的销售应税消费品的其他单位和个人,为消费税的纳税人,应当依照《消费税暂行条例》缴纳消费税。

单位是指企业、行政单位、事业单位、军事单位、社会团体及其他单位。个人是指个体工商户及其他个人。

为确保源泉扣税,受托加工应税消费品的单位(除个体经营者外)负有扣缴消费税的义务,海关负有扣缴进口环节消费税的义务。

第二节 消费税应纳税额的计算

一、税目与税率

(一) 税目

现行消费税设置了15个税目,还设置了相关的子目,课税对象清晰,科学合理。15个税目为烟、酒、高档化妆品、贵重首饰及珠宝玉石、鞭炮及焰火、成品油、摩托车、小汽车、高尔夫球及球具、高档手表、游艇、木制一次性筷子、实木地板、电池和涂料。

(二) 税率

消费税税率有比例税率、定额税率和复合计税三种类型。其中,适用定额税率的应税消费品有黄酒、啤酒和成品油;适用复合税率的应税消费品有白酒和卷烟;其他应税消费品全部适用比例税率。消费税税目税率(税额)如表3-1所示。

表3-1　　　　　　　　　　消费税税目税率(税额)表

税　　目	税　　率
一、烟	
1. 卷烟	
(1) 甲类卷烟: 　　　　调拨价70元(不含增值税)/条以上(含70元)	56%加0.003元/支(生产/进口环节)
(2) 乙类卷烟: 　　　　调拨价70元(不含增值税)/条以下	36%加0.003元/支(生产/进口环节)

(续表)

税　　目	税　　率
（3）商业批发	11%加 0.005 元/支（批发环节）
2. 雪茄烟	36%（生产环节）
3. 烟丝	30%（生产环节）
4. 电子烟	36%（生产及进口环节） 11%（批发环节）
二、酒	
1. 白酒	20%加 0.5 元/500 克（或者 500 毫升）
2. 黄酒	240 元/吨
3. 啤酒	
（1）甲类啤酒 　每吨出厂价（含包装物及包装物押金，不含增值税）在 3 000 元（含 3 000 元）以上的	250 元/吨
（2）乙类啤酒 　每吨出厂价（含包装物及包装物押金，不含增值税）在 3 000 元以下的	220 元/吨
4. 其他酒	10%
三、高档化妆品 　包括高档美容、修饰化妆品、高档护肤类化妆品和成套化妆品（自 2016 年 10 月 1 日起）	15%
四、贵重首饰及珠宝玉石	
1. 金银首饰、铂金首饰和钻石及钻石饰品	5%
2. 其他贵重首饰和珠宝玉石	10%
五、鞭炮及焰火	15%
六、成品油	
1. 汽油	1.52 元/升
2. 柴油	1.20 元/升
3. 航空煤油	1.20 元/升
4. 石脑油	1.52 元/升
5. 溶剂油	1.52 元/升
6. 润滑油	1.52 元/升
7. 燃料油	1.20 元/升
七、摩托车	
1. 气缸容量（排气量，下同）为 250 毫升	3%
2. 气缸容量为 250 毫升以上的	10%

(续表)

税 目	税 率
八、小汽车	
1. 乘用车	
(1) 气缸容量(排气量,下同)在1.0升(含1.0升)以下的	1%
(2) 气缸容量在1.0升以上至1.5升(含1.5升)的	3%
(3) 气缸容量在1.5升以上至2.0升(含2.0升)的	5%
(4) 气缸容量在2.0升以上至2.5升(含2.5升)的	9%
(5) 气缸容量在2.5升以上至3.0升(含3.0升)的	12%
(6) 气缸容量在3.0升以上至4.0升(含4.0升)的	25%
(7) 气缸容量在4.0升以上的	40%
2. 中轻型商用客车	5%
3. 超豪华小汽车	10%(零售环节)
九、高尔夫球及球具	10%
十、高档手表 销售价格(不含增值税)每只在10 000元(含)以上的手表	20%
十一、游艇	10%
十二、木制一次性筷子	5%
十三、实木地板	5%
十四、电池 无汞原电池、金属氢化物镍蓄电池、锂原电池、锂离子蓄电池、太阳能电池、燃料电池和全钒液流电池免征	4%
十五、涂料 施工状态下挥发性有机物(Volatile Organic Compounds, VOC)含量低于420克/升(含)免征	4%

在下列两种情况下,纳税人应从高选择适用税率:一是纳税人兼营不同税率应税消费品,未分别核算各自销售额、销售数量的;二是纳税人将不同税率应税消费品组成套装销售的(即使分别核算也必须从高计税)。

另外,纳税人兼营卷烟批发和零售业务的,应当分别核算批发和零售环节的销售额、销售数量;未分别核算批发和零售环节销售额、销售数量的,按照全部销售额、销售数量计征批发环节消费税。

二、消费税的计算方法

消费税实行从价定率、从量定额,或者从价定率和从量定额复合计税(以下简称复合计税)的办法计算应纳税额。

1. 从价定率

$$应纳税额 = 销售额 \times 比例税率$$

2. 从量定额

$$应纳税额 = 销售数量 \times 定额税率$$

3. 复合计税

$$应纳税额＝销售额×比例税率＋销售数量×定额税率$$

实行从量定额办法计算应纳税额的应税消费品,计量单位的换算标准如下:

黄酒:1 吨＝962 升;啤酒:1 吨＝988 升;汽油:1 吨＝1 388 升;柴油:1 吨＝1 176 升;航空煤油:1 吨＝1 246 升;石脑油:1 吨＝1 385 升;溶剂油:1 吨＝1 282 升;润滑油:1 吨＝1 126 升;燃料油:1 吨＝1 015 升。

三、销售额的确认

销售额为纳税人销售应税消费品向购买方收取的全部价款和价外费用,不包括应向购货方收取的增值税税款。如果纳税人应税消费品的销售额中未扣除增值税税款,或者因不得开具增值税专用发票而将价款和增值税税款合并收取的,在计算消费税时,应当将其换算为不含增值税税款的销售额,其换算公式为:

$$应税消费品的销售额＝含增值税销售额÷(1＋增值税税率或征收率)$$

价外费用是指价外向购买方收取的手续费、补贴、基金、集资费、返还利润、奖励费、违约金、滞纳金、延期付款利息、赔偿金、代收款项、代垫款项、包装费、包装物租金、储备费、优质费、运输装卸费以及其他各种性质的价外收费。

下列项目不是价外费用。

(一) 同时符合以下条件的代垫运输费用

(1) 承运部门的运输费用发票开具给购买方的。

(2) 纳税人将该项发票转交给购买方的。

(二) 同时符合以下条件代为收取的政府性基金或者行政事业性收费

(1) 由国务院或者财政部批准设立的政府性基金,由国务院或者省级人民政府及其财政、价格主管部门批准设立的行政事业性收费。

(2) 收取时开具省级以上财政部门印制的财政票据。

(3) 所收款项全额上缴财政。

纳税人销售的应税消费品以人民币以外的货币结算销售额的,其销售额的人民币折合率可以选择销售额发生的当天或者当月 1 日的人民币汇率中间价。纳税人应在事先确定采用何种折合率,确定后 1 年内不得变更。

【知识链接】

白酒生产企业向商业销售单位收取的"品牌使用费"是随着应税白酒的销售而向购货方收取的,属于应税白酒销售价款的组成部分。因此,不论企业采取何种方式或以何种名义收取价款,均应并入白酒的销售额中缴纳消费税。

纳税人销售的应税消费品以外汇结算销售额的,其销售额的人民币折合率可以选择结算的当天或者当月 1 日的国家外汇牌价(原则上为中间价)。纳税人应在事先确定采取何种折合率,确定后 1 年内不得变更。

四、销售数量的确认

销售数量是指应税消费品的数量,具体为:
(1) 销售应税消费品的,为应税消费品的销售数量;
(2) 自产自用应税消费品的,为应税消费品的移送使用数量;
(3) 委托加工应税消费品的,为纳税人收回的应税消费品数量;
(4) 进口应税消费品的,为海关核定的应税消费品进口征税数量。

纳税人销售的应税消费品,以人民币计算销售额。纳税人以人民币以外的货币结算销售额的,应当折合成人民币计算。

五、应纳消费税额的计算

(一) 生产销售环节应纳消费税额的计算

1. 销售自产应税消费品应纳消费税的计算

1) 一般应税消费品应纳消费税的计算

凡是应税消费品同时也是增值税的纳税范围,因此,消费税的计税依据——销售额与增值税中的销售额的含义相同;增值税销售额的确认也就是消费税销售额的确认,按此销售额乘以消费税税率即可计算应纳消费税额。

2) 应税消费品包装物应纳消费税的计算

(1) 包装物随同应税消费品销售。包装物随同应税消费品销售的,无论包装物是否单独计价,也不管在会计上如何核算,均应并入应税消费品的销售额计缴消费税。一般纳税人向购买方所收取的包装物等价外费用和逾期包装物押金,一般应视为含税收入,在计税时须换算为不含增值税收入,并入销售额中计算增值税和消费税。

(2) 包装物押金。包装物不作价随同产品销售,而是收取押金,该押金能单独核算且未逾期的,不缴消费税;对因逾期未收回包装物不再退还、或已收取时间超过 12 个月的押金,应按应税消费品的适用税率计缴消费税。

(3) 销售酒类产品所收取的包装物押金。对酒类产品生产企业销售酒类产品(黄酒、啤酒除外)收取的包装物押金,无论押金是否返还与会计上如何核算,均应依酒类产品适用的税率计缴消费税。销售黄酒、啤酒所收取的包装物押金,均不缴消费税。因为黄酒、啤酒消费税实行从量计税,"应纳消费税=销售数量×定额税率",征税金额与销售数量成正比,与销售金额无直接关系。因而销售黄酒、啤酒收取包装物押金无论是否逾期,均不计征消费税。

另外,在没有特别说明情况下,押金是包含增值税的。在计算包装物押金的消费税时,应当换算为不含增值税税款的销售额。其中啤酒的包装物押金,虽不计消费税,但需并入"出厂单价"中确定适用税率的级次。由于啤酒有两档税率,在确定使用哪一个税率时,要把包装物押金计入"啤酒每吨出厂价格"中,按照这个价格确定税率。注意,包装物押金在计税时,要进行价税分离,剔除增值税。

2. 自产自用应税消费品应纳消费税的计算

自产自用是指纳税人生产应税消费品后,不是用于直接对外销售,而是用于自己连续生产应税消费品或用于其他方面。比如,企业将自己生产的应税消费品,作为福利发放给本企业员工,而不是对外销售,没有计入销售额,没有纳税。这样容易出现漏缴纳税款的现象。所以,有必要认真理解税法对自产自用应税消费品的有关规定。

1) 将自产消费品用于连续生产应税消费品

纳税人自产自用的应税消费品,用于连续生产应税消费品的,不纳税。也就是说自产自用消费品作为生产最终应税消费品的直接材料,并构成最终产品实体的应税消费品。根据"税不重征"原则,不纳消费税。例如,卷烟厂生产的烟丝,再用于本厂连续生产卷烟,不纳消费税。生产企业将自产的石脑油用于本企业连续生产汽油等应税消费品,不缴纳消费税;用于连续生产乙烯等非应税消费品或其他方面的,则于移送时缴纳消费税。

2) 将自产消费品用于其他方面

纳税人自产生自用应税消费品,除了用于连续生产应税消费品外,用于其他方面,应于移送时缴纳消费税,以纳税人生产同类消费品的销售价格为计税依据;若没有同类消费品的销售价格,则按组成计税价格计算纳税。用于其他方面是指,纳税人将自产自用应税消费品用于生产非应税消费品、在建工程、管理部门、非生产机构、提供劳务、馈赠、赞助、集资、广告、样品、职工福利、奖励等方面。非应税消费品是指,把自产的应税消费品用于生产消费税条例税目税率表所列15类产品以外的产品。"用于其他方面"的例子:汽车制造厂把自己生产的汽车作为奖品赞助给某项活动;石油厂把自产的汽油用于本公司运输车辆使用;化妆品厂把自产的化妆品发放给员工作为福利。

纳税人自产自用的应税消费品,按照纳税人生产的同类消费品的销售价格计算纳税;没有同类消费品销售价格的,按照组成计税价格计算纳税。

3) 税额及组成计税价格的计算

纳税人自产自用应税消费品用于其他方面的,应当缴纳消费税。有同类货物销售价格的,以同类货物的平均销售价格为计税依据;没有同类消费品销售价格的,按以下公式计算组成计税价格。

实行从价定率计算纳税的组成计税价格计算公式为:

$$组成计税价格=(成本+利润)\div(1-比例税率)$$
$$应纳消费税额=组成计税价格\times比例税率$$

实行复合计税计算纳税的组成计税价格计算公式为:

$$组成计税价格=(成本+利润+自产自用数量\times定额税率)\div(1-比例税率)$$
$$应纳消费税额=组成计税价格\times比例税率+自产自用数量\times定额税率$$

其中:成本是应税消费品的产品生产成本;利润是按应税消费品的全国平均成本利润率计算的利润。应税消费品全国成本利润率由国家税务总局确定,见表3-2。

表3-2　　　　　　　　应税消费品全国平均成本利润率表

序号	种类	成本利润率	序号	种类	成本利润率
1	甲类卷烟	10%	4	烟丝	5%
2	乙类卷烟	5%	5	粮食白酒	10%
3	雪茄烟	5%	6	薯类白酒	5%

(续表)

序号	种类	成本利润率	序号	种类	成本利润率
7	其他酒	5%	13	高档手表	20%
8	化妆品	5%	14	游艇	10%
9	鞭炮、焰火	5%	15	木制一次性筷子	5%
10	贵重首饰及珠宝玉石	6%	16	实木地板	5%
11	摩托车	6%	17	乘用车	8%
12	高尔夫球及球具	10%	18	中轻型商用客车	5%

上述"同类消费品的销售价格"是指纳税人或者代收代缴义务人当月销售的同类消费品的销售价格，如果当月同类消费品各期销售价格高低不同，应按销售数量加权平均计算。但销售的应税消费品有下列情况之一的，不得列入加权平均计算：

(1) 销售价格明显偏低并无正当理由的；
(2) 无销售价格的。

如果当月无销售或者当月未完结，应按照同类消费品上月或者最近月份的销售价格计算纳税。

纳税人将自产的应税消费品以非货币性资产交换方式，用于换取生产资料和消费资料、投资入股和抵偿债务等方面，应以纳税人同类应税消费品的最高销售价格（非加权平均价格）作为消费税的计税依据。

(二) 委托加工环节应纳消费税额的计算

委托加工应税消费品是指由委托方提供原料或主要材料，受托方只收取加工费和代垫部分辅助材料加工的应税消费品。纳税人委托加工应税消费品，应由受托方在向委托方交货时代扣代缴消费税。但纳税人委托个体经营者或个人加工应税消费品，一律于委托方收回后在委托方所在地缴纳消费税。

委托加工的应税消费品按照受托方的同类消费品的销售价格计算纳税；没有同类消费品销售价格的，按照组成计税价格计算纳税。

实行从价定率办法计算纳税的组成计税价格计算公式：

$$组成计税价格 =（材料成本 + 加工费）\div（1 - 比例税率）$$

实行复合计税办法计算纳税的组成计税价格计算公式：

$$组成计税价格 =（材料成本 + 加工费 + 委托加工数量 \times 定额税率）\div（1 - 比例税率）$$

材料成本是指委托方所提供加工材料的实际成本。委托加工应税消费品的纳税人必须在委托加工合同上如实注明（或者以其他方式提供）材料成本，凡未提供材料成本的，受托方主管税务机关有权核定其材料成本。

加工费是指受托方加工应税消费品向委托方所收取的全部费用（包括代垫辅助材料的实际成本）。

(三) 已纳税额扣除的计算

根据消费税"一物一税，税不重征"原则，外购应税消费品和委托加工收回的应税消费品用于继续生产应税消费品销售的,可将已缴纳的消费税给予扣除。

1. 准予抵扣的情形

(1) 外购或委托加工收回的已税烟丝生产的卷烟。

(2) 外购或委托加工收回的已税高档化妆品生产的高档化妆品。

(3) 外购或委托加工收回的已税珠宝玉石生产的贵重首饰及珠宝玉石。

(4) 外购或委托加工收回的已税鞭炮、焰火生产的鞭炮、焰火。

(5) 以外购或委托加工收回的已税杆头、杆身和握把为原料生产的高尔夫球杆。

(6) 以外购或委托加工收回的已税木制一次性筷子为原料生产的木制一次性筷子。

(7) 以外购或委托加工收回的已税实木地板为原料生产的实木地板。

(8) 以外购或委托加工收回的已税汽油、柴油、石脑油、燃料油、润滑油为原料生产的应税成品油。

(9) 外购或委托加工收回的已税摩托车连续生产应税摩托车。

2. 准予抵扣的数量

当期准予扣除的外购应税消费品已纳消费税税款,在计税时按当期生产领用数量来计算。

(1) 外购应税消费品。

$$当期准予扣除的外购应税消费品买价 = 期初库存的外购应税消费品买价 + 当期购进的外购应税消费品买价 - 期末库存的外购应税消费品买价$$

$$当期准予扣除的外购应税消费品已纳税款 = 当期准予扣除的外购应税消费品买价 \times 外购应税消费品适用税率$$

(2) 委托加工收回的应税消费品。

$$当期准予扣除的委托加工应税消费品已纳税款 = 期初库存的委托加工应税消费品已纳税款 + 当期收回的委托加工应税消费品已纳税款 - 期末库存的委托加工应税消费品已纳税款$$

(四) 进口环节应纳消费税的计算

进口的应税消费品的消费税由海关代征,于报关时缴纳。进口的应税消费品由进口人或者其代理人向报关地海关申报纳税。

实行从价定率办法计算纳税的组成计税价格计算公式:

$$组成计税价格 = (关税完税价格 + 关税) \div (1 - 消费税比例税率)$$

实行复合计税办法计算纳税的组成计税价格计算公式:

$$组成计税价格 = (关税完税价格 + 关税 + 进口数量 \times 消费税定额税率) \div (1 - 消费税比例税率)$$

关税完税价格是指海关核定的关税计税价格。

(五) 特殊环节应纳消费税的计算

1. 卷烟批发环节应纳消费税的计算

批发环节的应税消费品主要是卷烟及电子烟。对在我国境内从事卷烟批发业务的所有单位和个人,就其批发销售的所有牌号规格的卷烟的销售额按11%加0.005元/支复合计税方式计征消费税。在我国境内批发电子烟的所有单位和个人,应就批发电子烟的销售额,按11%的税率计算纳税。

2. 零售环节应纳消费税的计算

1) 金银首饰、钻石及钻石饰品

"金银首饰"特指金、银和金基、银基合金首饰,以及金、银和金基、银基合金的镶嵌首饰,进口环节暂不征收,零售环节适用税率为5%,计税依据为不含增值税的销售额。

金银首饰连同包装物销售的,无论包装是否单独计价,也无论会计上如何核算,均应并入金银首饰的销售额,计征消费税。

2) 超豪华小汽车

自2016年12月1日起,超豪华小汽车在生产(进口)环节按现行税率征收消费税的基础上,在零售环节加征一道消费税,税率为10%。超豪华小汽车是指每辆零售价格130万元(不含增值税)及以上的乘用车和中轻型商用客车。

将超豪华小汽车销售给消费者的单位和个人为超豪华小汽车的纳税人。应纳税额的计算如下:

$$应纳税额 = 零售环节销售额(不含增值税) \times 零售环节税率$$

国内汽车生产企业直接销售给消费者的超豪华小汽车,消费税税率按照生产环节税率和零售环节税率加总计算。应纳税额的计算如下:

$$应纳税额 = 销售额(不含增值税) \times (生产环节税率 + 零售环节税率)$$

【课程思政】

电动汽车不征收消费税。根据《财政部国家税务总局关于调整和完善消费税政策的通知》(财税[2006]33号文)规定,汽车是指由动力驱动,具有四个或四个以上车轮的非轨道承载的车辆。电动汽车不属于消费税税目的征收范围。因此电动汽车不属于应税消费品,汽车制造企业生产的电动汽车不需要申报缴纳消费税。

车身长度大于7米(含),并且座位在10~23座(含)以下的商用客车,不属于中轻型商用客车征税范围,不征收消费税。

沙滩车、雪地车、卡丁车、高尔夫车不属于消费税征收范围,不征收消费税。

(六) 出口退税的计算

纳税人出口应税消费品,免征消费税,国务院另有规定的除外。

1. 出口免税并退税

有出口经营权的外贸企业购进应税消费品直接出口,以及外贸企业受其他外贸企业委托代理出口应税消费品。注意:外贸企业只有受其他外贸企业委托,代理出口应税消费品才可办理退税,外贸企业受其他企业(主要是非生产性的商贸企业)委托,代理出口应税消费品是不予退(免)税的。

出口货物的消费税应退税额的计税依据,按购进出口货物的消费税专用缴款书和海关进口消费税专用缴款书确定。

(1) 属于从价定率计征消费税的,为已征且未在内销应税消费品应纳税额中抵扣的购进出口货物金额;

(2) 属于从量定额计征消费税的,为已征且未在内销应税消费品应纳税额中抵扣的购

进出口货物的数量;

(3) 属于复合计征消费税的,按从价定率和从量定额的计税依据分别确定。

$$消费税应退税额 = 从价定率计征消费税的退税计税依据 \times 比例税率 + 从量定额计征消费税的退税计税依据 \times 定额税率$$

2. 出口免税但不退税

有出口经营权的生产性企业自营出口或生产企业委托外贸企业代理出口自产的应税消费品,依据其实际出口数量免征消费税,不予办理退还消费税。免征消费税是指对生产性企业按其实际出口数量免征生产环节消费税。不予办理退还消费税,因已免征生产环节的消费税,该应税消费品出口时,已不含消费税,所以无须再办理退税。

3. 出口不免税也不退税

除生产企业、外贸企业外的其他企业(具体指一般商贸企业),这类企业委托外贸企业代理出口应税消费品一律不予退(免)税。

六、应用实例

【例 3-1】 天河高尔夫球用品公司为增值税一般纳税人,2022 年 6 月销售高尔夫球,开具的增值税专用发票注明的价款为 400 000 元,开具的普通发票注明的价款为 226 000 元。高尔夫球适用的消费税税率为 10%,该纳税人适用 13% 的增值税税率。请计算该公司 6 月份的应纳消费税。

分析:消费税和增值税的计税依据一样,都是不含增值税的销售额。题目中普通发票的价款是价税合一的,需先将其换算为不含增值税的销售额,再计算增值税和消费税。

$$销售额 = 400\ 000 + 226\ 000 \div (1 + 13\%) = 600\ 000(元)$$
$$增值税销项税额 = 600\ 000 \times 13\% = 78\ 000(元)$$
$$应纳消费税税额 = 600\ 000 \times 10\% = 60\ 000(元)$$

【例 3-2】 天河化工厂为增值税一般纳税人,2022 年 7 月销售柴油 10 吨。柴油 1 吨 = 1 176 升。柴油消费税税率为 1.20 元/升。请计算该厂本月应纳消费税。

分析:注意定额税率的计税单位是否与销售数量的单位一致,如不一致,须先进行换算,再计算税款。

$$应纳消费税税额 = 10 \times 1\ 176 \times 1.2 = 14\ 112(元)$$

【例 3-3】 天河酒厂 2022 年 6 月份销售白酒 150 吨,不含税单价 6 500 元/吨;销售散装白酒 10 吨,不含税单价 5 000 元/吨,款项全部存入银行。白酒的消费税税率为 20% 加 0.5 元/500 克。请计算该厂本月应纳消费税。

分析:1 吨即 1 000 000 克,1 000 000 克是 500 克的 2 000 倍,先进行单位换算,再按复合计税的公式计算白酒应纳消费税税额。

计算:

$$应纳消费税 = (150 \times 6\ 500 + 10 \times 5\ 000) \times 20\% + (150 + 10) \times 2\ 000 \times 0.5 = 365\ 000(元)$$

【例 3-4】 天河酒厂为增值税一般纳税人,2022 年 6 月生产粮食白酒 100 吨,全部用于销售,当月取得不含税销售额500万元,同时向基业商业销售公司收取品牌使用费20万元;当期收取包装物押金5万元。白酒的消费税税率为20%加0.5元/500克。请计算该厂本月应纳消费税。

分析:白酒生产企业向商业销售单位收取的品牌使用费是随着应税白酒的销售而向购货方收取的,均应并入白酒的销售额中缴纳消费税。酒类产品生产企业销售酒类产品(黄酒、啤酒除外)所收取的包装物押金,无论押金是否返还与会计上如何核算,均应依酒类产品适用的税率计缴消费税。

销售额＝5 000 000＋(200 000＋50 000)÷(1＋13%)＝4 646 018(元)
应纳消费税＝4 646 018×20%＋100×2 000×0.5＝1 029 204(元)

【例3-5】 天河化妆品公司为增值税一般纳税人,2022年8月份销售高档化妆品,连同包装物一起销售,其中化妆品不含增值税价款20 000元,包装物收入1 130元。应税化妆品适用消费税率为15%。请计算该公司本月应纳消费税。

分析:包装物随同应税消费品销售的,无论包装物是否单独计价,也不管在会计上如何核算,均应并入应税消费品的销售额计缴消费税。一般纳税人向购买方所收取的包装物价款一般应视为含税收入,在计税时须换算为不含税收入,并入销售额中计算增值税和消费税。

包装物不含税价款＝1 130÷(1＋13%)＝1 000(元)
应纳消费税＝(20 000＋1 000)×15%＝3 150(元)

【例3-6】 天河酒厂2022年7月销售散装粮食白酒收取了包装物押金4 520元,开具了收款收据,单独核算。白酒的消费税税率为20%加0.5元/500克。该押金是否应纳增值税和消费税? 如需要缴纳,请计算相关税金。

分析:酒类产品生产企业销售白酒所收取的包装物押金,无论是否返还及会计上如何核算,均应纳增值税和消费税。在没有特别说明情况下,押金是包含增值税的。所以在计算包装物押金消费税时,应当将押金换算为不含增值税税款的销售额。

包装物押金不含税销售额＝4 520÷(1＋13%)＝4 000(元)
增值税销项税额＝4 000×13%＝520(元)
应纳消费税税额＝4 000×20%＝800(元)

【例3-7】 天河汽车制造公司为增值税一般纳税人,2022年6月将自产的乘用车(气缸容量2.0升)一辆,转作公司管理部门自用,该型号的汽车对外不含税销售价格17万元,生产成本10万元。气缸容量2.0升的乘用车消费税税率为5%。请计算该公司应税纳消费税。

分析:纳税人自产自用的应税消费品,按照纳税人生产的同类消费品的销售价格计算纳税;没有同类消费品销售价格的,按照组成计税价格计算纳税。

应纳消费税额＝170 000×5%＝8 500(元)

假设该型号的汽车没有同类消费品的销售价格,其生产成本为10万元,则应纳消费税计算如下:

消费税组成计税价格=100 000×(1+8%)÷(1-5%)=113 684(元)

应纳消费税额=113 684×5%=5 684(元)

增值税组成计税价格=100 000×(1+8%)+5 684=113 684(元)

应纳增值税税额=113 684×13%=14 779(元)

【例3-8】 天河化妆品公司2022年6月受G公司委托加工一批高档化妆品,委托方提供的材料成本为60 000元,双方协议加工费为25 000元。高档化妆品消费税税率为15%。受托方没有同类消费品销售价格。请计算天河化妆品公司应代收代缴的消费税税额。

分析:纳税人委托加工应税消费品,应由受托方天河化妆品公司在向委托方在交货时代扣代缴消费税。委托加工的应税消费品,按照受托方的同类消费品的销售价格计算纳税;由于没有同类消费品销售价格的,所以须按照组成计税价格计算纳税。

组成计税价格=(60 000+25 000)÷(1-15%)=100 000(元)

代收代缴消费税税额=100 000×15%=15 000(元)

【例3-9】 天河礼花厂2022年6月初库存外购已税鞭炮金额为12 000元,当月购进已税鞭炮300箱,增值税专用发票上注明的每箱购进单价(不含增值税)为300元,月末库存外购已税鞭炮金额为8 000元,其余为当月生产领用。当月用外购鞭炮生产甲鞭炮250箱,销售给商贸公司,每箱销售价格为1 000元。上述增值税专用发票的抵扣联已经过认证;鞭炮的消费税税率为15%。请计算天河礼花厂当月应纳的消费税税额。

分析:外购应税消费品用于继续生产应税消费品销售的,可将已缴纳的消费税给予扣除。题目中的外购已税鞭炮属于准予抵扣的情形。计算当月生产甲鞭炮领用的外购已税鞭炮数量,可采用类似会计上的实地盘存制的方法倒挤生产领用量。

当月准予扣除的外购应税消费品的买价=12 000+300×300-8 000=94 000(元)

当月准予扣除的外购应税消费品已纳税额=94 000×15%=14 100(元)

当月应纳消费税税额=1 000×250×15%-14 100=23 400(元)

【例3-10】 天河化妆品公司2022年6月进口高档化妆品一批,海关核定的关税完税价格为170万元。假设关税税率为50%,消费税税率为15%。请计算天河化妆品公司应税纳消费税、增值税税额。

分析:进口的应税消费品于报关时缴纳消费税,由海关代征。

消费税组成计税价格=170 000×(1+50%)÷(1-15%)=300 000(元)

应纳消费税额=300 000×15%=45 000(元)

增值税组成计税价格=170 000+170 000×50%+45 000=300 000(元)

应纳增值税额=300 000×13%=39 000(元)

【例3-11】 天河珠宝公司是一家经批准经营金银首饰的珠宝零售店,为增值税一般纳税人。2022年9月份零售金银首饰50 000元,钻石及钻石饰品40 000元,其他首饰3 000元。请计算天河珠宝公司的应纳消费税税额。

分析:零售环节的应税消费品是指金银首饰、钻石及钻石饰品。零售环节的应税消费品适用的消费税税率为5%,计税依据为不含增值税的销售额。

应纳消费税额=(50 000+40 000)÷(1+13%)×5%=3 982(元)

第三节 消费税的会计核算

一、设置账户

（一）应交税费——应交消费税

企业应在"应交税费"账户下设置"应交消费税"明细账户,核算应交消费税的发生、缴纳等情况。该账户借方核算已缴纳的消费税,贷方核算应缴纳的消费税;期末贷方余额为尚未缴纳的消费税,借方余额为多缴的消费税。

（二）税金及附加

企业设置"税金及附加"账户,用于核算企业销售的应税产品所负担的消费税费用。纳税人产生纳税义务时计提应缴纳的消费税,借记"税金及附加"账户,贷记"应交税费——应交消费税"账户。实际缴纳消费税时,借记"应交税费——应交消费税"账户,贷记"银行存款"账户,销货退回或退税时,编制相反分录。

纳税人缴纳的消费税通过"税金及附加"科目计入当期损益。期末"税金及附加"账户余额转入"本年利润"账户,结转后,该账户无余额。

二、生产销售环节应纳消费税的核算

（一）销售自产应税消费品应纳消费税的核算

1. 销售自产应税消费品

企业销售自产应税消费品时,应正确计算应纳消费税,会计分录如下:

借:税金及附加
　　贷:应交税费——应交消费税

实际上缴税款时:

借:应交税费——应交消费税
　　贷:银行存款

2. 应税消费品的包装物

包装物随同产品销售且不单独计价的,其收入随同所销售的产品一起记入"主营业务收入"账户;按包装物的销售额计提消费税,借记"税金及附加"账户,贷记"应交税费——应交消费税"账户。

随同产品销售但单独计价的包装物,其收入记入"其他业务收入"账户。按应缴纳的消费税,借记"税金及附加"账户,贷记"应交税费——应交消费税"账户。

出租出借包装物收取的押金,借记"银行存款"账户,贷记"其他应付款"账户;因逾期未收回的包装物不再退还的或者已收取的时间超过12个月的押金,应并入应税消费品的销售

额,按照应税消费品的适用税率缴纳消费税,借记"其他应付款"账户,贷记"其他业务收入"和"应交税费——应交增值税(销项税额)"账户;按押金收入应缴纳的消费税借记"税金及附加"账户,贷记"应交税费——应交消费税"账户。

(二) 自产自用应税消费品应纳消费税的核算

自产自用应税消费品是指纳税人生产应税消费品,不是直接用于对外销售,而是用于连续生产应税消费品,或者纳税人将自产自用应税消费品用于生产非应税消费品,或者是用于其他方面,比如,在建工程、管理部门、非生产机构、提供劳务、馈赠、赞助、集资、广告、样品、职工福利、奖励等方面。

1. 将自产消费品用于连续生产应税消费品

纳税人将自产自用的应税消费品用于连续生产应税消费品的,不纳消费税,只进行实际成本的核算。

在领用应税消费品时,按领用应税消费品的成本,借记"生产成本"等账户,按领用消费品的实际成本,贷记"原材料"等账户。

2. 将自产消费品用于连续生产非应税消费品

纳税人将自产自用的应税消费品用于连续生产非应税消费品的,最终产品不属于应税消费品,所以,应在移送使用环节缴纳消费税。

在领用应税消费品时,借记"生产成本"账户,贷记"原材料""应交税费——应交消费税"等账户。

3. 将自产消费品用于其他方面

纳税人将自产消费品用于其他方面应税消费品的,应视同销售,在移送使用时计缴消费税根据用途的不同,分别情况处理。

(1) 企业将自产的应税消费品用于在建工程、捐赠时,并没有现金流入企业,因此按产品成本结转,并按其用途记入相应的账户。借记"在建工程""营业外支出"等账户,贷记"库存商品""应交税费——应交增值税""应交税费——应交消费税"账户。

(2) 企业以自产的应税消费品作为投资、广告、样品、职工福利、奖励等,应视同销售确认收入并计缴税金。借记"长期股权投资""销售费用""应付职工薪酬"等账户,贷记"主营业务收入""应交税费——应交增值税";同时,借记"税金及附加"账户,贷记"应交税费——应交消费税"账户。

三、委托加工环节应纳消费税的核算

(一) 委托方的核算

(1) 收回后直接用于销售的,支付的税款计入委托加工物资成本。委托加工收回消费品已由受托方代扣代缴消费税,不用再缴纳消费税。借记"委托加工物资"账户,贷记"银行存款"账户。

(2) 收回后用于连续生产应税消费品的,扣缴税款准予抵扣。按受托方代收的消费税税款,借记"应交税费——应交消费税"账户,贷记"银行存款"账户。也可以设置"待扣税金——待扣消费税"账户,用来反映税款的抵扣过程。

（二）受托方的核算

收到代收代缴消费税款时，借记"银行存款"账户，贷记"应交税费——代扣代缴消费税"账户。申报缴纳税款时，借记"应交税费——代扣代缴消费税"账户，贷记"银行存款"账户。

四、已纳税额扣除的核算

为了避免重复征税，税法规定用外购或委托加工收回的已税消费品连续生产应税消费品的，准予从应纳税额中扣除已纳消费税税额。准予抵扣的情形和具体的计算方法见本章第二节。在实务工作中，仍需注意以下问题：

（1）允许扣除税额的税目从大类上看不包括酒类、小汽车、高档手表、游艇、电池和涂料。

（2）允许扣除的只涉及同一大税目中的购入应税消费品的连续加工，不能跨税目抵扣（石脑油例外）。

（3）允许扣除的应税消费品只限于从工业企业购进和进口的应税消费品，从境内商业企业购进的应税消费品的已纳税额一律不得扣除。

（4）在零售环节纳税的金银首饰、钻石及钻石饰品不得抵扣外购珠宝、玉石的已纳税额。

五、进口环节应纳消费税的核算

需要缴纳消费税的进口消费品，其缴纳的消费税应计入该消费品的成本，借记"固定资产""在途物资"等账户，贷记"银行存款"等账户。

六、批发和零售环节应纳消费税的核算

批发环节卷烟消费税账务处理需注意的事项：

（1）应将卷烟销售额与其他商品销售额分开核算，未分开核算的，一并征收批发环节消费税。

（2）卷烟批发企业之间销售的卷烟不缴纳消费税，只有将卷烟销售给其他单位和个人时才缴纳消费税。

（3）卷烟批发企业在计算卷烟消费税时不得扣除卷烟生产环节已缴纳的消费税税额。

零售环节计缴消费税应注意的事项：

（1）既销售金银首饰，又销售非金银首饰的生产经营单位，应分别核算两类商品的销售额。凡划分不清楚或不能分别核算，在生产环节销售的，一律从高适用税率计征消费税；在零售环节销售的，一律按金银首饰计征消费税。

（2）金银首饰与其他产品组成套装消费品销售的，应按销售额全额计征消费税。

（3）对纳税人采取以旧换新方式销售金银首饰的，按实际收取的不含增值税价款计征消费税。

七、出口退税的核算

有出口经营权的外贸企业购进应税消费品直接出口，及受其他外贸企业委托代理出口

的应税消费品,适用出口免税并退税政策。外贸企业自营出口应税消费品应退消费税税额,应在办理出口退税时,借记"应收出口退税款——消费税"账户,贷记"主营业务成本"账户。实际收到出口消费品退还的税金,借记"银行存款"账户,贷记"应收出口退税款——消费税"账户。

【知识链接】

有出口经营权的生产企业自营出口或委托外贸企业出口自产应税消费品,适用出口免税不退税政策。纳税人直接出口应税消费品办理免税后,若发生退关或国外退货,进口时已予免税的,经机构所在地或居住地主管税务机关批准,可暂不办理补税,待转为国内销售时,再申请补缴消费税,其会计处理与国内销售业务相同。

一般商贸企业委托外贸企业代理出口时,一律不予退(免)消费税。

八、应用实例

【例3-12】 天河化妆品公司为增值税一般纳税人,2022年7月份销售高档化妆品,开具的增值税专用发票注明不含税价款共计850 000元,假设增值税税率为13%,消费税税率为15%。请计算应纳税额,并进行相应的会计处理。

应纳增值税税额=850 000×13%=110 500(元)
应纳消费税税额=850 000×15%=127 500(元)

(1) 实现销售收入的会计分录:

借:银行存款　　　　　　　　　　　　　　　　　　　　960 500
　　贷:主营业务收入　　　　　　　　　　　　　　　　　　850 000
　　　　应交税费——应交增值税(销项税额)　　　　　　110 500

(2) 计提消费税的会计分录为:

借:税金及附加　　　　　　　　　　　　　　　　　　127 500
　　贷:应交税费——应交消费税　　　　　　　　　　　127 500

【例3-13】 天河酒厂为增值税一般纳税人,2022年7月份销售0.5吨粮食白酒,不含税价款10 000元,单独收取包装物费用1 130元,款项已存入银行。假设增值税税率为13%,消费税税率为20%加0.5元/500克(或500毫升)。请计算应纳税额,并进行相应的会计处理。

应纳增值税税额=10 000×13%+1 130÷(1+13%)×13%=1 430(元)
应纳消费税税额=(10 000+1 000)×20%+0.5×2 000×0.5=2 700(元)

借:银行存款　　　　　　　　　　　　　　　　　　　12 430
　　贷:主营业务收入　　　　　　　　　　　　　　　　10 000
　　　　其他业务收入　　　　　　　　　　　　　　　　 1 000
　　　　应交税费——应交增值税(销项税额)　　　　　 1 430

借:税金及附加　　　　　　　　　　　　　　　　　　 2 700
　　贷:应交税费——应交消费税　　　　　　　　　　　 2 700

【例 3-14】 天河酒厂 2022 年 7 月份销售散装粮食白酒 10 吨,不含税价款 30 000 元,并且收取包装物押金 2 260 元,该包装物成本为 1 500 元,开具收款收据,单独核算。约定 3 个月返还包装物,否则没收押金。假设增值税税率为 13%,消费税税率为 20% 加 0.5 元/500 克(或 500 毫升)。请计算应纳税额,并进行相应的会计处理。

分析:酒类产品生产企业销售酒类产品(黄酒、啤酒除外)所收取的包装物押金,无论押金是否返还与会计上如何核算,均应依酒类产品适用的税率计缴消费税。

$$增值税销项税额 = 30\ 000 \times 13\% = 3\ 900(元)$$
$$应纳消费税税额 = 30\ 000 \times 20\% + 10 \times 2\ 000 \times 0.5 = 16\ 000(元)$$

(1) 销售白酒时:

借:银行存款	33 900
贷:主营业务收入	30 000
应交税费——应交增值税(销项税额)	3 900
借:税金及附加	16 000
贷:应交税费——应交消费税	16 000

(2) 收取押金时:

借:银行存款	2 260
贷:其他应付款	2 260

(3) 收取押金应计税:

$$包装物押金不含税销售额 = 2\ 260 \div (1 + 13\%) = 2\ 000(元)$$
$$增值税销项税额 = 2\ 000 \times 13\% = 260(元)$$
$$应纳消费税税额 = 2\ 000 \times 20\% = 400(元)$$

借:销售费用	260
贷:应交税费——应交增值税(销项税额)	260
借:税金及附加	400
贷:应交税费——应交消费税	400

(4) 假设如期收回包装物,返还押金:

借:其他应付款	2 260
贷:银行存款	2 260

(5) 假设逾期没收押金:

借:其他应付款	2 260
贷:其他业务收入	2 260
借:其他业务成本	1 500
贷:周转材料——包装物	1 500

【例 3-15】 天河卷烟公司领用自产的烟丝生产卷烟,领用烟丝的实际成本为 20 000 元。

烟丝的消费税税率为30%。请编制天河卷烟公司的会计分录。

分析：自产自用的应税消费品烟丝用于连续生产应税消费品卷烟，不缴纳消费税。

借：生产成本　　　　　　　　　　　　　　　　　　　　20 000
　　贷：原材料　　　　　　　　　　　　　　　　　　　　　20 000

【例3-16】 天河科达公司2022年7月将自产的应税消费品实木地板用于公司新办公楼的装饰工程，产品成本为500 000元，计税价格为900 000元。该产品的增值税税率为13%，消费税税率为5%。

要求：编制天河科达公司该业务的会计分录。

应纳增值税税额＝900 000×13%＝117 000(元)
应纳消费税税额＝900 000×5%＝45 000(元)

借：在建工程　　　　　　　　　　　　　　　　　　　　662 000
　　贷：库存商品　　　　　　　　　　　　　　　　　　　500 000
　　　　应交税费——应交增值税(销项税额)　　　　　　　117 000
　　　　应交税费——应交消费税　　　　　　　　　　　　 45 000

【例3-17】 天河摩托车生产企业为增值税一般纳税人，2022年7将自产的摩托车5辆移交本厂相关部门使用。该型号的摩托车尚未公开销售，无同类产品销售价格，生产成本为5 000元/辆，适用消费税税率为3%，增值税税率为13%。摩托车成本利润率为6%。请计算应纳税额，并进行相应的会计处理。

分析：自产自用行为应视同销售，同时计征增值税和消费税。

组成计税价格＝5 000×5×(1+6%)÷(1−3%)＝27 320(元)
增值税销项税额＝27 320×13%＝3 551.6(元)
应纳消费税税额＝27 320×3%＝820(元)

借：固定资产　　　　　　　　　　　　　　　　　　　 29 371.6
　　贷：库存商品　　　　　　　　　　　　　　　　　　　 25 000
　　　　应交税费——应交增值税(销项税额)　　　　　　　 3 551.6
　　　　　　　　——应交消费税　　　　　　　　　　　　　　820

【例3-18】 天河摩托车生产企业2022年7月将自产的摩托车10辆赠予某受灾乡镇，该型号摩托车不含税售价为7 000元/辆，生产成本为4 000元/辆。假设该摩托车适用的消费税税率为3%，增值税税率为13%。请计算应纳税额，并进行相应的会计处理。

分析：赠予行为应视同销售，同时计征增值税和消费税。

应纳增值税税额＝7 000×10×13%＝9 100(元)
应纳消费税税额＝7 000×10×3%＝2 100(元)

借：营业外支出　　　　　　　　　　　　　　　　　　　 61 200
　　贷：库存商品　　　　　　　　　　　　　　　　　　　 50 000
　　　　应交税费——应交增值税(销项税额)　　　　　　　　9 100
　　　　　　　　——应交消费税　　　　　　　　　　　　　2 100

【例3-19】 天河化妆品公司为增值税一般纳税人,将一批高档化妆品发放给本公司的员工作为福利,该批化妆品成本价为10 000元,不含税售价为18 000元。高档化妆品适用的消费税税率为15%,增值税税率为13%。请计算应纳增值税额及应纳消费税额,并进行相应的会计处理。

$$增值税销项税额=18\ 000\times13\%=2\ 340(元)$$
$$应纳消费税税额=18\ 000\times15\%=2\ 700(元)$$

根据发放货物清单:

借:应付职工薪酬——非货币性福利	20 340
贷:主营业务收入	18 000
应交税费——应交增值税(销项税额)	2 340

计提消费税:

借:税金及附加	2 700
贷:应交税费——应交消费税	2 700

【例3-20】 天河卷烟公司2022年7月委托甲公司加工烟丝,双方均为增值税一般纳税人。卷烟厂提供烟叶,成本为30 000元;支付加工费10 000元、增值税1 300元,取得增值税专用发票。卷烟厂收回烟丝后直接用于销售,实现销售收入100 000元。请计算应纳消费税额,并进行相应的会计处理。

$$应纳消费税税额=(30\ 000+10\ 000)\div(1-30\%)\times30\%=17\ 143(元)$$

发出材料:

借:委托加工物资	30 000
贷:原材料	30 000

支付加工费:

借:委托加工物资	10 000
应交税费——应交增值税(进项税额)	1 300
贷:银行存款	11 300

支付代扣代缴的消费税:

借:委托加工物资	17 143
贷:银行存款	17 143

烟丝入库:

借:库存商品	57 143
贷:委托加工物资	57 143

【例3-21】 天河汽车制造公司委托乙企业加工一批产品,收回后用于连续生产应税消费品,并支付加工费10 000元,增值税1 300元,受托方代扣代缴消费税1 579元。请编制天河汽车制造公司委托加工提货和入库的会计分录。

借：委托加工物资	10 000
应交税费——应交消费税	1 579
——应交增值税（进项税额）	1 300
贷：银行存款	12 879
借：库存商品	10 000
贷：委托加工物资	10 000

【例 3-22】 天河卷烟公司 2022 年 6 月库存烟丝（全部为外购）账户资料：月初库存 40 000 元，本月购进 150 000 元，月末库存 80 000 元，减少部分全部为生产卷烟领用。本月生产销售卷烟 10 标准箱，每标准条调拨价格 56 元，取得不含税销售额 150 000 元，款项已收。请计算天河卷烟公司应纳消费税税额，并进行相应的账务处理。

分析：本月销售的卷烟每标准条调拨价格 56 元，为乙类卷烟，适用 36% 加 150 元/箱的消费税率。题目中的用于连续生产卷烟的烟丝已纳消费税可以扣除。

生产领用烟丝金额 = 40 000 + 150 000 − 80 000 = 110 000（元）

借：生产成本	110 000
贷：原材料——烟丝	110 000

销售卷烟应纳增值税税额 = 150 000 × 13% = 19 500（元）

借：银行存款	169 500
贷：主营业务收入	150 000
应交税费——应交增值税（销项税额）	19 500

销售卷烟计提消费税税额 = 10 × 150 + 150 000 × 36% = 55 500（元）
准予扣除的外购烟丝已纳税额 = 110 000 × 30% = 33 000（元）
本月实际应纳消费税税额 = 55 500 − 33 000 = 22 500（元）

借：税金及附加	22 500
贷：应交税费——应交消费税	22 500

实际上缴消费税：

借：应交税费——应交消费税	22 500
贷：银行存款	22 500

【例 3-23】 天河华天公司 2022 年 10 月从美国进口高档化妆品一批，到岸价为 20 000 USD，货款未付。假设关税税率为 20%，汇率为 USD100 = CNY600，化妆品适用的消费税税率为 15%，增值税税率为 13%。请计算该公司应纳税额，并进行相应的会计处理。

消费税组成计税价格 = 20 000 × (1 + 20%) ÷ (1 − 15%) × 6 = 169 412（元）
应纳关税 = 20 000 × 20% × 6 = 24 000（元）
应纳消费税税额 = 169 412 × 15% = 25 412（元）
应纳增值税税额 = 169 412 × 13% = 22 024（元）
进口环节缴纳税款 = 24 000 + 25 412 + 22 024 = 71 436（元）

借：库存商品	169 412	
应交税费——应交增值税（进项税额）	22 024	
贷：应付账款		120 000
银行存款		71 436

【例 3-24】 天河珠宝公司是一家经批准经营金银首饰的珠宝零售店，为增值税一般纳税人。2022 年 10 月零售金银首饰价款 33 900 元，货款已存入银行。请计算该公司应纳税额，并进行相应的会计处理。

$$应纳消费税税额 = 33\,900 \div (1+13\%) \times 5\% = 1\,500(元)$$
$$应纳增值税税额 = 33\,900 \div (1+13\%) \times 13\% = 3\,900(元)$$

借：银行存款	33 900	
贷：主营业务收入		30 000
应交税费——应交增值税（销项税额）		3 900
借：税金及附加	1 500	
贷：应交税费——应交消费税		1 500

【例 3-25】 天河进出口公司（外贸企业）2022 年 6 月从生产企业百兴公司购进一批高档化妆品，取得增值税专用发票，发票注明价款 200 000 元，增值税 26 000 元，款项已付。当月该批化妆品全部出口，销售额为 450 000 元，未收到货款。高档化妆品的消费税税率为 15%。假设增值税出口退税率为 9%，消费税退税率为 15%。请计算天河进出口公司应退的增值税、消费税税额，并进行相应的会计处理。

（1）购入化妆品时：

借：库存商品	200 000	
应交税费——应交增值税（进项税额）	26 000	
贷：银行存款		226 000

（2）报关出口化妆品：

借：应收账款	450 000	
贷：主营业务收入		450 000

（3）结转销售成本：

借：主营业务成本	200 000	
贷：库存商品		200 000

（4）不予退还的增值税作进项税额转出：

$$进项税额转出 = 200\,000 \times (13\% - 9\%) = 8\,000(元)$$

借：主营业务成本	8 000	
贷：应交税费——应交增值税（进项税额转出）		8 000

（5）申报办理出口退税时：

$$应退增值税税额 = 200\,000 \times 9\% = 18\,000(元)$$
$$应退消费税税额 = 200\,000 \times 15\% = 30\,000(元)$$

借：应收出口退税款——增值税		18 000
——消费税		30 000
贷：应交税费——应交增值税（出口退税）		18 000
主营业务成本		30 000

（6）收到出口退税款时：

借：银行存款		480 000
贷：应收出口退税款——增值税		18 000
——消费税		30 000

第四节　消费税的征收管理

一、纳税义务发生时间

消费税纳税义务发生时间具体如下。

（1）纳税人销售应税消费品的，按不同的销售结算方式分别为：

① 采取赊销和分期收款结算方式的，为书面合同约定的收款日期的当天，书面合同没有约定收款日期或者无书面合同的，为发出应税消费品的当天；

② 采取预收货款结算方式的，为发出应税消费品的当天；

③ 采取托收承付和委托银行收款方式的，为发出应税消费品并办妥托收手续的当天；

④ 采取其他结算方式的，为收讫销售款或者取得索取销售款凭据的当天。

（2）纳税人自产自用应税消费品的，为移送使用的当天。

（3）纳税人委托加工应税消费品的，为纳税人提货的当天。

（4）纳税人进口应税消费品的，为报关进口的当天。

二、纳税期限

消费税的纳税期限分别为1日、3日、5日、10日、15日、1个月或者1个季度。纳税人的具体纳税期限由主管税务机关根据纳税人应纳税额的大小分别核定；不能按照固定期限纳税的，可以按次纳税。

纳税人以1个月或者1个季度为1个纳税期的，自期满之日起15日内申报纳税；以1日、3日、5日、10日或者15日为1个纳税期的，自期满之日起5日内预缴税款，于次月1日起15日内申报纳税并结清上月应纳税款。

三、纳税地点

（1）纳税人销售的应税消费品以及自产自用的应税消费品，除国务院财政、税务主管部门另有规定外，应当向纳税人机构所在地或者居住地的主管税务机关申报纳税。

(2) 委托加工的应税消费品,除受托方为个人外,由受托方向机构所在地或者居住地的主管税务机关解缴消费税税款。

(3) 进口的应税消费品,应当向报关地海关申报纳税。

【关键术语】

从价定率　从量定额　复合计税　委托加工　自产自用　出口退税

【问题思考】

1. 消费税的纳税环节有哪些? 与增值税是否相同?

2. 无市场价格的应税消费品的增值税组成计税价格和消费税组成计税价格金额是否相等? 为什么?

3. 计算消费税时有几种组成计税价格,各适用什么情况?

4. 价内税和价外税有什么区别?

5. 什么情况下收取包装物押金应缴纳消费税?

6. 企业出租包装物所收取的押金是否应缴纳消费税?

7. 消费税组成计税价格公式是否考虑了利润问题?

8. 纳税人自产自用消费品,是否应缴纳消费税?

9. 是否所有酒类消费品的包装物押金处理方式都是一样的? 如不同,请简述。

10. 消费税组成计税价格是否包含增值税税款?

练 习 题

一、单项选择题

1. 下列产品中,属于消费税征税范围的是(　　)。
   A. 冰箱　　　　　B. 空调　　　　　C. 彩电　　　　　D. 白酒

2. 下列应税消费品中,适用比例税率的是(　　)。
   A. 啤酒　　　　　B. 其他酒　　　　C. 黄酒　　　　　D. 汽油

3. 下列应税消费品应在生产环节和批发环节同时征收消费税的是(　　)。
   A. 烟丝　　　　　B. 卷烟　　　　　C. 小汽车　　　　D. 成品油

4. 下列关于消费税计税销售额的说法中,正确的是(　　)。
   A. 含消费税且含增值税的销售额
   B. 含消费税而不含增值税的销售额
   C. 不含消费税而含增值税的销售额
   D. 不含消费税也不含增值税的销售额

5. 委托加工的应税消费品在(　　)征收消费税。
   A. 生产加工环节　　　　　　　　B. 销售环节
   C. 交付原材料时　　　　　　　　D. 完工提货时

6. 外购已税消费品连续生产应税消费品准予扣除外购已纳消费税的是(　　)。
   A. 外购已税汽车轮胎生产的小轿车
   B. 外购已税珠宝玉石生产的金银首饰
   C. 外购已税酒生产的勾兑酒
   D. 外购已税两轮摩托车改装的三轮摩托车

7. 天贸化妆品公司自产一批化妆品用于本企业职工福利,没有同类产品价格可以比照,需按组成计税价格计算缴纳消费税,其组成计税价格为(　　)。
   A. (材料成本＋加工费)÷(1－消费税税率)
   B. (成本＋利润)÷(1＋消费税税率)
   C. (材料成本＋加工费)÷(1＋消费税税率)
   D. (成本＋利润)÷(1－消费税税率)

8. 《消费税暂行条例》规定,纳税人自产自用应税消费品,用于连续生产应税消费品的,应(　　)。
   A. 视同销售纳税　　　　　　　　B. 于移送使用时纳税
   C. 按组成计税价格　　　　　　　D. 不纳税

9. 纳税人自产自用的应税消费品,凡用于其他方面,属于视同销售的,应按照(　　)计算纳税。

A. 税务局估定价格 B. 市场均价
C. 纳税人生产的同类消费品的销售价格 D. 市场最高价

10. 下列行为中允许从应纳消费税税额中扣除外购商品已纳消费税税额的是（　　）。
 A. 从工业企业购进的已税酒精为原料生产的勾兑白酒
 B. 从工业企业购进的已税溶剂油为原料生产的溶剂油
 C. 从工业企业购进的已税汽车轮胎为原料生产的汽车
 D. 从工业企业购进的已税高尔夫球握把为原料生产的高尔夫球杆

11. 用于连续生产应税消费品的委托加工收回的应税消费品准予从应纳消费税税额中按（　　）计算扣除已纳消费税税款。
 A. 当期平均库存量 B. 期初减去期末库存量
 C. 当期生产领用消费品的买价 D. 当期生产领用数量

12. 委托加工应税消费品，委托方收回后连续生产应税消费品，支付代收消费税的会计分录为（　　）。
 A. 借：应交税费——应交消费税
     贷：银行存款
 B. 借：营业税金及附加
     贷：银行存款
 C. 借：委托加工物资
     贷：银行存款
 D. 借：代扣税费——代扣消费税
     贷：银行存款

13. 某汽车制造公司为增值税一般纳税人，10月份生产并销售小轿车200辆，每辆含税销售价格20.34万元，适用消费税税率9%，该企业12月份应缴纳消费税（　　）万元。
 A. 330 B. 379.08 C. 324 D. 234

14. 企业销售应税消费品时计提消费税的会计分录为（　　）。
 A. 借：营业税金及附加
     贷：应交税费——应交消费税
 B. 借：应交税费——应交消费税
     贷：银行存款
 C. 借：销售费用
     贷：应交税费——应交消费税
 D. 借：销售费用
     贷：银行存款

15. 纳税人采取委托收款方式销售应税消费品，其消费税的纳税义务发生时间为（　　）。
 A. 发出应税消费品当天 B. 办妥托收手续的当天
 C. 收到货款的当天 D. 发出应税消费品并办妥托收手续的当天

二、多项选择题

1. 实行从量定额与从价定率相结合征税办法的消费品有（　　）。
 A. 卷烟 B. 白酒 C. 啤酒 D. 成品油

2. 下列消费品中,适用定额税率征收消费税的有(　　)。
   A. 汽油　　　　B. 柴油　　　　C. 小汽车　　　　D. 啤酒
3. 从价定率计征消费税时,销售额应包括(　　)。
   A. 价款　　　　B. 价外费用　　C. 消费税　　　　D. 增值税
4. 消费税纳税义务人是中华人民共和国境内(　　)的单位和个人
   A. 生产应税消费品　　　　　　　B. 委托加工应税消费品
   C. 进口应税消费品　　　　　　　D. 购买应税消费品
5. 下列项目中,属于"价外费用"的有(　　)。
   A. 价外收取的基金、集资费、返还利润　　B. 补贴、违约金和手续费
   C. 包装费、储备费、优质费　　　　　　　D. 运输装卸费、代收款项、代垫款项
6. 下列环节中,可能成为应税消费品的消费税征收的环节的有(　　)。
   A. 出口环节　　B. 零售环节　　C. 进口环节　　D. 生产销售环节
7. 下列各项中,可以不缴纳消费税的有(　　)。
   A. 自产自用的应税消费品,用于本企业职工福利
   B. 自产自用的应税消费品,用于连续生产应税消费品的
   C. 有出口经营权的生产性企业生产的直接出口的应税消费品
   D. 自产自用的应税消费品,用于连续生产非应税消费品的
8. 珠宝店同时经营金银首饰和珠宝玉石,应在零售环节征收消费税的有(　　)。
   A. 珍珠项链　　　　　　　　　　B. 镀金工艺项链
   C. 纯金项链、戒指　　　　　　　D. 钻石及钻石饰品
   E. 水晶项链
9. 纳税人自产自用的应税消费品,应于移送使用时纳税的情况有(　　)。
   A. 用于馈赠、赞助、集资、广告
   B. 用于样品、职工福利、奖励
   C. 用于生产非应税消费品和在建工程
   D. 用于管理部门、非生产机构、提供劳务
10. 企业生产的应税消费品不同的用途中,应当征收消费税的有(　　)。
    A. 用于本企业连续生产另一种应税消费品
    B. 用于奖励代理商销售业绩
    C. 用于本企业生产性基建工程
    D. 用于公益性捐赠

三、判断题
1. 计征消费税和增值税的价格均为含消费税税款不含增值税税款的价格。　　(　　)
2. 应征增值税的货物均应征收消费税。　　(　　)
3. 包装物不作价随同产品销售,而是收取押金(酒类产品的包装物押金除外),且单独核算,又未逾期,此项押金则不应并入应税消费品的销售额中征消费税。　　(　　)
4. 因逾期未收回包装物而不再退还的和已收取一年以上的押金,应并入应税消费品的销售额,照章纳消费税。　　(　　)
5. 对酒类产品生产企业销售酒类产品(黄酒、啤酒除外)收取的包装物押金,无论押金是否

返还与会计上如何核算,均需并入酒类产品销售额中,依酒类产品的适用税率计缴消费税。( )
6. 白酒生产企业向商业销售单位收取的品牌使用费是随着应税白酒的销售而向购货方收取的,不属于应税白酒销售价款的组成部分。( )
7. 金银首饰连同包装物销售的均应并入金银首饰的销售额,计缴消费税。( )
8. 高尔夫球杆的杆头、杆身和握把不属于高尔夫球杆税目的征收范围。( )
9. 某纳税人用委托加工收回的已税摩托车生产摩托车,销售摩托车计征消费税时允许扣除当期生产领用的已税摩托车的已纳消费税税款。( )
10. 所有进口的应税消费品都应计算进口消费税的组成计税价格,也就是计算进口增值税的组成计税价格。( )

四、简答题

1. 简述消费税的三种计税方法。
2. 消费税具体征税范围有哪些?
3. 在零售环节纳税的应税消费品有哪些?
4. 简述计算消费税时准予抵扣已纳税额的情形。
5. 简述包装物随同应税消费品销售时应纳消费税的计算方法。

五、计算及实务题

1. 天河啤酒厂销售给食品公司 A 型啤酒 20 吨,开具增值税专用发票收取价款 60 000 元;另收取包装物押金 2 000 元;销售给酒店 B 型啤酒 10 吨,开具普通发票取得价款 34 000 元;另收取包装物押金 1 000 元。A 型啤酒税额 250 元/吨,B 型啤酒税额 220 元/吨。

【要求】请计算该啤酒厂应缴纳的消费税税额。

2. 天河酒厂以自产特制粮食白酒 1 000 斤用于年度联欢活动,每斤白酒成本 20 元,无同类产品售价。成本利润率为 10%,假设没有进项税额。白酒的消费税税率为 20% 加 0.5 元/500 克。

【要求】计算该酒厂应纳消费税和增值税税额。

3. 天河百货公司(一般纳税人)向消费者个人销售金银首饰取得收入 59 600 元,销售金银镶嵌首饰取得收入 38 570 元,销售镀金首饰取得收入 22 580 元,销售镀金镶嵌首饰取得收入 15 620 元。金银首饰消费税率为 5%。

【要求】计算该公司上述业务在零售环节应纳消费税税额。

4. 天河化妆品公司 2022 年 6 月进口高档化妆品一批。该成套化妆品 CIF 价格为 30 万元。化妆品的关税税率为 50%,消费税税率为 15%。

【要求】计算该公司应纳消费税税额。

5. 天河酒厂为增值税一般纳税人,主要生产粮食白酒和啤酒。2022 年 8 月"主营业务收入"账户反映销售粮食白酒 50 000 斤,取得不含销售额 875 000 元;销售啤酒 200 吨,每吨不含税售价 2 980 元。"其他业务收入"账户反映收取粮食白酒品牌使用费 5 850 元;"其他应付款"账户反映本月销售粮食白酒收取包装物押金 9 230 元,销售啤酒收取包装物押金 1 130 元。

【要求】计算该酒厂本月应纳消费税税额。

6. 天河木业制造公司为增值税一般纳税人,2022 年 8 月份发生以下经济业务:

(1) 进口实木地板一批,关税完税价 289.6 万元,缴纳关税 28.96 万元。进口实木地板用于连续加工高档实木漆饰地板,加工的地板直接对外销售,取得不含税销售额 502 万元。

(2) 用自产的账面成本 20 万元,不含税售价 25 万元的 A 型实木板奖励业绩突出人员。

(3) 用自产的账面成本 6 万元,市场不含税售价 7.5 万元的 A 型实木地板,建造厂部办公楼。

【要求】请计算该木业制造公司上述经济业务的应纳消费税额,并进行相应的会计处理。

7. 天河化妆品公司 2022 年 8 月发生以下经济业务:

(1) 销售一批高档化妆品,适用消费税税率为 15%,开出增值税专用发票,收取价款 100 万元,增值税款 13 万元,货款已存入银行。

(2) 没收逾期未归还的化妆品包装物押金 22 600 元。

(3) 将自产高档化妆品一批以福利形式发放给职工,按同类产品不含税售价计算,价款为 50 000 元,成本价为 30 000 元。

(4) 受托加工高档化妆品一批,委托方提供原材料 20 万元,本企业收取加工费 8 万元,本企业无同类化妆品销售价格。

(5) 将高档化妆品作为礼品送给关系单位,成本价为 16 000 元,不含税售价应为 20 000 元。

【要求】请计算该化妆品公司本月应纳消费税税额(含代收代缴消费税)并进行相应的会计处理。

8. 天河蓝林公司从国外进口自用小汽车一辆,关税完税价格为 350 000 元。假设关税税率为 20%,消费税税率为 12%,增值税税率为 13%。价税款已全部支付。

【要求】请计算该公司应纳税额,并进行相应的会计处理。

9. 天河酒厂销售粮食白酒给福建省 H 公司,包装物单独计价,收取包装费 1 000 元。

【要求】请计算该酒厂应纳消费税额,并进行相应的会计处理。

10. 天河汽车制造厂委托 B 企业加工一批产品,收回后用于连续生产应税消费品,并支付加工费 10 000 元,增值税 1 300 元,受托方代扣代缴消费税 1 579 元。

【要求】请计算该酒厂应纳税额,并进行相应的会计处理。

11. 天河外贸公司 2022 年 6 月从生产企业购进一批高档化妆品,取得增值税专用发票,注明价款 400 000 元,增值税 64 000 元,款项已付。当月该批化妆品全部出口,销售额为 500 000 元,货款未收到。高档化妆品的消费税税率为 15%。假设增值税出口退税率为 9%,消费税退税率为 15%。

【要求】请计算天河外贸公司应退的增值税、消费税税额,并进行相应的会计处理。

12. 天河卷烟公司 2022 年 5 月份发生如下经济业务:

(1) 外购库存烟丝账户资料如下:月初库存 10 000 元,本月购进 160 000 元,月末库存 15 000 元,减少部分全部为用于生产卷烟。

(2) 委托加工烟丝已纳消费税账户资料如下:委托加工烟丝已纳消费税期初余额 4 000 元,收回委托加工烟丝已纳消费税 20 000 元,期末库存烟丝已纳消费税 12 000 元。本月领用的委托加工烟丝全部用于生产卷烟。

(3) 5 月 15 日,缴纳 4 月份消费税税款 250 000 元,款项已由银行代扣。

(4) 本月生产甲牌卷烟 400 标准箱,乙牌卷烟 350 标准箱;销售甲牌卷烟 300 标准箱,乙牌卷烟 250 标准箱。甲牌卷烟和乙牌卷烟每标准条不含税销售价格分别为 80 元和 40 元。上述款项全部收讫存入银行。

【要求】(1) 请确定征税范围、适用的税率和税款计征办法,计算应纳消费税税额。

(2) 编制以上经济业务的会计分录。

第四章 关　税

教学目标

本章主要介绍关税的税制要素及其会计核算，通过学习，学生应熟悉我国关税的基本法律规定，了解关税的纳税环节及征收管理，能够正确计算企业的关税应纳税额，掌握企业关税的会计处理方法及纳税申报。

第一节 征税范围与纳税义务人

一、征税范围

关税是海关依法对进出关境的货物和物品所征收的一种流转税。关境是指海关征收关税的领域。国境是以一个国家的边境为界线，全面行使主权的境域，包括领土、领海和领空。通常情况下，关境和国境的范围一致。但某些情况下，国家关境不等于国境。

关税的法律依据是 2017 年 11 月全国人民代表大会修正颁布的《中华人民共和国海关法》、2003 年 11 月国务院发布的《中华人民共和国进出口关税条例》，以及经国务院批准作为条例组成部分的《中华人民共和国海关进出口税则》，由负责关税政策制定和征收管理的主管部门依据基本法规拟订的管理办法和实施细则。

关税的征税范围是准许进出境的货物和物品。货物是指贸易性商品；物品指入境旅客随身携带的行李物品、个人邮递物品、各种运输工具上的服务人员携带进口的自用物品、馈赠物品以及以其他方式进境的个人物品。

关税具有较强的涉外性，对进出口贸易具有调节作用。关税税则的制定、税率的高低，直接会影响到国际贸易的开展。国家可通过制定调整关税税率法规来调节进出口贸易。在商品出口方面，通过低税、免税和退税来鼓励国内商品的出口；在商品进口方面，通过税率的调整、减免来调节商品的进口，如为维护我国的正当权益所加征的特别关税。

关税是单一环节征税。进口货物和物品按照相关法规征收一次性关税后，便可在关境内流通，无须再次征收关税。这与其他流转税如增值税是有区别的。另外，关税的完税价格中不包含关税，征收关税是以实际成交价格为计税依据，即关税的完税价格并没有包含关税。

【知识链接】

关境又称"海关境域"或"关税领域",是国家海关法全面实施的领域。通常情况下,关境和国境的范围一致。但某些情况下,国家关境会小于或大于国境。

如果在国境内设置了自由港、自由贸易区,这些区域就处在关境之外,那么关境小于国境。例如,根据《中华人民共和国香港特别行政区基本法》和《中华人民共和国澳门特别行政区基本法》,中国香港和中国澳门保持自由港地位,为我国单独的关税地区,即单独关境区(单独关境区是不完全适用该国海关法律、法规或实施单独海关管理制度的区域)。

如果几个国家结成关税同盟,组成一个共同关境,实施统一的海关法规和关税制度,其成员的货物在彼此之间的国境进出不征收关税(如欧盟),关境则大于其成员各自的国境。

二、纳税义务人

进口货物的收货人、出口货物的发货人、进境物品的所有人,是关税的纳税义务人。

纳税义务人进出口货物时应当依法向海关办理申报手续,按照规定提交有关单证。海关认为必要时,纳税义务人还应当提供确定商品归类、完税价格、原产地等所需的相关资料。提供的资料为外文的,海关需要时,纳税义务人应当提供中文译文并对译文内容负责。

对于携带进境的物品,推定其携带人为所有人;对分离运输的行李,推定相应的进出境旅客为所有人;对以邮递方式进境的物品,推定其收件人为所有人;以邮递或其他运输方式出境的物品,推定其寄件人或托运人为所有人。

【知识链接】

《中华人民共和国海关法》和《中华人民共和国进出口关税条例》规定:

个人携带进出境的行李物品、邮寄进出境的物品,应当以自用、合理数量为限,并接受海关监管。进出境物品的所有人应当向海关如实申报,并接受海关查验。进境物品的关税以及进口环节海关代征税合并为进口税,由海关依法征收。

海关总署规定数额以内的个人自用进境物品,免征进口税。超过海关总署规定数额但仍在合理数量以内的个人自用进境物品,由进境物品的纳税义务人在进境物品放行前按照规定缴纳进口税。超过合理、自用数量的进境物品应当按照进口货物依法办理相关手续。

第二节 关税应纳税额的计算

一、关税税则

中华人民共和国海关进出口税则(Customs Tariff)简称关税税则,是我国海关对进出口商品计征关税的规章和对进出口的应税与免税商品加以系统分类的一览表。进出口税则既有海关征收关税的规章条例及说明,也有海关的关税税率表。关税税率表的主要内容有税则号例、商品分类目录和税率三部分。我国现行税则包括《进出口关税条例》《税率适用说明》《海关进口税则》《海关出口税则》及《进口商品从量税、复合税、滑准税税目税率表》《进口商品关税配额税目税率表》《进口商品税则暂定税率表》《出口商品税则暂定税率表》《非全税目信息技术产品税率表》等附录。

税率表是税则的主体,包括税则商品分类目录和税率栏两部分。税则商品分类目录把各种类的商品加以综合,按照其不同的特点分门别类地简化成商品类目。分别编号按序排列,并列出该号对应的商品名称,称为税则号列。商品分类的原则即归类规则,包括归类总规则和各类、章、目的具体注释。税率栏是按商品分类目录逐项定出的税率栏目。我国现行进口税则为四栏税率,出口税则为一栏税率。

【知识链接】

税则归类:按照税则的规定,将每项具体进出口商品按其特性在税则中找出最适合的某一个税号,即"对号入座",以便确定其适用的税率,计算关税税负。税则归类错误会导致关税的多征或少征,影响关税作用的发挥。

根据我国海关总署制定的《中华人民共和国进境物品归类表》(以下简称《归类表》)和《中华人民共和国进境物品完税价格表》(以下简称《完税价格表》),进境物品依次遵行以下原则归类:

(1)《归类表》已列名的物品,归入其列名类别。
(2)《归类表》未列名的物品按其主要功能(或用途)归入相应类别。
(3)不能按照上述原则归入相应类别的物品,归入"其他物品"类别。
(4)纳税义务人对进境物品的归类、完税价格的确定持有异议的,可以依法提请行政复议。

二、关税税率

关税税率由海关进出口税则规定。我国关税税率分为进口关税税率和出口关税税率。

(一)进口关税税率

1. 税率设置

设置过高的进口关税会对进口货物形成壁垒,阻碍国际贸易的发展。进口关税会影响出口国的利益,是国际间经济合作的一种手段,很多国际间的贸易互惠协定都以相互减让进口关税或给以优惠关税为主要内容。为履行我国在WTO关税减让谈判承诺的义务及享有WTO成员的权利,从2002年1月1日起,我国进口关税设置最惠国税率、协定税率、特惠税率、普通税率、关税配额税率等税率。对部分进口货物在一定期限内可以实行暂定税率。

原产于共同适用最惠国待遇条款的世界贸易组织成员的进口货物,原产于与中华人民共和国签订含有相互给予最惠国待遇条款的双边贸易协定的国家或者地区的进口货物,以及原产于中华人民共和国境内的进口货物,适用最惠国税率。原产于与中华人民共和国签订含有关税优惠条款的区域性贸易协定的国家或者地区的进口货物,适用协定税率。原产于与中华人民共和国签订含有特殊关税优惠条款的贸易协定的国家或者地区的进口货物,适用特惠税率。原产于上述所列以外国家或者地区的进口货物,以及原产地不明的进口货物,适用普通税率。

2. 税率种类

进口货物税率可以从《中华人民共和国海关进口税则》中查找。我国现行进口关税税率以从价税即比例税率为主,辅以从量税、复合税、选择税和滑准税。

从价关税:它是我国目前海关计征关税最常用的计税标准。它是以进出口货物的价格或者价值作为征税标准而征收的关税。应税货物价格或者价值越高,比例税额越高。

从量关税:它是以进出口货物数量、重量、体积、容量等计量单位为计税标准而征收的关税。我国目前对原油和胶卷等进口商品征收从量税。

复合关税:依据完税价格和进口数量对进出口货物进行从价、从量两种税率合并计征关税。我国目前对录像机、摄影机、数字照相机和摄录一体机等进口商品征收复合税。

选择关税:它是指对同一种进口货物在税则中规定从量、从价两种关税税率,在征税时选择其中征税额较高的一种关税。

滑准税:它是指关税税率随着进口商品价格由高到低而由低到高设置计征关税的方法。也就是说当进口货物价格越高,其进口关税税率越低;反之,进口商品的价格越低,其进口关税税率越高。滑准税可以保持国内市场价格相对稳定,不受国际市场价格波动的影响,起到稳定进口商品价格的作用。

3. 暂定税率与关税配额税率

根据经济发展需要,国家对部分进口原材料、零部件、农药原药和中间体、乐器及生产设备实行暂定税率。《进出口关税条例》规定,适用最惠国税率的进口货物有暂定税率的,应当适用暂定税率;适用特惠税率、协定税率的进口货物有暂定税率的,应当从低适用税率;适用普通税率的进口货物,不适用暂定税率。同时,对部分进口农产品和化肥产品实行关税配额,即一定数量内的上述进口商品适用税率较低的配额内税率,超出该数量的进口商品适用税率较高的配额外税率。现行税则对700多个税目的进口商品实行了暂定税率,对小麦、玉米等7种农产品和尿素等3种化肥产品实行关税配额管理。

(二) 出口关税税率

我国征收出口关税既顺应鼓励出口的政策,又能控制一些商品的盲目出口,因此征收关税只限于少数商品。国家仅对少数资源性产品及易于竞相杀价、盲目进口、需要规范出口秩序的半制成品征收出口关税。出口关税设置出口税率,对出口货物在一定期限内可以实行暂定税率,出口关税实行从价税。根据《关于执执行2020年进口暂定税率等调整方案的公告》(海关总署公告2019年第227号)的规定,自2020年1月1日起,我国继续对铬铁等107项出出口商品征收出口关税,适用出口税率或出口暂定税率,征收商品范围和税率维持不变。主要是鳗鱼苗、经酸处理的骨胶原及骨、含牛羊成分的骨粉及骨废料、部分有色金属矿砂及其精矿、生锑、磷、氟钽酸钾、苯、部分铁合金、钢铁废碎料、铜和铝原料及其制品、镍锭、锌锭、锑锭。出口关税税率在20%～40%之间,但对上述范围内的部分商品实行0～20%的暂定税率,与进口暂定税率一样,出口暂定税率优先于出口税则中规定的出口税率。

三、原产地

确定进境货物的原产国有助于正确运用进口税则的各栏税率,对产自不同国家或地区的进口货物适用不同的关税税率。我国采用"全部产地生产标准"和"实质性加工标准"两种国际上通用的原产地标准。

(一)全部产地生产标准

全部产地生产标准是指进口货物"完全在一个国家内生产或制造",生产国或制造国即为该货物的原产国。完全在一国生产或制造的进口货物包括:

(1)在该国领土或领海内开采的矿产品;

(2)在该国领土上收获或采集的植物产品;

(3)在该国领土上出生或由该国饲养的活动物及从其所得产品;

(4)在该国领土上狩猎或捕捞所得的产品;

(5)在该国的船只上卸下的海洋捕捞物,以及由该国船只在海上取得的其他产品;

(6)在该国加工船加工上述第5项所列物品所得的产品;

(7)在该国收集的只适用于做再加工制造的废碎料和废旧物品;

(8)在该国完全使用上述1~7项所列产品加工成的制成品。

(二)实质性加工标准

实质性加工标准是适用于确定有两个或两个以上国家参与生产的产品的原产国的标准,其基本含义是:经过几个国家加工、制造的进口货物,以最后一个对货物进行经济上可以视为实质性加工的国家作为有关货物的原产国。实质性加工是指产品加工后,在进出口税则中四位数税号一级的税则归类已经有了改变,或者加工增值部分所占新产品总值的比例已超过30%及以上的。

(三)其他

对机器、仪器、器材或车辆所用零件、部件、配件、备件及工具,如与主件同时进口且数量合理的,其原产地按主件的原产地确定,分别进口的则按各自的原产地确定。

四、关税的计税依据

关税以进出口货物的完税价格为计税依据。完税价格是指海关根据有关规定对进出口货物进行审定或估定后通过估价确定的价格,它是海关征收关税的依据。除从量计税以外,其余的计算方式都涉及完税价格。

(一)进口货物

进口货物的完税价格是指货物的成交价格以及该货物运抵中华人民共和国境内输入地点起卸前的运输及其相关费用、保险费。进口货物完税价格的确定方法有两类:一类是以进口货物的成交价格为基础进行调整,从而确定进口货物完税价格的估价方法(以下称成交价格估价方法);另一类则是在进口货物的成交价格不符合规定条件或者成交价格不能确定的情况下,海关用以审查确定进口货物完税价格的估价方法(以下称进口货物海关估价方法)。

1. 成交价格估价方法

进口货物的成交价格是指卖方向中华人民共和国境内销售该货物时买方为进口该货物向卖方实付、应付的,并按照《完税价格办法》有关规定调整后的价款总额,包括直接支付的价款和间接支付的价款。

应当计入进口货物完税价格的调整项目:

(1) 由买方负担的购货佣金以外的佣金和经纪费;

(2) 由买方负担的在审查确定完税价格时与该货物视为一体的容器的费用;

(3) 由买方负担的包装材料费用和包装劳务费用;

(4) 与该货物的生产和向中华人民共和国境内销售有关的,由买方以免费或者以低于成本的方式提供并可以按适当比例分摊的料件、工具、模具、消耗材料及类似货物的价款,以及在境外开发、设计等相关服务的费用;

(5) 作为该货物向中华人民共和国境内销售的条件,买方必须支付的、与该货物有关的特许权使用费;

(6) 卖方直接或者间接从买方获得的该货物进口后转售、处置或者使用的收益。

不计入进口货物完税价格的调整项目:

(1) 厂房、机械、设备等货物进口后进行建设、安装、装配、维修和技术服务的费用;

(2) 进口货物运抵境内输入地点起卸后的运输及其相关费用、保险费;

(3) 进口关税及国内税收;

(4) 为在境内复制进口货物而支付的费用;

(5) 境内外技术培训及境外考察费用。

2. 进口货物海关估价方法

进口货物的成交价格不符合规定条件或者成交价格不能确定的,海关经了解有关情况,并且与纳税义务人进行价格磋商后,依次以相同货物成交价格估价方法、类似货物成交价格估价方法、倒扣价格估价方法、计算价格估价方法及其他合理方法审查确定该货物的完税价格。纳税义务人向海关提供有关资料后,可以提出申请,颠倒倒扣价格估价方法和计算价格估价方法的适用次序。

(二) 出口货物

1. 以成交价格为基础的完税价格

出口货物的完税价格由海关以该货物的成交价格为基础审查确定,并且应当包括货物运至我国境内输出地点装载前的运输及其相关费用、保险费。

出口货物的成交价格是指该货物出口销售时,卖方为出口该货物应当向买方直收取和间接收取的价款总额。下列税收、费用不计入出口货物的完税价格:

(1) 出口关税;

(2) 在货物价款中单独列明的货物运至我国境内输出地点装载后的运输及其相关费用、保险费。

2. 出口货物海关估价方法

出口货物的成交价格不能确定时,海关经了解有关情况,并且与纳税义务人进行格磋商后,依次以下列价格审查确定该货物的完税价格:

(1) 同时或者大约同时向同一国家或者地区出口的相同货物的成交价格;

(2) 同时或者大约同时向同一国家或者地区出口的类似货物的成交价格;

(3) 根据境内生产相同或者类似货物的成本、利润和一般费用(包括直接费用和间接费用)、境内发生的运输及其相关费用、保险费计算所得的价格;

(4) 按照合理方法估定的价格。

出口货物的完税价格是指由海关以该货物的成交价格为基础审查确定,包括货物运至中华人民共和国境内输出地点装载前的运输及其相关费用、保险费,但其中包含的出口关税税额不计入完税价格。

出口货物的成交价格是指该货物出口时卖方为出口该货物应当向买方直接收取和间接收取的价款总额。出口货物的成交价格中含有支付给境外的佣金的,如果单独列明,应扣除。

五、关税应纳税额的计算

(一) 计算方法

进出口关税的主要计算方法有从价计征、从量计征、复合计征、滑准税、选择税等。

1. 从价计征

进出口货物从价税以进出口货物的关税完税价格为计税依据。从价税具有税负公平、易于实施和计征简便等优点。大多数进出口商品采用从价税,其计算公式是:

$$应纳关税税额=应税进(出)口货物完税价格×比例税率$$
$$=应税进(出)口货物数量×单位完税价格×比例税率$$

2. 从量计征

从量税是以货物的计量单位(数量、重量、面积、容量、长度等)作为计税标准,以每一计量单位应纳的关税金额作为税率来计缴的关税。其特点是不因商品价格的涨落而改变应纳税额,手续简便,但税负不合理、难以普遍采用。我国目前仅对进口原油、啤酒、胶卷等少数商品计征从量关税,其计算公式是:

$$应纳关税税额=应税进(出)口货物数量×定额税率$$

3. 复合计征

复合税亦称混合税,是对进出口商品既征从量税又征从价税的一种办法。一般以从量税为主,再加征从价税。实务中,货物的从量税额与从价税额难以同时确定,且手续繁杂,难以普遍采用。我国目前仅对录像机、放像机、摄像机和摄录一体机等进口商品实行复合计税,其计算公式是:

$$应纳关税税额=应税进(出)口货物完税价格×比例税率+应税进(出)口货物数量×定额税率$$

4. 滑准税

滑准税亦称滑动税、伸缩税,是对进口税则中的同一种商品按其市场价格标准分别制订不同价格档次的税率而征收的一种进口关税。一般随着进口商品价格的变动而呈反方向变动,即价格越高,税率越低,税率为比例税率。因此,对实行滑准税率的进口商品应纳关税税额的计算与从价税基本相同,其计算公式是:

应纳关税税额＝应税进(出)口货物完税价格×滑准税税率

5. 选择税

选择税就是在从价税与从量税之间选择一种。目前,我国对天然橡胶、天然乳胶等实行选择税。天然乳胶 2020 年暂定税率为 10% 或 900 元/吨,两者从低。天然橡胶烟胶片暂定税率为 20% 或 1 500 元/吨,两者从低。技术分类天然橡胶(TSNR)2020 年暂定税率 20% 或 1 500 元/吨,两者从低。这种方法既可在国际市场胶价走低时保护国内橡胶产业,又可在进口胶价过高时适当降低税负,稳定国内市场胶价和用胶待业的生产成本。

(二) 进出口货物从价计税的计算

1. 进口货物

(1) 以 CIF 价格成交的。CIF(Cost, Insurance and Freight)价格即到岸价,包含成本、保险费和运费。以我国口岸 CIF 价格成交或者与我国毗邻的国家以两国共同边境地点交货价格成交的,分别以该价格作为完税价格,其计算公式如下:

完税价格＝CIF 价格
进口关税税额＝完税价格×进口关税税率

(2) 以 FOB 价格成交的。FOB(Free On Board)价格即离岸价。以国外口岸 FOB 价格或者从输出国购买以国外口岸 CIF 价格成交的,必须分别在上述价格的基础上再加上从发货口岸或者国外交货口岸运到我国口岸以前的运杂费和保险费作为完税价格,其计算公式如下:

完税价格＝FOB 价格＋运费及相关费用＋保险费

完税价格内应当另加的运费、保险费和其他杂费,原则上应按实际支付的金额计算,若无法得到实际支付金额时,也可以外贸系统海运进口运费率或按协商规定的固定运杂费计算运杂费,保险费则按中国人民保险公司的保险费率计算,其计算公式如下:

完税价格＝(FOB 价格＋运杂费)÷(1－保险费率)

(3) 以 CFR 价格成交的。CFR 价格(Cost and Freight),指在装运港船上交货,卖方需支付将货物运至指定目的地港所需的费用,即成本加运费的价格。以 CFR 价格成交的,应当加上保险费作为完税价格,其计算公式如下:

完税价格＝CFR 价格÷(1－保险费率)

2. 出口货物

出口货物的关税完税价格由海关以该货物的成交价格及该货物运至我国境内输出地点装载前的运输费、保险费为基础审查确定。因此,出口货物完税价格不包含离境口岸至境外口岸之间的运输费、保险费和出口关税。

(1) 以 FOB 价格成交的:

完税价格＝FOB 价格÷(1＋出口关税税率)
出口关税税额＝完税价格×出口关税税率

(2) 以 CIF 价格成交的:

完税价格＝(CIF价格－保险费－运费)÷(1＋出口关税税率)

（3）以CFR价格成交的：

完税价格＝(CFR价格－运费)÷(1＋出口关税税率)

六、应用实例

【例5-1】 天河进出口公司从美国进口甲醇，进口申报价格为CIF上海USD500 000。假设外汇牌价为USD100＝CNY622，关税税率为5.5％。

要求：请计算该批进口货物的应纳关税税额。

关税完税价格＝500 000×6.22＝3 110 000(元)

应纳进口关税税额＝3 110 000×5.5％＝171 050(元)

【例5-2】 天河进出口公司从美国进口硫酸镁2 000吨，进口成交价格为FOB纽约USD200 000，公司另支付运输费USD10 000，保险费率为3‰，关税税率为5.5％。假设外汇牌价为USD100＝CNY622。

要求：请计算该批进口货物的应纳关税税额。

关税完税价格＝(200 000＋10 000)÷(1－3‰)×6.22＝1 310 130(元)

应纳进口关税税额＝1 310 130×5.5％＝72 057(元)

【例5-3】 天河进出口公司从美国进口乙醛一批，成交价格为CFR上海USD220 000，保险费率为3‰，关税税率为10％。假设外汇牌价为USD100＝CNY622。

要求：请计算该批进口货物的应纳关税税额。

关税完税价格＝220 000÷(1－3‰)×6.22＝1 372 518(元)

应纳进口关税税额＝1 372 518×10％＝137 252(元)

【例5-4】 天河进出口公司出口3 000吨磷到美国，每吨FOB上海USD600，磷的出口关税税率为10％。假设外汇牌价为USD100＝CNY622。

要求：请计算该批出口货物的应纳关税税额。

关税完税价格＝600×3 000÷(1＋10％)×6.22＝10 178 182(元)

应纳出口关税税额＝10 178 182×10％＝1 017 818(元)

【例5-5】 天河蓝天公司生产一批产品出口美国，以CIF纽约USD22 000成交，其中运输费USD3 000，保险费USD1 000，关税税率为10％。假设外汇牌价为USD100＝CNY622。

要求：请计算该批出口货物的应纳关税税额。

关税完税价格＝(22 000－3 000－1 000)÷(1＋10％)×6.22＝101 782(元)

应纳出口关税税额＝101 782×10％＝10 178.2(元)

【例5-6】 天河蓝天进出口公司向新西兰出口黑钨砂5吨，成交单价为CFR上海USD5 000，其中运费USD600，关税税率为20％。假设外汇牌价为USD100＝CNY622。

要求：请计算该批出口货物的应纳关税税额。

关税完税价格＝(5 000×5－600)÷(1＋20％)×6.22＝126 473(元)

应纳出口关税税额＝126 473×20％＝25 295(元)

七、税收优惠

关税减免是对某些纳税人和征税对象给予鼓励和照顾的一种特殊调节手段。有了这一手段,关税政策工作兼顾了普遍性和特殊性、原则性和灵活性。因此,关税减免是贯彻国家关税政策的一项重要措施。关税减免分为法定减免税、特定减免税和临时减免税。根据《海关法》规定,除法定减免税外的其他减免税均由国务院决定。减征关税在我国加入世界贸易组织之前以税则规定税率为基准,在我国加入世界贸易组织之后以最惠国税率或者普通税率为基准。

(一) 法定减免税

法定减免税是税法明确列出的减税或免税。对于符合税法规定可予减免税的进出口货物,纳税义务人无须提出申请,海关可按规定直接予以减免税。海关对法定减免税货物一般不进行后续管理。

我国《海关法》和《进出口关税条例》明确规定,下列货物、物品予以减免关税。

(1) 关税税额在人民币 50 元以下的一票货物,可免征关税。

(2) 无商业价值的广告品和货样,可免征关税。

(3) 外国政府、国际组织无偿赠送的物资,可免征关税。

(4) 进出境运输工具装载的途中必需的燃料、物料和饮食用品,可予免税。

(5) 经海关核准暂时进境或者暂时出境,并在 6 个月内复运出境或者复运进境的货样、展览品、施工机械、工程车辆等,在货物收、发货人向海关缴纳相当于税款的保证金或者提供担保后,可予暂时免税。

(6) 为境外厂商加工、装配成品和为制造外销产品而进口的原材料、辅料、零部件等,按照实际加工出口的成品数量免征进口关税;或者对进口料、件先征进口关税,再按照实际加工出口的成品数量予以退税。

(7) 因故退还的中国出口货物,经海关审查属实,可免征进口关税,但已征收的出口关税不予退还。

(8) 因故退还的境外进口货物,经海关审查属实,可免征出口关税,但已征收的进口关税不予退还。

(二) 特定减免税

特定减免税也称政策性减免税。在法定减免税之外,国家按照国际通行规则和我国实际情况,制定发布的有关进出口货物减免关税的政策,称为特定或政策性减免税。特定减免税货物一般有地区、企业和用途的限制,海关需要进行后续管理,也需要进行减免税统计。根据相关规定,我国对符合条件的科教用品、残疾人专用品、扶贫以及慈善性捐赠物资等免征进口关税和进口环节增值税、消费税。

(三) 临时减免税

临时减免税是指法定和特定减免税以外的其他减免税,即由国务院根据《海关法》对某个单位、某类商品、某个项目或某批进出口货物的特殊情况,给予特别照顾,一案一批,专文下达的减免税。一般有单位、品种、期限、金额或数量等限制,不能比照执行。

纳税义务人进出口减免税货物的,除另有规定外,应当在进出口该货物之前,按照规定持有关文件向海关办理减免税审批手续。经海关审查符合规定的,予以减征或者免征关税。

第三节 关税的会计核算

一、自营进口业务关税的会计核算

进口货物所缴纳的关税应计入进口货物的采购成本,所以,企业自营进口商品应以 CIF 价格作为完税价格。企业计提进口货物关税时,借记"在途物资""固定资产"等账户,贷记"应交税费——应交进口关税"账户;实际缴纳时,借记"应交税费——应交进口关税"账户,贷记"银行存款"账户。

如果进口商品是以 FOB 价格或 CFR 价格成交,应将相应的运费、保险费计入进口商品成本,即将成本调整为 CIF 价格。

二、自营出口业务关税的会计核算

企业自营出口商品应以 FOB 价格作为完税价格,计提出口货物关税时,借记"税金及附加"账户,贷记"应交税费——应交出口关税"账户;实际缴纳时,借记"应交税费——应交出口关税"账户,贷记"银行存款"账户。企业也可不通过"应交税费——应交出口关税"账户核算,待实际缴纳关税时,直接借记"税金及附加"账户,贷记"银行存款"账户。

如果成交价格是 CIF 或 CFR 价格,则应先按 CIF 或 CFR 价格入账,在实际支付海外运费、保险费时,再以红字冲减销售收入,将收入调整为以 FOB 价格为标准。

三、代理进口业务关税的会计核算

委托单位通过外贸企业代理进口业务,外贸企业对其代理的进口业务收取一定的劳务费。代理进口业务发生的进口关税,先由外贸企业代缴,然后向委托单位收取。外贸企业在代理进口业务中计算进口关税时,借记"应付账款"账户,贷记"应交税费——应交进口关税"账户;实际缴纳时,借记"应交税费——应交进口关税"账户,贷记"银行存款"账户。

委托单位实际向外贸企业支付进口关税时借记"在途物资""固定资产"等账户,贷记"应付账款"等账户。

四、代理出口业务关税的会计核算

代理出口业务的受托方一般不垫付货款,多数以收取手续费形式为委托方提供代理服务。出口业务相应的关税由委托方承担,受托单位即使向海关缴纳了关税,也只是代垫性质的。受托方计缴出口关税时,借记"应收账款"账户,贷记"应交税费——应交出口关税"账户;缴纳出口关税时,借记"应交税费——应交出口关税"账户,贷记"银行存款"账户。收取手续费时,借记"应收账款"账户,贷记"代购代销收入"账户;收到委托方交付的手续费和税款时,借记"银行存款"账户,贷记"应收账款"账户。

【课程思政】

中国关税,源远流长,是中国历史文化遗产的重要组成部分,自周秦以来,关税的征收从未间断。关税不仅是国家财政收入的重要组成部分,而且是维护国家权益的重要工具;不仅是保护民族工商业的重要经济屏障,也是我国与世界各国发展正常贸易关系的经济机制。关税的重要性不在于它的收入多少,而在于它的地位:它以税率的高低调节进出口贸易,从而影响国内经济的发展方向、规模和速度,进而影响物价稳定的程度;关税是维护国家贸易稳定与社会主义市场经济发展的重要手段。

五、应用实例

【例 5-7】 天河公司 2022 年 5 月 1 日报关进口货物一批,FOB 价格为 USD300 000,支付国外运费 USD10 000,保险费 USD8 000,进口税率为 30%。假设外汇牌价为 USD100＝CNY622。

要求:请计算报关时应纳关税税额,并进行相应的会计处理。

关税完税价格＝(300 000＋10 000＋8 000)×6.22＝1 977 960(元)

应纳进口关税税额＝1 977 960×30%＝593 388(元)

(1) 计提进口关税:

借:在途物资	593 388
贷:应交税费——应交进口关税	593 388

(2) 实际缴纳关税:

借:应交税费——应交进口关税	593 388
贷:银行存款	593 388

【例 5-8】 天河进出口公司自营出口商品一批,我国口岸离岸价折合人民币为 500 000 元,出口关税税率为 20%。

要求:请计算应纳出口关税税额,并进行相应的会计处理。

关税完税价格＝500 000÷(1＋20%)＝416 667(元)

应纳出口关税税额＝416 667×20%＝83 333(元)

(1) 计提出口关税:

借:税金及附加	83 333
贷:应交税费——应交出口关税	83 333

(2) 实际缴纳关税:

借:应交税费——应交出口关税	83 333
贷:银行存款	83 333

【例 5-9】 天河广诚外贸公司受天河矿业公司委托进口钢材一批,国外离岸价格为 USD10 000,另支付运费 USD300,保险费 USD200,代理劳务费 USD500。以上款项均用银行存款支付,钢材已验收入库。进口关税税率为 15％。假设外汇牌价为 USD100＝CNY622。

要求:请计算应纳出口关税税额,并进行相应的会计处理。

$$关税完税价格＝(10\ 000＋300＋200)×6.22＝65\ 310(元)$$
$$应纳进口关税税额＝65\ 310×15\%＝9\ 797(元)$$
$$代理劳务费＝500×6.22＝3\ 110(元)$$

天河广诚外贸公司的会计处理如下。

(1) 计提进口关税:

借:应收账款	9 797
贷:应交税费——应交进口关税	9 797

(2) 实际缴纳关税:

借:应交税费——应交进口关税	9 797
贷:银行存款	9 797

(3) 确认劳务费:

借:应收账款	3 110
贷:代购代销收入	3 110

(4) 收到委托方支付的税款和劳务费:

借:银行存款	12 907
贷:应收账款	12 907

【例 5-10】 天河广诚外贸公司受宝来公司委托代理出口一批商品,我国口岸 FOB 价格为人民币 200 000 元,出口关税税率为 20％,劳务费为 10 000 元。

要求:请计算应纳出口关税税额,并进行相应的会计处理。

$$关税完税价格＝200\ 000÷(1＋20\%)＝166\ 667(元)$$
$$应纳出口关税税额＝166\ 667×20\%＝33\ 333(元)$$

(1) 计提出口关税:

借:应收账款	33 333
贷:应交税费——应交出口关税	33 333

(2) 实际缴纳关税:

借:应交税费——应交出口关税	33 333
贷:银行存款	33 333

(3) 确认劳务费:

借：应收账款　　　　　　　　　　　　　　　　　　　　　　　　10 000
　　　贷：代购代销收入　　　　　　　　　　　　　　　　　　　　　10 000

(4) 收到委托方支付的税款和劳务费：

借：银行存款　　　　　　　　　　　　　　　　　　　　　　　　43 333
　　　贷：应收账款　　　　　　　　　　　　　　　　　　　　　　　43 333

第四节　关税的征收管理

一、纳税期限

进口货物自运输工具申报进境之日起 14 日内，出口货物在货物运抵海关监管区后装货的 24 小时以前，应由进出口货物的纳税义务人向货物进（出）境地海关申报，海关根据税则归类和完税价格计算应缴纳的关税和进口环节代征税，并填发税款缴款书。纳税义务人应当自海关填发税款缴款书之日起 15 日内，向指定银行缴纳税款。如关税缴纳期限的最后 1 日是周末或法定节假日，则关税缴纳期限顺延至周末或法定节假日过后的第 1 个工作日。关税纳税义务人因不可抗力或者在国家税收政策调整的情形下，不能按期缴纳税款的，经海关批准，可以延期缴纳税款，但最长不得超过 6 个月。

二、关税的强制执行

纳税义务人未在关税缴纳期限内缴纳税款，即构成关税滞纳，为保证海关征收关税决定的有效执行和国家财政收入的及时入库，《海关法》赋予海关对滞纳关税的纳税义务人强制执行的权利。强制措施主要有征收关税滞纳金和强制征收两类。

1. 征收关税滞纳金

滞纳金自关税缴纳期限届满滞纳之日起至纳税义务人缴纳关税之日止，按滞纳税款万分之五的比例按日征收，周末或法定节假日不予扣除，具体计算公式为：

$$关税滞纳金金额 = 滞纳关税税额 \times 滞纳金征收比率 \times 滞纳天数$$

2. 强制征收

如纳税义务人自海关填发缴款书之日起 3 个月仍未缴纳税款，经海关关长批准，海关可以采取强制扣缴、变价抵缴等强制措施。强制扣缴即海关从纳税义务人在开户银行或者其他金融机构的存款中直接扣缴税款。变价抵缴即海关将应税货物依法变卖，以变卖所得抵缴税款。

三、关税的退还

关税退还是指关税纳税义务人按海关核定的税额缴纳关税后，因某种原因的出现，海关将实际征收多于应当征收的税额(称为溢征关税)退还给原纳税义务人的一种行政行为。根据《海关法》规定,海关多征的税款,海关发现后应当立即退还。

按规定有下列情形之一的,进出口货物的纳税义务人可以自缴纳税款之日起1年内,书面声明理由,连同原纳税收据向海关申请退税并加算银行同期活期存款利息,逾期不予受理:

(1) 因海关误征,多纳税款的;

(2) 海关核准免验进口的货物,在完税后,发现有短卸情形,经海关审查认可的;

(3) 已征出口关税的货物,因故未将其出口,申报退关,经海关查验属实的;

(4) 对已征出口关税的出口货物和已征进口关税的进口货物,因货物品种或规格原因(非其他原因)原状复运进境或出境的,经海关查验属实的,也应退还已征关税。

海关应当自受理退税申请之日起30日内,做出书面答复并通知退税申请人。本规定强调的是,"因货物品种或规格原因,原状复运进境或出境的"。如果属于其他原因且不能以原状复运进境或出境,不能退税。

四、关税补征和追征

补征和追征是海关在关税纳税义务人按海关核定的税额缴纳关税后,发现实际征收税额少于应当征收的税额(称为短征关税)时,责令纳税义务人补缴所差税款的一种行政行为。《海关法》根据短征关税的原因,将海关征收原短征关税的行为分为补征和追征两种。由于纳税人违反海关规定造成短征关税的,称为追征;非因纳税人违反海关规定造成短征关税的,称为补征。区分关税追征和补征的目的是区别不同情况适用不同的征收时效,超过时效规定的期限,海关就丧失了追补关税的权力。根据《海关法》规定,进出境货物和物品放行后,海关发现少征或者漏征税款,应当自缴纳税款或者货物、物品放行之日起1年内,向纳税义务人补征;因纳税义务人违反规定而造成少征或者漏征的税款,自纳税义务人应缴纳税款之日起3年以内可以追征,并从缴纳税款之日起按日加收少征或者漏征税款万分之五的滞纳金。

五、纳税地点

海关征收关税时,根据纳税人的申请及进出口货品的具体情况,既可在关境地缴税,也可在主管地缴税。

为方便纳税义务人,经申请且海关同意,进(出)口货物的纳税义务人可以在设有海关的指运地(启运地)办理海关申报、纳税手续。

【关键术语】

关境　国境　关税税则　关税完税价格　FOB价格　CIF价格　CFR价格

【问题思考】

1. 征收关税的意义是什么?
2. 如何区分关境与国境?
3. 关税有哪些类别?

4. 什么是滑准税？其作用是什么？
5. 关税的计税依据是什么？
6. 免征关税的进出口货物有哪些？
7. 外贸企业的受托代理进口业务和出口业务过程中缴纳的关税是由外贸企业负担,还是由委托方承担？理由是什么？

练 习 题

一、名词解释
1. 关税
2. 关税税则
3. 关税税率
4. 进口货物完税价格
5. 出口货物完税价格

二、单项选择题
1. 当一个国家存在自由港、自由区时，该国国境（　　）关境。
   A. 大于　　　　　B. 等于　　　　　C. 小于　　　　　D. 无法比较
2. 关税的纳税义务人不可能是（　　）。
   A. 进口货物的收货人　　　　　B. 进境物品的所有人
   C. 出口货物的发货人　　　　　D. 进口货物的发货人
3. 我国关税由（　　）征收。
   A. 国税机关　　　　　　　　　B. 海关
   C. 财政部门　　　　　　　　　D. 省级人民政府
4. （　　）是指对某种货物在税则中预先按照该商品的价格规定几档税率，价格高的该物品适用较低税率，价格低的该货物适用较高税率。目的是使该物品的价格在国内市场上保持稳定。
   A. 反倾销税　　　B. 复合关税　　　C. 滑动关税　　　D. 歧视关税
5. 根据税法规定，一张票据上应税货物的关税税额在人民币（　　）元以下的，可以免征关税。
   A. 10　　　　　B. 30　　　　　C. 50　　　　　D. 100
6. 出口货物的完税价格应包括（　　）。
   A. 支付给境外的佣金
   B. 工厂至离境口岸之间的运输和保险费
   C. 离境口岸至境外口岸之间的运输和保险费
   D. 出口关税
7. 计入进口货物关税完税价格的项目是（　　）。
   A. 进口关税
   B. 货物运抵境内输入地点之后的运输费用
   C. 卖方间接从买方对该货物进口后使用所得中获得的收益
   D. 国内保险费
8. 根据我国税法规定，进口货物以海关审定的成交价格为基础的（　　）为完税价格。
   A. 公允价格　　　B. 到岸价格　　　C. 离岸价格　　　D. 货价

9. 出口货物关税完税价格的计算公式为（　　）。
   A. 完税价格＝离岸价格/（1＋出口关税税率）
   B. 完税价格＝离岸价格/（1－出口关税税率）
   C. 完税价格＝到岸价格/（1＋出口关税税率）
   D. 完税价格＝到岸价格/（1－出口关税税率）

10. 某外贸企业收购一批货物出口，离岸价 8 万美元（汇率 1∶7），该批货物应纳出口关税（关税税率为 20%）为（　　）万元。
    A. 8.3　　　　B. 9.96　　　　C. 11.2　　　　D. 9.33

11. 进口产品原产地的"实质性加工"标准，其中的"实质性加工"是指产品加工后，在进出口税则中四位数税号一级税则归类已经有了改变，或者加工增值部分占新产品总值的比例已超过（　　）及以上的。
    A. 60%　　　　B. 50%　　　　C. 40%　　　　D. 30%

12. 关税纳税义务人因不可抗力或者在国家税收政策调整的情形下不能按期缴纳税款的，经海关总署批准，可以延期缴纳税款，但最多不得超过（　　）个月。
    A. 3　　　　B. 6　　　　C. 9　　　　D. 12

13. 下列各项中，不属于特定减免关税的是（　　）。
    A. 科教用品
    B. 残疾人专用品
    C. 慈善性捐赠物资
    D. 进出境运输工具装载途中必须的燃料、物料、饮食用品

14. 纳税义务人或他们的代理人应在海关填发税款缴纳书之日起（　　）日内，向指定银行缴纳税款。
    A. 15　　　　B. 14　　　　C. 7　　　　D. 30

15. 下列关税申报时间，符合我国规定的是（　　）。
    A. 进口货物自运输工具申报进境之日起 14 日内，出口货物在运抵海关监管区后的装货 12 小时以前
    B. 进口货物自运输工具申报进境之日起 15 日内，出口货物在运抵海关监管区后的卸货 24 小时以前
    C. 进口货物自运输工具申报进境之日起 14 日内，出口货物在运抵海关监管区后的装货 15 日以内
    D. 进口货物自运输工具申报进境之日起 14 日内，出口货物在运抵海关监管区后的装货 24 小时以前

三、多项选择题

1. 某公司进化妆品一批，进口环节应缴纳的税金及计税方法包括（　　）。
   A. 从价计征的关税　　　　B. 从量计征的关税
   C. 从价计征的消费税　　　　D. 从量计征的消费税
   E. 从价计征的增值税

2. 下述选项中，关税的纳税义务人包括（　　）。
   A. 进口货物的收货人　　　　B. 出口货物的发货人

C. 进出境物品的所有人　　　　　　D. 进口货物的发货人

3. 进境物品的纳税义务人是指(　　)。
   A. 携带物品进境的入境人员　　　B. 进境邮递物品的收件人
   C. 以其他方式进口物品的收件人　D. 进境物品的邮寄人

4. 下列进口货物中,免征关税的有(　　)。
   A. 无商业价值的广告品
   B. 商业宣传用(超过6个月)的货样
   C. 外国政府无偿赠送的物资
   D. 关税税额在人民币50元以下的货物
   E. 国际组织有偿提供的设备

5. 出口货物离岸价格可扣除(　　),作为出口关税的完税价格。
   A. 出口关税
   B. 包含在成交价格中的支付给境外的佣金
   C. 售价中包含的离境口岸至境外口岸之间的运输费用
   D. 出口货物国内段运输、保险费、杂费等

6. 按照关税的有关规定,进出口货物的收发货人或他们的代理人,可以自缴纳税款之日起1年内,书面声明理由,申请退还关税。下列各项中,经海关确定可申请退税的有(　　)。
   A. 因海关误征,多缴纳税款的
   B. 海关核准免验进口的货物,在完税后发现有短缺的
   C. 已征收出口关税的货物,因故未装运出口的
   D. 已征收出口关税的货物,因故发生退货的

7. 关税的强制执行措施包括(　　)。
   A. 征收关税滞纳金　　　　　　　B. 处以应纳关税税额2~3倍罚款
   C. 强制扣缴　　　　　　　　　　D. 变价抵缴

8. 下列法定减免关税的进口货物有(　　)。
   A. 进口科教用品　　　　　　　　B. 扶贫、慈善性捐赠物资
   C. 无商业价值的广告品和货样　　D. 国际组织无偿赠送的物资

9. 关税的征收管理规定中,关于补征和追征的期限为(　　)。
   A. 补征期为1年内　　　　　　　B. 追征期为1年内
   C. 补征期为3年内　　　　　　　D. 追征期为3年内

10. 关于我国原产地的规定,采用的标准包括(　　)。
    A. 全部产地生产标准　　　　　　B. 部分产地生产标准
    C. 实质性加工标准　　　　　　　D. 实质性生产标准

四、判断题

1. 以CIF价格成交的进口货物,其关税完税价格等于CIF价格。　　　　(　　)
2. 通常情形下,一国关境略小于国境。　　　　　　　　　　　　　　(　　)
3. 滑准税是根据进口商品价格高低而选择适用税率的计税方法,实质上是特殊的从价税。　　　　　　　　　　　　　　　　　　　　　　　　　　　　　　(　　)
4. 进口关税税率设有优惠税率和普通税率两档。　　　　　　　　　　(　　)

5. 我国目前实行的关税配额税率是固定的。   (   )
6. 出口货物的关税完税价格由海关以该货物的成交价格以及该货物运至我国境内输出地点装载前的运输及其相关费用、保险费为基础审查确定,包括出口关税。   (   )
7. 在确定进口货物完税价格时,货物成交价格中含进口人向卖方支付的佣金,应该从完税价格中扣除。   (   )
8. 适用出口税率的出口货物有暂定税率的,应当适用暂定税率。   (   )
9. 按海关现行规定,因收发货人或者他们的代理人违反规定而造成的少征或漏征税款,海关应当自纳税人缴纳税款之日起1年内,向收货人或者他们的代理人追征。 (   )
10. 外国政府、国际组织无偿赠送的物资免征关税。   (   )

五、简答题

1. 进口关税税率有哪些种类?
2. 我国采用的原产地标准有哪些?
3. 关税的税收优惠有哪几类?
4. 简述关税的纳税期限。
5. 关税强制执行的措施有哪些?

六、计算及实务题

1. 有进出口经营权的天河蓝天外贸公司,2022年8月经有关部门批准从境外进口小轿车30辆,每辆小轿车货价15万元,运抵我国海关前发生的运输费用、保险费用无法确定,经海关查实其他运输公司相同业务的运输费用占货价的比例为2%。向海关缴纳了相关税款,并取得了完税凭证。假设:小轿车关税税率60%、货物关税税率20%、增值税税率13%、消费税税率8%、保险费率3‰。

【要求】计算小轿车在进口环节应缴纳的关税、消费税和增值税。

2. 天河百灵公司2022年8月发生以下经济业务:
(1) 从美国进口货物一批,货物进口成交价为CIF上海USD2 500。
(2) 从美国进口货物一批,货物进口成交价格为CFR上海USD2 200。保险费率为0.3‰,关税税率为10%,假设外汇牌价为USD100=615。

【要求】请分别计算进口货物的应纳关税税额。

3. 天河丽的公司2022年8月发生以下经济业务:
(1) 公司生产的一批产品出口美国,以CIF纽约USD22 000成交,其中运输费USD1 000,保险费USD600。
(2) 公司生产的一批产品出口美国,以CFR纽约USD21 000成交,其中运输费USD1 000。关税税率为10%,假设外汇牌价为USD100=615。

【要求】请分别计算以上货物出口关税税额。

4. 天河商贸公司为增值税一般纳税人,2022年9月进口高档化妆品一批,支付的国外买价220万元、国外经纪费4万元;支付运抵我国海关前的运输费用20万元、装卸费用和保险费用11万元;支付海关地再运往商贸公司的运输费用8万元、装卸费用和保险费用3万元。关税税率是20%,增值税税率为13%,消费税税率15%。

【要求】请计算该公司进口环节应缴纳的关税、消费税、增值税。

5. 天河林和公司从新西兰自营进口货物一批,货物以境外口岸离岸价格折合人民币

700万元成交,另支付货物运抵我国上海港的运费、保险费合计9万元人民币。该货物适用关税税率为10%,增值税税率为13%,消费税税率5%。

【要求】请计算该公司应纳的关税、消费税和增值税税额,并进行相应的会计处理。

6. 天河进出口公司自营出口A商品一批,该商品出口离岸价为600 000,出口关税税率为20%。

【要求】请计算该公司应纳的出口关税税额,并进行相应的会计处理。

7. 天河广宁商场为增值税一般纳税人,2022年5月份发生的进口业务如下:

(1) 向德国凯特公司购入高尔夫球及球具一批,该批货物进口到岸价折合人民币为300 000元,货物报关后,该商场按规定缴纳了进口环节关税、增值税和消费税。并且已验收入库。该批商品当月在国内全部销售完毕,取得不含税销售额600 000万元。假设外汇牌价为USD100=CNY622,关税税率为30%,增值税税率为13%,消费税税率为10%。

(2) 向美国倩碧化妆品公司购买高档化妆品一批,该批货物在国外的买价为20 000美元,货物运抵我国入关前发生的运输费1 000美元,保险费为600美元。货物报关后,该商场按规定缴纳了进口环节的增值税和消费税并取得了海关开具的缴款书。从海关将化妆品运往商场所在地取得增值税专用发票,注明运输费用人民币20 000元,增值税进项税额2 200元。该批化妆品当月在国内全部销售完毕,取得不含税销售额5 000 000万元。化妆品进口关税税率为20%,增值税税率为13%,消费税税率为15%。

【要求】计算以上经济业务企业进口环节应缴纳的关税、增值税和消费税,以及国内销售环节应缴纳的增值税,并进行相应的会计处理。

第五章 资　源　税

教学目标

本章主要介绍资源税和土地增值税的含义。通过学习，学生应了解资源税、土地增值税和城镇土地使用税的征税范围、纳税人义务、计税依据，掌握资源税、土地增值税和城镇土地使用税的计算程序和方法，熟悉和掌握资源税、土地增值税和城镇土地使用税的会计核算。

第一节　资　源　税

资源税是对在我国境内从事应税矿产品开采和生产盐的单位和个人，以其应税产品销售额或销售数量和自用数量为计税依据而征收的一种税。

资源税的特点如下。

1. 只对特定资源征税

我国现行资源税的征税对象既不是全部的自然资源，也并非所有具有商品属性的资源，而主要是矿产资源。

2. 具有受益税性质

从自然资源的所有权关系分析，如果应税资源非国家所有，则国家凭借政治权力对资源的征税，属于严格意义上的税；反之，如果应税资源属于国家所有，对这类资源采取征税形式，那么，资源税具有资源有偿分配性质。单位或个人开发经营国有自然资源，既应当为拥有开发权而付出一定的"代价"，又因享有国有资源而有义务支付一定的"费用"。故我国资源税具有受益税的性质。

3. 具有调节级差收入税的功能

由于自然资源客观上因诸多因素影响存在差异，这必然导致各种资源利用者在开发后获得较大悬殊的收益。我国资源税通过对同一资源实行高低不同的差别税率，可以调节悬殊差异的收入。

一、征税范围

现行资源税的征税是应税矿产品和盐。矿产资源种类繁多,我国现行资源税只对部分矿产资源征税,故采用列举法,按照应税资源产品类别共设置了5大类税目,在其下又设有若干个子目,现行资源税的税目及子目是根据资源税应税产品和纳税人开采资源的行业特点设置的。

(1) 原油,是指开采的天然原油,不包括人造石油。

(2) 天然气,是指专门开采或与原油同时开采的天然气。

(3) 煤炭,包括原煤和以未税原煤加工的洗选煤。

(4) 金属矿,包括铁矿、金矿、铜矿、铝土矿、铅锌矿、镍矿、锡矿、钨、钼、未列举名称的其他金属矿产品原矿或精矿。

(5) 其他非金属矿原矿,包括石墨、硅藻土、萤石、硫铁石、磷矿、氯化钾、硫酸钾、井矿盐、湖盐、提取地下卤水晒制的盐、煤层气、未列举名称的其他金属矿产品原矿或精矿。

纳税人在开采主矿产品的过程中伴采的其他应税矿产品,凡未单独规定适用税额的,一律按主矿石或视同主矿产品税目征收资源税。

未列举名称的其他非金属矿原矿和其他有色金属矿原矿,由省、自治区、直辖市人民政府决定征收或暂缓征收资源税,并报财政部和国家税务总局备案。

二、纳税义务人

在中华人民共和国境内开采应税矿产品或者生产盐的单位和个人为资源税的纳税义务人。其中,"单位"是指国有企业、集体企业、私有企业、股份制企业、其他企业和行政单位、事业单位、军事单位、社会团体及其他单位;"个人"是指个体经营者及其他个人。

为加强对资源税零散税源的控管,节约征、纳成本,保证税款及时、安全入库,现行资源税规定以收购未税矿产品的独立矿山、联合企业以及其他单位作为资源税的扣缴义务人。扣缴义务人主要是对那些税源小、零散、不定期开采,税务机关难以控制,没有缴税的矿产品,在收购其矿产品时负有代扣代缴资源税的法定义务。

三、资源税应纳税额的计算

(一) 税率

资源税采用幅度固定税额和比例税率相结合的方法,分别以应税产品的销售额乘以纳税人具体适用的比例税率或者以应税产品的销售数量乘以纳税人具体适用的定额税率计算,实施"级差调节"的原则。级差调节是指运用资源税对因资源储存状况、开采条件、资源优劣、地理位置等客观存在的差别而产生的资源级差收入,通过实施差别税率或差别税额进行调节。

资源税税目税率表如表5-1所示。

表 5-1   资源税税目税率表

税目			征税对象	税率幅度
能源矿产	原油		原矿	6%
	天然气、页岩气、天然气水合物		原矿	6%
	煤		原矿或者选矿	2%～10%
	煤成(层)气		原矿	1%～2%
	铀、钍		原矿	4%
	油页岩、油砂、天然沥青、石煤		原矿或者选矿	1%～4%
	地热		原矿	1%～20%或者每立方米1～30元
金属矿	黑色金属	铁、锰、铬、钒、钛	原矿或者选矿	1%～9%
	有色金属	铜、铅、锌、锡、镍、锑、镁、钴、铋、汞	原矿或者选矿	2%～10%
		铝土矿	原矿或者选矿	2%～9%
		钨	选矿	6.5%
		钼	选矿	8%
		金、银	原矿或者选矿	2%～6%
		铂、钯、钌、锇、铱、铑	原矿或者选矿	5%～10%
		轻稀土	选矿	7%～12%
		中重稀土	选矿	20%
		铍、锂、锆、锶、铷、铯、铌、钽、锗、镓、铟、铊、铪、铼、镉、硒、碲	原矿或者选矿	2%～10%
非金属矿	矿物类	高岭土	原矿	1%～6%
		石灰岩	原矿或者选矿	1%～6%或者每吨(或者每立方米)1～10元
		磷	原矿或者选矿	3%～8%
		石墨	原矿或者选矿	3%～12%
		萤石、硫铁矿、自然硫	原矿或者选矿	1%～8%
		天然石英砂、脉石英、粉石英、水晶、工业用金刚石、冰洲石、蓝晶石、硅线石(矽线石)、长石、滑石、刚玉、菱镁矿、颜料矿物、天然碱、芒硝、钠硝石、明矾石、砷、硼、碘、溴、膨润土、硅藻土、陶瓷土、耐火粘土、铁矾土、凹凸棒石粘土、海泡石粘土、伊利石粘土、累托石粘土	原矿或者选矿	1%～12%

(续表)

	税目	征税对象	税率幅度
非金属矿	叶蜡石、硅灰石、透辉石、珍珠岩、云母、沸石、重晶石、毒重石、方解石、蛭石、透闪石、工业用电气石、白垩、石棉、蓝石棉、红柱石、石榴子石、石膏	原矿或者选矿	2%～12%
	其他粘土（铸型用粘土、砖瓦用粘土、陶粒用粘土、水泥配料用粘土、水泥配料用红土、水泥配料用黄土、水泥配料用泥岩、保温材料用粘土）	原矿或者选矿	1%～5%或者每吨（或者每立方米）0.1～5元
	岩石类 大理岩、花岗岩、白云岩、石英岩、砂岩、辉绿岩、安山岩、闪长岩、板岩、玄武岩、片麻岩、角闪岩、页岩、浮石、凝灰岩、黑曜岩、霞石正长岩、蛇纹岩、麦饭石、泥灰岩、含钾岩石、含钾砂页岩、天然油石、橄榄岩、松脂岩、粗面岩、辉长岩、辉石岩、正长岩、火山灰、火山渣、泥炭	原矿或者选矿	1%～10%
	砂石（天然砂、卵石、机制砂石）	原矿或者选矿	1%～5%或者每吨（或者每立方米）0.1～5元
	宝玉石类 宝石、玉石、宝石级金刚石、玛瑙、黄玉、碧玺	原矿或者选矿	4%～20%
水汽矿产	二氧化碳气、硫化氢气、氦气、氡气	原矿	2%～5%
	矿泉水	原矿	1%～20%或者每立方米1～30元
盐	钠盐、钾盐、镁盐、锂盐	选矿	3%～15%
	天然卤水	原矿	3%～15%或者每吨（或者每立方米）1～10元
	海盐		2%～5%

备注：铝土矿包括耐火级矾土、研磨级矾土等高铝粘土；氯化钠初级产品是指井矿盐、湖盐原盐、提取地下卤水晒制的盐和海盐原盐，包括固体和液体形态的初级产品；海盐是指海水晒制的盐，不包括提取地下卤水晒制的盐。

资源税税目税率表规定实行幅度税率的，其具体适用税率由省、自治区、直辖市人民政府统筹考虑该应税资源的品位、开采条件以及对生态环境的影响等情况，在税率幅度内提出，报同级人民代表大会常务委员会决定，并报全国人民代表大会常务委员会和国务院备案。资源税税目税率表规定征税对象为原矿或者选矿的，应当分别确定具体适用税率。

纳税人开采或者生产不同税目应税产品的，应当分别核算不同税目应税产品的销售额或者销售数量；未分别核算或者不能准确提供不同税目应税产品的销售额或者销售数量的，从高适用税率。

(二) 计税依据

1. 从价计征

从价定率征收的计税依据为销售额,其中,销售额为纳税人销售应税产品向购买方收取的全部价款和价外费用,但不包括收取的增值税销项税额。资源税的销售额与增值税销售额的规定一致。

价外费用是指销售方向购买方收取的手续费、补贴、基金、集资费、返还利润、奖励费、违约金(延期付款利息)、包装费、包装物租金、储备费、优质费、代收款项、代垫款项及其他各种性质的价外收费。

销售额不包括:①同时符合两项条件的代垫运费;②同时符合三项条件的代为收取的政府性基金、行政事业性收费。

从价计征的资源税计算公式为:

$$应纳资源税额 = 销售额 \times 适用税率$$

纳税人同时以自采未税原矿和外购已税原矿加工精矿的,应当分别核算;未分别核算的,视同销售精矿,按规定计算缴纳资源税。

(1) 纳税人申报的应税产品销售额明显偏低并且无正当理由的、有视同销售应税产品行为而无销售额的,除财政部、国家税务总局另有规定外,按下列顺序确定销售额:

① 按纳税人最近时期同类产品的平均销售价格确定;

② 按其他纳税人最近时期同类产品的平均销售价格确定;

③ 按组成计税价格确定。

组成计税价格计算公式为:

$$组成计税价格 = 成本 \times (1 + 成本利润率) \div (1 - 资源税税率)$$

(2) 按其他合理方法。

以精矿为征税对象的税目,如果销售原矿,在计算应纳资源税时,应将原矿销售额换算为精矿销售额。如果本地区有可参照的精矿销售价格(一般外销占 1/3 以上),纳税人销售或视同销售其自采原矿,可采用市场法将原矿销售额换算为精矿销售额计算缴纳资源税。

相关计算公式为:

$$精矿销售额 = 原矿销售额 \times 换算比$$
$$换算比 = 精矿单位售价 \div (原矿单位售价 \times 选矿比)$$
$$选矿比 = 加工精矿耗用的原矿数量 \div 精矿数量$$
$$= 精矿品位 \div (加工精矿耗用的原矿品位 \times 选矿回收率)$$

如果本地区精矿销售情况很少,缺乏可参照的市场售价,纳税人销售或视同销售其自采原矿的,可采用成本法公式计算换算比:

$$换算比 = 精矿平均销售额 \div (精矿平均销售额 - 加工环节的平均成本 - 加工环节的平均利润)$$

式中加工环节是指原矿加工为精矿的环节;加工环节的平均成本包括相关的合法合理的销售费用、管理费用和财务费用。

以原矿为征税对象的税目,如果销售精矿,在计算应纳资源税时,应将精矿销售额折算为原矿销售额。如果本地区有可参照的原矿销售价格(一般外销占1/3以上),纳税人销售或视同销售其自采原矿加工的精矿,可采用市场法将精矿销售额折算为原矿销售额计算缴纳资源税。

相关计算公式为:

原矿销售额＝精矿销售额×折算率

折算率＝(原矿单位售价×选矿比)÷精矿单位售价

选矿比＝加工精矿耗用的原矿数量÷精矿数量＝精矿品位÷(加工精矿耗用的原矿品位×选矿回收率)

如果本地区原矿销售情况很少,缺乏可参照的市场售价,纳税人销售或视同销售其自采原矿加工的精矿,可采用成本法公式计算折算率:

折算率＝(精矿平均销售额－加工环节的平均成本－加工环节的平均利润)÷精矿平均销售额×100%

(3) 纳税人将开采的原煤,自用于连续生产洗煤,在原煤移送使用环节不缴纳资源税;自用于其他方面的,视同销售原煤,计算缴纳资源税。

(4) 纳税人将其开采的原煤加工为洗煤销售的,以洗选煤销售额乘以折算率作为应税煤炭销售额计算缴纳资源税。

相关计算公式为:

洗选煤应纳税额＝洗选煤销售额×折算率×适用税率

(5) 纳税人将其开采的原煤加工为洗选煤自用的,视同销售洗选煤,计算缴纳资源税。

(6) 纳税人同时销售(包括视同销售)应税原煤和洗选煤的,应当分别核算原煤和洗选煤的销售额;未分别核算或者不能准确提供原煤和洗选煤销售额的,一并视同销售原煤按上述从价计征公式计算缴纳资源税。

纳税人同时以自采未税原煤和外购已税原煤加工洗选煤,应当分别核算;未分别核算的,按上述(4)计算缴纳资源税。

(7) 为便于征管,对开采稠油、高凝油、高含硫天然气、低丰度油气资源及三次采油的陆上油气田企业,根据以前年度符合上述减税规定的原油、天然气销售额占其原油、天然气总销售额的比例,确定资源税综合减征率和实际征收率,计算资源税应纳税额。

相关计算公式为:

综合减征率 ＝ $\sum$(减税项目销售额×减征幅度×6%)÷总销售额

实际征收率＝6%－综合减征率

应纳资源税额＝总销售额×实际征收率

2. 从量征收

纳税人开采或者生产的应税产品销售的,适用从量征收办法计税,以销售数量为计税依据,其销售数量包括纳税人开采或者生产应税产品的实际销售数量和视同销售的自用数量。

相关计算公式为:

应纳税额＝应税产品销售数量×适用定额税率(单位税额)

(1) 销售数量包括纳税人开采或者生产应税产品的实际销售数量和视同销售的自用

数量。

(2) 纳税人不能准确提供应税产品销售数量的,以应税产品的产量或者主管税务机关确定的折算比换算成的数量为计征资源税的销售数量。

(3) 无法准确掌握纳税人销售或移送使用金属和非金属矿产品原矿数量的,将其精矿按选矿比折算成原矿数量为课税数量。

相关计算公式为:

选矿比＝耗用的原矿数量÷精矿数量

课税数量＝精矿数量×选矿比

或者:

选矿比＝精矿数量÷耗用的原矿数量

课税数量＝精矿数量÷选矿比

四、应用实例

【例 5-1】 天河油田 2022 年 9 月份开采销售原油 1 000 吨,销售油田开采天然气 20 000 立方米。该油田原油不含税售价为每吨 5 000 元,天然气不含税售价为每万立方米 1 000 元。原油、天然气资源税税率为 6%,请计算该油田 12 月份应纳资源税。

应纳资源税额＝(1 000×5 000＋20 000×1 000)×6%＝1 500 000(元)

【例 5-2】 某独立矿山 2022 年 6 月份销售自采原矿 1 500 吨,售价为 50 元/吨;又将部分自采的铁矿石原矿选为精矿石,当月销售精矿石 2 880 吨,售价为 200 元/吨。假定铁矿石原矿与精矿的换算比为 3.5∶1,省级政府规定资源税的税率为 4%。铁矿石按规定税额的 40% 征收。请计算该公司当月应纳资源税额。

因铁矿的征税对象为精矿,纳税人应将原矿销售额换算为精矿销售额。

原矿销售额应交资源税＝1 500×50÷3.5×4%＝857(元)

精矿销售额应交资源税＝2 880×200×4%＝23 040(元)

实际应交资源税＝(857＋23 040)×40%＝9 558.8(元)

五、资源税的税收优惠

(1) 开采原油过程中用于加热、修井的原油,免税。
(2) 油田范围内运输稠油过程中用于加热的原油、天然气,免征资源税。
(3) 煤炭开采企业因安全生产需要抽采的煤成(层)气,免征资源税。
(4) 对青藏铁路公司及其所属单位运营期间自采自用的砂、石等材料免征资源税。
(5) 稠油、高凝油资源税减征 40%。
(6) 高含硫天然气、三次采油资源税减征 30%。三次采油,是指二次采油后继续以聚合物驱、三元复合驱、泡沫驱、二氧化碳驱、微生物驱等方式进行采油。
(7) 对低丰度油气田资源税暂减征 20%。陆上低丰度油田,是指每平方公里原油可采储量丰度在 25 万立方米(不含)以下的油田;陆上低丰度气田,是指每平方公里天然气可采储量丰度在 2.5 亿立方米(不含)以下的气田。

海上低丰度油田,是指每平方公里原油可采储量丰度在 60 万立方米(不含)以下的油田;海上低丰度气田,是指每平方公里天然气可采储量丰度在 6 亿立方米(不含)以下的气田。

(8) 对深水油气田资源税减征 30%。深水油气田是指水深超过 300 米(不含)的油气田。符合上述减免税规定的原油、天然气划分不清的,一律不予减免资源税;同时符合上述两项及两项以上减税规定的,只能选择其中一项执行,不能叠加适用。

(9) 从衰竭期矿山开采的矿产品,资源税减征 30%。衰竭期矿山,是指设计开采年限超过十五年,且剩余可开采储量下降到原设计可开采储量的百分之二十以下或者剩余开采年限不超过五年的矿山。

(10) 自 2014 年 12 月 1 日至 2023 年 8 月 31 日,对充填开采置换出来的煤炭,资源税减征 50%。

(11) 对鼓励利用的低品位矿、废石、尾矿、废渣、废水、废气等提取的矿产品,由省级人民政府根据实际情况确定是否减税或免税,并制定具体办法。

(12) 其他减税、免税项目。纳税人开采或者生产应税产品过程中,因意外事故或者自然灾害等原因遭受重大损失的,以及纳税人开采共伴生矿、低品位矿、尾矿。由省、自治区、直辖市人民政府酌情决定减税或者免税。

财政部和国家税务总局根据国家有关规定及实际情况的变化适时对上述政策进行调整。

六、资源税的会计核算

为了反映和监督资源税的计算与缴纳过程,企业应设置"应交税费——应交资源税"账户,该账户贷方记本期应缴纳的资源税,借方记企业实际缴纳的资源税或抵扣的资源税税额,期末贷方余额反映未缴的资源税,借方余额反映多缴的资源税。同时,资源税属价内税,企业缴纳的资源税是成本费用的组成部分,企业按规定计算出对外销售或外购应税产品或自产自用应税产品应纳资源税税额时,借记"税金及附加""原材料""材料采购""生产成本""制造费用"等账户,贷记"应交税费——应交资源税"账户。实际上交资源税时应借记"应交税费——应交资源税"账户,贷记"银行存款"账户。

【例 5-3】 某油田是一般纳税人,该油田 2022 年 1 月份生产销售人造石油 10 000 吨,取得不含增值税税销售收入 100 000 元;销售与原油同时开采的天然气 20 000 000 立方米,取得不含增值税销售收入 200 000 元。已知该油田适用的原油、天然气资源税税率为 6%。原油增值税率为 13%。天然气增值税率为 9%。请计算该油田应纳资源税并做会计处理。

人造石油应纳增值税=100 000×13%=13 000(元)
天然气应纳增值税=200 000×9%=18 000(元)
人造石油不征收资源税,销售天然气应纳资源税=200 000×6%=12 000(元)

销售人造石油和天然气确认收入:

借:银行存款　　　　　　　　　　　　　　　　　　　　　　　　331 000
　　贷:主营业务收入　　　　　　　　　　　　　　　　　　　　300 000
　　　　应交税费——应交增值税(销项税额)　　　　　　　　　 31 000

计算应纳的资源税:

借:税金及附加 12 000
　　贷:应交税费——应交资源税 12 000

实际缴纳资源税时:

借:应交税费——应交资源税 12 000
　　贷:银行存款 12 000

【例5-4】 某煤矿2022年11月份生产原煤290 000吨,对外直接销售100 000吨,销售用自产原煤加工的选煤80 000吨,销售价为2 000元/吨,税务机关核定的选煤回收率为1∶1.5,当地税务机关核定的煤炭资源税率为销售额的2%,按上月实际缴纳税款420 000元预缴。请计算该煤矿会应纳资源税并做会计处理。

预缴时:

借:应交税费——应交资源税 420 000
　　贷:银行存款 420 000

月终结算:

　　对外销售原煤应纳资源税额=100 000×2 000×2%=4 000 000(元)

借:税金及附加 4 000 000
　　贷:应交税费——应交资源税 4 000 000

企业自产原煤应纳税额为:

　　原煤自用数量=80 000×1.5=120 000(吨)
　　应纳资源税额=120 000×2 000×2%=4 800 000(元)

借:生产成本 4 800 000
　　贷:应交税费——应交资源税 4 800 000

月终企业补缴税款:

　　应补缴税额=8 800 000-42 000=8 380 000(元)

借:应交税费——应交资源税 8 380 000
　　贷:银行存款 8 380 000

七、资源税的征收管理

(一)纳税义务发生时间

纳税人销售应税产品,其纳税义务发生时间如下:

(1)纳税人采取分期收款结算方式的,其纳税义务发生时间为销售合同规定的收款日期的当天。

(2)纳税人采取预收款结算方式的,其纳税义务发生时间为发出应税产品的当天。

(3)纳税人采取其他结算方式的,其纳税义务发生时间为收讫销售款或者取得索取销售款凭据的当天。

(4)纳税人自产自用应税产品的纳税义务发生时间为移送使用应税产品的当天。

(5) 扣缴义务人代扣代缴税款的纳税义务发生时间为支付首笔货款或首次开具支付货款凭据的当天。

(二) 纳税期限

资源税按月或者按季申报缴纳；不能按固定期限计算缴纳的，可以按次申报缴纳。纳税人按月或者按季申报缴纳的，应当自月度或者季度终了之日起 15 日内，向税务机关办理纳税申报并缴纳税款；按次申报缴纳的，应当自纳税义务发生之日起 15 日内，向税务机关办理纳税申报并缴纳税款。

(三) 纳税地点

纳税人应当在矿产品的开采地或者海盐的生产地缴纳资源税。

(1) 资源税在应税产品的销售或自用环节计算缴纳。以自采原矿加工精矿产品的，在原矿移送使用时不缴纳资源税，在精矿销售或自用时缴纳资源税。

(2) 纳税人以自采原矿加工金锭的，在金锭销售或自用时缴纳资源税。纳税人销售自采原矿或者自采原矿加工的金精矿、粗金，在原矿或者金精矿、粗金销售时缴纳资源税，在移送使用时不缴纳资源税。

(3) 纳税人以应税产品投资、分配、抵债、赠与、以物易物或自用于加工精矿产品外的其他方面等，视同销售，依照有关规定计算缴纳资源税。

(4) 纳税人应当向矿产品的开采地或盐的生产地缴纳资源税。纳税人在本省（自治区、直辖市）范围开采或者生产应税产品，其纳税地点需要调整的，由省级地方税务机关决定。

(5) 其他事项。① 纳税人用已纳资源税的应税产品进一步加工应税产品销售的，不再缴纳资源税。纳税人以未税产品和已税产品混合销售或者混合加工为应税产品销售的，应当准确核算已税产品的购进金额，在计算加工后的应税产品销售额时，准予扣减已税产品的购进金额；未分别核算的，一并计算缴纳资源税。纳税人扣减当期外购已税应税产品购进额的，应当以增值税专用发票、普通发票和《中华人民共和国资源税代扣代缴管理办法》（国税发[1998]49号）中规定的资源税管理证明，或者海关报关单作为扣减凭证。

② 纳税人在 2016 年 7 月 1 日前开采原矿或以自采原矿加工精矿，在 2016 年 7 月 1 日后销售的，按本办法规定缴纳资源税；2016 年 7 月 1 日前签订的销售应税产品的合同，在 2016 年 7 月 1 日后收讫销售款或者取得索取销售款凭据的，按本办法规定缴纳资源税；在 2016 年 7 月 1 日后销售的精矿（或金锭），其所用原矿（或金精矿）如已按从量定额的计征方式缴纳了资源税，并与应税精矿（或金锭）分别核算的，不再缴纳资源税。

③ 对在 2016 年 7 月 1 日前已按原矿销量缴纳过资源税的尾矿、废渣、废水、废石、废气等实行再利用，从中提取的矿产品，不再缴纳资源税。

第二节 土地增值税

土地增值税是对转让国有土地使用权、地上建筑物及其附着物（简称房地产，下同）并取得收入的单位和个人,就其转让房地产所取得的增值额征收的一种税。

土地增值税特点如下:

(1) 以转让房地产取得的增值额为征税对象。土地增值税的增值额是以征税对象的全部销售收入额扣除与其相关的成本、费用、税金及其他项目金额后的余额,与增值税的增值额有所不同。

(2) 征税面比较广。凡在我国境内转让房地产并取得收入的单位和个人,除税法规定免税的外,均应依照土地增值税条例规定缴纳土地增值税。换言之,凡发生应税行为的单位和个人,不论其经济性质,也不分内、外资企业或中、外籍人员,无论专营或兼营房地产业务,均有缴纳增值税的义务。

(3) 实行超率累进税率。土地增值税的税率是以转让房地产增值率的高低位依据来确认,按照累进原则设计,实行分级计税,增值率高的,税率高,多纳税;增值率低的,税率低,少纳税。

(4) 实行按次征收。土地增值税在房地产发生转让的环节,实行按次征收,每发生一次转让行为,就应根据每次取得的增值额征一次税。

一、征税范围

(一) 征税范围

土地增值税是对转让国有土地使用权、地上的建筑物及其附着物并取得收入的行为征税,不包括国有土地使用权出让所取得的收入。

第一,土地增值税仅对转让国有土地使用权行为征税,对转让集体土地使用权的不征税。

第二,只对转让的房地产征收土地增值税,不转让的不征税。如房地产的出租,虽然出租方取得了收入,但没有发生房地产的产权转让,不属于土地增值税的征收范围。

第三,对转让房地产并取得的收入征税,发生转让行为但未取得收入的,不征税。如通过继承、赠与方式转让房地产的,虽然发生了转让行为,但未取得收入,就不能征收土地增值税。

(二) 具体征税范围

1. 以出售方式转让国有土地使用权、地上的建筑物及附着物

这种情况因其同时符合上述征税范围的三个标准,所以属于土地增值税的征税范围。这里又分为以下三种情况:

(1) 出售国有土地使用权。这种情况是指土地使用者通过出让方式,向政府缴纳了土地出让金,有偿受让土地使用权后,仅对土地进行通水、通电、通路和平整地面等土地开发,不进行房产开发,即所谓"将生地变熟地",然后直接将空地出售。这属于国有土地使用权的有偿转让,应纳入土地增值税的征税范围。

(2) 取得国有土地使用权后进行房屋开发建造然后出售。这种情况即一般所指的房地产开发。虽然这种行为通常被称作卖房,但按照国家有关房地产法律和法规的规定,卖房的同时,土地使用权也随之发生转让。由于在这种情况下发生了产权的转让,出售方也取得了收入,所以应纳入土地增值税的征税范围。

(3) 存量房地产的买卖。这种情况是指已经建成并已投入使用的房地产,其房屋所有人将房屋产权和土地使用权一并转让给其他单位和个人。这种行为按照国家有关的房地产法律和法规,应当到有关部门办理房产产权和土地使用权的转移变更手续;原土地使用权属于无偿划拨的,还应到土地管理部门补交土地出让金。这种情况既发生了产权的转让又取得了收入,应纳入土地增值税的征税范围。

2. 以继承、赠与方式转让房地产

这种情况因其只发生房地产产权的转让,相关主体没有取得相应的收入,属于无偿转让房地产的行为,所以不能将其纳入土地增值税的征税范围。这里又可分为以下两种情况:

(1) 房地产的继承。房地产的继承是指房产的原产权所有人、依照法律规定取得土地使用权的土地使用人死亡以后,由其继承人依法承受死者房产产权和土地使用权的民事法律行为。在这种行为中虽然房地产的权属发生了变更,但作为房产产权、土地使用权的原所有人(即补继承人)并没有因为权属的转让而取得任何收入。因此,这种房地产的继承不属于土地增值税的征税范围。

(2) 房地产的赠与。房地产的赠与是指房产所有人、土地使用权所有人将自己所拥有的房地产无偿地交给其他人的民事法律行为。但这里的"赠与"仅指以下情况:

一是房产所有人、土地使用权所有人将房屋产权、土地使用权赠与直系亲属或承担直接赡养义务人的。

二是房产所有人、土地使用权所有人通过中国境内非营利的社会团体、国家机关将房屋产权、土地使用权赠与教育、民政和其他社会福利、公益事业的。

上述社会团体是指中国青少年发展基金会、希望工程基金会、宋庆龄基金会、减灾委员会、中国红十字会、中国残疾人联合会、全国老年基金会、老区促进会以及经民政部门批准成立的其他非营利的公益性组织。

在房地产的赠与行为中虽然房地产的权属发生了变更,但作为房产所有人、土地使用权的所有人并没有因为权属的转让而取得任何收入。因此,房地产的赠与不属于土地增值税的征税范围。

3. 房地产的出租

房地产的出租是指房产的产权所有人、依照法律规定取得土地使用权的土地使用人,将房产、土地使用权租赁给承租人使用,由承租人向出租人支付租金的行为。在房地产的出租行为中,虽然出租人取得了收入,但房产产权、土地使用权没有发生转让。因此,不属于土地增值税的征税范围。

4. 房地产的抵押

房地产的抵押是指房地产的产权所有人、依法取得土地使用权的土地使用人作为债务人或第三人向债权人提供不动产作为清偿债务的担保而不转移权属的法律行为。在这种情况下,由于房产的产权、土地使用权在抵押期间产权并没有发生权属的变更,房产的产权所有人、土地使用权人仍能对房地产行使占有、使用、收益等权利,房产的产权所有人、土地使用权人虽然在抵押期间取得了一定的抵押贷款,但实际上这些贷款在抵押期满后是要连本带利偿还给债权人的。因此,对房地产的抵押,在抵押期间不征收土地增值税。待抵押期满后,视该房地产是否转移占有而确定是否征收土地增值税。对于以房地产抵债而发生房地产权属转让的,应列入土地增值税的征税范围。

5. 房地产的交换

这种情况是指一方以房地产与另一方的房地产进行交换的行为。由于这种情况下发生了房产产权、土地使用权的转移,交换双方也取得了实物形态的收入,按《土地增值税暂行条例》规定,属于土地增值税的征税范围。但对个人之间互换自有居住用房地产的,经当地税务机关核实,可以免征土地增值税。

6. 改制重组转让房地产

企业按照《中华人民共和国公司法》有关规定整体改制,包括非公司制企业改制为有限责任公司或股份有限公司、有限责任公司变更为股份有限公司、股份有限公司变更为有限责任公司,对改制前的企业将国有土地使用权、地上的建筑物及其附着物转移、变更到改制后的企业,暂不征土地增值税。

单位、个人在改制重组时以房地产作价入股进行投资,对其将房地产转移、变更到被投资的企业,暂不征土地增值税。

7. 合作建房

一方出地,一方出资金,双方合作建房,建成后按比例分房自用的,暂免征收土地增值税;建成后转让的,应征收土地增值税。

8. 企业合并、分立中转让房地产

两个或两个以上企业合并为一个企业,且原企业投资主体存续的,对原企业将房地产转移、变更到合并后的企业,暂不征土地增值税。

企业分设为两个或两个以上与原企业投资主体相同的企业,对原企业将房地产转移、变更到分立后的企业,暂不征土地增值税。

9. 房地产的代建房行为

这是指房地产开发公司代客户进行房地产的开发,开发完成后向客户收取代建收入的行为。对于房地产开发公司而言,虽然取得了收入,但没有发生房地产权属的转移,其收入属于劳务收入性质,故不属于土地增值税的征税范围。

10. 房地产的重新评估

这主要是指国有企业在清产核资时对房地产进行重新评估而使其升值的情况。在这种情况下,房地产虽然有增值,但其房地产权属没有发生转移,房产产权、土地使用权人也未取得收入,所以不属于土地增值税的征税范围。

二、纳税义务人

《土地增值税暂行条例》规定,土地增值税纳税人是转让国有土地使用权、地上的建筑物及其附着物并取得收入的单位和个人,为土地增值税的纳税人。这里的"单位"是指各类企业单位、事业单位、国家机关和社会团体及其他组织;"个人"是指个体经营者。单位和个人还包括外商投资企业、外国企业、外国机构、华侨、港澳台同胞及外国公民等。

三、土地增值税应纳税额的计算

(一)税率

土地增值税实行四级超率累进税率,即:

增值额未超过扣除项目金额50%的部分,税率为30%;

增值额超过扣除项目金额50%、未超过扣除项目金额100%的部分,税率为40%;

增值额超过扣除项目金额100%、未超过扣除项目金额200%的部分,税率为50%;

增值额超过扣除项目金额200%的部分,税率为60%。

上列四级超率累进税率中,每级"增值额未超过扣除项目金额"的比例均包括本比例数。

表5-2　　　　　　　　　土地增值税四级超率累进税率表

档次	增值额占扣除项目金额比例	税率	速算扣除系数
1	不超过50%的部分	30%	0
2	超过50%～100%的部分	40%	5%
3	超过100%～200%的部分	50%	15%
4	超过200%的部分	60%	35%

(二)计税依据的确定

土地增值税的计税依据是纳税人转让房产所取得的增值额,即转让土地使用权、地上建筑物及附着物取得收入与扣除项目金额之间的余额,包括取得土地使用权所支付的金额、房地产开发成本、房地产开发费用、与转让房地产有关的税金及其他扣除项目等。

1. 应税收入的确定

纳税人转让房地产取得的应税收入包括转让房地产的全部价款及有关的经济收益。从收入的形式来看,包括货币收入、实物收入和其他收入。

所称的货币收入是指纳税人转让国有土地使用权、地上建筑物及其附着物产权而取得的现金、银行存款、各种信用票据和有价证券;"实物收入"是指纳税人转让国有土地使用权、地上建筑物及其附着物产权而取得的各种实物形态的收入,包括动产和不动产等;其他收入是指纳税人转让国有土地使用权、地上建筑物及其附着物产权而取得的无形资产收入或具有财产价值的权利等。

2. 扣除项目的确定

(1) 取得土地使用权所支付的金额。它是指纳税人为取得土地使用权所支付的地价款或出让金及按国家统一规定缴纳的有关费用。

(2) 开发土地和新建房及配套设施(以下简称房地产开发)的成本。它是指纳税人房地产开发项目实际发生的成本,包括土地征用及拆迁补偿费、前期工程费、建筑安装工程费、基础设施费、公共配套设施费、开发间接费用。

(3) 房地产开发费用。它是指与房地产开发项目有关的销售费用、管理费用、财务费用。房地产开发费用不按实际发生扣除。财务费用中的利息支出凡是能提供金融机构证明的,房地产开发费用可按利息加上上述第(1)和(2)项合计的5%以内计算扣除。利息支出超过按商业银行同类同期银行贷款利率计算的利息和加息、罚息不能作为开发费用扣除。

计算公式为:

房地产开发费用=利息+(取得土地使用权所支付的金额+房地产开发成本)×5%以内

纳税人不能按转让房地产项目计算分摊利息支出,或不能提供金融机构贷款证明的,房地产开发费用按上述(1)(2)项规定计算的金额之和的10%以内计算扣除。

计算公式为：

$$房地产开发费用＝(取得土地使用权所支付的金额＋房地产开发成本)×10\%以内$$

(4) 与转让房地产有关的税金。它是指在转让房地产时缴纳的城市维护建设税、印花税；因转让房地产缴纳的教育费附加，也可视同税金予以扣除。

需要明确的是，按照《施工、房地产开发企业财务制度》有关规定，房地产开发企业在转让时缴纳的印花税因列入管理费中，故在此不允许单独再扣除。其他纳税人缴纳的印花税(按产权转移书据所载金额的0.5‰贴花)允许在此扣除。

(5) 财政部规定的其他扣除项目。根据现行规定，对专门从事房地产开发的纳税人可按上述(1)(2)项规定计算的金额之和，加计20%的扣除。

计算公式为：

$$加计扣除费用＝(取得土地使用权支付的金额＋房地产开发成本)×20\%$$

但是，房地产开发企业取得土地使用权后未进行开发就转让的，在计算土地增值税时，只允许扣除取得土地使用权支付的地价款，缴纳有关费用及税费，不得加计扣除。目的是抑制炒卖地皮。

(6) 旧房及建筑物的评估价格。它是指在转让已使用的房屋及建筑物时，用政府批准设立的房地产评估机构评定的重置成本价乘以成新度折扣率后的价格。评估价格须经当地税务机关确认。

纳税人转让旧房的，应按房屋及建筑物的评估价、取得土地使用权所支付的地价款或出让金、按国家统一规定缴纳的有关费用和转让环节缴纳的税金作为扣除项目金额计征土地增值税。取得土地使用权时未支付地价款或不能提供已支付的地价款凭据的，在计征土地增值税时不允许扣除。

纳税人转让旧房及建筑物，凡不能取得评估价，但能提供购房发票的，经当地税务部门确认，根据《土地增值税暂行条例》第六条第(一)、(三)项规定的扣除项目的金额(即取得土地使用权所支付的金额、新建房及配套设施的成本、费用，或者旧房及建筑物的评估价)，可按发票所载金额并从购买年度起至转让年度每年加计5%计算扣除。计算扣除项目时"每年"按购房发票所载日期起至售房发票开具之日止，每满12个月计1年；超过1年，未满12个月但超过6个月的，可以视同1年。

对于上述六项扣除，纳税人应在纳税申报时据实提供扣除项目金额。如果纳税人提供扣除项目金额不真实的，应由评估机构按照房屋重置成本价乘以成新度折扣率计算的房屋成本价和取得土地使用权时的基准地价进行评估。税务机关根据评估价格确定扣除项目金额。

(三) 应纳税额的计算

土地增值税按照纳税人转让房地产所得的增值额和规定的税率计算征收。土地增值税的计算公式为：

$$应纳税额＝\sum(每级距的土地增值额×适用税率)$$

在实际工作中,为了简化计算,一般采用速算扣除法计算土地增值税,计算公式为:

$$应纳税额=增值额×适用税率-扣除项目金额×速算扣除系数$$

1. 增值额

公式中的"增值额"为纳税人转让房地产所取得的收入减除扣除项目金额后的余额。

纳税人转让房地产所取得的收入,包括货币收入、实物收入和其他收入。

2. 计算增值额的扣除项目

(1) 取得土地使用权所支付的金额。

(2) 开发土地的成本、费用。

(3) 新建房及配套设施的成本、费用,或者旧房及建筑物的评估价格。

(4) 与转让房地产有关的税金。

(5) 财政部规定的其他扣除项目。

3. 土地增值税实行四级超率累进税率

增值额未超过扣除项目金额50%的部分,税率为30%。

增值额超过扣除项目金额50%、未超过扣除项目金额100%的部分,税率为40%。

增值额超过扣除项目金额100%、未超过扣除项目金额200%的部分,税率为50%。

增值额超过扣除项目金额200%的部分,税率为60%。

上面所列四级超率累进税率,每级"增值额未超过扣除项目金额"的比例,均不包括本比例数。

4. 计算公式

(1) 增值额未超过扣除项目金额50%时,计算公式为:

$$土地增值税税额=增值额×30\%$$

(2) 增值额超过扣除项目金额50%、未超过100%时,计算公式为:

$$土地增值税税额=增值额×40\%-扣除项目金额×5\%$$

(3) 增值额超过扣除项目金额100%、未超过200%时,计算公式为:

$$土地增值税税额=增值额×50\%-扣除项目金额×15\%$$

(4) 增值额超过扣除项目金额200%时,计算公式为:

$$土地增值税税额=增值额×60\%-扣除项目金额×35\%$$

公式中的5%,15%,35%分别2、3、4级的速算扣除系数。

四、应用实例

【例5-5】 天河房地产公司2022年9月出售一栋写字楼,收入总额为100 000 000元(不含增值税)。开发该写字楼有关支出如下:支付地价款及各种费用10 000 000元、房地产开发成本30 000 000元。财务费用中的利息支出为5 000 000元(可按转让项目计算分摊并提供金融机构证明),其中有500 000元是罚息。转让环节缴纳有关税费共5 550 000元。该公司所在地政府规定房地产开发费用计算扣除比例为5%。请计算该公司应纳土地增值税额。

(1) 确认取得土地使用权支付地价款及相关费用为10 000 000元。

(2) 房地产开发成本为30 000 000元。

(3) 房地产开发费用=5 000 000−500 000+(100 000 000+30 000 000)×5%=6 500 000(元)。

(4) 允许扣除税费为5 550 000元。

(5) 从事房地产企业纳税人加计扣除20%。

  加计扣除额=(100 000 000+30 000 000)×20%=8 000 000(元)
  允许扣除项目=10 000 000+30 000 000+6 500 000+5 550 000+8 000 000=60 050 000(元)
  土地增值额=100 000 000−60 050 000=39 950 000(元)
  增值率=39 950 000÷60 050 000×100%=66.53%

适用第二级税率40%,速算扣除率5%。

  应纳土地增值税额=39 950 000×40%−60 050 000×5%=12 977 500(元)

【例5-6】 天河房地产公司2022年8月以20 000 000元出售一栋自己使用过的旧办公楼,账面原值3 000 000元,累计折旧300 000元。由于无法提供该办公楼取得时支付的土地出让金等原始凭证,因此委托某资产评估公司予以评估,资产评估公司评估土地价值为8 000 000元,按照成本法对于办公楼进行评估,重置成本为5 000 000元,成新率70%,该公司支付评估费80 000元并支付相关税费(增值税6%、城市维护建设税7%、教育费附加3%、印花税0.5‰)。请计算该公司应纳土地增值税额。

(1) 该公司旧办公楼转让收入为20 000 000元。

(2) 旧办公楼评估价格(不含土地部分)=5 000 000×70%=3 500 000(元)。

(3) 取得土地使用权所支付的地价款和按国家统一规定缴纳的有关费用为0元。

(4) 与转让房地产有关的税金=20 000 000×6%×(7%+3%)+20 000 000×0.5‰=110 000(元)。

(5) 支付评估费用=80 000(元)。

  扣除项目合计=3 500 000+0+110 000+80 000=3 690 000(元)
  增值额=20 000 000−3 690 000=16 310 000(元)
  增值率为16 310 000÷3 690 000×100%=442%

适用第四级税率60%,速算扣除率35%:

  应纳土地增值税税额=16 310 000×60%−3 690 000×35%=8 494 500(元)

【例5-7】 天河房地产公司以3 000万元出售一幢写字楼,账面原值500万元,累计折旧50万元。土地性质为商业用地,由于无法提供土地出让金的支付原始凭证等资料。天河房地产公司委托资产评估公司评估,评估土地价值为1 200万元,按照成本法对于写字楼进行评估,重置成本为1 000万元,成新率60%,甲企业支付评估费10万元。请计算该公司应纳土地增值税额。

(1) 天河房地产公司销售办公楼转让收入=3 000(万元)。

(2) 办公楼评估价格(不含土地部分)为1 000×60%=600(万元)。

(3) 取得土地使用权所支付的地价款和按国家统一规定缴纳的有关费用为0元。

(4) 与转让房地产有关的税金(城建税、教育费附加、印花税为例)=3 000×9%×(7%+3%)+3 000×0.5‰=28.5(万元)。

(5) 支付评估费用10万元。

(6) 扣除项目合计＝600＋0＋28.5＋10＝638.5(万元)。

(7) 增值额＝3 000－638.5＝2 361.5(万元)。

(8) 增值率＝(2 361.5÷638.5)×100％＝369.85％

(9) 应纳土地增值税税额＝2 361.5×60％－638.5×35％＝1 193.425(万元)。

五、土地增值税的税收优惠

按税法规定,土地增值税纳税人有下列情形之一的,可减征或免征土地增值税:

(1) 纳税人建造普通标准住宅出售,增值额未超过扣除项目金额20％的,可免缴土地增值税。"普通标准住宅"是指按所在地一般民用住宅标准建造的居住用住宅。高级公寓、别墅、度假村等不属于普通标准住宅。纳税人建造普通标准住宅出售,增值额未超过税法规定的扣除项目金额之和20％的,免征土地增值税;增值额超过扣除项目金额之和20％的,应就其全部增值额按规定征税。

(2) 因国家建设需要依法征用、收回的房地产,可免缴土地增值税。所谓因国家建设需要依法征用、收回的房地产是指因城市实施规划、国家建设的需要而被政府批准征用的房产或收回的土地使用权。因城市实施规划、国家建设的需要而搬迁,由纳税人自行转让原房地产的,比照本规定免征土地增值税。

六、土地增值税的会计核算

(一) 会计科目设置

企业应当在"应交税费"账户下设"应交土地增值税"明细账户,来核算土地增值税的发生和缴纳情况,其贷方反映企业计算的应交土地增值税,借方反映企业实际缴纳的土地增值税,余额在贷方,反映企业应交而未交的土地增值税。

因土地增值税是在转让房地产的流转环节缴纳的价内税,故主营或兼营房地产企业转让房地产核算应纳土地增值税,借记"税金及附加"账户,贷记"应交税费——应交土地增值税"账户。

其他企业转让已经作为固定资产等入账的土地使用权、房屋等,在计算土地增值税时通过"固定资产清理"账户进行核算,借记"固定资产清理"账户,贷记"应交税费——应交土地增值税"账户。

企业实际缴纳土地增值税,借记"应交税费——应交土地增值税"账户,贷记"银行存款"等账户。

(二) 会计核算

1. 主营或兼营房地产业务企业会计处理

【例5-8】 天河置业房地产公司2022年7月销售A项目,取得普通住宅预收款8 880万元,开工许可证在营改增后取得,适用增值税一般计税方法,本省规定的土地增值税预征率为2％。请计算该公司应纳土地增值税额并作会计处理。

预缴增值税＝8 880÷(1＋9％)×9％＝733.21(万元)

预缴土地增值税＝(8 880－733.21)×2％＝162.94(万元)

(1) 收到预收款时：

借：银行存款　　　　　　　　　　　　　　　　　　　　　88 800 000
　　贷：预收账款　　　　　　　　　　　　　　　　　　　　88 800 000

(2) 次月预缴增值税：

借：应交税费——预交增值税　　　　　　　　　　　　　　 7 332 100
　　贷：银行存款　　　　　　　　　　　　　　　　　　　　 7 332 100

(3) 预缴土地增值税时：

借：应交税费——应交土地增值税　　　　　　　　　　　　 1 629 400
　　贷：银行存款　　　　　　　　　　　　　　　　　　　　 1 629 400

【例5-9】 天河公司兼营房地产业务，2021年年初购入一栋两层楼，支付价款10 000 000元。2021年年末，该公司未经过任何开发，将该楼出售，取得收入18 000 000元（不含增值税），缴纳相关税费990 000元。该公司计算利息支出时未能提供金融机构证明。请计算该公司应纳土地增值税额并作会计处理。

转让收入＝18 000 000(元)

扣除项目金额＝10 000 000＋10 000 000×10%＋990 000＝11 990 000(元)

增值额＝18 000 000－11 990 000＝6 010 000(元)

增值率＝6 010 000÷11 990 000×100%＝50.125%

适用第二级税率40%，速算扣除率为5%：

应纳土地增值税额＝6 010 000×40%－11 990 000×5%＝1 804 500(元)

(1) 取得收入：

借：银行存款　　　　　　　　　　　　　　　　　　　　　19 620 000
　　贷：其他业务收入　　　　　　　　　　　　　　　　　　18 000 000
　　　　应交税费——应交增值税(销项税额)　　　　　　　 1 620 000

(2) 计提土地增值税：

借：税金及附加　　　　　　　　　　　　　　　　　　　　 1 804 500
　　贷：应交税费——应交土地增值税　　　　　　　　　　 1 804 500

(3) 实际缴纳土地增值税：

借：应交税费——应交土地增值税　　　　　　　　　　　　 1 804 500
　　贷：银行存款　　　　　　　　　　　　　　　　　　　　 1 804 500

2. 其他企业土地增值税的会计处理

【例5-10】 天河公司是工业企业，2022年8月转让一栋旧厂房(2015年4月购入)给A企业，取得银行存款收入5 000 000元，该厂房购买成本为1 000 000元，转让时已计提折旧400 000元。天河公司无法提供购建厂房时已支付的地价款等原始凭证，市场公允价为3 000 000元，委托资产评估公司评估旧厂房重置成本为6 000 000元，厂房为7成新。用银行存款直接支付相关税费为275 000元。请计算该公司应纳土地增值税额并作会计处理。

增值税一般纳税人销售2016年4月30日前取得的不动产，可以选择按简易计税方法适用征收率5%缴纳增值税,开具增值税专用发票。

$$应交增值税=(3\ 000\ 000-1\ 000\ 000)\div(1+5\%)\times5\%=95\ 238.1(元)$$
$$评估价格=6\ 000\ 000\times70\%=4\ 200\ 000(元)$$
$$允许扣除的税费=275\ 000(元)$$
$$扣除项目金额合计=4\ 200\ 000+275\ 000=4\ 475\ 000(元)$$
$$增值额=5\ 000\ 000-447\ 5\ 000=525\ 000(元)$$
$$增值率=525\ 000\div4\ 475\ 000\times100\%=11.73\%$$

适用第一级税率30%,速算扣除率为0

$$应纳土地增值税税额=525\ 000\times30\%-4\ 475\ 000\times0=157\ 500(元)$$

(1) 转让时:

借:银行存款	5 000 000
贷:固定资产清理	5 000 000

(2) 结转资产成本:

借:固定资产清理	600 000
累计折旧	400 000
贷:固定资产	1 000 000

(3) 支付相关税费:

借:固定资产清理	275 000
贷:银行存款	275 000

(4) 计提应纳土地增值税额:

借:固定资产清理	252 738.1
贷:应交税费——应交土地增值税	157 500
应交税费——应交增值税(销项税额)	95 238.1

(5) 结转损益:

借:固定资产清理	3 872 261.9
贷:营业外收入	3 872 261.9

七、土地增值税的征收管理

(一)土地增值税的征收管理

由于房地产开发与转让周期长,土地增值税征管难度大,国家应加强土地增值税的预征管理,预征率的确定要科学、合理。对已实行预征办法的地区,可根据不同类型房地产的实际情况,确定适当的预征率。除保障性住房外,东部地区省份预征率不得低于2%,中部和东北地区省份不得低于1.5%,西部地区省份不得低于1%。

(二)纳税地点

土地增值税由房地产所在地主管税务机关负责征收。房地产所在地是指房地产的坐落地。纳税人转让房地产的坐落地在两个或两个以上地区的,应按房地产所在地分别申报纳税。在实际工作中,纳税地点的确定又可以分为以下两种情况:

(1) 纳税人是法人的。当转让的房地产坐落地与其机构所在地或经营所在地一致时,则在办理税务登记的原管辖税务机关申报纳税即可;如果转让的房地产坐落地与其机构所在地或经营所在地不一致时,则在房地产坐落地所管辖的税务机关申报纳税。

(2) 纳税人是自然人的。当转让的房地产坐落地与其居住所在地一致时,则在居住所在地税务机关申报纳税;当转让的房地产坐落地与其居住所在地不一致时,在办理过户手续所在地的税务机关申报纳税。

(三) 纳税申报

纳税人应当自转让房地产合同签订之日起7日内向房地产所在地主管税务机关办理纳税申报,并在税务机关核定的期限内缴纳土地增值税。按照税法规定,纳税人应按照下列程序办理纳税手续:

(1) 纳税人应在转让房地产合同签订后的7日内到房地产所在地主管税务机关办理纳税申报,并向税务机关提交房屋及建筑物产权、土地使用权证书,土地转让、房产买卖合同,房地产评估报告及其他与转让房地产有关的资料。

(2) 纳税人因经常发生房地产转让而难以在每次转让后申报,是指房地产开发企业开发建造的房地产、因分次转让而频繁发生纳税义务、难以在每次转让后申报纳税的情况,土地增值税可按月或按各省、自治区、直辖市和计划单列市税务局规定的期限申报缴纳。

(四) 房地产开发企业土地增值税的清算

由于房地产项目开发周期较长,成本与费用的确认与收入难以及时配比,土地增值税采用的是先预征后清算的征收模式。财政部、税务总局《关于土地增值税若干问题的通知》(财税〔2006〕21号文件),明确要求各地要进一步完善土地增值税预征办法,根据本地区房地产业增值水平和市场发展情况,区别普通住房、非普通住房和商用房等不同类型,科学合理地确定预征率,并适时调整。工程项目竣工结算后,应及时进行清算,多退少补。对未按预征规定期限预缴税款的,应根据《税收征管法》及其实施细则的有关规定,从限定的缴纳税款期限届满的次日起,加收滞纳金。对已竣工验收的房地产项目,凡转让房地产的、建筑面积占整个项目可售建筑面积的比例在85%以上的,税务机关可以要求纳税人按照转让房地产的收入与扣除项目金额配比的原则,对已转让的房地产进行土地增值税的清算。具体清算办法由各省、自治区、直辖市和计划单列市地方税务局规定。

第三节 城镇土地使用税

城镇土地使用税是以国有土地为征税对象,对拥有土地使用权的单位和个人征收的一种税。征收城镇土地使用税有利于促进土地的合理使用,调节土地级差收入,也有利于筹集地方财政资金。

一、征税范围

城镇土地使用税的课税对象是土地。征税范围为城市、县城、建制镇和工矿区范围内的国家所有和集体所有的土地,不包括农村集体所有的土地。这里所称"城市"是指经国务院批准设立的市,包括市区和郊区;"县城"是指县人民政府所在地的城镇;"建制镇"是指经省、自治区、直辖市人民政府批准设立的、符合国务院规定的建制镇标准的镇;"工矿区"是指工商业比较发达,人口比较集中,符合国务院规定的建制镇标准,但尚未设立建制镇的大中型工矿企业所在地。工矿区的设立须经省、自治区、直辖市人民政府批准。

建立在城市、县城、建制镇和工矿区以外的工矿企业不需要缴纳城市土地使用税。

二、纳税义务人

城镇土地使用税的纳税义务人是我国境内城市、县城、建制镇、工矿区范围内使用土地的单位和个人。这里所称单位,包括国有企业、集体企业、私营企业、股份制企业、外商投资企业、外国企业以及其他企业和事业单位、社会团体、国家机关、军队以及其他单位;所称个人,包括个体工商户以及其他个人。

城镇土地使用税的纳税人通常包括以下几类。

(1) 有土地使用权的单位和个人为纳税人。

(2) 拥有土地使用权的单位和个人不在土地所在地的,其土地的实际使用人或管理人为纳税人。

(3) 土地使用权未确定或权属纠纷未解决的,以实际使用人为纳税人。

(4) 土地使用权共有的,共有各方都是纳税人,由共有各方分别纳税。

三、城镇土地使用税应纳税额的计算

(一) 税率

城镇土地使用税采用定额税率,即采用有幅度的差别税额,按大、中、小城市、县城、建制镇、工矿区分别规定每平方米土地使用税年应纳税额,具体标准见表 5-3。

表 5-3　　　　　　　　城镇土地使用税税率表

级　别	人口数(人)	每平方米税额(元)
大城市	50 万以上	1.5~30
中等城市	20 万~50 万	1.2~24
小城市	20 万以下	0.9~18
县城、建制镇、工矿区	—	0.6~12

各省、自治区、直辖市人民政府应当在法定幅度内,根据市政建设情况、经济繁荣程度等条件,确定所属地区的适用税额幅度。经济落后地区的土地使用税适用税额标准可以适当降低,但降低额不得超过规定的最低税额的 30%。经济发达地区土地使用税的税额适用标

准可以适当提高,但须报经财政部批准。

(二) 计税依据

城镇土地使用税以纳税人实际占用的土地面积为计税依据。纳税人实际占用的土地面积应按下列办法确定:

(1) 凡已由省、自治区、直辖市人民政府确定的单位组织测定土地面积的,以测定的面积为计税依据;

(2) 未经省、自治区、直辖市人民政府确定的单位组织测定土地面积的,但纳税人持有政府部门核发的土地使用证书的,以证书确认的土地面积为计税依据;

(3) 尚未核发土地使用证书的,暂以纳税人申报的土地面积为计税依据,待土地面积正式测定后,再作调整。

(三) 应纳税额的计算

城镇土地使用税的应纳税额,按纳税人实际占用的土地面积和规定的单位税额计算,其计算公式为:

$$应纳税额 = 应税土地的实际使用面积 \times 适用单位税额$$

四、城镇土地使用税的税收优惠

(一) 法定免税项目

根据税法规定,下列土地免缴土地使用税:

(1) 国家机关、人民团体、军队自用的土地。但如果是对外出租、经营用则还是要交城镇土地使用税。

(2) 由国家财政部门拨付事业经费的单位自用的土地。

(3) 宗教寺庙、公园、名胜古迹自用的土地。经营用地则不免。

(4) 市政街闭道、广场、绿化地带等公共用地。

(5) 直接用于农、林、牧、渔业的生产用地。

(6) 经批准开山填海整治的土地和改造的废弃土地,从使用的月份起免缴城镇土地使用税 5 年至 10 年。

(7) 对非营利性医疗机构、疾病控制机构和妇幼保健机构等卫生机构自用的土地,免征城镇土地使用税。

(8) 对国家拨付事业经费和企业办的各类学校、托儿所、幼儿园自用的房产、土地,免征城镇土地使用税。

(9) 免税单位无偿使用纳税单位的土地(如公安、海关等单位使用铁路、民航等单位的土地),免征城镇土地使用税。纳税单位无偿使用免税单位的土地,纳税单位应照章缴纳城镇土地使用税。纳税单位与免税单位共同使用、共有使用权的土地上的多层建筑,对纳税单位可按其占用的建筑面积占建筑总面积的比例计征城镇土地使用税。

(10) 国有重点扶植项目免税,包括以下几种情况。

① 对石油天然气生产建设中用于地质勘探、钻井、井下作业、油气田地面工程等施工临时用地,石油天然气生产企业厂区以外的铁路专用线、公路及输油(气、水)管道用地,油气长

输管线用地,暂免征收城镇土地使用税。

② 对企业的铁路专用线、公路等用地,在厂区以外,与社会公用地段未加隔离的,暂免征收土地使用税。

③ 对企业厂区以外的公共绿化用地和向社会开放的公园用地,暂免征收城镇土地使用税。

④ 对水利设施及其管护用地(如水库库区、大坝、堤防、灌渠、泵站等用地),免征土地使用税;其他用地,如生产、办公、生活用地,应照章征收土地使用税。

⑤ 对盐场的盐滩、盐矿的矿井用地,暂免征收城镇土地使用税。

(11) 对城市公交站场、道路客运站场的运营用地,免征城镇土地使用税。

(12) 自2020年1月1日起至2022年12月31日止,对物流企业自有(包括自用和出租)或承租的大宗商品仓储设施用地,减按所属土地等级适用税额标准的50%计征城镇土地使用税。

(二) 由省、自治区、直辖市地方税务局确定减免土地使用税的项目

(1) 个人所有的居住房屋及院落用地。

(2) 房产管理部门在房租调整改革前经租的居民住房用地。

(3) 免税单位职工家属的宿舍用地。

(4) 民政部门举办的安置残疾人占一定比例的福利。

(5) 集体和个人举办的学校、医院、托儿所、幼儿园用地。

五、应用实例

【例 5-11】 天河公司位于一个中等城市,本年度实际占用土地50 000平方米,其中企业自己办的托儿所、医院占地2 000平方米,主管税务机关核定该公司应纳土地使用税单位税额为15元/平方米,应纳税额采取按年计算、分月缴纳的方式。请计算天河公司应纳城镇土地使用税额。

按照规定,企业自办的托儿所、医院占用的土地,可以免征城镇土地使用税。

全年应纳税额=(50 000−2 000)×15=720 000(元)

各月应纳税额=720 000÷12=60 000(元)

【例 5-12】 某人民团体有A、B两栋办公楼,A栋占地3 000平方米,B栋占地1 000平方米,2015年3月30日至12月31日,该团体将B栋出租,当地城镇土地使用税的税率为每平方米15元,请计算该团体2015年应纳城镇土地使用税额。

因人民团体自用的A栋楼免税,所以:

应纳城镇土地使用税额=1 000×15×9÷12=11 250(元)

六、城镇土地使用税的会计核算

为了正确地反映城镇土地使用税的计提和解缴情况,企业应在"应交税费"账户下设置"应交城镇土地使用税"明细账户进行核算。城镇土地使用税是按年计算,分期缴纳。企业在每期计提应缴纳的土地使用税时,借记"税金及附加"账户,贷记"应交税费——应交城镇

土地使用税"账户;分期缴纳城镇土地使用税时,借记"应交税费——应交城镇土地使用税"账户,贷记"银行存款"账户。

【例 5-13】 天河公司拥有 A、B 两栋办公楼,A 栋占地 3 000 平方米,用于幼儿园办学。B 栋占地 1 000 平方米。2022 年 3 月 31 日至 12 月 31 日,天河公司将 B 栋出租。当政府规定城镇土地使用税的税率为 15 元/平方米。请计算该公司 2022 年应纳城镇土地使用税并作会计处理。

  A 栋用于幼儿园教学免税。
  B 栋应纳城镇土地使用税=1 000×15×9÷12=11 250(元)
  第二季度应纳城镇土地使用税=11 250÷3=3 750(元)

计提城镇土地使用税:

  借:税金及附加   11 250
    贷:应交税费——应交土地使用税   11 250

第二季度实际缴纳税款时:

  借:应交税费——应交土地使用税   3 750
    贷:银行存款   3 750

七、城镇土地使用税纳的征收管理

(一)纳税义务时间

(1)购置新建商品房,自房屋交付使用之次月起计征城镇土地使用税。

(2)购置存量房,自办理房屋权属转移、变更手续,房地产权属登记机关签发房屋权属证书之次月起计征城镇土地使用税。

(3)出租、出借房产,自交付出租、出借房产之次月起计征城镇土地使用税。

(4)以出让或转让方式有偿取得土地使用权的,应由受让方从合同约定交付土地时间之次月起缴纳城镇土地使用税;合同未约定交付土地时间的,由受让方从合同签订之次月起缴纳城镇土地使用税。

(5)自 2009 年 1 月 1 日起,纳税人因土地的权利发生变化而依法终止城镇土地使用税纳税义务的,其应纳税款的计算应截止到土地权利发生变化的当月末。

(二)纳税期限

城镇土地使用税采取按年计算,分期缴纳的征收方法。具体缴纳期限是由省、自治区、直辖市人民政府确定。各省、自治区、直辖市税务机关结合当地实际情况,分别确定月、季或半年等不同的期限缴纳。

新征用的土地,如属于耕地,自批准征用之日起满 1 年时开始缴纳城镇土地使用税;如属于非耕地,则自批准征用次月起缴纳城镇土地使用税。

(三)纳税地点

城镇土地使用税的纳税地点是土地所在地,纳税人应向土地所在地的税务机关缴纳税款。纳税人使用的土地不在同一县(市)的,纳税人应分别向土地所在地的税务机关申报缴纳税款。

(四) 纳税申报

纳税人应按照当地税务机关规定的期限,填写"城镇土地使用税纳税申报表",将其占用土地的权属、位置、用途、面积和税务机关规定的其他内容,据实向当地税务机关办理纳税申报登记,并提供有关的证明文件资料。

【关键术语】

资源税　境内开采　土地增值税　土地增值税扣除项目　城镇土地使用税

【问题思考】

1. 国家出让土地是否要交土地增值税?
2. 何为国有土地、地上建筑物及其附着物?
3. 土地增值税准予扣除项目金额如何确定?
4. 城镇土地使用税的征税范围和计税依据是什么?

练 习 题

一、单项选择题

1. 下列各项中,应征收资源税的是( )。
   A. 天然原油
   B. 开采原油过程中用于加热、修井的原油
   C. 煤矿生产的天然气
   D. 矿泉水

2. 现行土地增值税的适用税率形式为( )。
   A. 比例税率   B. 超额累进税率
   C. 超率累进税率   D. 定额税率

3. 下列与土地增值税应纳税额计算有关的公式中,错误的是( )。
   A. 增值额计算公式"增值额=转让收入－扣除项目金额"
   B. 增值率计算公式为"增值率=增值额÷扣除项目金额×100%"
   C. 增值率计算公式为"增值率=增值额÷转让收入×100%"
   D. 应纳税额的计算公式为"应纳税额=增值额×适用税率－扣除项目金额×速算系数"

4. 以下属于资源税纳税人的是( )。
   A. 生产天然气的油田   B. 销售天然气的天然气公司
   C. 出口天然气的石化进出口公司 D. 使用天然气的用户

5. 某油田2023年10月共计开采原油8 000吨,当月销售原油6 000吨,取得销售收入(不含增值税)18 000 000元,同时还向购买方收取违约金23 400元,优质费5 850元;支付运输费用20 000元(运输发票已比对)。已知销售原油的资源税税率为6%,则该油田10月应缴纳的资源税为( )元。
   A. 1 080 000   B. 1 081 404   C. 1 081 755   D. 1 082 955

6. 下列资源,不属于资源税征税范围的是( )。
   A. 天然气,包括煤矿生产的天然气   B. 天然原油,不包括人造石油
   C. 固体盐,包括井矿盐   D. 伴采出铁矿石原矿

7. 某砂石厂2022年12月开采砂石5 000立方米,对外销售4 000立方米,当地砂石资源税税率为3元/立方米,则该厂当月应纳资源税( )万元。
   A. 1.5   B. 1.2   C. 0.6   D. 0.3

8. 某油田2022年12月份开采销售原油1万吨,销售油田开采天然气200万立方米。原油的单位不含税售价为每吨5 000元,天然气的单位不含税售价为每万立方米1 800元;按照当地规定,原油、天然气资源税税率为6%,该油田12月份应纳资源税为( )元。
   A. 2 880 000   B. 3 840 000   C. 3 021 600   D. 5 760 000

9. 某煤炭开采企业为增值税一般纳税人,2022年6月销售原煤向购买方收取全部价款 500万元,其中销售额450万元、从坑口到购买方指定地点的运输费用40万元、装卸费用10万元,均已取得合法有效凭证。另将外购原煤与自采原煤混合销售取得销售额460万元,外购原煤增值税专用发票注明金额200万元。上述价款均不含增值税,当地原煤资源税税率8%。该企业当月应缴纳资源税( )万元。
   A. 57.6　　　　B. 72.8　　　　C. 76.8　　　　D. 56.8

10. 企业未按期缴纳资源税,向税务部门缴纳滞纳金时,应借记( )账户,贷记"银行存款"账户。
    A. "税金及附加"　　　　　　　B. "生产成本"
    C. "其他业务成本"　　　　　　D. "营业外支出"

11. 以自产的液体盐加工成固体盐销售的,资源税计税依据为( )。
    A. 用于加工的液体盐数量　　　B. 固体盐的销售金额
    C. 加工成固体盐的数量　　　　D. 固体盐的销售数量

12. 某锰矿6月计划开采锰矿石6 000吨,实际开采6 200吨,计划销售5 500吨,实际销售5 800吨,则当月的资源税课税数量为( )吨。
    A. 5 500　　　　B. 5 800　　　　C. 6 600　　　　D. 6 200

13. 土地增值税的纳税义务人应于转让房地产合同签订之日起( )日内办理纳税申报。
    A. 3　　　　B. 5　　　　C. 7　　　　D. 10

14. 房地产开发企业将开发产品用于( )项目,不属于视同销售房地产,不用缴纳土地增值税。
    A. 开发的部分房地产用于职工福利
    B. 开发的部分房地产与其他单位交换非货币资产
    C. 开发的部分房地产用于抵偿债务
    D. 开发的部分房地产用于办公自用

15. 房地产企业计算应缴纳的土地增值税,应借记( )账户,贷记"应交税费——应交土地增值税"账户。
    A. "管理费用"　　　　　　　　B. "税金及附加"
    C. "营业外支出"　　　　　　　D. "在建工程"

16. 非房地产企业转让国有土地使用权连同地上建筑物及其附着物,其应纳的土地增值税在( )账户进行核算。
    A. "其他业务成本"　　　　　　B. "税金及附加"
    C. "营业外支出"　　　　　　　D. "固定资产清理"

17. 某房地产开发公司转让一幢写字楼取得收入1 000万元。已知该公司为取得土地使用权所支付的金额为50万元,房地产开发成本为200万元,房地产开发费用为40万元,与转让房地产有关的税金为60万元。该公司应纳的土地增值税为( )万元。
    A. 180　　　　B. 240　　　　C. 300　　　　D. 360

18. 某工厂转让一栋造价550万元的旧办公楼,转让收入为700万元,已提折旧300万元。经房地产评估机构评定,该楼的重置成本价为1 000万元,成新度折扣率为6成,则应纳土地增值税( )万元。(不考虑其他税费)
    A. 30　　　　B. 140　　　　C. 120　　　　D. 50

19. 兼营房地产业务的企业销售房产缴纳的土地增值税,应当借记( )账户。
   A. 在建工程　　　　　　　　　B. 其他业务成本
   C. 固定资产清理　　　　　　　D. 税金及附加

20. 纳税人计算土地增值税时提供扣除项目金额不实的,应按照( )。
   A. 税务部门估定的价格扣除
   B. 税务部门与房地产主管部门协商的价格扣除
   C. 房地产评估价格扣除
   D. 房地产原值减除30%后的余值扣除

21. 下列资源产品中,不征收资源税的是( )。
   A. 原煤　　　　B. 盐　　　　C. 原木　　　　D. 原油

22. 资源税的扣缴义务人收购未税矿产品,代扣代缴资源税时,会计处理为( )。
   A. 借:原材料
      　　贷:应交税费——应交资源税
   B. 借:原材料
      　　贷:银行存款
   C. 借:银行存款
      　　贷:应交税费——应交资源税
   D. 借:应交税费——应交资源税
      　　贷:银行存款

23. 城镇土地使用税是以城镇土地为征税对象,对拥有土地( )的单位和个人征收的一种税。
   A. 所有权　　　B. 使用权　　　C. 占有权　　　D. 经营权

24. 城镇土地使用税的税率采用( )。
   A. 有幅度差别的比例税率　　　B. 有幅度差别的定额税率
   C. 全国统一定额　　　　　　　D. 税务机关确定的定额

25. 某公司2022年实际占用土地面积共用3万平方米,其中5 000平方米为厂区内的绿化区,城镇土地使用税率为5元/平方米。2022年应缴纳城镇土地使用税( )元。
   A. 150 000　　B. 157 500　　C. 156 500　　D. 125 000

二、多项选择题

1. 下列各项中,不征资源税的煤炭产品有( )。
   A. 精煤　　　B. 进口原煤　　　C. 自用原煤　　　D. 洗煤

2. 下列各项中,属于资源税应税产品的有( )。
   A. 卤水　　　　　　　　　B. 大理石
   C. 锌矿原矿　　　　　　　D. 与原油同时开采的天然气

3. 下列有关从量计征资源税计税依据的说法中,正确的有( )。
   A. 生产应税产品销售的,以销售数量为计税依据
   B. 生产应税产品销售的,以产量为计税依据
   C. 生产应税产品自用的,以使用数量为计税依据
   D. 金属和非金属矿产品原矿,因无法准确掌握纳税人移送使用原矿产数量的,可将其精矿按选矿比折算成原矿产数量作为计税依据
   E. 对于连续加工前无法准确计算原煤回收率移送使用量,可按加工产品的综合率,将加工产品按实际销售和自用量折射成的原煤数量作为计税依据

4. 下列关于资源税纳税义务发生时间的表述中,正确的有( )。

A. 分期收款销售方式,收到货款当天
B. 自产应税矿产品用于抵偿债务,移送使用的当天
C. 代扣代缴资源税,支付货款当天
D. 预收货款销售方式,发出应税产品当天
E. 以其他结算方式销售应税产品,其纳税义务发生时间为收讫价款或者取得索取价款凭证的当天

5. 下列各项中,不属于土地增值税征税范围的有( )。
A. 房地产评估增值 B. 房地产的出租
C. 房地产的继承 D. 企业兼并转让房地产

6. 土地增值税的征税范围包括( )。
A. 转让国有土地的使用权 B. 出让国有土地使用权
C. 转让国有土地所有权 D. 地上的建筑物及附着物连同土地一起转让

7. 下列各项中,属于土地增值税扣除项目中房地产开发成本构成内容的有( )。
A. 土地出让金 B. 借款利息费用
C. 土地征用及拆迁补偿费 D. 公共配套设施费
E. 基础设施费

8. 某矿石进出口公司5月进口一批有色金属矿石,则该公司应缴纳( )。
A. 关税 B. 资源税 C. 增值税 D. 城市维护建设税

9. 根据有关规定,不可以不征或免征土地增值税的有( )。
A. 以房地产进行投资,将房地产转让给所投资的企业
B. 个人以房地产进行交换的
C. 被兼并企业的房地产转让给兼并企业
D. 以房地产抵债而发生房地产权属转让的

10. 下列各项中,应纳入土地增值税征税范围的有( )。
A. 存量房地产的买卖 B. 企业改制重组中的房地产转让
C. 房地产的出租 D. 个人之间互换自有居住房地产

11. 资源税从性质上划分,可分为( )。
A. 土地资源税 B. 自然资源税
C. 一般资源税 D. 级差资源税

12. 某煤矿生产销售原煤一批,为此应缴纳的税金有( )。
A. 增值税 B. 消费税 C. 资源税 D. 城市维护建设税

13. 下列关于资源税会计处理的论述中,正确的有( )。
A. 企业对外销售的应税矿产品,按规定计算出应税矿产品应缴纳的资源税税额,借记"税金及附加"账户,贷记"应交税费——应交资源税"账户
B. 企业自产自用的应税矿产品,其应缴纳的资源税计入生产成本,借记"生产成本""制造费用"等账户,贷记"应交税费——应交资源税"账户
C. 企业收购未税矿产品,代扣代缴资源税时,借记"材料采购"账户,贷记"应交税费——应交资源税"账户
D. 购入液体盐时,按所允许抵扣的资源税,借记"应交税费——应交资源税"账户;按外

购价款扣除允许抵扣资源税税额后的余额,借记"材料采购"等账户;按应付的全部价款,贷记"银行存款""应付账款"等账户。

14. 资源税的计征方法为( )。
    A. 从量计征　　　　　　　　　B. 从价计征
    C. 复合计征　　　　　　　　　D. 从量或从价计征
15. 纳税人不能准确提供应税矿产品销售数量或移送使用数量的,可以( )为课税数量。
    A. 应税产品的实际产量　　　　B. 当期计划产量
    C. 上年同期产量　　　　　　　D. 主管税务机关确定的折算比换算成的数量
16. 以下属于土地增值税纳税义务人的有( )。
    A. 外商投资企业　　　　　　　B. 国家机关
    B. 个人　　　　　　　　　　　D. 国有企业
17. 企业计算应缴纳的土地增值税,有可能涉及的借方科目包括( )。
    A. "税金及附加"　　　　　　　B. "固定资产清理"
    C. "其他业务成本"　　　　　　D. "营业外支出"
18. 城镇土地使用税的纳税人包括( )。
    A. 拥有土地使用权的单位和个人　B. 土地的实际使用人
    C. 土地的代管人　　　　　　　D. 土地使用权共有的各方
19. 某市肉制品加工厂 2022 年占地 40 000 平方米,其中,办公楼占地 3 000 平方米,生猪养殖基地占地 20 000 平方米,肉制品加工车间占地 16 000 平方米,企业内部道路及绿化占地 1 000 平方米。企业所在地城镇土地使用税税率为 5 元/平方米(年)。下列关于该企业 2022 年应缴纳的城镇土地使用税的处理中,正确的有( )。
    A. 城镇土地使用税以纳税人实际占用土地面积为计税依据,实行从量计征
    B. 企业厂区以外的公共绿化用地和向社会开放的公园用地免征城镇土地使用税
    C. 直接用于农、林、牧和渔业生产的用地免征城镇土地使用税
    D. 该肉制品加工厂 2021 年应缴纳城镇土地使用税 100 000 元
    E. 计提城镇土地使用税编制的会计分录为:
        借:管理费用　　　　　　　　　　　　　　　　　　　　　　　　　100 000
            贷:应交税费——应交城镇土地使用税　　　　　　　　　　　　　　100 000

三、判断题

1. 资源税对应税资源在每一流转环节计算征收。( )
2. 在计征土地增值税时,允许据实扣除财务费用,其他开发费用按比例扣除。( )
3. 我国现行资源税法规定,单位和个人进口应税资源不征资源税。( )
4. 应税资源矿产品在销售或自用时,通常既要交增值税,也要交资源税,两者的征税环节完全相同。( )
5. 资源税的征税范围仅限于在我国境内开采的应税矿产品和生产的盐,对进口的矿产品或盐不征资源税。( )
6. 某单位转让一幢造价 600 万元的旧办公楼,经房地产评估机构评定,该楼重置成本价为 1 500 万元,成新度折扣率为七成,则评估价格为 1 050 万元。( )
7. 现行的资源税是对所有资源的课税。( )

8. 凡在我国境内开采原油、天然气的单位,都要依照资源税暂行条例缴纳资源税;但中外合作油(气)田开采的原油、天然气暂不征收资源税。（   ）
9. 资源税的扣缴义务人是指收购未税矿产品的单位。（   ）
10. 纳税人以自产的液体盐加工固体盐,按液体盐税额征税,以加工的固体盐数量为课税数量。（   ）
11. 为了反映和监督企业资源税税额的计算和缴纳情况,凡是缴纳的资源税均应通过"税金及附加"和"应交税费——应交资源税"进行核算。（   ）
12. 土地增值税以转让房地产所取得的增值额为计税依据实行按次征收。（   ）
13. 土地增值税对所有转让土地使用权的单位和个人征收。（   ）
14. 对房地产的抵押,在抵押期间不征收土地增值税,但对于以房产抵债而发生房地产权属转让的,则应征收土地增值税。（   ）
15. 土地增值税中规定的转让房地产所取得的收入包括转让房产的全部价款及有关的经济收益。（   ）
16. 城镇土地使用税采取有幅度的差别税额,按大、中、小城市和县城、建制镇、工矿区分别确定每平方米土地年应纳税额。（   ）
17. 凡在中华人民共和国境内拥有土地使用权的单位和个人,均应依法缴纳城镇土地使用税。（   ）
18. 城镇土地使用税采用幅度差别税额。（   ）

四、简答题

1. 我国现行税法规定应征收资源税的自然资源有哪些?
2. 土地增值税中准予扣除的项目金额如何确定?
3. 税法对城镇土地税纳税义务发生时间是怎样规定的?

五、计算及实务题

1. 某煤炭开采企业2022年4月销售以自采未税原煤加工的洗煤5万吨,开具的增值税专用发票注明金额5 000万元,另取得从洗煤厂到码头不含增值税的运费收入50万元,假设洗煤的折算率为80%,资源税税率为10%。

【要求】请计算该煤矿4月份应纳资源税额。

2. 华北某油田2022年10月份共采原油200 000吨,其中已经销售150 000吨,自用10 000吨,尚待销售40 000吨。每吨原油不含税价格5 000元。按规定该原油适用税率6%。

【要求】请计算该油田10月份应纳资源税额。

3. 某矿山企业为增值税一般纳税人,于2022年1月20日购入300万元(不含增值税)的锰原矿,已取得增值税专用发票,与自采的锰原矿混合洗选加工为锰选矿进行销售,销售额为600万元。已知当地锰原矿税率为8%,锰选矿税率为5%。

【要求】请计算该企业1月份应纳资源税额并作相应会计处理。

4. 某房地产开发公司转让新建普通标准住宅一幢,取得转让收入5 000万元,转让环节缴纳税款以及有关费用合计275万元。已知该公司为取得土地使用权而支付的地价款和有关费用为1 600万元,房地产开发成本为900万元,利息支出180万元(能够按房地产项目计算分摊并提供金融机构证明)。该公司所在地政府规定的其他房地产开发费用的计算扣除比例为5%。

【要求】请计算该公司应纳土地增值税,并进行相应的会计处理。

5. 位于市区的某生产企业利用厂区空地建造一幢写字楼,其发生的相关业务如下:

(1) 按照国家有关规定补交土地出让金40 000 000元,缴纳相关税费1 600 000元。

(2) 写字楼开发成本30 000 000元。

(3) 写字楼开发费用中的利息支出为3 000 000元(不能提供金融机构证明),其他开发费用为8 200 000元。

(4) 写字楼竣工验收,将总建筑面积的1/2销售,取得销售收入65 000 000元。将另外的1/2的建筑面积出租,当年取得租金收入150 000元。

该企业所在省规定按《土地增值税暂行条例》规定的高限计算扣除房地产开发费用。

【要求】根据上述资料,计算回答下列问题:

(1) 企业计算土地增值税时应扣除的取得土地使用权所支付的金额。

(2) 企业计算土地增值税时应扣除的开发成本的金额。

(3) 企业计算土地增值税时应扣除的开发费用的金额。

(4) 企业计算土地增值税时应扣除的有关税金。

(5) 计算企业应缴纳的土地增值税。

6. 某公司与政府机关共同使用一栋共同拥有土地使用权的建筑物。该建筑物占土地面积2 000平方米,建筑物面积10 000平方米,公司与机关占用的比例为4∶1。当地政府规定城镇土地税税额为每平方米5元。

【要求】请计算该公司当年应纳城镇土地使用税。

7. 某公司生产经营用地有A、B、C三个大厂区,A厂区面积10 000平方米,其中幼儿园占地1 000平方米,厂区内绿化占地2 000平方米;B厂区是与另一家企业共同拥有的,面积5 000平方米,双方各一半使用;C厂区有3 000平方米,一直在使用,但土地使用权未确定。当地政府规定城镇土地使用税单位税额为每平方米5元。

【要求】请计算该公司应纳城镇土地使用税并进行相应的会计处理。

第六章 财产和行为税

教学目标

本章主要介绍财产和行为税的税制要素及其会计核算。通过学习,学生应熟悉财产和行为税的基本法律规定,了解相关的优惠政策及征收管理,能够正确计算各项财产和行为税的应纳税额,掌握财产和行为税的会计核算方法。

第一节 房产税

房产税是以房屋为征收对象,以房屋的计税余值或租金收入为计税依据,向房屋产权所有人征收的一种财产税。征收房产税能为地方政府筹集财政收入,在调节财富分配的同时,也有利于加强房产管理。

一、征税范围

房产税以房产为征收对象。所谓房产,是指有屋面和围护结构(有墙或两边有柱),能够遮风避雨,可供人们在其中生产、学习、工作、娱乐、居住或储藏物资的场所。房地产开发企业建造的商品房,在出售前不征收房产税,但对出售前房地产开发企业已使用或出租、出借的商品房应按规定征收房产税。

房产税的征税对象是我国境内的房屋(房产)。《房产税暂行条例》规定,房产税在城市、县城、工矿区、建制镇和工矿区征收。

(1) 城市是指国务院批准设立的市,其征税范围为市区、郊区和市辖县县城,不包括农村。

(2) 县城是指县人民政府所在地。

(3) 建制镇是指经省、自治区、直辖市人民政府批准设立的建制镇,建制镇的征税范围为镇人民政府所在地,不包括所辖的行政村。

(4) 工矿区是指工商业比较发达、人口比较集中、符合国务院规定的建制镇标准但尚未设立建制镇的大中型工矿企业所在地。开征房产税的工矿区须经省级人民政府批准。

房产税的征税范围不包括农村,这主要是为了减轻农民的负担。因为农村的房屋,除农副业生产用房外,大部分是农民居住用房。农村房屋不纳入房产税征税范围,有利于农业发展,繁荣农村经济,促进社会稳定。

二、纳税义务人

房产税以在征税范围内的房屋产权所有人为纳税义务人。

(1) 产权属国家所有的,由经营管理单位纳税;产权属集体和个人所有的,由集体单位和个人纳税。

(2) 产权出典的,由承典人纳税。所谓产权出典,是指产权所有人将房屋、生产资料等的产权在一定期限内典当给他人使用,而取得资金的一种融资业务。

(3) 产权所有人、承典人不在房屋所在地的,或者产权未确定及租典纠纷未解决的,由房产代管人或者使用人纳税。

以人民币以外的货币为记账本位币的外资企业及外籍个人在缴纳房产税时,均应将其根据记账本位币计算的税款按照缴款上月最后一日的人民币汇率中间价折合成人民币。

三、房产税应纳税额的计算

(一) 税率

我国现行房产税采用的是比例税率,其计税依据分为两种:依据房产计税余值计税,税率为1.2%;依据房产租金收入计税,税率为12%。

自2008年3月1日起,我国对个人出租住房,不区分实际用途,均按4%的税率征收房产税。对企事业单位、社会团体以及其他组织按市场价格向个人出租用于居住的住房,减按4%的税率征收房产税。

(二) 计税依据

房产税采用从价计征。计税办法分为按房产余值计税和按租金收入计税两种。

1. 对经营自用的房屋,以房产的计税余值作为计税依据

所谓计税余值,是指依照税法规定按房产原值一次减除10%～30%的损耗价值以后的余额。

(1) 房产原值是指纳税人按照会计制度规定,在账簿"固定资产"科目中记载的房屋原价。因此,凡纳税人按会计制度规定在账簿中记载有房屋原价的,应以房屋原价按规定减除一定比例后的房产余值计征房产税;没有记载房屋原价的,按照上述原则,并参照同类房屋,确定房产原值,按规定计征房产税。

(2) 纳税人对原有房屋进行改建、扩建的,要相应增加房屋的原值。

(3) 对按照房产原值计税的房产,无论会计上如何核算,房产原值均应包含地价,包括为取得土地使用权支付的价款、开发土地发生的成本费用等。容积率低于0.5的,按房产建筑面积的2倍计算土地面积并据此确定计入房产原值的地价。

2. 对于出租的房屋,以租金收入(不含增值税)为计税依据

房屋的租金收入是房屋产权所有人出租房屋使用权所取得的报酬,包括货币收入和实物收入。对以劳务或其他形式作为报酬抵付房租收入的,应根据当地同类房屋的租金水平,确定租金标准,依率计征。

3. 居民住宅区内业主共有经营性房产的计税依据

居民住宅区内业主共有的经营性房产,由实际经营(包括自营和出租)的代管人或使用人缴纳房产税。其中自营的房产依照房产原值减除 10%～30%后的余值计征;没有房产原值或不能将业主共有房产与其他房产的原值准确划分开的房产,由房产所在地税务机关参照同类房产核定房产原值;出租的,依照租金计征。

(三) 应纳税额的计算

1. 地上建筑物房产税应纳税额的计算公式

$$应纳税额 = 房产计税余值(或租金收入) \times 适用税率$$

其中:

$$房产计税余值 = 房产原值 \times (1 - 原值减除比例)$$

2. 独立地下建筑物房产税应纳税额的计算公式

(1) 工业用途房产,以房屋原价的 50%～60% 作为应税房产原值。

$$应纳房产税 = 应税房产原值 \times [1-(10\%～30\%)] \times 1.2\%$$

(2) 商业和其他用途房产,以房屋原价的 70%～80% 作为应税房产原值。

$$应纳房产税 = 应税房产原值 \times [1-(10\%～30\%)] \times 1.2\%$$

3. 出租的地下建筑

出租的地下建筑物按照出租地上房屋建筑的有关规定计算征收房产税。

【例 6-1】 天河公司 2022 年 12 月 31 日"固定资产——房产"账面原值为 2 000 000 元,2023 年 2 月 1 日,公司将房产原值为 1 000 000 元的房屋租给其他公司,每年收取租金收入 120 000 元(不含增值税),当地政府规定从价计征房产税扣除比例为 30%。规定房产税按年计算分月缴纳。请计算该公司 2023 年应纳的房产税。

(1) 2023 年 1 月应纳房产税 = 2 000 000 × (1-30%) × 1.2% ÷ 12 = 1 400(元)

(2) 2023 年 2～12 月,每月按房产余值和租金收入分别计算应纳税额:

自用房产应纳税额 = (2 000 000 - 1 000 000) × (1-30%) × 1.2% ÷ 12 = 700(元)

租金收入应纳税额 = 120 000 × 12% ÷ 12 = 1 200(元)

2023 年 2 月份应纳房产税额 = 700 + 1 200 = 1 900(元)

【例 6-2】 天河公司为扩大生产规模,2022 年 9 月取得一块面积 5 万平方米的土地建厂房,支付的 9 000 万元地价款计入无形资产。厂房建筑面积 11 万平方米,建筑成本 5 200 万元,2022 年 12 月底交付使用。当地政府规定从价计征房产税扣除比例为 30%。请计算该公司 2023 年应纳的房产税。

新建厂房宗地容积率为 11÷5=2.2,大于 0.5,应将全部地价款款一并计入房产原值。

2023 年应交房产税 = (9 000 + 5 200) × (1-30%) × 1.2% = 119.28(万元)

(四) 税收优惠

1. 减免税基本规定

依据《房产税暂行条例》及有关规定,下列房产免征房产税。

（1）国家机关、人民团体、军队自用的房产。
（2）国家财政部门拨付事业经费的单位自用的房产。
（3）宗教寺庙、公园、名胜古迹自用的房产。
（4）个人拥有的非营业用的房产。

2. 减免税特殊规定

经财政部和国家税务总局批准，下列房产可免征房产税。

（1）企业办的各类学校、医院、托儿所、幼儿园自用的房产，免征房产税。

（2）经有关部门鉴定，毁损不堪居住的房屋和危险房屋，在停止使用后，可免征房产税。

（3）自2004年7月1日起，纳税人因房屋大修导致连续停用半年以上的，在房屋大修期间免征房产税，免征税额由纳税人在申报缴纳房产税时自行计算扣除，并在《城镇土地使用税房产税税源明细表》及《城镇土地使用税房产税纳税申报表》中填列。

（4）老年服务机构自用的房产暂免征收房产税。

（5）自2019年1月1日至2023年12月31日，对为高校学生提供住宿服务，按照国家规定的收费标准收取住宿费的高校学生公寓免征房产税。

（6）自2019年1月1日至2023年12月31日，对农产品批发市场、农贸市场（包括自有和承租）专门用于经营农产品的房产，暂免征收房产税。对同时经营其他产品的农产品批发市场和农贸市场使用的房产，按其他产品与农产品交易场地面积的比例确定征免房产税。

（7）自2019年1月1日至2023年供暖期结束，对向居民供热收取采暖费的"三北"地区供热企业，为居民供热所使用的厂房免征房产税；对供热企业其他厂房，应当按照规定征收房产税。

（8）为推进国有经营性文化事业单位转企改制，对经营性文化事业单位由财政部门拨付事业经费的文化单位转制为企业，自转制注册之日起五年内对其自用房产免征房产税。2018年12月31日之前已完成转制的企业，自2019年1月1日起，对其自用房产可继续免征5年房产税。

（9）自2019年1月1日至2021年12月31日，由省、自治区、直辖市人民政府根据本地区实际情况，以及宏观调控需要确定，对增值税小规模纳税人可以在50%的税额幅度内减征房产税。

（10）自2019年1月1日至2023年12月31日，对商品储备管理公司及其直属库自用的承担商品储备业务的房产免征房产税。

（11）自2019年6月1日至2025年12月31日，为社区提供养老、托育、家政等服务的机构自有或其通过承租、无偿使用等方式取得并用于提供社区养老、托育、家政服务的房产，免征房产税。

（12）自2018年1月1日至2023年12月31日，对纳税人及其全资子公司从事大型民用客机发动机、中大功率民用涡轴涡桨发动机研制项目自用的科研、生产、办公房产，免征房产税。

（13）自2019年1月1日至2023年12月31日，对纳税人及其全资子公司从事大型客机研制项目自用的科研、生产、办公房产免征房产税。

（14）为支持农村饮水安全工程（以下称饮水工程）巩固提升，自2019年1月1日至2023年12月31日，对饮水工程运营管理单位自用的生产、办公用房产，免征房产税。

(15) 对公租房免征房产税。公租房经营管理单位应单独核算公租房租金收入,未单独核算的,不得享受免征房产税优惠政策。

(16) 自2022年1月1日至2024年12月31日,由省、自治区、直辖市人民政府根据本地区实际情况,依据"六税两费"优惠政策相关规定,对增值税小规模纳税人、小型微利企业和个体工商户可以在50%的税额幅度内减征房产税。

四、房产税的会计核算

为了正确核算企业的生产经营成果,准确反映房产税的计提和缴纳情况,企业应在"应交税费"账户下设置"应交房产税"明细账户进行核算。即在计提应缴纳的房产税时,借记"税金及附加"等账户,贷记"应交税费——应交房产税"账户。缴纳房产税时,借记"应交税费——应交房产税"等账户,贷记"银行存款"账户。

【例6-3】 天河公司下属工厂坐落在某城市郊区,其应缴纳房产税的厂房原值为10 000 000元,在郊区以外的农村还有一个仓库,原值为2 500 000元,当地规定允许减除房产原值的30%。请计算该公司当年应缴纳房产税并作会计处理。

根据规定,房产税的征税范围是市区、郊区和市辖县县城,不包括农村,所以,该工厂的仓库不纳房产税。

$$该工厂应缴纳的房产税税额 = 10\,000\,000 \times (1-30\%) \times 1.2\% = 84\,000(元)$$

计提房产税时:

借:税金及附加 84 000
　　贷:应交税费——应交房产税 84 000

实际缴纳税金时:

借:应交税费——应交房产税 84 000
　　贷:银行存款 84 000

【例6-4】 天河公司2021年12月25日有闲置房屋6间,12月31日将其中2间门面房出租给某饭馆,租金按其当年营业收入的10%收取,该饭馆2022年取得不含税收入300 000元,还有4间自用,房产原值为4 000 000元。当地政府规定从价计征房产税扣除比例为30%。该公司房产税按年计算,分季缴纳。请计算该公司2022年应纳房产税并作会计处理。

(1) 年应纳税额:

$$自用房产应纳房产税额 = 4\,000\,000 \times (1-30\%) \times 1.2\% = 33\,600(元)$$
$$租金收入应纳房产税额 = 300\,000 \times 10\% \times 12\% = 3\,600(元)$$

(2) 月应纳税额:

$$从价计征房产税的应纳税额 = 33\,600 \div 12 = 2\,800(元)$$
$$从租计征房产税的应纳税额 = 3\,600 \div 12 = 300(元)$$

(3) 各月预提税金时:

借：税金及附加 2 800
　　其他业务成本 300
　　　贷：应交税费——应交房产税 3 100

（4）4月初缴纳第一季度房产税时：

借：应交税费——应交房产税 9 300
　　贷：银行存款 9 300

五、房产税的征收管理

（一）纳税义务时间

将原有房产用于生产经营的，从生产经营之月起，计征房产税。

自建的房屋用于生产经营的，自建成之日的次月起，计征房产税。

委托施工企业建设的房屋，从办理验收手续之日的次月起，计征房产税。对于在办理验收手续前已使用或出租、出借的新建房屋，应从使用或出租、出借的当月起按规定计征房产税。

购置新建商品房，自房屋交付使用之次月起计征房产税。

购置存量房，自办理房屋权属转移、变更登记手续，房地产权属登记机关签发房屋权属证书之次月起计征房产税。

出租、出借房产，自交付出租、出借房产之次月起计征房产税。

房地产开发企业自用、出租、出借本企业建造的商品房，自房屋使用或交付之次月起计征房产税。

（二）纳税期限

房产税按年计算，分期缴纳。具体缴纳期限由省、自治区、直辖市人民政府确定，各地一般按季或半年征收一次，在季度或半年规定某个月进行征收。

（三）纳税地点

房产税的纳税地点为房产所在地，由房产所在地的税务机关负责征收。房产不在同一地方的纳税人，按房产的坐落地点分别向房产所在地的税务机关申报缴纳。

（四）纳税申报

房产税的纳税申报是房屋产权所有人或纳税人缴纳房产税必须履行的法定手续。纳税义务人应根据税法要求，将现有房屋的坐落地点、结构、面积、原值、出租收入等情况，据实向当地税务机关办理纳税申报，并按规定纳税。如果纳税人住址发生变更、产权发生转移，以及出现新建、改建、扩建、拆除房屋等情况，而引起房产原值发生变化或者租金收入变化的，都要按规定及时向税务机关办理变更登记。

第二节　车　船　税

车船税，即原车船使用税，是对在中华人民共和国境内的车辆(包括乘用车、商用车、挂车、摩托车和其他车辆)、船舶(包括机动船舶和游艇)依法征收的一种税。

征收车船税有着非常重要的意义。它既可以促使纳税人提高车船使用效益,督促纳税人合理利用车船;又可以通过税收手段开辟财源、集中财力,缓解发展交通运输事业资金短缺的矛盾;还可以借此加强对车船的管理。

一、征税范围与纳税义务人

(一) 征税范围

车船税的征税范围是指在中华人民共和国境内属于《车船税法》所附《车船税税目税额表》规定的车辆、船舶,具体而言:

(1) 依法应当在车船管理部门登记的机动车辆和船舶。
(2) 依法不需要在车船管理部门登记、在单位内部场所行驶或者作业的机动车船。

(二) 纳税义务人

车船税的纳税义务人是指在中华人民共和国境内属于《车船税法》所附《车船税税目税额表》规定的车辆、船舶的所有人或者管理人。管理人是指对车船具有管理权或者使用权,不具有所有权的单位和个人。

二、车船税应纳税额的计算

(一) 税率

车船税实行有幅度的定额税率,我国根据车船的种类、性能、构造和使用情况,分别按辆、净吨位和载重吨位规定了不同的税额幅度,见表6-1。

表6-1 车船税税目税额表

税 目		计税单位	年基准税额(元)	备注
乘用车[按发动机汽缸容量(排气量)分档]	1.0升(含)以下的	每辆	60~360	核定载客人数9人(含)以下
	1.0升以上至1.6升(含)的		300~540	
	1.6升以上至2.0升(含)的		360~660	
	2.0升以上至2.5升(含)的		660~1 200	
	2.5升以上至3.0升(含)的		1 200~2 400	
	3.0升以上至4.0升(含)的		2 400~3 600	
	4.0升以上的		3 600~5 400	
商用车	客车	每辆	480~1 440	核定载客人数9人以上,包括电车
	货车	整备质量每吨	16~120	1. 包括半挂牵引、挂车、客车两用汽车、三轮汽车和低速载货车等。 2. 挂车按照货车税额的50%计算

(续表)

税　目		计税单位	年基准税额(元)	备注
其他车辆	专用作业车	整备质量每吨	16～120	不包括拖拉机
	轮式专用机械车	整备质量每吨	16～120	
摩托车		每辆	36～180	
船舶	机动船舶	每吨	3～6	拖船、非机动驳船按照机动船舶税50%计算
	游艇	每米长度	600～2 000	

注：专用作业车、轮式专用机械车的计税单位及每年税额由国务院财政部门、税务主管部门参照本表确定。

（二）应纳税额的计算

车船税根据不同类型的车船及其适用的计税标准分别计算应纳税额。

（1）机动车(载货汽车除外)和非机动车应纳车船税的计算公式为：

$$应纳车船税额＝使用车辆数量×适用单位税额$$

（2）载货汽车、机动船和非机动船应纳车船税的计算公式为：

$$应纳车船税额＝车船的载重或净吨位数量×适用单位税额$$

（3）购置新车船、购置当年的应纳税额自纳税业务发生的当月起按月计算，计算公式为：

$$应纳车船税额＝年应纳税额÷12×应纳税月份数$$

【例6-5】 天河公司下属运输公司拥有并使用以下车辆：农业机械部门登记的拖拉机5辆，自重吨位为2吨；自重5吨的载货卡车10辆；自重吨位为4吨的汽车挂车5辆。当地政府规定载货汽车按自重吨位每吨96元。请计算该公司当年应纳车船税。

在农业部门登记为拖拉机车辆免征车船税。

$$卡车应纳税额＝5×96×10＝4\ 800(元)$$
$$汽车挂车应纳税额＝4×96×5×50\%＝960(元)$$
$$该公司应纳车船税＝4\ 800＋960＝5\ 760(元)$$

【例6-6】 某航运公司拥有净吨位为600吨的船舶10艘，净吨位为3 000吨的船舶8艘，净吨位为50 000吨的船舶2艘。当地省政府规定年单位车船税税额分别为：机动船舶净吨位超过200吨但不超过2 000吨的每吨3元，机动船舶净吨位超过2 000吨但不超过10 000吨的每吨3.2元，机动船舶净吨位超过10 000吨的每吨4.2元。请计算该公司全年应纳的车船税额。

$$净吨位600吨的船舶应纳车船税额＝600×3×10＝18\ 000(元)$$
$$净吨位2\ 000吨的船舶应纳车船税额＝3\ 000×3.2×8＝76\ 800(元)$$
$$净吨位50\ 000吨的船舶应纳车船税额＝50\ 000×4.2×2＝420\ 000(元)$$
$$全年应纳车船税额＝18\ 000＋76\ 800＋420\ 000＝514\ 800(元)$$

(三) 税收优惠

1. 减免税基本规定

根据车船税有关规定,下列车船免征车船税。

(1) 捕捞、养殖渔船。

(2) 军队、武装警察部队专用的车船。

(3) 警用车船。

(4) 依照法律规定应当予以免税的外国驻华使领馆、国际组织驻华代表机构及其有关人员的车船。

(5) 对节约能源、使用新能源的车船可以减征或者免征车船税;对受严重自然灾害影响存在纳税困难以及有其他特殊原因确需减税、免税的,可以减征或者免征车船税。具体办法由国务院规定,并报全国人民代表大会常务委员会备案。

(6) 省、自治区、直辖市人民政府根据当地实际情况,可以对公共交通车船,农村居民拥有并主要在农村地区使用的摩托车、三轮汽车和低速载货汽车定期减征或者免征车船税。

2. 减免税特殊规定

(1) 经批准临时入境的外国车船和香港特别行政区、澳门特别行政区、台湾地区的车船,不征车船税。

(2) 按照规定缴纳船舶吨税的机动船舶,自车船税法实施之日起 5 年内免征车船税。

(3) 依法不需要在车船登记管理部门登记的机场、港口、铁路站场内部行驶或作业的车船,自车船税法实施之日起 5 年内免征车船税。

3. 节能、新能源车船减免

1) 对节能汽车,减半征收车船税

(1) 减半征收车船税的节能乘用车应同时符合以下标准:

① 获得许可在中国境内销售的排量为 1.6 升以下(含 1.6 升)的燃用汽油、柴油的乘用车(含非插电式混合动力、双燃料和两用燃料乘用车)。

② 综合工况燃料消耗量应符合标准。

2) 减半征收车船税的节能商用车应同时符合以下标准:

(1) 获得许可在中国境内销售的燃用天然气、汽油、柴油的轻型和重型商用车(含非插电式混合动力、双燃料和两用燃料轻型和重型商用车)。

(2) 燃用汽油、柴油的轻型和重型商用车综合工况燃料消耗量应符合标准。

3) 对新能源车船,免征车船税

(1) 免征车船税的新能源汽车是指纯电动商用车、插电式(含增程式)混合动力汽车、燃料电池商用车。纯电动乘用车和燃料电池乘用车不属于车船税征税范围,对其不征车船税。

(2) 免征车船税的新能源汽车应同时符合以下标准:

① 获得许可在中国境内销售的纯电动商用车、插电式(含增程式)混合动力汽车、燃料电池商用车。

② 符合新能源汽车产品技术标准。

③ 通过新能源汽车专项检测,符合新能源汽车标准。

④ 新能源汽车生产企业或进口新能源汽车经销商在产品质量保证、产品一致性、售后服务、安全监测、动力电池回收利用等方面符合相关要求。

(3) 免征车船税的新能源船舶应符合以下标准：

船舶的主推进动力装置为纯天然气发动机，发动机采用微量柴油引燃方式且引燃油热值占全部燃料总热值的比例不超过5%的，视同纯天然气发动机。

符合上述第1)条、第2)条标准的节能、新能源汽车，由工业和信息化部、国家税务总局不定期联合发布《享受车船税减免优惠的节约能源使用新能源汽车车型目录》予以公告。

三、车船税的会计核算

为了正确核算企业的生产经营成果，准确反映车船税的计提和解缴情况，企业应在"应交税费"账户下设置"应交车船税"明细账户进行核算，即在计提应缴纳的车船税时，借记"税金及附加"账户，贷记"应交税费——应交车船税"账户。

【例6-7】 天河公司拥有机动客车3辆，净吨位为20吨的机动载货汽车5辆，机动三轮摩托车6辆。该公司所在地的省级人民政府规定，客车每辆全年税额100元，货车每吨全年税额60元，三轮摩托车每辆全年税额40元。该公司应缴纳的车船税税额的计算及会计处理如下：

该公司全年应纳车船税 =(3×100)+(5×20×60)+(6×40)=1 140(元)

计提车船税时：

借：税金及附加　　　　　　　　　　　　　　　1 140
　　贷：应交税费——应交车船税　　　　　　　　　　　　1 140

实际缴纳时：

借：应交税费——应交车船税　　　　　　　　　1 140
　　贷：银行存款　　　　　　　　　　　　　　　　　　　1 140

四、车船税的征收管理

(一) 纳税义务发生时间

车船税纳税义务发生时间为取得车船所有权或者管理权的当月，即为购买车船的发票或者其他证明文件所载日期的当月。对于在国内购买的机动车，购买日期以《机动车销售统一发票》所载日期为准；对于进口机动车，购买日期以《海关关税专用缴款书》所载日期为准；对于购买的船舶，以购买船舶的发票或者其他证明文件所载日期的当月为准。

(二) 纳税期限

车船税按年申报，分月计算，一次性缴纳。纳税年度为公历1月1日至12月31日。具体申报纳税期限由省、自治区、直辖市人民政府确定。

(三) 纳税地点

车船税的纳税地点为车船的登记地或者车船税扣缴义务人所在地。依法不需要办理登记的车船，车船税的纳税地点为车船的所有人或者管理人所在地。

纳税人应按车船税法规的有关规定及时办理纳税申报，如实填写《车船使用税纳税申报表》。

第三节 契 税

契税以在中华人民共和国境内转移土地、房屋权属为征税对象,是向产权承受人征收的一种财产税。契税属于一次性征收的税,对于公平税负,规范房地产市场,建立良好的市场秩序,增加财政收入等,都有十分重要的意义。

2020年8月11日,《中华人民共和国契税法》由第十三届全国人民代表大会常务委员会第二十一次会议通过,自2021年9月1日起施行。

一、征税范围

契税的征税范围包括五项内容。

(一)国有土地使用权出让

国有土地使用权出让是指土地使用者向国家交付土地使用权出让费用,国家将土地使用权在一定年限内让与土地使用者的行为。

(二)土地使用权的转让

土地使用权的转让是指土地使用者以出售、赠与、交换或者其他方式将土地使用权转移给其他单位和个人的行为。土地使用权的转让不包括农村集体土地承包经营权的转移。

(三)房屋买卖

房屋买卖是指房屋所有者将其房屋出售,由承受者交付货币、实物、无形资产或者其他经济利益的行为。

(四)房屋赠与

房屋赠与是指房屋所有者将其房屋无偿转让给受赠者的行为。

(五)房屋交换

房屋交换是指房屋所有者之间互相交换房屋的行为。

有些以特殊方式转移土地、房屋权属的,也视同土地使用权转让、房屋买卖或者房屋赠予,需缴纳契税:以土地、房屋权属作价投资、入股;以土地、房屋权属抵债;以获奖方式承受土地、房屋权属;以预购方式或者预付集资建房款方式承受土地、房屋权属。

二、纳税义务人

契税的纳税义务人是在我国境内转移土地、房屋权属,承受的单位和个人。土地、房屋权属是指土地使用权和房屋所有权。单位是指企业单位、事业单位、国家机关、军事单位和社会团体以及其他组织。个人是指个体经营者及其他个人,包括中国公民和外籍个人。

三、契税应纳税额的计算

(一)税率

契税实行幅度比例税率。契税税率为3%～5%,见表6-2。

表6-2　　　　　　　　　　契税税目、税率表

征税对象	纳税人	税率
国有土地使用权转让	承受方	3%～5%,由省、自治区、直辖市人民政府按本地实际情况确定
土地使用权转让	买方	
房屋买卖	买方	
房屋赠予	受赠方	
房屋交换	付出差价方	

契税的适用税率由各省、自治区、直辖市人民政府在规定幅度内按照本地区实际情况确定契税的实际适用税率,并报财政部和国家税务总局备案。

(二)计税依据

契税的计税依据为不动产的价格(不含增值税)。由于土地、房屋权属转移方式不同,定价方法不同,因而具体计税依据视不同情况而决定。

(1)土地使用权出让、土地使用权出售、房屋买卖,以成交价格为计税依据。成交价格是指土地、房屋权属转移合同确定的价格,包括承受方应交付的货币、实物、无形资产或者其他经济利益。

(2)土地使用权赠与、房屋赠与,由税务机关参照土地使用权出售、房屋买卖的市场价格核定。

(3)土地使用权交换、房屋交换,以所交换的土地使用权、房屋的价格差额为计税依据。即交换价格相等时,互换双方计税依据为零;交换价格不等时,由多支付货币、实物、无形资产或者其他经济利益的一方缴纳契税。

(4)以划拨方式取得土地使用权,经批准改为出让方式重新取得该土地使用权的,应由该土地使用权人以补缴的土地出让价款为计税依据缴纳契税。

成交价格明显低于市场价格并且无正当理由的,或者所交换土地使用权、房屋的价格的差额明显不合理并且无正当理由的,征收机关可以参照市场价格核定计税依据。

(三)应纳税额的计算

契税应纳税额的计算公式为:

$$应纳契税税额=计税依据\times 适用税率$$

【例6-8】 居民张某有两套住房,将一套出售给居民李某,成交价格1 000 000元;将另一套住房与居民王五的住房交换,并支付给王某换房价差200 000元。请计算张某、李某、王某相关行为应缴纳的契税(当地政府规定税率为4%)。

(1)张某应纳契税=20 000×4%=8 000(元)。

(2) 李某应纳契税=1 000 000×4%=40 000(元)。

(3) 王某不需纳税。

(四) 税收优惠

1. 减免税基本规定

(1) 国家机关、事业单位、社会团体、军事单位承受土地、房屋用于办公、教学、医疗、科研和军事设施的,免征契税。

(2) 非营利性的学校、医疗机构、社会福利机构承受土地、房屋权属用于办公、教学、医疗、科研、养老、救助,免征契税。

(3) 承受荒山、荒地、荒滩土地使用权用于农、林、牧、渔业生产,免征契税。

(4) 婚姻关系存续期间夫妻之间变更土地、房屋权属,免征契税。

(5) 法定继承人通过继承承受土地、房屋权属,免征契税。

(6) 因土地、房屋被县级以上人民政府征收、征用,重新承受土地、房屋权属。

(7) 因不可抗力灭失住房,重新承受住房权属。

上述第(6)条、第(7)条规定的免征或者减征契税的具体办法,由省、自治区、直辖市人民政府提出,报同级人民代表大会常务委员会决定,并报全国人民代表大会常务委员会和国务院备案。

2. 减免税特殊规定

(1) 售后回租等有关契税政策。

① 对金融租赁公司开展售后回租业务,承受承租人房屋、土地权属的,照章征税。对售后回租合同期满,承租人回购原房屋、土地权属的,免征契税。

② 单位、个人以房屋、土地以外的资产增资,相应扩大其在被投资公司的股权持有比例,无论被投资公司是否变更工商登记,其房屋、土地权属不发生转移,不征收契税。

③ 个体工商户的经营者将其个人名下的房屋、土地权属转移至个体工商户名下,或个体工商户将其名下的房屋、土地权属转回原经营者个人名下,免征契税。

④ 合伙企业的合伙人将其名下的房屋、土地权属转移至合伙企业名下,或合伙企业将其名下的房屋、土地权属转回原合伙人名下,免征契税。

(2) 对公租房经营管理单位购买住房作为公租房,免征契税。

(3) 对个人购买家庭唯一住房(家庭成员范围包括购房人、配偶以及未成年子女),面积为90平方米及以下的,减按1%的税率征收契税;面积为90平方米以上的,减按1.5%的税率征收契税。

(4) 对个人购买家庭第二套改善性住房,面积为90平方米及以下的,减按1%的税率征收契税;面积为90平方米以上的,减按2%的税率征收契税。

家庭第二套改善性住房是指已拥有一套住房的家庭,购买的家庭第二套住房。

(5) 自2019年6月1日至2025年12月31日,为社区提供养老、托育、家政等服务的机构,承受房屋、土地用于提供社区养老、托育、家政服务的,免征契税。

(6) 城镇职工按规定第一次购买公有住房的,免征契税。

(7) 对个人购买经济适用住房,在法定税率基础上减半征收契税。

(8) 夫妻因离婚分割共同财产发生土地、房屋权属变更的,免征契税。

四、契税的会计核算

契税是在土地、房屋权属转移,由承受单位取得该项产权时缴纳的一种税。对购买单位而言,企业在取得土地使用权、房屋时按规定缴纳契税,由于是按实际取得的不动产价格计税,按照规定一次性征收,不存在与税务机关结算或清算的问题,因此,企业计算缴纳契税时,借记"在建工程""固定资产""无形资产"等账户,贷记"银行存款"账户。

【例6-9】 天河公司购买乙企业的房屋一间,成交价为1 000 000元,契税的适用税率为3%。请计算天河公司应纳的契税税额并进行会计处理。

应纳契税税额=1 000 000×3%=300 000(元)

缴纳契税时:

借:固定资产　　　　　　　　　　　　　　　　　　　　　　　300 000
　　贷:银行存款　　　　　　　　　　　　　　　　　　　　　　　300 000

【例6-10】 天河公司购买某块土地的使用权,买价1 000 000元,当地规定契税的适用税率为5%。请计算天河公司应纳的契税税额并作会计处理。

应纳的契税税额=10 000 000×5%=50 000(元)

借:无形资产——土地使用权　　　　　　　　　　　　　　　　　50 000
　　贷:银行存款　　　　　　　　　　　　　　　　　　　　　　　50 000

【例6-11】 甲公司与乙公司进行房屋置换,房屋契约注明甲企业房屋价值5 000 000元,乙企业房屋价值3 000 000元。经税务机关核定,契约金额符合实际房屋价值,当地政府规定契税的适用税率为5%。请计算应纳的契税税额并进行会计处理:

乙公司是房屋产权承受人,是多付价差的一方,应为契税纳税人,则乙公司的会计核算如下:

应纳契税税额=(5 000 000-3 000 000)×5%=100 000(元)

借:固定资产　　　　　　　　　　　　　　　　　　　　　　　100 000
　　贷:银行存款　　　　　　　　　　　　　　　　　　　　　　　100 000

五、契税的征收管理

(一)纳税义务时间

契税的纳税义务发生时间是纳税人签订土地、房屋权属转移合同的当天,或者纳税人取得其他具有土地、房屋权属转移合同性质凭证的当天。

(二)纳税期限

纳税人应当在依法办理土地、房屋权属登记手续前申报缴纳契税。

在依法办理土地、房屋权属登记前,权属转移合同、权属转移合同性质凭证不生效、无效、被撤销或者被解除的,纳税人可以向税务机关申请退还已缴纳的税款,税务机关应当依法办理。

(三) 纳税地点

契税实行属地征收管理,纳税人发生契税纳税义务时,应向土地、房屋所在地的税务机关申报纳税。契税征收机关一般为土地、房屋所在地的地方税务机关,具体由省、自治区、直辖市人民政府确定。

(四) 纳税申报

纳税人应当在规定的期限内,填制《契税纳税申报表》,向契税的征收机关办理纳税申报,并在核定的期限内缴纳税款。

第四节 印 花 税

印花税是对经济活动和经济交往中书立应税凭证、进行证券交易,以及在中华人民共和国境外书立在境内使用的应税凭证的单位和个人征收的一种行为税;纳税人通过在应税凭证上粘贴印花税票的方式完成纳税义务。印花税具有征税范围广、税率低、税负轻的特点。

2021年6月10日,第十三届全国人民代表大会常务委员会第二十九次会议通过了《中华人民共和国印花税法》(以下简称《印花税法》),自2022年7月1日起施行。

一、征税范围

凡是在中华人民共和国境内书立、领受和在中国境外书立但在中国境内具有法律效力、受中国法律保护的有关凭证均属于印花税的征税范围。印花税对征税范围采取列举法,对列举的凭证征收,没有列举的不征收。

(一) 书面合同

书面合同是指当事人之间为实现一定目的,经协商一致,明确当事人各方权利、义务关系的协议。书面合同以经济业务活动作为内容的合同,通常称为经济合同。经济合同按照管理的要求,应依照《中华人民共和国民法典》(以下称《民法典》)和其他有关法规订立。经济合同的依法订立,是在经济交往中为了确定、变更或终止当事人之间的权利和义务关系的合同法律行为,其书面形式即经济合同书。我国印花税只对依法订立的书面合同征收。印花税税目中的合同比照我国《民法典》的部分合同,在税目税率表中列举了11大类合同。

(1) 借款合同,是指银行金融机构、经国务院银行业监督管理机构批准设立的其他金融机构与借款人(不包括同业拆借)的借款合同。

(2) 融资租赁合同,是指出租人根据承租人对出卖人、租赁物的选择,向出卖人购买租赁物,提供给承租人使用,承租人支付租金的合同。

(3) 买卖合同,是指动产买卖合同(不包括个人书立的动产买卖合同),包括供应、预购、采购、购销结合及协作、调剂、补偿、易货等合同;还包括各出版单位与发行单位之间订立的图书、报纸、期刊、音像征订凭证。

(4) 承揽合同,是指承揽人按照定做人的要求完成工作,交付工作成果,定做人给付报酬的合同。包括加工、定做、修缮、修理、印刷、广告、测绘、测试等合同。

(5) 建设工程合同,是指承包人进行工程建设,发包人支付价款的合同。通常包括建设工程勘察、设计、施工合同。

(6) 运输合同,是指货运合同和多式联运合同(不包括管道运输合同)。

(7) 技术合同,不包括专利权、专有技术使用权转让书据。

(8) 租赁合同,是指出租人将租赁物交给承租人使用,承租人定期向出租人支付约定的租金的合同。包括租赁房屋、船舶、飞机、机动车辆、机械、器具、设备等合同。

(9) 保管合同,又称寄托合同、寄存合同,是指双方当事人约定一方将物交付他方保管的合同。保管合同是保管人有偿地或无偿地为寄存人保管物品,并在约定期限内或应寄存人的请求,返还保管物品的合同。

(10) 仓储合同,又称仓储保管合同,是保管人储存存货人交付的仓储物,存货人支付仓储费的合同。

(11) 财产保险合同,是投保人与保险人约定的以财产及其有关利益为保险标的的协议。包括财产、责任、保证、信用等保险合同,但不包括再保险合同。

(二) 产权转移书据

产权转移即财产权利关系的变更行为,表现为产权主体发生变更。产权转移书据是在产权的买卖、交换、继承、赠与、分割等产权主体变更过程中,由产权出让人与受让人之间所订立的民事法律文书。

我国印花税税目中的产权转移书据包括以下几种。

(1) 土地使用权出让书据,是指国家将土地使用权在一定年限内出让给土地使用者,由土地使用者向国家支付土地使用权出让金签订的协议或合同。

(2) 土地使用权、房屋等建筑物和构筑物所有权转让书据(不包括土地承包经营权和土地经营权转移)。

(3) 股权转让书据(不包括应缴纳证券交易印花税的),是指股份制试点企业向社会公开发行的股票,因购买、继承、赠与所书立的书据。包括上市股票和企业内部发行的股票买卖、继承、赠与等书立的书据。

(4) 商标专用权、著作权、专利权、专有技术使用权转让书据。

(三) 营业账簿

印花税税目中的营业账簿属于财务会计账簿,是按照财务会计制度的要求设置的,反映生产经营活动的账册。按照营业账簿反映的内容不同,在税目中分为记载资金的账簿(以下简称资金账簿)和其他营业账簿两类。按照《印花税法》规定,目前只对资金账簿反映生产经营单位"实收资本"和"资本公积"的金额征收印花税,对其他营业账簿不征收印花税。

(四) 证券交易

证券交易,是指证券持有人依照交易规则,将证券转让给其他投资者的行为。证券交易除应遵循《证券法》规定的证券交易规则,还应同时遵守《民法典》规则。证券交易一般分为两种形式:一种形式是上市交易,是指证券在证券交易所集中交易挂牌买卖。另一种形式是上柜交易,是指公开发行但未达上市标准的证券在证券柜台交易。

二、纳税义务人

印花税的纳税义务人是指在中国国境内书立应税凭证、进行证券交易,以及在中华人民共和国境外书立在境内使用的应税凭证的单位和个人。

应税凭证,是指《印花税法》所附《印花税税目税率表》列明的合同、产权转移书据和营业账簿;证券交易,是指转让在依法设立的证券交易所、国务院批准的其他全国性证券交易场所交易的股票和以股票为基础的存托凭证。

印花税的纳税人具体包括立合同人、立据人、立账簿人、证券交易人和使用人。

(1) 立合同人,是指书立合同的当事人,不包括合同担保人、证人、鉴定人。

(2) 立据人,是指土地、房屋权属转移过程中买卖双方的当事人。

(3) 立账簿人,是指设立并使用营业账簿的单位和个人。

(4) 证券交易人,即出让证券的当事人,是指在中华人民共和国境内进行证券交易的单位和个人。需要注意的是,证券交易印花税对证券交易的出让方征收,不对受让方征收。

(5) 使用人,是在中华人民共和国境外书立、在境内使用的应税凭证的单位和个人,其纳税人是使用人。

三、印花税的计算

(一) 税率

现行印花税采用比例税率。比例税率分为 5 档,即 0.05‰、0.3‰、1‰、0.5‰ 和 0.25‰,其具体规定是:

(1) 借款合同、融资租赁合同的税率为 0.05‰。

(2) 买卖合同、承揽合同、建设工程合同、运输合同、技术合同和商标专用权、著作权、专利权、专有技术使用权转让书据的税率为 0.3‰。

(3) 租赁合同、保管合同、仓储合同、财产保险合同和证券交易的税率为 1‰。

(4) 土地使用权出让书据、土地使用权、房屋等建筑物、构筑物所有权转让书据和股权转让书据的税率为 0.5‰。

(5) 营业账簿的税率为 0.25‰。

以电子形式签订的各类应税凭证均应按规定征收印花税。

具体规定如表 6-3 所示。

表 6-3　　　　　　　　　　印花税的税目、税率

税　目		税　率	备　注
合同 (指书面合同)	借款合同	借款金额的万分之零点五	指银行业金融机构、经国务院银行业监督管理机构批准设立的其他金融机构与借款人(不包括同业拆借)的借款合同
	融资租赁合同	租金的万分之零点五	

(续表)

税目		税率	备注
合同（指书面合同）	买卖合同	价款的万分之三	指动产买卖合同（不包括个人书立的动产买卖合同）
	承揽合同	报酬的万分之三	
	建设工程合同	价款的万分之三	
	运输合同	运输费用的万分之三	指货运合同和多式联运合同（不包括管道运输合同）
	技术合同	价款、报酬或者使用费的万分之三	不包括专利权、专有技术使用权转让书据
	租赁合同	租金的千分之一	
	保管合同	保管费的千分之一	
	仓储合同	仓储费的千分之一	
	财产保险合同	保险费的千分之一	不包括再保险合同
产权转移书据	土地使用权出让书据	价款的万分之五	转让包括买卖（出售）、继承、赠与、互换、分割
	土地使用权、房屋等建筑物和构筑物所有权转让书据（不包括土地承包经营权和土地经营权转移）	价款的万分之五	
	股权转让书据（不包括应缴纳证券交易印花税的）	价款的万分之五	
	商标专用权、著作权、专利权、专有技术使用权转让书据	价款的万分之三	
营业账簿		实收资本（股本）、资本公积合计金额的万分之二点五	
证券交易		成交金额的千分之一	

（二）计税依据

印花税实行从价计征，以凭证所载金额为计税依据，其中应税合同的计税依据为合同所列的金额，不包括列明的增值税税款。相关具体规定如下。

（1）借款合同的计税依据为借款金额。

（2）融资租赁合同的计税依据为收取或支付的租金。

（3）买卖合同的计税依据为合同记载的价款，不得做任何扣除。如以物易物的易货合同是反映既购又销双重经济行为的合同，因此，对这类合同的计税依据为合同所载的购、销合计金额。

(4) 承揽合同的计税依据是加工或承揽收入的金额。

(5) 建设工程合同的计税依据为合同约定的价款。

(6) 运输合同的计税依据为取得的运费收入,不包括所运货物的金额、装卸费和保险费等。

对国内各种形式的货物联运,凡在起运地统一结算全程运费的,应以全程运费作为计税依据,由起运地运费结算双方缴纳印花税;凡分程结算运费的,应以分程的运费作为计税依据,分别由办理运费结算的各方缴纳印花税。

对国际货运,凡由我国运输企业运输的,运输企业所持的运费结算凭证,以本程运费为计税依据;托运方所持的运费结算凭证,按全程运费为计税依据。由外国运输企业运输进出口货物的,外国运输企业所持运费结算凭证免纳印花税;托运方所持运费结算凭证,以运费金额为计税依据。

(7) 技术合同的计税依据为合同所载的价款、报酬、使用费。为了鼓励技术研究开发,对技术开发合同,只就合同所载的报酬金额计税,研究开发经费不作为计税依据。但对合同约定按研究开发经费一定比例作为报酬的,应按一定比例的报酬金额贴花。

(8) 租赁合同的计税依据为租金收入。

(9) 保管合同的计税依据为收取(支付)的保管费。

(10) 仓储合同的计税依据为收取的仓储费。

(11) 财产保险合同的计税依据为支付(收取)的保险费,不包括所保财产金额。

(12) 产权转移书据的计税依据为产权转移书据所列的金额,不包括列明的增值税税款。

(13) 应税营业账簿,以账簿记载的"实收资本"与"资本公积"两项合计金额为计税依据。已缴纳印花税的营业账簿,以后年度记载的实收资本(股本)、资本公积合计金额比已缴纳印花税的实收资本(股本)、资本公积合计金额增加的,按照增加部分计算应纳税额。

(14) 证券交易的计税依据为成交金额。证券交易无转让价格的,按照办理过户登记手续时该证券前一个交易日收盘价计算确定计税依据;无收盘价的,按照证券面值计算确定计税依据。

(三) 应纳税额的计算

印花税的应纳税额按照计税依据乘以适用税率计算,计算公式为:

$$应纳税额=应税凭证和证券交易计税金额 \times 适用税率$$

【例 6-12】 天河公司 2022 年 5 月发生如下应税业务。

(1) 与越秀公司签订一份买卖合同,销售货物一批,不含税金额为 300 万元、增值税销项税额为 39 万元。

(2) 通过竞拍取得一宗土地使用权,受让土地使用权出让书据记载金额 20 000 万元。

(3) 将一栋闲置厂房出租给花都公司使用,双方签订的房屋租赁合同,约定每月不含税租金 10 万元,租期 1 年,合同记载不含税租金 120 万元。

(4) 向天河银行签订一份借款合同,借款金额 5 000 万元,借款期限 6 个月。

(5) 为了扩大经营规模,增加实收资本 3 000 万元。

要求:计算天河公司 2022 年 5 月应缴纳的印花税。(不考虑其他因素)

(1) 销售货物应缴纳印花税=300×0.03‰×10 000=900(元)
(2) 受让土地使用权应缴纳印花税=20 000×0.05%×10 000=100 000(元)
(3) 出租厂房应缴纳印花税=120×0.1%×10 000=1 200(元)
(4) 向银行借款应缴纳印花税=5 000×0.005%×10 000=2 500(元)
(5) 增加实收资本应缴纳印花税=3 000×0.025%×10 000=7 500(元)
天河公司2022年5月应缴纳印花税=900+100 000+1 200+2 500+7 500=112 100(元)

(四) 印花税的税收优惠

1. 减免税基本规定

根据《印花税法》的规定,下列凭证免征印花税。

(1) 应税凭证的副本或者抄本。

(2) 依照法律规定应当予以免税的外国驻华使馆、领事馆和国际组织驻华代表机构为获得馆舍书立的应税凭证。

(3) 中国人民解放军、中国人民武装警察部队书立的应税凭证。

(4) 农民、家庭农场、农民专业合作社、农村集体经济组织、村民委员会购买农业生产资料或者销售农产品书立的买卖合同和农业保险合同。

(5) 无息或者贴息借款合同、国际金融组织向中国提供优惠贷款书立的借款合同。

(6) 财产所有权人将财产赠与政府、学校、社会福利机构、慈善组织书立的产权转移书据。

(7) 非营利性医疗卫生机构采购药品或者卫生材料书立的买卖合同。

(8) 个人与电子商务经营者订立的电子订单。

根据国民经济和社会发展的需要,国务院对居民住房需求保障、企业改制重组、破产、支持小型微型企业发展等情形可以规定减征或者免征印花税,报全国人民代表大会常务委员会备案。

2. 减免税的特殊规定

(1) 对房地产管理部门与个人签订的用于生活居住的租赁合同免征印花税;对个人出租、承租住房签订的租赁合同,免征印花税。

(2) 对农牧业保险合同免税。对该类合同免税是为了支持农村保险事业的发展,减轻农牧业生产的负担。

(3) 军事货物运输、抢险救灾物资运输,以及新建铁路临管线运输等特殊货运凭证免税。

(4) 对经国务院和省级人民政府决定或批准进行的国有(含国有控股)企业改组改制而发生的上市公司国有股权无偿转让行为,暂不征收证券(股票)交易印花税。

(5) 对经县级以上人民政府及企业主管部门批准改制的企业因改制签订的产权转移书据免征印花税。

(6) 对投资者(包括个人和机构)买卖封闭式证券投资基金免征印花税。

(7) 对国家石油储备基地第一期项目建设过程中涉及的印花税予以免征。

(8) 自2019年1月1日至2023年12月31日,对与高校学生签订的高校学生公寓租赁合同,免征印花税。

(9) 为支持国家商品储备业务发展,对商品储备管理公司及其直属库资金账簿免征印花税;对其承担商品储备业务过程中书立的购销合同免征印花税,对合同其他各方当事人应缴纳的印花税照章缴纳。

(10) 对改造安置住房经营管理单位、开发商与改造安置住房有关的印花税以及购买安置住房的个人涉及的印花税予以免征。

(11) 在商品住房等开发项目中配套建造安置住房的,依据政府部门出具的相关材料、房屋征收(拆迁)补偿协议或棚户区改造合同(协议),按改造安置住房建筑面积占总建筑面积的比例免征印花税。

(12) 自2018年1月1日起至2023年12月31日,对金融机构与小型、微型企业签订的借款合同免征印花税。

(13) 自2022年1月1日至2024年12月31日,由省、自治区、直辖市人民政府根据本地区实际情况,依据"六税两费"优惠政策相关规定,对增值税小规模纳税人、小型微利企业和个体工商户可以在50%的税额幅度内减征印花税(不含证券交易印花税)。

四、印花税的会计核算

按照有关规定,企业在核算缴纳印花税时,不需要通过"应交税费"账户核算,而是于购买印花税票或者以缴款书汇总缴纳印花税时,直接借记"税金及附加"等有关费用账户,贷记"银行存款""库存现金"等有关账户。这是因为,"应交税费"账户虽然核算企业向国家缴纳的各种税金,但并不是所有应向国家缴纳的税金都必须通过"应交税费"账户核算。只有必须预计应交税费数额并与税务机关发生清算或结算关系的应交税费,才需要通过"应交税费"账户核算。而企业缴纳印花税,是由纳税人根据规定自行计算应纳税额,自行购买并一次贴足印花税票的方法缴纳。一般情况下,企业需要预先购买印花税票,待发生应税行为时,再根据凭证的性质和规定的税率计算应纳税额,将已购买的印花税票粘贴在应纳税凭证上,并在每枚税票的骑缝处盖戳注销或者画销,办理完税手续。可见,企业缴纳印花税,既不发生应付未付税款的情况,不需要预计应纳税金额,也不存在与税务机关结算或清算的问题。

【例6-13】 接[例6-12]。请为天河公司的缴纳印花税业务作会计处理。

缴纳印花税时:

借:税金及附加　　　　　　　　　　　　　　　　　　　　　　　　　112 100
　　贷:银行存款　　　　　　　　　　　　　　　　　　　　　　　　　　112 100

五、印花税的征收管理

(一) 纳税方法

印花税的纳税方法较其他税种不同,由纳税人根据税法规定,自行计算应纳税额,通过购买印花税票,进行贴花和画销,履行纳税义务。同时,对特殊情形采取特定的贴花方式纳税。

1. 一般纳税方法

印花税通常由纳税人根据规定自行计算应纳税额,购买并一次贴足印花税票,完纳税款。纳税人向税务机关或指定的代售单位购买印花税票。就税务机关来说，印花税票一经售出，国家即取得印花税收入。但就纳税人来说，购买了印花税票，不等于履行了纳税义务。因此，纳税人将印花税票粘贴在应税凭证后，应即行注销，注销标记应与骑缝处相交。所谓骑缝处，是指粘贴的印花税票与凭证之间的交接处。

对国家政策性银行记载资金的账簿，一次贴花数额较大、难以承担的，经当地税务机关核准，可在3年内分次贴足印花。

2. 简化纳税方法

为简化贴花手续，对那些应纳税额较大或者贴花次数频繁的，税法规定了三种简化的缴纳方法。

（1）以缴款书或完税证代替贴花的方法。某些应税凭证，如资金账簿、大宗货物的购销合同、建筑工程承包合同等，如果一份凭证的应纳税额数量较大，超过500元，贴用印花税票不方便的，纳税人可以采取将税收缴款书、完税凭证其中一联粘贴在凭证上或者由税务机关在凭证上加注完税标记代替贴花。

（2）按期汇总缴纳印花税的方法。同一种类应纳税凭证，需频繁贴花的，可由纳税人根据实际情况自行决定是否采用按期汇总申报缴纳印花税的方式。汇总申报缴纳的期限不得超过1个月，采用按期汇总申报缴纳方式的，一年内不得改变。

（3）代扣（代收）税款汇总缴纳的方法。税务机关为了加强源泉控制管理，可以委托某些代理填开应税凭证的单位（如代办运输、联运的单位）对凭证的当事人应纳的印花税予以代扣（代收），并按期汇总缴纳。

3. 纳税贴花的其他具体规定

纳税人贴花时，必须遵照以下规定办理纳税事宜：

（1）在应纳税凭证书立或领受时即行贴花完税，不得延至凭证生效日期贴花。

（2）印花税票应粘贴在应纳税凭证上，并由纳税人在每枚税票的骑缝处盖戳注销或画销，严禁揭下重用。

（3）已经贴花的凭证，凡修改后所载金额增加的部分，应补贴印花。

（4）对已贴花的各类应纳税凭证，纳税人须按规定期限保管，不得私自销毁，以备纳税检查。

（5）凡多贴印花税票的，不得申请退税或者抵扣。

（6）纳税人对凭证不能确定是否应当纳税的，应及时携带凭证，到当地税务机关鉴别。

（7）纳税人与税务机关对凭证的性质发生争议的，应检附该凭证报请上一级税务机关核定。

（8）纳税人对纳税凭证应妥善保存。凭证的保存期限，凡国家已有明确规定的，按规定办理；其他凭证均应在履行纳税义务完毕后保存1年。

（二）纳税义务发生时间与缴纳期限

印花税的纳税义务发生时间为纳税人书立应税凭证或者完成证券交易的当日。证券交易印花税扣缴义务发生时间为证券交易完成的当日。

印花税按季、按年或者按次计征。实行按季、按年计征的，纳税人应当自季度、年度终了之日起十五日内申报缴纳税款；实行按次计征的，纳税人应当自纳税义务发生之日起十五日内申报缴纳税款。

证券交易印花税按周解缴。证券交易印花税扣缴义务人应当自每周终了之日起五日内申报解缴税款以及银行结算的利息。

(三) 纳税地点

印花税一般实行就地纳税。纳税人为单位的,应当向其机构所在地的主管税务机关申报缴纳印花税;纳税人为个人的,应当向应税凭证书立地或者纳税人居住地的主管税务机关申报缴纳印花税。

(四) 核定征收印花税

根据《税收征管法》第三十五条规定和印花税的税源特征,为加强印花税征收管理,纳税人有下列情形的,税务机关可以核定纳税人印花税计税依据。

(1) 未按规定建立印花税应税凭证登记簿,或未如实登记和完整保存应税凭证的。

(2) 拒不提供应税凭证或不如实提供应税凭证致使计税依据明显偏低的。

(3) 采用按期汇总缴纳办法的,未按税务机关规定的期限报送汇总缴纳印花税情况报告,经税务机关责令限期报告,逾期仍不报告的;或者税务机关在检查中发现纳税人有未按规定汇总缴纳印花税情况的。

税务机关核定征收印花税,应向纳税人发放核定征收印花税通知书,注明核定征收的计税依据和规定的税款缴纳期限。

税务机关核定征收印花税,应根据纳税人的实际生产经营收入,参考纳税人各期印花税纳税情况及同行业合同签订情况,确定科学合理的数额或比例作为纳税人印花税计税依据。

各级税务机关应逐步建立印花税基础资料库,包括分行业印花税纳税情况、分户纳税资料等,确定科学合理的评估模型,保证核定征收的及时、准确、公平、合理。

各省、自治区、直辖市、计划单列市税务机关可根据以上要求,结合本地实际,制定印花税核定征收办法,明确核定征收的应税凭证范围、核定依据、纳税期限、核定额度或比例等,并报国家税务总局备案。

【关键术语】

房产税　车船税　契税　印花税

【问题思考】

1. 房产税的纳税范围是什么?自用房产和出租房产各自如何计税?
2. 车船税如何规定纳税义务人和纳税范围?
3. 如何计算车船税?
4. 契税的计税依据是什么?企业单位如何进行会计处理?
5. 印花税的纳税义务人是如何确定的?如何计算印花税额?

练 习 题

一、单项选择题

1. 纳税人将房产出租的,依照房产租金收入计征房产税,税率为( )。
   A. 1.2% B. 12% C. 10% D. 30%

2. 某运输企业拥有载货汽车(自重吨位均为40吨)30辆,其中有2辆在厂内行驶,不领取行驶执照,也不上公路行驶;拥有通勤用大客车10辆。该企业所在省规定,载货汽车年税额每吨50元;大客车年税额每辆500元。该企业全年应纳车船税税额是( )元。
   A. 61 000 B. 58 000 C. 60 000 D. 65 000

3. 企业核算契税时,不会涉及的会计科目是( )。
   A. "税金及附加" B. "固定资产" C. "在建工程" D. "应交税费"

4. 企业核算印花税时,不会涉及的会计科目是( )。
   A. "税金及附加" B. "固定资产清理"
   B. "固定资产" D. "应交税费"

5. 印花税实行按次计征的,纳税人应当自纳税义务发生之日起( )日内申报缴纳税款。
   A. 5 B. 10 C. 15 D. 20

6. 契税的纳税人是境内转移房屋、土地权属的( )。
   A. 出典人 B. 赠与人 C. 出卖人 D. 承受人

7. 某企业2022年年初支付8 000万元取得10万平方米的土地使用权,新建厂房建筑面积6万平方米,工程成本2 000万元,2022年年底竣工验收,对该企业征收房产税的房产原值是( )万元。
   A. 2 000 B. 6 400 C. 8 000 D. 10 000

8. 印花税应税合同有关的纳税人为( )。
   A. 合同担保人 B. 合同鉴定人 C. 合同证人 D. 合同使用人

9. 以下项目中,不属于印花税应税凭证的是( )。
   A. 房屋产权证 B. 工商营业执照
   C. 专利证 D. 税务登记证

10. 缴纳车船税的单位,计提当年应纳车船税时,会计分录为( )。
    A. 借:制造费用 B. 借:税金及附加
       贷:应交税费——应交车船税   贷:应交税费——应交车船税
    C. 借:固定资产 D. 借:主营业务成本
       贷:应交税费——应交车船税   贷:应交税费——应交车船税

11. 2022年12月甲公司开业,实收资本500万元;与银行签订一份借款合同,合同注明借款金额1 000万元;当月受乙公司委托加工产品,合同约定由乙公司提供原材料200万元,甲公司收取加工费10万元。2022年12月甲公司应缴纳印花税( )元。
　　A. 1 780　　　B. 3 030　　　C. 3 050　　　D. 3 550

12. 某小型运输公司拥有并使用一下车辆：企业职工上下班载客汽车2辆，5吨载货卡车10辆，净吨位为4吨的汽车挂车5辆，客货两用汽车1辆净吨位3吨。当地政府规定的载客汽车车船税额为200元/辆，载货汽车单位税额为50元/吨。该企业当年应缴纳的车船税( )元。
　　A. 4 000　　　B. 3 550　　　C. 3 600　　　D. 3 800

二、多项选择题

1. 房产税的计税依据有( )。
　　A. 房产原值　　　　　　　　B. 房产租金收入
　　C. 房产售价　　　　　　　　D. 房产余值

2. 下列关于房产税的相关规定中，正确的有( )。
　　A. 军队自用的房产免征房产税
　　B. 宗教寺庙自用的房产免征房产税
　　C. 为鼓励利用地下人防设施，暂不征收房产税
　　D. 对个人拥有的用于出租的房产，不属于免税房产，应照章征税

3. 房产税的计税依据有( )。
　　A. 融资租赁房屋的，以房产原值计税
　　B. 联营投资房产，共担投资风险的，以房产余值计税
　　C. 出租房产的，以租金计税
　　D. 租入房产的，以租金计税

4. 下列各项中，应当征收契税的行为有( )。
　　A. 房屋赠与　　　　　　　　B. 国有土地使用权出让
　　C. 等价房屋交换　　　　　　D. 土地使用权出售

5. 我国现行车船税法规定的( )应征收车船税。
　　A. 乘用车和商用车　　　　　B. 挂车
　　C. 摩托车　　　　　　　　　D. 拖拉机

6. 下列合同中，属于印花税征税对象的有( )。
　　A. 企业购进原料签订的合同
　　B. 企业同税务师事务所签订的税务咨询合同
　　C. 企业与主管部门签订的租赁承包经营合同
　　D. 企业承包一家饭店签订的承包经营合同
　　E. 仓储、保管合同或作为合同使用的入库单

7. 印花税会计处理可能涉及的借方账户有( )。
　　A."固定资产"　　　　　　　B."无形资产"
　　C."税金及附加"　　　　　　D."固定资产清理"

8. 印花税的征收范围包括( )。
　　A. 权利许可证照　　　　　　B. 营业账簿
　　C. 签订经济合同　　　　　　D. 产权转移书据

9. 下列各项中,免征印花税的有( )。
   A. 工商营业执照副本　　　　　　B. 专利证
   C. 技术合同　　　　　　　　　　D. 无息贷款合同
10. 某企业有原值20 000 000元的房产,2022年1月1日将其中的30%用于对外投资联营,投资期为10年,年固定利润分红450 000元,不承担风险。若当地政府规定的扣除比例为20%,则该企业2022年应缴纳的房产税的下列处理中,正确的有( )。
    A. 用于房地产投资联营、取得固定收入的,从租计征房产税
    B. 企业拥有的自用房产,从价计征房产税
    C. 企业投资联营房产应纳54 000元
    D. 企业自用房产应纳房产税134 400元
    E. 计提房产税编制的会计分录为:
       借:税金及附加　　　　　　　　　　　　　　　　　　　　188 400
         贷:应交税费——应交房产税　　　　　　　　　　　　　　　　188 400

三、判断题

1. 国家机关、人民团体、军队自用的房产,征收房产税。( )
2. 房产税是按房产租金征收的一种税。( )
3. 房产税的征税范围仅限于城市、县城、建设镇和工矿区,而对坐落于此区域之外的农村房屋不征收房产税。( )
4. 宗教寺庙、公园和名胜古迹中附设的营业单位使用或出租的房产,应照章征收房产税。( )
5. 契税的纳税义务人是我国境内转移土地和房屋权属的单位和个人。( )
6. 契税实行3%～5%的幅度税率,各省、自治区、直辖市人民政府可以根据本地区实际情况决定开征与否与适用税率。( )
7. 印花税根据不同征税项目,分别实行从价计征和从量计征两种征收方式。( )
8. 因减免"三税"而需退库的,城市维护建设税可同时退库。对出口产品退还增值税和消费税的,也可退还已纳的城市维护建设税。( )
9. 军队、武警警察部队专用的车船、警用车船,捕捞、养殖渔船,免征车船税。( )
10. 车船税对内资企业、涉外企业、中国公民、外籍人员征收。( )

四、简答题

1. 简述房产税基本征税范围。
2. 简述车船税的税收优惠政策。
3. 简述契税征税对象的具体内容。
4. 简述印花税的征税方式。

五、计算及实务题

1. 企业拥有房屋,原值6 000 000元,将其中一部分房产出租,原值1 000 000元,当年租金含税收入132 000元;另有一部分房产用于幼儿园使用,原值500 000元。当地政府规定,房产税按原值一次减除25%后的余值纳税,增值税税率10%。

   【要求】请计算该企业季度应纳房产税额,并进行相应的会计处理。

2. 某企业2022年度有关业务资料如下:实收资本比上年长增加1 000 000元;与银行

签订一年期借款合同,借款金额 2 000 000 元,年利率为 4%;与 A 企业签订购货合同,购入金额为 850 000 元的货物;与 B 公司签订受托加工合同,B 公司价值为 500 000 元的原材料,本企业提供价值 100 000 元的辅助材料并收取加工费 180 000 元;与铁路部门签订运输合同,载明运输费及保险费共计 200 000 元。

【要求】请计算该企业上述业务应缴纳的印花税额。

3. 宏达企业 2022 年有 4 吨位的货运汽车 2 辆,乘人面包车 2 辆(10 座)。当地政府规定机动车税额按半年缴纳,每自重吨位年税额为 16 元,10 座以下面包车年税额为每辆 420 元。

【要求】请计算该企业半年应纳车船税额并进行相应的会计处理。

4. 某公司 2022 年 5 月份以 50 000 000 元购入楼房一栋,并以价值 5 000 000 元的房屋换入价值 5 500 000 元的房屋;接受捐赠房屋,价值 4 000 000 元;当月出售楼房,收入 4 100 0 000 元。已知契税税率为 5%。

【要求】请计算该公司上述业务的应纳契税额并进行相应的会计处理。

第七章
特定目的税

教学目标

本章主要介绍城市维护建设税、耕地占用税、烟叶税和车辆购置税的税制要素及会计核算。通过学习,学生应熟悉以上各税种的基本法律规定,了解相关的优惠政策及征收管理,能够正确计算应纳税额,掌握各税种的会计核算方法。

第一节 城市维护建设税

一、征税范围与纳税义务人

城市维护建设税(以下简称"城建税")是对缴纳增值税、消费税(以下简称"两税")的单位和个人征收的一种税。

2016年5月1日,全国推开营改增试点方案,营业税退出历史舞台,城市维护建设税的计税依据由增值税、消费税和营业税调整为增值税、消费税。2020年8月11日,第十三届全国人民代表大会常务委员会第二十一次会议通过《中华人民共和国城市维护建设税法》,该法自2021年9月1日起施行;1985年2月8日国务院发布的《中华人民共和国城市维护建设税暂行条例》同时废止。

城建税具有以下特点:

(1)税款专款专用,具有受益税性质。所征税款要求用来保证城市的公共事业和公共设施的维护和建设。

(2)属于一种附加税。城建税没有独立的征税对象或税基,而是以增值税、消费税"两税"实际缴纳的税额之和为计税依据,随"两税"同时附征。

(3)根据城建规模设计税率。根据纳税人所在城镇的规模不同,采取差别设置税率的办法,较好地照顾了城市建设的不同需要。

(4)征收范围较广。除了减免税等特殊情况以外,缴纳增值税、消费税的单位和个人都要缴纳城建税。

二、城市维护建设税应纳税额的计算

(一)税率

城建税是根据城市维护建设资金的不同层次的需要而设计的,实行分区域的差别比例税率,即按纳税人所在城市、县城或镇等不同的行政区域分别规定不同的比例税率。

纳税人所在地为市区的,税率为7%。这里称的"市"是指国务院批准市建制的城市,"市区"是指省人民政府批准的市辖区(含市郊)的区域范围。

纳税人所在地为县城、镇的,税率为5%。这里所称的"县城、镇"是指省人民政府批准的县城、县属镇(区级镇),县城、县属镇的范围按县人民政府批准的城镇区域范围。

纳税人所在地不为市区、县城、县属镇的,税率为1%。

城建税的适用税率,应当按纳税人所在地的规定税率执行。但是,对下列两种情况,可按缴纳"两税"所在地的规定税率就地纳城建税:①由受托方代扣代缴、代收代缴"两税"的单位和个人,其代扣代缴、代收代缴的城建税按受托方所在地适用税率执行;②流动经营等无固定纳税地点的单位和个人,在经营地缴纳"两税"的,其城建税的缴纳按经营地适用税率执行。

(二)计税依据

城建税的计税依据是纳税人实际缴纳的增值税、消费税税额(以下简称"两税"税额),包括被查补的上述的两项税额,但不包括加收的滞纳金和罚款等非税款项。

依法实际缴纳的"两税"税额,是指纳税人依照增值税、消费税相关法律法规和税收政策规定计算的应当缴纳的"两税"税额(不含因进口货物或境外单位和个人向境内销售劳务、服务、无形资产缴纳的"两税"税额),加上增值税免抵税额,扣除直接减免的"两税"税额和期末留抵退税退还的增值税税额后的金额。直接减免的"两税"税额,是指依照增值税、消费税相关法律法规和税收政策规定,直接减征或免征的"两税"税额,不包括实行先征后返、先征后退、即征即退办法退还的"两税"税额。

对于增值税小规模纳税人更正、查补此前按照一般计税方法确定的城市维护建设税计税依据,允许扣除尚未扣除完的留抵退税额。

对由于减免增值税、消费税而发生的退税,同时退还已缴纳的城市维护建设税。

对出口产品按规定应退还增值税、消费税的,不退还已缴纳的城建税。

对增值税、消费税"两税"实行先征后返、先征后退、即征即退办法的,除另有规定外,对随"两税"附征的城市维护建设税,一律不予退(返)还。

(三)应纳税额计算

城建税应纳税额的计算公式为:

$$应纳城建税额=(实际缴纳的增值税额+实际缴纳的消费税额)\times 适用税率$$

教育费附加是国家为了发展地方教育事业而随同"两税"同时征收的一种附加费,严格来说,它不属于税收的范畴,但它同城建税类似,也可以视同税款进行核算。教育费附加征收对象、计费依据、计算方法和征收管理与城建税相同,征收率为3%。

【例7-1】 广东省肇庆市广宁县一化妆品企业2022年5月缴纳增值税120 000元,消费税 270 000 元,补交上月的消费税 80 000 元,取得出口退还的增值税 60 000 元,缴纳进口关税 90 000 元,进口增值税 200 000 元、进口消费税 100 000 元。计算该企业应纳的城建税和教育费附加。

分析:补缴"两税"要同时补缴城建税,但进口业务不征城建税,出口不退城建税。教育费附加的计税依据与城建税相同。该企业位于县城,适用的城建税税率为5%。

应纳城建税额=(120 000+270 000+80 000)×5%=23 500(元)
应缴教育费附加=(120 000+270 000+80 000)×3%=14 100(元)

三、城市维护建设税的会计核算

企业按规定计算出应纳城建税额,应借记"税金及附加""其他业务支出"等账户,贷记"应交税费——应交城市维护建设税"账户;实际上缴时,借记"应交税费——应交城市维护建设税"账户,贷记"银行存款"账户。

企业对教育费附加通过"应交税费——应交教育费附加"明细科目核算。

【例 7-2】 珠江啤酒厂处于广州市市区,2022 年 5 月份实际缴纳增值税 650 000 元,消费税 85 000 元。计算该厂当月应缴纳城建税和教育费附加并进行会计处理。

应纳城建税税额=(650 000+85 000)×7%=51 450(元)
应缴教育费附加=(650 000+85 000)×3%=22 050(元)

借:税金及附加	73 500
贷:应交税费——应交城市维护建设税	51 450
应交税费——应交教育费附加	22 050

缴纳税款时:

借:应交税费——应交城市维护建设税	51 450
应交税费——应交教育费附加	22 050
贷:银行存款	73 500

【课程思政】

新中国成立以来,我国城市建设和维护在不同时期都取得了较大成绩,但是国家在城市建设方面一直资金不足。1979 年以前,我国用于城市维护建设的资金由当时的工商税附加、城市公用事业附加和国拨城市维护费组成。1979 年,国家开始在部分大中城市试行从上年工商利润中提取 5%用于城市维护和建设的办法,但是未能从根本上解决问题。1981 年,国务院在批转财政部关于改革工商税制的设想中提出:"根据城市建设的需要,开征城市维护建设税,作为县以上城市和工矿区市政建设的专项资金。"1985 年 2 月 8 日,国务院正式颁布《中华人民共和国城市维护建设税暂行条例》(以下简称《暂行条例》),并于 1985 年 1 月 1 日在全国范围内施行,城市维护建设税以纳税人实际缴纳的产品税、增值税、营业税税额为计税依据。我国 1994 年税制改革决定取消产品税,将其中的部分产品改征消费税,因此,城市维护建设税的计税依据相应也调整为消费税、增值税、营业税税额。2016 年 5 月 1 日,全国推开营改增试点方案,营业税退出历史舞台,城市维护建设税的计税依据由增值税、消费税和营业税调整为增值税、消费税。2020 年 8 月 11 日,第十三届全国人民代表大会常务委员会第二十一次会议通过《中华人民共和国城市维护建设税法》,该法自2021年9月1日起施行;1985年2月8日国务院发布的《中华人民共和国城市维护建设税暂行条例》同时废止。

第二节 耕地占用税

耕地占用税是国家对中华人民共和国境内占用耕地建设建筑物、构筑物或者从事其他非农业建设的单位和个人,依据实际占用耕地面积征收的一种税。为了合理利用土地资源,加强土地管理,保护耕地,国务院于1987年4月1日发布了《中华人民共和国耕地占用税暂行条例》(以下简称《耕地占用税暂行条例》)。2007年12月1日,国务院重新修改公布了《耕地占用税暂行条例》。2008年2月26日,财政部、国家税务总局公布了《中华人民共和国耕地占用税暂行条例实施细则》。2018年12月29日,第十三届全国人民代表大会常务委员会第七次会议通过了《中华人民共和国耕地占用税法》(以下简称《耕地占用税法》)。2019年8月29日,财政部、国家税务总局、自然资源部、农业农村部、生态环境部制定了《中华人民共和国耕地占用税法实施办法》(以下简称《耕地占用税法实施办法》),两者均自2019年9月1日起施行。

一、征税范围与纳税义务人

耕地占用税的征税范围为中华人民共和国境内被占用的耕地。

所谓"耕地"是指种植农业作物的土地,包括菜地、园地。其中,园地包括花圃、苗圃、茶园、果园、桑园和其他种植经济林木的土地。具体而言,下列占地行为应缴纳耕地占用税。

1. 纳税人因建设项目施工或者地质勘查临时占用耕地

临时占用耕地,是指经自然资源主管部门批准,在一般不超过2年内临时使用耕地并且没有修建永久性建筑物的行为。

2. 占用园地、林地、草地、农田水利用地、养殖水面、渔业水域滩涂以及其他农用地建设建筑物、构筑物或者从事非农业建设

(1) 园地,包括果园、茶园、橡胶园、其他园地。其中,其他园地包括种植桑树、可可、咖啡、油棕、胡椒、药材等其他多年生作物的园地。

(2) 林地,包括乔木林地、竹林地、红树林地、森林沼泽、灌木林地、灌丛沼泽、其他林地,不包括城镇村庄范围内的绿化林木用地、铁路、公路征地范围内的林木用地,以及河流、沟渠的护堤林用地。其中,其他林地,包括疏林地、未成林地、迹地、苗圃等林地。

(3) 草地,包括天然牧草地、沼泽草地、人工牧草地,以及用于农业生产并已由相关行政主管部门发放使用权证的草地。

(4) 农田水利用地,包括农田排灌沟渠及相应附属设施用地。

(5) 养殖水面,包括人工开挖或者天然形成的用于水产养殖的河流水面、湖泊水面、水库水面、坑塘水面及相应附属设施用地。

(6) 渔业水域滩涂,包括专门用于种植或者养殖水生动植物的海水潮浸地带和滩地,以及用于种植芦苇并定期进行人工养护管理的苇田。

此外,纳税人因挖损、采矿塌陷、压占、污染等损毁耕地,属于上述所称占用耕地从事非农业建设的情形,同样需要缴纳耕地占用税。

需要注意的是,下列占地行为不征收耕地占用税:

(1) 建设农田水利设施占用耕地的;

(2) 建设直接为农业生产服务的生产设施所占用园地、林地、草地、农田水利用地、养殖水面、渔业水域滩涂以及其他农用地。

凡是占用耕地以在中华人民共和国境内占用耕地建设建筑物、构筑物或从事非农业建设的单位和个人,都是耕地占用税的纳税人。经批准占用耕地的,纳税义务人为农用地转用审批文件中标明的建设用地人;农用地转用审批文件中未标明建设用地人的,纳税义务人为用地申请人。其中,用地申请人为各级人民政府的,由同级土地储备中心、自然资源主管部门或政府委托的其他部门、单位履行耕地占用税申报纳税义务。未经批准占用耕地的,纳税义务人为实际用地人。

二、耕地占用税应纳税额的计算

(一) 单位税额

耕地占用税以平方米为单位,采用地区差别定额税率,根据人均占用耕地的多少,规定有幅度的税率。耕地占用税具体规定如下:

(1) 人均耕地不超过1亩的地区(以县、自治县、不设区的市、市辖区为单位,下同),每平方米为10～50元。

(2) 人均耕地超过1亩但不超过2亩的地区,每平方米为8～40元。

(3) 人均耕地超过2亩但不超过3亩的地区,每平方米6～30元。

(4) 人均耕地超过3亩以上的地区,每平方米5～25元。

国务院财政、税务主管部门根据人均耕地面积和经济发展情况确定各省、自治区、直辖市的平均税额。各省、自治区、直辖市耕地占用税适用税额的平均水平,不得低于耕地占用税法所附《各省、自治区、直辖市耕地占用税平均税额表》(表7-1)规定的平均税额。

表7-1　　　　各省、自治区、直辖市耕地占用税平均税额表

地　　区	每平方米平均税额(单位:元)
上海	45
北京	40
天津	35
江苏、浙江、福建、广东	30
辽宁、湖北、湖南	25
河北、安徽、江西、山东、河南、重庆、四川	22.5

(续表)

地　　区	每平方米平均税额(单位:元)
广西、海南、贵州、云南、陕西	20
山西、吉林、黑龙江	17.5
内蒙古、西藏、甘肃、青海、宁夏、新疆	12.5

《耕地占用税法》第五条规定,在人均耕地低于0.5亩的地区,省、自治区、直辖市可以根据当地经济发展情况,适当提高耕地占用税的适用税额,但提高的部分不得超过《耕地占用税法》第四条第二款确定的适用税额的50%。

占用基本农田的,应当按照《耕地占用税法》第四条第二款或者第五条确定的当地适用税额,加按150%征收。

（二）计税依据

耕地占用税以纳税人实际占用的属于耕地占用税征税范围的土地（以下简称应税土地）面积为计税依据,按照规定的适用税额一次性征收。

（三）应纳税额的计算

耕地占用税以纳税人实际占用的耕地面积为计税依据,以每平方米土地为计税单位,按适用的定额税率计税。

计算公式：

$$应纳耕地占用税额＝应税土地面积\times适用税额$$

加按150%征收耕地占用税的计算公式为：

$$应纳税额＝应税土地面积\times适用税额\times150\%$$

【例7-3】 广东省某农户有一处花圃,占地1 500平方米,2022年11月经批准将其中1 200平方米改造为果园,其余300平方米建造住宅。已知该地适用的耕地占用定额税率为每平方米30元。计算该农户应纳耕地占用税。

分析：花圃改造果园仍属于农业用途,不属于耕地占用税的征税范围;建造住宅占用了耕地,属于耕地占用税的征税范围,并可按当地适用税额减半征税。

该农户应纳耕地占用税计算如下：

$$应纳耕地占用税＝300\times30\times50\%＝4\ 500(元)$$

三、耕地占用税的税收优惠

（一）免征耕地占用税

(1) 军事设施占用耕地。

(2) 学校、幼儿园、养老院、医院占用耕地。

(3) 农村烈士遗属、因公牺牲军人遗属、残疾军人,以及符合农村最低生活保障条件的农村居民,在规定用地标准以内新建自用住宅占用耕地。

(二) 减征耕地占用税

(1) 铁路线路、公路线路、飞机场跑道、停机坪、港口、航道占用耕地,减按每平方米2元的税额征收耕地占用税。

根据实际需要,国务院财政、税务主管部门同国务院有关部门并报国务院批准后,可以对前款规定的情形免征或者减征耕地占用税。

(2) 农村居民占用耕地新建住宅,按照当地适用税额减半征收耕地占用税。其中农村居民经批准搬迁,新建自用住宅占用耕地不超过原宅基地面积的部分,免征耕地占用税。

(3) 根据国民经济和社会发展的需要,国务院可以规定免征或者减征耕地占用税的其他情形,报全国人民代表大会常务委员会备案。

(4) 为进一步支持小微企业发展,财政部、税务总局发布《关于进一步实施小微企业"六税两费"减免政策的公告》(财政部税务总局公告2022年第10号),自2022年1月1日至2024年12月31日按以下规定执行:

① 由省、自治区、直辖市人民政府根据本地区实际情况,以及宏观调控需要确定,对增值税小规模纳税人、小型微利企业和个体工商户可以在50%的税额幅度内减征耕地占用税。

② 增值税小规模纳税人、小型微利企业和个体工商户已依法享受耕地占用税等"六税两费"其他优惠政策的,可叠加享受上述优惠政策。

此外,为促进服务业领域困难行业渡过难关、恢复发展,国家发展改革委等14部门发布的《关于促进服务业领域困难行业恢复发展的若干政策》(发改财金[2022]271号)规定,符合条件的服务业市场主体可以享受上述优惠政策。

四、耕地占用税的会计核算

企业缴纳的耕地占用税,是在批准占用之后,实际占用之前一次性缴纳的,不存在与税务机关清算或结算的问题,因此,企业按规定缴纳的耕地占用税,可以不通过"应交税费——应交耕地占用税"账户核算。按现行规定,企业为购建固定资产而缴纳的耕地占用税应计入固定资产的实际成本,即借记"在建工程"等账户,贷记"银行存款"账户。

【例7-4】 2022年3月,某民用机场经批准征用耕地1 500万平方米,其中修建飞行区(飞机场跑道、停机坪、指挥塔、雷达设施)占用耕地1 450万平方米,修建工作区用地10万平方米,修建飞行员及职工地勤人员宿舍楼用地5万平方米,修建俱乐部用地30万平方米,修建饮食服务部用地2万平方米,修建影剧院用地3万平方米。已知该地适用的耕地占用定额税率为每平方米25元。计算该机场应纳耕地占用税并进行会计处理。

分析:按规定,经国务院财政、税务主管部门同国务院有关部门并报国务院批准后,对飞机场跑道、停机坪、指挥塔、雷达设施等占用部分可以免税。

应纳耕地占用税额=(10+5+30+2+3)×25×10 000=12 500 000(元)

借:在建工程　　　　　　　　　　　　　　　　　　　　　　　12 500 000
　　贷:银行存款　　　　　　　　　　　　　　　　　　　　　　12 500 000

五、耕地占用税的征收管理

耕地占用税由税务机关负责征收。土地管理部门在通知单位或者个人办理占用耕地手续时,应当同时通知耕地所在地同级税务机关;获准占用耕地的单位或者个人应当在收到土地管理部门的通知之日起 30 日内缴纳耕地占用税;土地管理部门凭耕地占用税完税凭证或者免税凭证和其他有关文件发放建设用地批准书。

纳税人符合《耕地占用税法》第十一条、《耕地占用税法实施办法》第十九条的规定申请退税的,应提供身份证明查验,并提交以下材料复印件:

(1) 税收缴款书、税收完税证明;

(2) 复垦验收合格确认书。

《耕地占用税法》第十一条规定的退税情形,是指纳税人在批准临时占用耕地期满之日起 1 年内依法复垦,恢复种植条件的,全额退还已经缴纳的耕地占用税。上述依法复垦应由自然资源主管部门会同有关行业管理部门认定并出具验收合格确认书。

《耕地占用税法实施办法》第十九条规定的退税情形,是指纳税人因挖损、采矿塌陷、压占、污染等损毁耕地,依法缴纳耕地占用税后,自然资源、农业农村等相关部门认定损毁耕地之日起 3 年内依法复垦或修复,恢复种植条件的,可以依法申请退税。

【知识链接】

耕地是人类赖以生存的基础和保障。中国作为一个拥有 13 亿人口的农业大国,必须要保有一定数量的耕地,才能满足人口的吃饭问题。国土部公布数据显示,2012 年我国耕地国耕地保有量保持 18.24 亿亩,但与 10 年前相比,绿色的可耕地面积整整减少了 1 亿亩。相当于每年减少一个中等县的面积。

因此,18 亿亩耕地红线的制定,是对耕地减少的遏制,也是对耕地的保护,是根据我国目前人口增长速度和未来农业产量增长情况进行预测制定。如果 18 亿亩耕地红线不保,要弥补粮食缺口就只能进口。但进口粮食既不现实也不可靠。每年全球粮食交易量仅为 2 亿多吨,而中国的粮食需求为 5 亿吨。一旦中国缺粮,国际粮价将会飞涨,从而引发世界性粮食危机。

第三节 烟 叶 税

烟叶税是以纳税人收购烟叶的收购额为计税依据的一种税。

为减轻农民负担,从 2004 年起,我国陆续取消了农业税和农业特产税,同时为避免烟叶产区的地方财政特别是一些县乡的财政收入受到较大影响,促进烟叶产区县乡经济的发展和卷烟工业的持续稳定发展,为了保持政策的连续性,充分兼顾地方利益和有利于烟叶产区可持续发展,2006 年 4 月 28 日,国务院公布了《中华人民共和国烟叶税暂行条例》,并自公布之日起实施。2017 年 12 月 27 日,《中华人民共和国烟叶税法》颁布,自 2018 年 7 月 1 日起施行,《中华人民共和国烟叶税暂行条例》同时废止。

一、征税对象及纳税义务人

烟叶税的征税对象是烟叶,包括晾晒烟叶和烤烟叶。

在中华人民共和国境内收购烟叶的单位为烟叶税的纳税义务人。烟叶的生产销售方不是烟叶税的纳税人,烟叶的收购方是烟叶税的纳税人。

烟叶税的纳税义务发生时间为纳税人收购烟叶的当天,即纳税人向烟叶销售者收购付讫收购烟叶款项或者开具收购烟叶凭据的当天。

纳税人收购烟叶,应当向烟叶收购地的主管税务机关申报纳税。

烟叶税按月计征,纳税人应当于纳税义务发生月终了之日起15日内申报并缴纳税款。

二、烟叶税应纳税额的计算

烟叶税实行比例税率,税率为20%。计税依据是收购烟叶实际支付的价款总额。收购烟叶实际支付的价款总额包括纳税人支付给烟叶生产销售单位的烟叶收购价款和价外补贴。按照简化手续、方便征收的原则,对价外补贴统一暂按烟叶收购价款的10%计入收购金额征税。

计算公式为:

$$实际支付的价款总额 = 收购价款 \times (1 + 10\%)$$
$$应纳烟叶税额 = 实际支付的价款总额 \times 税率 = 收购价款 \times (1 + 10\%) \times 20\%$$

三、烟叶税的会计核算

烟叶税作为价内税,其应纳额构成烟叶收购单位的采购成本,纳税人应借记"在途物资""原材料"等账户,贷记"应交税费——应交烟叶税"账户。

由于烟草公司从烟农那里收购烟叶时无法取得增值税专用发票,因此烟草公司在进行会计处理时要注意进项税额是根据烟叶收购金额和烟叶税及法定扣除率加以确定的:因为烟叶属于农产品,如果烟叶直接出售,那么扣除率就是9%;但是烟叶用于继续加工生产成卷烟,那么卷烟未来对外出售税率是13%,则对应扣除率是10%。

【例7-5】 广州卷烟厂系增值税一般纳税人,2022年5月末收购烟叶50 000斤,烟叶收购价格4.5元/斤(含支付价外补贴10%),总计225 000元;另外,购货的运输费用3 500元,取得运输公司开具的货物运输业增值税专用发票,货款和运费已全部通过银行转账支付。10月初烟叶提回并验收入库,用于继续加工生产成卷烟。请计算该厂应纳烟叶税额并进行会计处理。

该笔业务的会计处理如下:

$$应纳烟叶税额 = 225\,000 \times 20\% = 45\,000(元)$$
$$外购烟叶进项税额 = (225\,000 + 45\,000) \times 10\% + 3\,500 \times 9\% = 27\,315(元)$$
$$烟叶收购成本 = (225\,000 + 45\,000) \times 90\% + 3\,500 = 246\,500(元)$$

(1) 5月末,烟叶尚未提回时:

借:在途物资	246 500
应交税费——应交增值税(进项税额)	27 315
贷:银行存款	228 815
应交税费——应交烟叶税	45 000

（2）6月初，烟叶收回入库时：

借：原材料　　　　　　　　　　　　　　　　　246 500
　　贷：在途物资　　　　　　　　　　　　　　　　　246 500

（3）上缴烟叶税：

借：应交税费——应交烟叶税　　　　　　　　　45 000
　　贷：银行存款　　　　　　　　　　　　　　　　　45 000

【知识链接】

2006年4月28日，国务院公布了《中华人民共和国烟叶税暂行条例》，并自公布之日起实施，即开征烟叶税取代了原烟叶特产农业税。2017年12月27日，《中华人民共和国烟叶税法》颁布，自2018年7月1日起施行，《中华人民共和国烟叶税暂行条例》同时废止。

开征烟叶税不会增加农民的负担。这主要是因为原烟叶特产农业税是在烟叶收购环节由烟草收购公司缴纳的，这次改征烟叶税以后，纳税人、纳税环节、计税依据等都保持了原烟叶特产农业税的规定不变。另外，烟叶税的税率与原烟叶特产农业税的税率相同，也是20%，税率没有改变。因此，征收烟叶税不会增加农民负担。

第四节　车辆购置税

一、征税范围与纳税义务人

车辆购置税以在我国境内购置的汽车、有轨电车、汽车挂车、排气量超过150毫升的摩托车为课税对象，是国家在原交通部门收取的车辆购置附加费的基础上，通过"费改税"方式改革而来的。自2001年1月1日起，《中华人民共和国车辆购置税暂行条例》施行；自2015年2月1日起，《车辆购置税征收管理办法》（国家税务总局令第33号）实施。2018年12月29日，第十三届全国人民代表大会常务委员会第七次会议通过《中华人民共和国车辆购置税法》（以下简称《车辆购置税法》），并于2019年7月1日起施行，《中华人民共和国车辆购置税暂行条例》《车辆购置税征收管理办法》同时废止。

购置是指购买自用行为、进口自用行为、受赠使用行为、自产自用行为、获奖自用行为以及其他自用（包括以拍卖、抵债、走私、罚没等方式取得并自用的行为），这些行为都属于车辆购置税的应税行为。

车辆购置税的应税车辆包括汽车、有轨电车、汽车挂车、排气量超过150毫升的摩托车。地铁、轻轨等城市轨道交通车辆，装载机、平地机、挖掘机、推土机等轮式专用机械车，以及起重机（吊车）、叉车、电动摩托车，不属于应税车辆。

《车辆购置税法》规定的纳税人，是在中华人民共和国境内购置汽车、有轨电车、汽车挂车、排气量超过150毫升摩托车的单位和个人。

单位是指企业、行政单位、事业单位、军事单位、社会团体和其他单位;个人是指个体工商户和自然人。

二、车辆购置税应纳税额的计算

(一) 税率

车辆购置税实行统一比例税率,税率为10%。车辆购置税税率的调整由国务院决定并公布。

(二) 计税依据

由于应税车辆购置的来源不同,应税行为的发生不同,计税价格的组成也就不一样。车辆购置税的计税依据有以下几种情况。

1. 购买自用应税车辆计税依据的确定

纳税人购买自用的应税车辆的计税价格,为纳税人购买应税车辆而支付给销售者的全部价款和价外费用,不包括增值税税款。

2. 进口自用应税车辆计税依据的确定

纳税人进口自用的应税车辆的计税依据为组成计税价格,计算公式为:

$$组成计税价格＝关税完税价格＋关税＋消费税$$

3. 其他自用应税车辆计税依据的确定

纳税人自产自用应税车辆的计税价格,按照纳税人生产的同类应税车辆(即车辆配置序列号相同的车辆)的销售价格确定,不包括增值税税款;没有同类应税车辆销售价格的,按照组成计税价格确定。组成计税价格计算公式如下:

$$组成计税价格＝成本×(1＋成本利润率)$$

纳税人以受赠、获奖或者其他方式取得自用应税车辆的计税价格,按照购置应税车辆时相关凭证载明的价格确定,不包括增值税税款。其中,购置应税车辆时取得的相关凭证是指原车辆所有人购置或者以其他方式取得应税车辆时载明价格的凭证。无法提供相关凭证的,参照同类应税车辆市场平均交易价格确定其计税价格。原车辆所有人为车辆生产或者销售企业,未开具机动车销售统一发票的,按照车辆生产或者销售同类应税车辆的销售价格确定应税车辆的计税价格。无同类应税车辆销售价格的,按照组成计税价格确定应税车辆的计税价格。

根据《车辆购置税法》第七条规定,纳税人申报的应税车辆计税价格明显偏低,又无正当理由的,由税务机关依照《中华人民共和国税收征收管理法》的规定核定其应纳税额。

(三) 应纳税额的计算

车辆购置税实行从价定率的办法计算应纳税额。

计算公式为:

$$应纳车辆购置税额＝计税价格×税率$$

在购买自用应税车辆应纳税额的计算当中,应注意以下费用的计税规定。

(1) 购买者随购买车辆支付的工具件和零部件价款并应入计税依据中。

(2) 支付的车辆装饰应作为价外费用并入计税依据中。

(3) 购买者支付的控购费,是政府部门的行政性收费,不属于价外费用范围,不应并入计税价格计税。

(4) 销售单位开展优质销售活动所开票收取的有关费用,应作为价外收入计算征税。

(5) 凡使用代收单位(受托方)票据收取的款项,应视作代收单位价外收费,购买者支付的价费款,应并入计税依据中一并征税;凡使用委托方票据收取,受托方只履行代收义务和收取代收手续费的款项,应按其他税收政策规定征税。

(6) 销售单位开给购买者的各种发票金额中含增值税,计算应纳车辆购置税时,应换算成不含税的计税价格。

【例7-6】 张先生2022年6月从广州丰田汽车有限公司购买丰田皇冠小汽车一辆自用,取得丰田的普通发票注明销售额356 000元;另外支付购买工具和零配件含税价款8 100元,并取得丰田开具的发票;支付车辆装饰费2 500元,并取得丰田开具的发票;支付控购部门控购费35 000元,并取得控购部门的收款收据;丰田提供系列服务,代办各种手续并收取一定的费用,代收费用11 500元,并开具发票。计算张先生应缴纳的车辆购置税和购车成本。

计税依据=(356 000+8 100+2 500+11 500)÷(1+13%)=334 601.77(元)
应纳车辆购置税额=334 601.77×10%=33 460.18(元)
购车成本=356 000+8 100+2 500+11 500+35 000+33 460.18=446 560.18(元)

三、车辆购置税的税收优惠

(一) 车辆购置税法定减免税规定

(1) 外国驻华使馆、领事馆和国际组织驻华机构及其外交人员自用的车辆免税。

(2) 中国人民解放军和中国人民武装警察部队列入军队武器装备订货计划的车辆免税。

(3) 设有固定装置的非运输车辆免税。

(4) 悬挂应急救援专用号牌的国家综合性消防救援车辆免税。

(5) 城市公交企业购置的公共汽电车辆免税。

(二) 车辆购置税其他减免税规定

(1) 回国服务的在外留学人员用现汇购买1辆个人自用国产小汽车免税。

(2) 长期来华定居专家进口1辆自用小汽车免税。

(3) 防汛部门和森林消防部门用于指挥、检查、调度、报汛(警)、联络的由指定厂家生产的设有固定装置的指定型号的车辆免税。

第1项至第3项具体操作按照《财政部国家税务总局关于防汛专用等车辆免征车辆购置税的通知》(财税〔2001〕39号)有关规定执行。

(4) 自2021年1月1日至2022年12月31日,继续对购置的新能源汽车免税。具体操作按照《财政部税务总局工业和信息化部关于新能源汽车免征车辆购置税有关政策的公告》(财政部公告2020年第21号)有关规定执行。2020年12月31日前已列入《免征车辆购置税的新能源汽车车型目录》的新能源汽车免征车辆购置税政策继续有效。

（5）自2018年7月1日至2023年12月31日，对购置挂车减半征收车辆购置税。具体操作按照《财政部税务总局工业和信息化部关于对挂车减征车辆购置税的公告》（财政部公告2018年第69号）的有关规定执行。

（6）中国妇女发展基金会"母亲健康快车"项目的流动医疗车免税。

（7）北京2022年冬奥会和冬残奥会组织委员会新购置车辆免税。

（8）原公安现役部队和原武警黄金、森林、水电部队改制后换发地方机动车牌证的车辆（公安消防、武警森林部队执行灭火救援任务的车辆除外），一次性免税。

（9）农用三轮车免税。

根据国民经济和社会发展的需要，国务院可以规定减征或者其他免征车辆购置税的情形，报全国人民代表大会常务委员会备案。

四、车辆购置税的征收管理

车辆购置税实行一车一申报制度。车辆购置税实行一次性征收，购置已征车辆购置税的车辆，不再征收车辆购置税。

（一）纳税申报

纳税人办理纳税申报时应如实填写《车辆购置税纳税申报表》，同时提供车辆合格证明和车辆相关价格凭证。

（1）车辆合格证明。车辆合格证明，是指整车出厂合格证或者《车辆电子信息单》。

（2）车辆相关价格凭证。车辆相关价格凭证，是指境内购置车辆为机动车销售统一发票或者其他有效凭证；进口自用车辆为《海关进口关税专用缴款书》或者海关进出口货物征免税证明，属于应征消费税车辆的还包括《海关进口消费税专用缴款书》。

（3）自2019年6月1日起，纳税人在全国范围内办理车辆购置税纳税业务时，税务机关不再打印和发放纸质车辆购置税完税证明。纳税人办理完成车辆购置税纳税业务后，在公安机关交通管理部门办理车辆注册登记时，不需向公安机关交通管理部门提交纸质车辆购置税完税证明。

（4）自2019年7月1日起，纳税人在全国范围内办理车辆购置税补税、完税证明换证或者更正等业务时，税务机关不再出具纸质车辆购置税完税证明。纳税人如需纸质车辆购置税完税证明，可向主管税务机关提出，由主管税务机关打印《车辆购置税完税证明（电子版）》，亦可自行通过本省（自治区、直辖市和计划单列市）电子税务局等官方互联网平台查询和打印。

（二）纳税环节

车辆购置税的征税环节为使用环节，即最终消费环节。具体而言，纳税人应当在向公安机关等车辆管理机构办理车辆登记手续前，缴纳车辆购置税。

购买二手车时，购买者应当向原车主索要《车辆购置税完税证明》。购买已经办理车辆购置税免税手续的二手车，购买者应当到税务机关重新办理申报缴纳或免税手续。未按规定办理的，按征管法的规定处理。

（三）纳税地点

纳税人购置应税车辆，应当向车辆登记注册地的主管税务机关申报纳税；购置不需要办理车辆登记注册手续的应税车辆，应当向纳税人所在地的主管税务机关申报纳税。车辆登记注册地是指车辆的上牌落籍地或落户地。

（四）纳税期限

纳税人购买自用应税车辆的，应自购买之日起60日内申报纳税；进口自用应税车辆的，应自进口之日起60日内申报纳税；自产、受赠、获奖或者以其他方式取得并自用应税车辆的，应自取得之日起60日内申报纳税。

五、车辆购置税的会计核算

企业购置（包括购买、进口、自产、受赠、获奖或者以其他方式取得并自用）应税车辆，按规定应缴纳的车辆购置税，或者企业购置的减税、免税车辆改制后用途发生变化的，按规定应补交的车辆购置税，在按规定期限缴纳税额后，应借记"固定资产"账户，贷记"银行存款"账户（也可以通过"应交税费——应交车辆购置税"账户）。

【例7-7】 天河服装厂2022年11月从广州商贸汽车贸易公司购买一辆小轿车作自用，支付含增值税价款226 000元，取得增值税专用发票；另外支付保险费8 500元，送车费700元，上牌费1 800元，取得汽车贸易公司开具的普通发票。请对该笔业务进行会计处理。

可抵扣的进项税额＝226 000÷(1+13％)×13％＝26 000（元）

应纳车辆购置税额＝(226 000+700)÷(1+13％)×10％＝20 061.95（元）

购车成本＝200 000+8 500+700+1 800+20 061.95＝231 061.95（元）

借：固定资产　　　　　　　　　　　　　　　　　　　231 061.95
　　应交税费——应交增值税（进项税额）　　　　　　 26 000
　　贷：银行存款　　　　　　　　　　　　　　　　　　205 061.95

【关键术语】

城市维护建设税　耕地占用税　烟叶税　车辆购置税

【问题思考】

1. 简述城市维护建设税的税率、计税依据及其会计处理。
2. 简述耕地占用税的征税范围和税收优惠。
3. 农民占用耕地建房是否需要缴纳耕地占用税？
4. 简述烟叶税的计税依据及其会计处理。
5. 增值税进项税额的计算依据是否包括烟叶税？
6. 如何计算受赠汽车的车辆购置税？

练 习 题

一、单项选择题

1. 纳税人所在地为城市市区的,城市维护建设税的税率为( )。
   A. 7%   B. 5%   C. 3%   D. 1%

2. 纳税人所在地为县城、镇的,城市维护建设税的税率为( )。
   A. 7%   B. 5%   C. 3%   D. 1%

3. 纳税人所在地不在城市市区、县城、镇的,城市维护建设税的税率为( )。
   A. 7%   B. 5%   C. 3%   D. 1%

4. 城市维护建设税的适用税率,一般按纳税人( )的适用税率执行。
   A. 纳税所在地
   B. 缴纳"两税"所在地
   C. 生产经营地
   D. 总机构所在地

5. 城市维护建设税的计税依据为( )。
   A. 应缴纳的增值税、消费税税额之和
   B. 发生的增值额、销售额和营业额之和
   C. 实际缴纳的增值税、消费税税额之和
   D. 实际缴纳的增值税、消费税税额与加收的滞纳金之和

6. 现行教育费附加的征收率为( )。
   A. 5%   B. 3%   C. 2%   D. 1%

7. 某生产企业地处市区,2022年5月委托设在县城的烟丝加工厂加工一批烟丝,提货时,加工厂代收代缴的消费税为3万元,其城市建设维护税和教育费附加按以下办法处理( )。
   A. 在烟丝加工厂所在地缴纳城建税及附加0.3元
   B. 在烟丝加工厂所在地缴纳城建税及附加0.24元
   C. 在卷烟厂所在地缴纳城建税及附加0.3元
   D. 在卷烟厂所在地缴纳城建税及附加0.24元

8. 某市一生产企业为增值税一般纳税人。本期进口原材料一批,向海关缴纳进口环节增值税5万元;本期在国内销售甲产品缴纳增值税25万元、消费税17万元,消费税滞纳金1万元;本期出口乙产品一批,按规定退回增值税3万元。该企业本期应缴纳城市建设维护税( )万元。
   A. 3.57   B. 3.5   C. 2.94   D. 3.15

9. 某市一企业2016年4月被查补增值税80 000元、消费税20 000元、所得税30 000元,被加收滞纳金3 000元,被处罚款7 000元。该企业应补缴城市建设维护税和教育费附加为( )元。

A. 10 000　　B. 10 300　　C. 10 700　　D. 11 000

10. 下列关于耕地占用税的表述,不正确的是(　　)。
   A. 以纳税人实际占用耕地面积为计税依据,按照规定税额一次性征收
   B. 实行地区差别幅度比例税率
   C. 个人占用耕地建房也应缴纳耕地占用税
   D. 占用果园、竹园、药材种植园等应照章征税

11. 占用耕地从事建房免征耕地占用税的单位是(　　)。
   A. 学校占用耕地　　　　　　　　B. 自然人占地建自住房
   C. 国家机关占地建办公楼　　　　D. 国有企业占地建厂房

12. 某企业占用林地60万平方米建造生产厂房,还占用林地200万平方米开发经济林木,所占耕地适用的定额税率为30元/平方米。该企业应缴纳耕地占用税(　　)。
   A. 7 800万元　　B. 1 400万元　　C. 6 000万元　　D. 1 800万元

13. 烟叶税的税率为(　　)。
   A. 15%　　B. 20%　　C. 30%　　D. 40%

14. 下列关于车辆购置税的说法中,错误的是(　　)。
   A. 车辆购置税实行统一比例税率,税率为10%
   B. 车辆购置税以应税车辆为课税对象
   C. 车辆购置税实行从价定率的方法计算应纳税额
   D. 车辆购置税的计税价格的组成以应税车辆的价格为依据

15. 李某从某4S店(一般纳税人)购买轿车一辆供自己使用,支付含增值税的价款150 000元,另支付购置工具件和零配件价款5 000元,车辆装饰费8 000元,4S店还收取加急费等3 000元,并统一开具普通发票,政府另外收取控购费2 000元,李某应纳车辆购置税税额(　　)元。
   A. 14 310.34　　B. 14 482.76　　C. 16 800　　D. 16 600

二、多项选择题

1. 城市建设维护税的征收范围包括(　　)。
   A. 城市　　　　　　B. 县城
   C. 镇　　　　　　　D. 农村

2. 教育费附加的计税依据包括(　　)。
   A. 增值税税额　　　B. 消费税税额
   C. 所得税税额　　　D. 城市建设维护税税额

3. 根据现行规定,下列关于城市建设维护税的说法中正确的有(　　)。
   A. 适用的税率均按纳税人所在地的税率执行
   B. 海关对进口产品代征增值税、消费税,不代征城市建设维护税
   C. 纳税人直接缴纳"两税"的,在缴纳"两税"地缴纳城市建设维护税
   D. 出口产品退还增值税、消费税的,同时退还已缴纳的城市建设维护税

4. 耕地占用税的"耕地"是指种植农业作物的土地,包括(　　)。
   A. 菜地　　　　　　B. 药材种植园
   C. 菜园　　　　　　D. 花圃

5. 下列关于耕地占用税的规定,正确的有(   )。
   A. 耕地占用税实行地区差别幅度定额税率
   B. 人均耕地面积越少,耕地占用税单位税额越高
   C. 军事设施占用耕地免征耕地占用税
   D. 经济特区、经济技术开发区和经济发达、人均耕地特别少的地区,适用税额可以适当提高,但最高不得超过当地适用税额的30%

6. 下列各项中,免征耕地占用税的有(   )。
   A. 农村居民占用耕地新建住宅
   B. 学校、幼儿园、养老院、医院占用耕地
   C. 铁路线路占用耕地
   D. 军事设施占用耕地

7. 烟叶税的征税范围包括(   )。
   A. 采摘烟叶   B. 晾晒烟叶
   C. 烤烟叶   D. 烟丝

8. 下列关于烟叶税的说法中,正确的有(   )。
   A. 在中国境内收购的烟叶的单位需要代扣代缴烟叶税
   B. 烟叶税的税率为20%
   C. 烟叶的应纳税额等于烟叶收购金额乘以税率
   D. 烟叶税的纳税义务发生时间为纳税人收购烟叶的当天

9. 下列车辆中,可以免缴车辆购置税的有(   )。
   A. 设有固定装置的非运输车辆免税
   B. 农用三轮运输车
   C. 外国驻华使馆外交人员自用车辆
   D. 设有固定装置的运输车辆

10. 下列选项中,符合车辆购置税计税依据规定的有(   )。
    A. 购买自用应税车辆时,支付的车辆装饰费不并入计税依据中计税
    B. 纳税人进口自用应税车辆的计税依据为组成计税价格
    C. 汽车销售公司使用本公司发票的代收款项并入计税价格计征车辆购置税
    D. 支付的车辆保险费、牌照费,不计入计税价格

三、判断题
1. 凡是缴纳增值税、消费税的纳税人,须同时缴纳城市维护建设税。   (   )
2. 对增值税、消费税、营业税"两税"实行先征后返、先征后退、即征即退办法的,除另有规定外,对随"两税"附征的城市维护建设税和教育费附加,一律不予退(返)还。   (   )
3. 纳税人因偷漏增值税、消费税应该补税的,也要补缴城市维护建设税及教育费附加。   (   )
4. 学校占用耕地建设校舍,减按2元/平方米征收耕地占用税。   (   )
5. 农村居民经批准在户口所在地按照规定标准占用耕地,建设自用住宅,可以免征耕地占用税。   (   )
6. 耕地占用税实行比例税率。   (   )
7. 耕地占用税的纳税人为在我国境内占用耕地建房或者从事非农业建设的单位,不包括

个人。

8. 纳税人收购烟叶,应当向纳税人机构所在地的主管税务机关申报纳税。（　　）
9. 对购车者征收的车辆购置税应通过"税金及附加"科目核算。（　　）
10. 公司受赠方式取得并自用的半挂车免征车辆购置税。（　　）

四、简答题

1. 简述城市维护建设税和教育费附加的纳税人、征税范围。
2. 简述耕地占用税的税收优惠。
3. 简述我国开征烟叶税的原因及意义。
4. 简述车辆购置税的纳税人、征税范围。
5. 简述车辆购置税的税收优惠。

五、计算及综合题

1. 某厂所在地为省会城市,2022年5月实际已纳增值税320万元,消费税130万元。

【要求】请计算该厂当月应缴纳的城市维护建设税和教育费附加并进行会计处理。

2. 某公司2022年10月购进一辆小汽车,增值税专用发票所列的价款为25万元,增值税税额4.25万元,11月到主管税务机关缴纳车辆购置税。

【要求】请计算该公司应缴纳的车辆购置税并进行会计处理。

3. 广州市区一化妆品企业,2022年12月28日税务机关对其检查发现,该企业11月份隐瞒含税销售收入33 900元。

【要求】请计算分析该企业应补缴的增值税、消费税、城建税与教育费附加。

4. 广东中烟工业公司系增值税一般纳税人,2022年10月,向农业生产者收购烟叶,收购凭证上注明货款50 000元,实际支付价外补贴款3 700元;购货的运输费用2 180元,取得运输公司开具的货物运输业增值税专用发票,货款和运费已全部通过银行转账支付。11月初烟叶提回并验收入库后,又将其运往烟丝加工厂加工成烟丝,取得烟丝加工厂开具的增值税专用发票,注明支付加工费2 600元,增值税338元。11月20日,收回烟丝验收入库,准备继续生产五叶神卷烟。

【要求】请计算该公司应交的烟叶税额并进行会计处理。

第八章 企业所得税

教学目标

本章主要介绍企业所得税的税制要素及其会计核算,通过学习,学生应熟悉我国企业所得税法的基本法律规定,了解企业所得税的优惠政策及征收管理,能够正确计算企业所得税的应纳税额,掌握企业所得税的会计核算方法及其纳税申报。

第一节 征税范围与纳税义务人

企业所得税是以企业取得的生产经营所得和其他所得为征税对象所征收的税种。现行《中华人民共和国企业所得税法》是 2007 年 3 月 16 日第十届全国人民代表大会第五次会议审议通过的,自 2008 年 1 月 1 日起开始施行的,适用于包括外资企业在内的所有企业。

一、纳税义务人

企业所得税的纳税义务人是在中华人民共和国境内取得应纳税所得的企业和其他组织(以下统称企业),包括企业、事业单位、社会团体和其他取得所得的组织,但不包括个人独资企业和合伙企业。

依照《中华人民共和国个人独资企业法》《中华人民共和国合伙企业法》等法律、行政法规成立的个人独资企业和合伙企业,不适用企业所得税法,其中个人独资企业以投资人的个人财产对外承担无限责任,其生产经营所得也即出资人的个人所得,因而应缴纳个人所得税。合伙企业是以合伙人或者普通合伙人的全部财产对外承担无限责任的,对于普通合伙企业来说,其生产经营所得也即合伙人的所得,应由合伙人依法分别纳税;对于有限合伙企业来说,其生产经营所得也是分别由普通合伙人和有限合伙人依法纳税的,企业本身也没有独立的财产和所得,所以合伙企业亦不属于企业所得税的纳税人。

企业所得税的纳税义务人按照纳税义务的不同,分为居民企业和非居民企业。

(一)居民企业

居民企业是指依法在中国境内成立,或者依照外国(地区)法律成立但实际管理机构在中国境内的企业。

根据国际惯例,判断居民企业的标准一般有:登记注册地标准、生产经营地标准、实际管理控制地标准或多标准相结合等。我国企业所得税法关于纳税人的规定采取的是登记注册地标准和实际管理控制地标准相结合的原则,不仅依法在中国境内成立的企业属于居民企业,而且依照外国(地区)法律在境外成立的企业,也有可能会成为居民企业。对于在境外登记注册的企业到底是居民企业还是非居民企业,关键要看其实际管理机构是否在中国境内。

"实际管理机构"要同时符合以下三个方面的条件。

第一,该机构是对企业有实质性管理和控制的机构。即并非形式上的"橡皮图章",而是对企业的经营活动能够起到实质性的影响。实质性管理和控制的机构,往往和名义上的企业行政中心(多是企业为了避税而故意造成的)不一致,因而在适用税法时应当进行实质性审查,确定企业真实的管理中心所在。我国企业所得税法将实质性管理和控制作为认定实际管理机构的标准之一,有利于防止外国企业逃避税收征管,从而保障我国的税收主权。

第二,该机构是对企业实行全面的管理和控制的机构。如果该机构只是对该企业的一部分或并不关键的生产经营活动进行影响和控制,如只是对在中国境内的某一个生产车间进行管理,则不被认定为实际管理机构。只有对企业的整体或者主要的生产经营活动有实际管理控制,本企业的生产经营活动负总体责任的管理控制机构,才符合实际管理机构标准。

第三,管理和控制的内容是企业的生产经营、人员、账务、财产等。这是界定实际管理机构的最关键标准。如果一个外国企业只是在表面上是由境外的机构对企业进行全面管理和控制,但是企业的生产经营、人员、账务、财产等重要事务实际上是由在中国境内的一个机构来作出决策的,那么就应当认定其实际管理机构在中国境内。

(二) 非居民企业

非居民企业是指依照外国(地区)法律成立且实际管理机构不在中国境内,但在中国境内设立机构、场所,或者在中国境内未设立机构、场所,但有来源于中国境内所得的企业。

上述所称机构、场所是指在中国境内从事生产经营活动的机构、场所包括以下几种。

1. 管理机构、营业机构、办事机构

管理机构是指对企业生产经营活动进行管理决策的机构;营业机构是指企业开展日常生产经营活动的固定场所,如商场等;办事机构是指企业在当地设立的从事联络和宣传等活动的机构,如外国企业在中国设立的代表处,往往为开拓中国市场进行调查和宣传等工作,为企业将来到中国开展经营活动打下基础。

2. 工厂、农场、开采自然资源的场所

这三类场所属于企业开展生产经营活动的场所。工厂是工业企业,如制造业的生产厂房、车间所在地;农场包括"农场、牧场、林场、渔场"等农业生产经营活动的场所;开采自然资源的场所主要是采掘业的生产经营活动场所,如采矿、采油等。

3. 提供劳务的场所

提供劳务的场所包括从事交通运输、仓储租赁、咨询经纪、科学研究、技术服务、教育培训、餐饮住宿、中介代理、旅游、娱乐、加工以及其他劳务服务活动的场所。

4. 从事建筑、安装、装配、修理、勘探等工程作业的场所

这类场所包括建筑工地、港口码头、地质勘探场地等工程作业场所。

5. 其他从事生产经营活动的机构、场所

值得注意的是,非居民企业委托营业代理人在中国境内从事生产经营活动的,包括委托单位和个人经常代其签订合同,或者储存、交付货物等,该营业代理人视为非居民企业在中国境内设立的机构、场所。接受外国企业委托的主体,既可以是中国境内的单位,也可以是中国境内的个人。代理的具体行为包括代其签订合同,或者储存、交付货物等。

二、征税范围

(一)居民企业的征税范围

按照企业所得税法第三条规定,居民企业应当就其来源于中国境内、境外的全部所得缴纳企业所得税,所得包括销售货物所得、提供劳务所得、转让财产所得、股息红利等权益性投资所得、利息所得、租金所得、特许权使用费所得、接受捐赠所得、其他所得和清算所得。

(二)非居民企业的征税范围

非居民企业在中国境内设立机构、场所的,应当就其所设机构、场所取得的来源于中国境内的所得,以及发生在中国境外但与其所设机构、场所有实际联系的所得,缴纳企业所得税;非居民企业在中国境内未设立机构、场所的,或者虽设立机构、场所但取得的所得与其所设机构、场所没有实际联系的,应当就其来源于中国境内的所得缴纳企业所得税。

一般来说,实际联系是指非居民企业在中国境内设立的机构、场所拥有据以取得所得的股权、债权,以及拥有、管理、控制据以取得所得的财产等。如果非居民企业取得的所得是通过该机构、场所拥有的股权、债权而取得的,或者非居民企业取得的所得,是通过该机构、场所拥有、管理和控制的财产取得的,就可以认定所得与其设立的机构、场所有实际联系。例如,非居民企业通过该机构、场所对其他企业进行股权、债权等权益性投资或者债权性投资而获得股息、红利或者利息收入,就可以认定为与该机构、场所有实际联系;再如,非居民企业将境内或者境外的房产对外出租收取的租金,如果该房产是由该机构、场所拥有、管理或者控制的,亦可以认定这笔租金收入与该机构、场所有实际联系。

(三)所得来源地的确定

所得来源地的判断标准直接关系到企业纳税义务的大小,也涉及国家之间以及国内不同地区之间税收管辖权的问题。不同类型所得来源于中国境内、境外的划分标准如下:

1. 销售货物所得

按照交易活动发生地确定。交易活动发生地主要指销售货物行为发生的场所,通常是销售企业的营业机构,在送货上门的情况下为购货单位或个人的所在地,还可以是买卖双方约定的其他地点。

2. 提供劳务所得

按照劳务发生地确定。劳务行为既包括部分工业生产活动,也包括商业服务行为,其所得以劳务行为发生地确定是来源于境内还是境外。如境外机构为中国境内居民提供金融保险服务,向境内居民收取保险费,则应认定为来源于中国境内的所得。

3. 转让财产所得

(1)不动产转让所得按照不动产所在地确定。这是国际私法的普遍原则,也是确定法院管辖权的基本原则。由于不动产是不可移动的财产,其保护、增值等都与其所在地关系密切,因此应当按照不动产所在地确定。如在中国境内投资房地产,取得的收入应为来源于境内的所得。

(2)动产转让所得按照转让动产的企业或者机构、场所所在地确定。由于动产是随时可以移动的财产,难以确定其所在地,而且动产与其所有人的关系最为密切,因此,采取所有人地点的标准。同时如果非居民企业在中国境内设立机构、场所,并从该机构、场所转让财产给其他单位或个人的,也应认定为来源于境内的所得。

(3)权益性投资资产转让所得按照被投资企业所在地确定。权益性投资,包括股权等投资,如境外企业之间转让中国居民企业发行的股票,其取得的收益应当属于来源于中国境内的所得,依法缴纳企业所得税。

4. 股息红利等权益性投资所得

按照分配所得的企业所在地确定。企业因购买被投资方的股票而产生的股息、红利,是被投资方向投资方企业支付的投资回报,应当以被投资方所在地作为所得来源地。

5. 利息所得、租金所得、特许权使用费所得

按照负担或者支付所得的企业或者机构、场所所在地确定。利息、租金和特许权使用费是企业借贷、出租和提供特许权的使用权而获得的收益,应当将负担或支付上述受益的企业或其机构、场所认定为所得来源地。

6. 其他所得

由国务院财政、税务主管部门确定。

第二节 企业所得税应纳税额的计算

一、税率

企业所得税实行比例税率。

(1)居民企业及在中国境内设有机构、场所且所得与该机构、场所有实际联系的非居民企业应当就其来源于中国境内、境外的全部所得缴纳企业所得税,适用的企业所得税税率为25%。

(2)非居民企业在中国境内未设立机构、场所的,或者虽设立机构、场所但取得的所得与其所设机构、场所没有实际联系的,应当就其来源于中国境内的所得缴纳企业所得税,适用的企业所得税税率为20%,目前按有关税收优惠政策减按10%的税率征收。

(3)符合条件的小型微利企业,减按20%的税率征收企业所得税。

小型微利企业是指:从事国家非限制和禁止行业;年应纳税所得额不超过300万元;年平均从业人数不超过300人,年平均资产总额不超过5 000万元。

自2023年1月1日至2024年12月31日,小型微利企业的年应纳税所得额不超过100万元的部分,减按25%计入应纳税所得额。

(4)国家需要重点扶持的高新技术企业,减按15%的税率征收企业所得税。

高新技术企业的认定条件包括以下几个。

① 企业申请认定时须注册成立一年以上。

② 在中国境内(不含港、澳、台地区)注册的企业,通过自主研发、受让、受赠、并购等方式,或通过5年以上的独占许可方式,对其主要产品(服务)的核心技术拥有自主知识产权的所有权,且达到下列其中一项数量要求:发明专利、植物新品种、国家新药、国家级农作物品种、国家一级中药保护品种、集成电路布图设计专有权1件以上;实用新型专利7件以上;非简单改变产品图案和形状的外观设计专利(主要是指:运用科学和工程技术的方法,经过研究与开发过程得到的外观设计)或者软件著作权7件以上。

③ 对企业主要产品(服务)发挥核心支持作用的技术属于《国家重点支持的高新技术领域目录2016》规定的范围。

④ 企业从事研发和相关技术创新活动的科技人员占企业当年职工总数的比例不低于10%。

⑤ 企业近三个会计年度(实际经营期不满三年的按实际经营时间计算,下同)的研究开发费用总额占同期销售收入总额的比例符合如下要求:最近一年销售收入小于5 000万元(含)的企业,比例不低于5%;最近一年销售收入在5 000万元至2亿元(含)的企业,比例不低于4%;最近一年销售收入在2亿元以上的企业,比例不低于3%。其中,企业在中国境内发生的研究开发费用总额占全部研究开发费用总额的比例不低于60%;委托外部研究开发费用的实际发生额应按照独立交易原则确定,按照实际发生额的80%计入委托方研发费用总额。

⑥ 近一年高新技术产品(服务)收入占企业同期总收入的比例不低于60%。

⑦ 企业创新能力评价应达到相应要求。

⑧ 企业申请认定前一年内未发生重大安全、重大质量事故或严重环境违法行为。

(5) 对经认定的技术先进型服务企业,减按15%的税率征收企业所得税。享受企业所得税优惠政策的技术先进型服务企业必须同时符合以下条件:

① 从事《技术先进型服务业务认定范围(试行)》中的一种或多种技术先进型服务业务,采用先进技术或具备较强的研发能力;

② 在中国境内(不包括港、澳、台地区)注册的法人企业;

③ 具有大专以上学历的员工占企业职工总数的50%以上;

④ 从事《技术先进型服务业务认定范围(试行)》中的技术先进型服务业务取得的收入占企业当年总收入的50%以上;

⑤ 从事离岸服务外包业务取得的收入不低于企业当年总收入的35%。

二、应纳税所得额

应纳税所得额是企业所得税的计税依据。

(一) 居民企业

居民企业以及在中国境内设立机构、场所的非居民企业以每一纳税年度的收入总额减除不征税收入、免税收入、各项扣除以及允许弥补的以前年度亏损后的余额为应纳税所得额。计算公式为:

应纳税所得额＝应税收入－扣除总额－可弥补的以前年度亏损
　　　　　＝（收入总额－不征税收入－免税收入）－准予扣除项目金额－可弥补的以前年度亏损

（二）非居民企业

非居民企业在中国境内未设立机构、场所的，或者虽设立机构、场所但取得的所得与其所设机构、场所没有实际联系的，按照下列方法计算其应纳税所得额。

（1）股息、红利等权益性投资收益和利息、租金、特许权使用费所得，以收入全额为应纳税所得额，可以用公式表述为：

$$应纳税所得额＝收入总额$$

（2）转让财产所得，以收入全额减除财产净值后的余额为应纳税所得额，计算公式为：

$$应纳税所得额＝收入总额－财产净值$$

（3）其他所得，参照前两项规定的方法计算应纳税所得额。

企业应纳税所得额的计算，以权责发生制为原则，属于当期的收入和费用，不论款项是否收付，均作为当期的收入和费用；不属于当期的收入和费用，即使款项已经在当期收付，均不作为当期的收入和费用。

三、应税收入的确定

（一）收入总额

收入总额是指企业以货币形式和非货币形式从各种来源取得的收入。货币形式的收入一般有具体的金额，主要包括现金、存款、应收账款、应收票据、准备持有至到期的债券投资、债务的豁免等。非货币形式的收入包括取得存货、固定资产、生物资产、无形资产、股权投资、不准备持有至到期的债券投资以及劳务和其他非货币表示的权益等等，以非货币形式取得的收入，应当按照公允价值确定收入额。

收入总额包括以下九类。

1. 销售货物收入

销售货物收入是指企业销售商品、产品、原材料、包装物、低值易耗品以及其他存货取得的收入。企业应当按照从购货方已收或应收的合同或协议价款确定销售货物收入金额。

销售货物涉及现金折扣的，应当按照扣除现金折扣后的金额确定销售货物收入金额。现金折扣在实际发生时冲减预计负债；销售货物涉及商业折扣的，应当按照扣除商业折扣后的金额确定销售货物收入金额；企业已经确认销售货物收入的售出货物发生销售折让的，应当在发生时冲减当期销售货物收入；企业已经确认销售货物收入的售出货物发生销售退回的，应当在发生时冲减当期销售货物收入。

2. 提供服务收入

提供服务收入是指企业从事建筑安装、修理修配、交通运输、仓储租赁、金融保险、邮电通信、咨询经纪、文化体育、科学研究、技术服务、教育培训、餐饮住宿、中介代理、卫生保健、社区服务、旅游、娱乐、加工以及其他劳务服务活动取得的收入。

企业应当按照从接受劳务方已收或应收的合同或协议价款确定提供劳务收入总额。

企业受托加工制造大型机械设备、船舶、飞机等，以及从事建筑、安装、装配工程业务或者提供劳务等,持续时间超过 12 个月的,按照纳税年度内完工进度或者完成的工作量确认收入的实现。

企业确定提供劳务交易的完工进度,可以选用下列方法:(1)已完工作的测量;(2)已经提供的劳务占应提供劳务总量的比例;(3)已经发生的成本占估计总成本的比例。

3. 转让财产收入

转让财产收入是指企业转让固定资产、生物资产、无形资产、股权、债权等财产取得的收入。企业应当按照从财产受让方已收或应收的合同或协议价款确定转让财产收入金额。

转让股权的收入应于转让协议生效且完成股权变更手续时确认收入的实现,转让收入允许扣除为取得该股权而发生的成本,但不得扣除被投资企业留存收益中该股权所享有的金额。

4. 股息、红利等权益性投资收益

股息、红利等权益性投资收益是指企业因权益性投资从被投资方取得的收入。股息、红利等权益性投资收益,除国务院财政、税务主管部门另有规定外,按照被投资方作出利润分配决定的日期确认收入的实现。企业应当按照从被投资企业分配取得的股息、红利和其他利润分配收益全额确认股息、红利收益金额。

被投资方企业将资本公积转增股本时,投资方企业无需将股权(票)溢价形成的资本公积转增股本部分确认为股息、红利收入,也不得增加长期股权投资的计税基础。

5. 利息收入

利息收入是指企业将资金提供他人使用但不构成权益性投资,或者因他人占用本企业资金取得的收入,包括存款利息、贷款利息、债券利息、欠款利息等收入。利息收入应当按照合同约定的债务人应付利息的日期确认收入的实现。

6. 租金收入

租金收入是指企业提供固定资产、包装物或者其他有形资产的使用权取得的收入。租金收入应当按照合同约定的承租人应付租金的日期确认收入的实现。企业租金收入金额,应当按照有关租赁合同或协议约定的金额全额确定。

7. 特许权使用费收入

特许权使用费收入是指企业提供专利权、非专利技术、商标权、著作以及其他特许权的使用权取得的收入。特许权使用费收入应当按照合同约定的特许权使用人应付特许权使用费的日期确认收入的实现。企业特许权使用费收入金额,应当按照有关使用合同或协议约定的金额全额确定。

8. 接受捐赠收入

接受捐赠收入是指企业接受的来自其他企业、组织或者个人无偿给予的货币性资产、非货币性资产。接受捐赠收入应当按照实际收到捐赠资产的日期确认收入的实现。企业接受捐赠收入的金额,按照捐赠资产的公允价值确定。

9. 其他收入

其他收入包括企业资产溢余收入、逾期未退包装物押金收入、确实无法偿付的应付款项、已作坏账损失处理后又收回的应收款项、债务重组收入、补贴收入、违约金收入、汇兑收益等。企业其他收入金额,按照实际收入额或相关资产的公允价值确定。

(二)特殊收入的确认

(1) 企业发生非货币性资产交换、偿债,以及将货物、财产、劳务用于捐赠、赞助、集资、广告、样品、职工福利和利润分配,应当视同销售货物、转让财产或者提供劳务,确认为应税收入。对于统一法人实体内部处置资产,不改变资产所有权的用途,如将资产用于生产、制造、加工另一产品,改变资产的形状、结构或性能,改变资产用途,将资产在总机构、分支机构之间转移等不作为销售处理。

(2) 企业的下列生产经营业务可以分期确认收入的实现:

① 以分期收款方式销售货物的,按照合同约定的收款日期确认收入的实现;

② 企业受托加工制造大型机械设备、船舶、飞机,以及从事建筑、安装、装配工程业务或者提供其他劳务等,持续时间超过12个月的,按照纳税年度内完工进度或者完成的工作量确认收入的实现;

③ 采取产品分成方式取得收入的,按照企业分得产品的日期确认收入的实现。

(3) 居民企业以非货币性资产对外投资,按照非货币性资产评估后的公允价值扣除计税基础后的余额计算确认非货币性资产转让所得,转让所得可以在不超过5年的期限内分期平均计入相应年度的应纳税所得额;被投资企业取得非货币性资产的计税基础,应按非货币性资产的公允价值确定。

(三)不征税收入

"不征税收入"是指从企业所得税原理上讲不具有可税性的收入范畴,规定"不征税收入"的目的是将公益性活动或非营利活动带来的经济利益流入从应税总收入中排除。目前,我国组织形式多样,除企业外,还有事业单位形式、公益慈善组织形式,还有其他各种社会团体和民办非企业单位等。这些机构严格讲是不以营利活动为目的的,其收入的形式主要靠财政拨款以及为承担行政性职能所收取的行政事业性收费等等,对这类组织取得的非营利性收入征税没有实际意义。对于不征税收入及其用于支出所形成的费用或资产进行同步纳税调整,其支出不能在税前扣除。

收入总额中包括的下列收入为不征税收入。

1. 财政拨款

财政拨款是指各级人民政府对纳入预算管理的事业单位、社会团体等组织拨付的财政资金。

企业实际收到的财政补贴、贷款贴息和税收返还(包括即征即退、先征后退、直接减免的税金,但不包括出口退税)等,不属于财政拨款,均应作为应税收入征收企业所得税。

2. 行政事业性收费

依照法律法规等有关规定,按照国务院规定程序批准,在实施社会公共管理,以及在向公民、法人或者其他组织提供特定公共服务过程中,向特定对象收取并纳入财政管理的费用。但事业单位因提供服务收取的经营服务性收费不属于行政事业性收费。

3. 政府性基金

政府性基金是指企业依照有关法律、行政法规的规定代政府收取的具有专向用途的财政性资金。

4. 国务院规定的其他不征税收入

国务院规定的其他不征税收入是指企业取得由国务院财政、税务主管部门规定专项用途并经国务院批准的财政性资金。

企业取得符合下列条件的财政性资金可以列入不征税收入:
(1) 企业能够提供规定资金专项用途的资金拨付文件;
(2) 财政部门或其他拨付资金的政府部门对该资金有专门的资金管理办法或具体管理要求;
(3) 企业对该资金以及该资金发生的支出单独进行核算。

(四) 免税收入

企业所得税法规定,企业的下列收入为免税收入。
(1) 国债利息收入。
(2) 符合条件的居民企业之间的股息、红利等权益性投资收益。符合条件的居民企业之间的股息、红利等权益性投资收益,是指居民企业直接投资于其他居民企业取得的投资收益。
(3) 在中国境内设立机构、场所的非居民企业从居民企业取得与该机构、场所有实际联系的股息、红利等权益性投资收益。

上述投资收益不包括连续持有居民企业公开发行并上市流通的股票不足12个月取得的投资收益。
(4) 符合条件的非营利组织的收入:
① 接受其他单位或者个人捐赠的收入;
② 政府补助收入(不包括因政府购买服务取得的收入);
③ 按照省级以上民政、财政部门规定收取的会费;
④ 不征税收入和免税收入孳生的银行存款利息收入;
⑤ 财政部、国家税务总局规定的其他收入。

【课程思政】

为支持非营利组织开展公益事业,符合条件的非营利组织的收入免纳企业所得税,但非营利组织从事营利性活动取得的收入不享受免税。非营利组织应同时符合下列条件:
(1) 依法履行非营利组织登记手续;
(2) 从事公益性或者非营利性活动;
(3) 取得的收入除用于与该组织有关的、合理的支出外,全部用于登记核定或者章程规定的公益性或者非营利性事业;
(4) 财产及其孳息不用于分配;
(5) 按照登记核定或者章程规定,该组织注销后的剩余财产用于公益性或者非营利性目的,或者由登记管理机关转赠给与该组织性质、宗旨相同的组织,并向社会公告;
(6) 投入人对投入该组织的财产不保留或者享有任何财产权利;
(7) 工作人员工资福利开支控制在规定的比例内,不变相分配该组织的财产。

四、扣除总额的确定

(一) 一般规定

企业所发生的支出种类很多,形式各异,与企业取得的收入的关系也呈多样化。根据企业所得税法中收入与支出的关联、配比等原则要求,并非所有的企业支出都可以在税前扣除,否则将严重侵蚀企业所得税的税基,损害国家税收利益。

根据我国企业所得税法的规定,企业实际发生的与取得收入有关的、合理的支出,包括成本、费用、税金、损失和其他支出,准予在计算应纳税所得额时扣除。

1. 与取得收入有关的支出

与取得收入有关的支出应该是与取得收入直接相关的支出,是指企业所实际发生的能直接带来经济利益的流入或者可预期经济利益的流入的支出。如生产性企业为生产产品而购买储存的原材料,服务性企业为收取服务费用而雇用员工为客户提供服务,或者购买储存的提供服务过程中所耗费的材料等支出,就属于能直接给企业带来现实、实际经济利益的支出,属于与"取得收入直接相关的支出"。再如企业的广告费支出,虽然这些支出并不能即时地带来企业经济利益的流入,但是这种支出所对应的收益,将是可预期的,根据社会上一般理性人的理解,这类广告将提高企业及其产品或者服务的知名度,提高其在消费者之间的认同度等,进而推动消费者购买其产品或者服务,提升或者加大企业的获利空间,也应属于"与取得收入直接相关的支出"。

2. 企业发生的合理的支出

合理性原则是企业所得税税前扣除的另一项基本原则,是建立在税前扣除真实性和合法性原则基础上的要求。合理的支出,是指符合生产经营活动常规,应当计入当期损益或者有关资产成本的必要和正常的支出。合理性的具体判断,主要是看发生支出的计算和分配方法是否符合一般经营常规,如企业发生的业务招待费与所成交的业务额或者业务的利润水平是否相吻合,工资水平与社会整体或者同行业工资水平是否差异过大等等。合理性原则为防止企业利用不合理的支出调节利润水平,规避税收,以及全面加强我国的一般反避税工作提供了依据。

3. 区分收益性支出和资本性支出

收益性支出在发生当期直接扣除,资本性支出应当分期扣除或者计入有关资产成本,不得在发生当期直接扣除。

允许扣除的成本,是指企业在生产经营活动中发生的销售成本、销货成本、业务支出以及其他耗费。

允许扣除的费用,是指企业在生产经营活动中发生的销售费用、管理费用和财务费用,已经计入成本的有关费用除外。

允许扣除的税金,是指企业发生的除企业所得税和允许抵扣的增值税以外的各项税金及其附加。

允许扣除的损失,是指企业在生产经营活动中发生的固定资产和存货的盘亏、毁损、报废损失,转让财产损失,呆账损失,坏账损失,自然灾害等不可抗力因素造成的损失以及其他损失。企业发生的损失,减除责任人赔偿和保险赔款后的余额,依照国务院财政、税务主管部门的规定扣除。企业已经作为损失处理的资产,在以后纳税年度又全部收回或者部分收回时,应当计入当期收入。

需要注意的是,企业的不征税收入用于支出所形成的费用或者财产,不得扣除或者计算对应的折旧、摊销扣除。

(二) 准予扣除项目的具体范围和标准

1. 职工工资、薪金

企业发生的合理的工资薪金支出,准予在企业所得税前据实扣除。工资薪金是指企业每一纳税年度支付给在本企业任职或者受雇的员工的所有现金形式或者非现金形式的劳动报酬,包括基本工资、奖金、津贴、补贴、年终加薪、加班工资,以及与员工任职或者受雇有关的其他支出。

税务机关对工资薪金合理性的认定原则:

(1) 企业制定了较为规范的工资薪金制度,制度符合行业及地区的合理水平;

(2) 企业在一定时期所发放的工资薪金是相对固定的,工资薪金的调整是有序进行的;

(3) 企业对实际发放的工资薪金依法履行了代扣代缴个人所得税义务;

(4) 有关工资薪金的安排,不以减少或逃避税款为目的。

2. 社会保险费和住房公积金

企业依照国务院有关主管部门或者省级人民政府规定的范围和标准为职工缴纳的基本养老保险费、基本医疗保险费、失业保险费、工伤保险费、生育保险费等基本社会保险费和住房公积金(简称5险1金),准予在企业所得税前据实扣除。

建立了补充养老保险(即企业年金)、补充医疗保险制度的企业,可以在国务院财政部、税务主管部门规定的范围内列支企业支付的补充养老保险和补充医疗保险。

除企业依照国家有关规定为特殊工种职工支付的人身安全保险费和国务院财政、税务主管部门规定可以扣除的其他商业保险费外,企业为投资者或者职工支付的商业保险费,不得扣除。

企业发生的合理的劳动保护支出,准予在企业所得税前扣除。

3. 职工福利费、工会经费、职工教育经费

企业发生的职工福利费应该单独设置账册核算,职工福利费支出不超过工资薪金总额14%的部分,准予在企业所得税前据实扣除。

企业拨缴的工会经费,不超过工资薪金总额2%的部分,凭工会组织开具的工会经费收入专用收据,准予在企业所得税前据实扣除,尚未拨缴的工会经费不得扣除。

企业发生的日常职工教育培训经费支出,不超过工资薪金总额8%的部分,准予在所得税前扣除,超过部分准予结转以后纳税年度扣除;企业发生的非日常职工教育培训经费如企业高管人员的境外培训和考察,可以在企业所得税前扣除;符合条件的软件企业、集成电路设计企业、动漫企业、核电企业、航空企业发生的职工培训费用,应单独记账核算,可以全额在企业所得税前扣除。

4. 利息费用及借款费用

非金融企业向金融企业借款的利息支出、金融企业的各项存款利息支出和同业拆借利息支出、企业经批准发行债券的利息支出,准予在企业所得税前据实扣除。

非金融企业向非金融企业借款的利息支出,不超过按照金融企业同期同类贷款利率计算的数额的部分,准予在企业所得税前据实扣除。

企业从其非金融企业、股东或其他与企业有关联关系的自然人、向内部职工或其他人员、向关联方接收的债权性投资与权益性投资的比例超过规定标准而发生的利息支出不得在计算企业所得税前扣除,规定的比例标准为:金融企业5∶1,其他企业2∶1。

企业在生产经营活动中发生的合理的不需要资本化的借款费用,准予在企业所得税前扣除。符合资本化条件的,应计入有关资产的成本,在以后的会计期间根据税法规定进行折旧或摊销,在相应期间的所得税前扣除。

企业在货币交易中,以及纳税年度终了时将人民币以外的货币性资产、负债按照期末即期人民币汇率中间价折算为人民币时产生的汇兑损失,除已经计入有关资产成本以及与向所有者进行利润分配相关的部分外,准予扣除。

5. 业务招待费

企业发生的与生产经营活动有关的业务招待费支出,按照发生额的60%准予在所得税前扣除,但最高不得超过当年销售(营业)收入的5‰。

6. 广告费和业务宣传费

企业发生的符合条件的广告费和业务宣传费支出,不超过当年销售(营业)收入15%的部分,准予在所得税前扣除;超过部分,准予在以后纳税年度结转扣除。

申报扣除的广告费支出应符合以下条件:广告通过经工商部门批准的专门机构制作;已经实际支付了相关广告费用并取得广告费发票;广告通过一定的媒体进行传播。

7. 租赁费

以经营租赁方式租入固定资产发生的租赁费支出,按照租赁期限均匀扣除;

以融资租赁方式租入固定资产发生的租赁费支出,按照规定构成融资租入固定资产价值的部分应当提取折旧费用,分期扣除。

8. 保险费

企业参加的财产保险、责任保险,按照规定缴纳的保险费准予在企业所得税前据实扣除。

9. 公益性捐赠

公益性捐赠,是指企业通过公益性社会团体或者县级以上人民政府及其部门,用于《中华人民共和国公益事业捐赠法》规定的公益事业的捐赠。

企业发生的公益性捐赠支出,不超过年度会计利润总额12%的部分,准予在所得税前扣除;超过年度利润总额12%的部分,准予在以后三年内计算应纳税所得额时结转扣除。企业向受赠人的直接捐赠不允许在企业所得税前扣除。

10. 其他项目

企业依照法律、行政法规有关规定准予扣除的其他项目。如会员费、合理的会议费、差旅费、诉讼费等。

【知识链接】

公益性社会团体是指同时符合下列条件的基金会、慈善组织等社会团体:(1)依法登记,具有法人资格;(2)以发展公益事业为宗旨,且不以营利为目的;(3)全部资产及其增值为该法人所有;(4)收益和营运结余主要用于符合该法人设立目的的事业;(5)终止后的剩余财产不归属任何个人或者营利组织;(6)不经营与其设立目的无关的业务;(7)有健全的财务会计制度;(8)捐赠者不以任何形式参与社会团体财产的分配;(9)国务院财政、税务主管部门会同国务院民政部门等登记管理部门规定的其他条件。

(三) 不得扣除项目

在计算应纳税所得额时,下列支出不得扣除:

(1) 向投资者支付的股息、红利等权益性投资收益款项;
(2) 企业所得税税款;
(3) 税收滞纳金;
(4) 罚金、罚款和被没收财物的损失;
(5) 不属于公益性捐赠规定条件的捐赠支出;
(6) 赞助支出;
(7) 未经核定的准备金支出;
(8) 因特别纳税调整而被加收的利息支出;
(9) 与取得收入无关的其他支出。

五、应纳所得税额的计算

居民企业及在我国境内设立机构场所的非居民企业应纳所得税额的计算可以采用直接法或者间接法。

直接法是指直接根据应税收入和扣除总额计算出应纳税所得额,再乘以企业适用的所得税税率计算出应纳所得税额。

计算公式为:

$$应纳税所得额 = 应税收入 - 扣除总额 - 可弥补的以前年度亏损$$
$$= 收入总额 - 不征税收入 - 免税收入 - 扣除总额 - 可弥补的以前年度亏损$$
$$应纳所得税额 = 应纳税所得额 \times 适用税率 - 减免税额 - 抵免税额$$

直接法的计算成本高,实务中很少采用。

间接法是指企业实际计算应纳所得税额时,根据现行所得税法对确定应纳税所得额的规定,在会计利润的基础上,将与税法规定的收支项目和金额有悖的予以调整,经调整计算出应纳税所得额,再根据适用税率计算应纳所得税额。

计算公式为:

$$应纳税所得额 = 会计利润 - 纳税调整减少项目金额 + 纳税调整增加项目金额 - 可弥补的以前年度亏损$$
$$应纳所得税额 = 应纳税所得额 \times 适用税率 - 减免税额 - 抵免税额$$

1. 需调减应纳税所得额的项目

1) 收入的调减项目

根据会计准则的规定确认为收入、收益,但税法规定不作为应纳税所得额的项目。例如,根据税法规定属于不征税收入、免税收入的项目,不计入应纳税所得额,但这些收入的取得已经计入会计利润,使会计利润大于应纳税所得额,因此计算应纳税所得时,应从会计利润中减去这些项目,才能得出应纳税所得额。

2) 费用的调减项目

根据会计准则规定不确认为费用或损失,但根据税法规定可以在所得税前扣除的项目。例如,所得税法规定:企业安置残疾人员的,在按照支付给残疾职工工资据实扣除的基础上,可以按照支付给残疾职工工资的100%加计扣除;不同行业的企业开展研发活动中实际发生的研究开发费用,未形成无形资产计入当期损益的,在按照规定据实扣除的基础上,按照研究开发费用的100%加计扣除。这些加计扣除额是会计处理时未确认的费用,使会计利润大于应纳税所得额,计算应纳税所得时,从会计利润中减去这些项目,才能得出应纳税所得额。

2. 需调增应纳税所得额的项目

1) 收入的调增项目

根据会计准则规定不确认为收入,但税法规定要作为应税收入的项目,主要包括:

第一,关联企业之间采用不合理定价减少应纳税所得额,税法规定税务机关有权进行特别调整;

第二,企业发生非货币性资产交换,以及将货物、财产、劳务用于捐赠、偿债、赞助、集资、广告、样品、职工福利或者利润分配等用途的,应当视同销售货物、转让财产或者提供劳务;

第三,企业接受捐赠,应按照实际收到捐赠资产的日期确认收入的实现。

这些项目根据会计规定并不计入收入,因此会使会计利润小于应纳税所得额,计算应纳税所得时,从会计利润中加上这些项目,才能得出应纳税所得额。

2) 费用的调增项目

根据会计准则规定可以列为成本、费用或损失,但税法规定不允许扣除的项目。这些项目使会计利润小于应纳税所得额,计算应纳税所得时,从会计利润中加上这些项目,才能得出应纳税所得额。此类项目存在的主要原因:一是现行会计准则与税法关于费用的扣除范围不同,二是会计准则与税法关于费用的扣除标准不同。

现行"范围不同"的项目是指根据所得税法不得在所得税前扣除,但是根据会计准则准予确认为费用的项目,例如:税收滞纳金;罚金、罚款和被没收财物的损失;公益救济以外的捐赠支出;赞助支出;未经核定的准备金支出等,这些项目应调增应纳税所得额。

现行"标准不同"的项目是指根据所得税法规定只能在税前限额扣除,但是在计算会计利润时据实计入了相关的成本费用,所得税法规定了税前扣除限额的项目主要有:

企业发生的职工福利费支出,不超过工资薪金总额14%的部分,准予扣除;

企业拨缴的工会经费,不超过工资薪金总额2%的部分,准予扣除;

企业发生的职工教育经费支出,不超过工资薪金总额8%的部分,准予扣除;

企业发生的与生产经营活动有关的业务招待费支出,按照发生额的60%扣除,但最高不得超过当年销售(营业)收入的5‰;

企业发生的广告费与业务宣传费支出,不得超过当年销售(营业)收入的15%;

企业发生的公益性捐赠支出,不得超过当年会计利润的12%;

这些规定了扣除限额的项目,超过部分根据所得税法的规定不得在税前扣除,如果实际发生额超过了扣除限额,会计利润将小于应纳税所得额,应调增应纳税所得额。

六、允许弥补的亏损

税法中的亏损和财务会计中的亏损含义是不同的。财务会计上的亏损是指当年总收益小于当年总支出,这里所说的亏损,不是企业财务报表中反映的亏损额,而是企业财务报表中的亏损额经主管税务机关按税法规定核实调整后的金额,即根据企业所得税法及其实施条例规定的收入总额和不征税收入、免税收入以及各项扣除标准来计算亏损额。

计算公式为：

$$应纳税所得额 = 每一纳税年度的收入总额 - 不征税收入 - 免税收入 - 各项扣除$$

纳税人在计算应纳税所得额时，收入总额减除不征税收入、免税收入和各项扣除后，其结果小于零的数额即为税法中规定可弥补的亏损，表明该企业的成本大于收入，因而存在亏损，不仅没有可供缴纳企业所得税的收入，还需要将亏损在今后几年的收入中予以结转扣除。

企业所得税法规定，企业在纳税年度发生的亏损，准予向以后年度结转，用以后年度的所得弥补，但结转年限最长不得超过五年，5年内不论是盈利或亏损，都作为实际弥补期限计算，企业应建立亏损弥补台账，详细登记每年的亏损形成以及弥补情况。具备高新技术企业或科技型中小企业资格的企业，国家鼓励的集成电路企业，其具备资格年度之前5个年度发生的尚未弥补完的亏损，准予结转以后年度弥补，最长结转年限为10年。

企业在汇总计算缴纳企业所得税时，其境外营业机构的亏损不得抵减境内营业机构的盈利。

七、境外所得的税收抵免

在企业取得的所得中，还有来源于境外的所得，在与企业的应纳税所得额汇总纳税时，为了避免所得双重征税，一般采取对已纳税额按税法规定予以扣除的税收抵免制度，我国企业所得税法规定采取限额扣除法的税收抵免制度。

根据规定，企业取得的下列所得已在境外缴纳的所得税税额，可以从其当期应纳税额中抵免，抵免限额为该项所得依照本法规定计算的应纳税额，超过抵免限额的部分，可以在以后连续五个纳税年度内，用每年度抵免限额抵免当年应抵税额后的余额进行抵补。

（1）居民企业来源于中国境外的应税所得；

（2）非居民企业在中国境内设立机构、场所，取得发生在中国境外但与该机构、场所有实际联系的应税所得；

（3）居民企业从其直接或者间接控制的外国企业分得的来源于中国境外的股息、红利等权益性投资收益①。

已在境外缴纳的所得税税额，是指企业来源于中国境外的所得依照中国境外税收法律以及相关规定应当缴纳并已经实际缴纳的企业所得税性质的税款。企业依照规定抵免企业所得税税额时，应当提供中国境外税务机关出具的税款所属年度的有关纳税凭证。

抵免限额，是指企业来源于中国境外的所得，依照我国企业所得税法和条例的规定计算的应纳税额。除国务院财政、税务主管部门另有规定外，该抵免限额应当分国（地区）不分项计算。

计算公式为：

$$抵免限额 = 境内、境外所得依照我国企业所得税法计算的应纳税总额 \times \frac{来源于某国（地区）的应纳税所得额}{中国境内、境外应纳税所得总额}$$

八、应用实例

【例8-1】 天河华宝公司2022年会计报表利润为12 000 000元，经查阅有关账证，获得

---

① 间接控制是指居民企业以间接持股方式持有外国企业20%以上股份。

如下资料:

(1)2022年度公司有正式职工21人,实际列支工资、津贴、补贴、奖金为1 200 000元,其中包括3名残疾人员的工资110 000元;(2)"长期借款"账户中记载:1月份向中国银行借入1年期短期借款100 000元,年利率为5%;向其他企业借入生产周转金180 000元,为期1年,年利率8%,上述借款均用于生产经营;(3)全年销售收入60 000 000元,列支业务招待费650 000元;(4)2022年实际支出职工福利费228 000元;计提了工会经费24 000元,尚未拨缴;列支了职工教育经费30 000元;(5)列支广告费10 000 000元;(6)通过红十字会向贫困地区捐赠本企业生产的产品一批,成本400 000元,市场价值550 000元。(7)营业外支出中包括税收罚款50 000元。(8)投资收益670 000元为长期股权投资本年获得的分红收益。请计算华宝公司2022年度的应纳税所得额及应纳所得税额。

(1)合理的工资薪金允许在企业所得税前据实扣除;残疾人员的工资允许加计扣除100%,应调减应纳税所得额110 000元。

(2)向其他企业借款的利息支出超过按中国银行(金融企业)同期同类贷款利率计算的利息支出,超出部分不得税前扣除。

$$不得税前扣除的利息支出=180\ 000\times(8\%-5\%)=5\ 400(元)$$

因此应调增应纳税所得额5 400元。

(3)业务招待费扣除超规定标准:

$$业务招待费准予扣除限额=650\ 000\times60\%=390\ 000(元)$$

$$且不得超过60\ 000\ 000\times5‰=300\ 000(元)$$

因此,准予列支业务招待费300 000元,实际列支超出限额650 000-300 000=350 000(元),超出部分不得税前扣除,应调增应纳税所得额350 000元。

(4)职工福利费列支限额=1 200 000×14%=168 000(元),实际列支228 000元,超出限额60 000元(228 000-168 000),超出部分不得税前扣除,应调增应纳税所得额60 000元。

计提的工会经费未拨缴不得税前扣除,应调增应纳税所得额24 000元。

职工教育经费列支限额=1 200 000×8%=96 000(元),实际列支30 000元,未超出限额,无需调整应纳税所得额。

$$合计应调增应纳税所得额=60\ 000+24\ 000=84\ 000\ 元$$

(5)广告费扣除超规定标准。

广告费准予扣除限额=60 000 000×15%=9 000 000(元),实际列支10 000 000元,超出限额10 000 000元(10 000 000-9 000 000),超出部分不得税前扣除,应调增应纳税所得额1 000 000元。

(6)将本企业的产品用于公益性捐赠属于视同销售,应调增应纳税所得额550 000元。

$$公益性捐赠准予扣除限额=12\ 000\ 000\times12\%=1\ 440\ 000(元)$$

实际列支400 000×(1+13%)=452 000元,未超出限额,无需调整应纳税所得额

(7)税收罚款不得税前扣除,应调增应纳税所得额50 000元。

(8) 取得的红利收入属于免税收入,应调减应纳税所得额 670 000 元

应纳税所得额＝12 000 000－110 000＋5 400＋350 000＋84 000＋1 000 000＋550 000＋50 000－670 000
＝1 325.94(万元)

应纳所得税额＝1 325.94×25％＝331.485(万元)

【例 8-2】 某生产企业 2016 年至第 2023 年期间每年的应纳税所得额如表 8-1 所示。

表 8-1　　　　　　2016 年至第 2023 年期间每年的应纳税所得额

年度	2016	2017	2018	2019	2020	2021	2022	2023
应纳税所得额(单位:万元)	－20	－10	5	8	－5	15	5	10

请计算该生产企业 2023 年度应缴纳的企业所得税。

历年应纳税所得及弥补亏损如表 8-2 所示。

表 8-2　　　　　　　　历年应纳税所得及弥补亏损

年度	2016	2017	2018	2019	2020	2021	2022	2023
应纳税所得额	－20	－10	5	8	－5	15	5	10
历年弥补亏损额	5,8,7	8,2	－5	－8	3,2	－7－8	－2－3	－2
尚未弥补亏损	0	0			0			
弥补亏损后所得额			0	0		0	0	8

2016 年的亏损 20 万元可以用 2017—2021 年的所得弥补,其中 2018、2019、2021 年分别弥补了 5 万元、8 万元、7 万元,全部在税前弥补;2018、2019 年弥补 2016 年的亏损后所得为零,无需纳税;2021 年的所得弥补 2016 年的剩余亏损后尚余 8 万元。

2017 年亏损 10 万元可以用 2018—2022 年的所得弥补,其中 2021、2022 年分别弥补了 8 万元、2 万元,全部在税前弥补;2021 年弥补 2017 年的亏损后所得为零,无需纳税;2012 年的所得弥补 2017 年的剩余亏损后尚余 3 万元。

2020 年亏损 5 万元可以用 2021—2025 年的所得弥补,其中 2022、2023 年分别弥补了 3 万元、2 万元,全部在税前弥补;2022 年弥补 2020 年的亏损后所得为零,无需纳税;2023 年的所得弥补 2017 年的剩余亏损后尚余 8 万元。

2023 年的应纳所得税额＝8×25％＝2(万元)

【例 8-3】 天河华美公司 2018 年在广州注册成立,2022 年度境内应纳税所得额为 200 万元,所得税税率为 25％;其在 A、B 两国设有分支机构,在 A 国机构的所得额为 90 万元,A 国所得税税率为 20％;在 B 国机构的所得额为 92 万元,B 国所得税税率为 35％,在 A、B 两国已分别缴纳所得税 16 万元、32.2 万元。假设在 A、B 两国的应税所得额按我国税法进行调整,分别为 90 万元与 96 万元。请计算该公司 2022 年度的应纳税所得额。

(1) 境内、境外所得按我国税法计算的应纳所得税额:

(200＋90＋96)×25％＝96.5(万元)

(2) 抵免限额:

来源于A国所得的抵免限额=(200+90)×25%×[90÷(200+90)]=22.5(万元)
来源于B国所得的抵免限额=(200+96)×25%×[96÷(200+96)]=24(万元)

(3) 在A国已缴纳所得税16万元,低于抵免限额22.5万元,可全额抵扣。

(4) 在B国已缴纳所得税32.20万元,高于抵免限额24万元,因此只能从当年的应纳税所得额中抵免24万元,超过限额的8.2万元,当年不得抵扣,但可以在以后连续五个纳税年度内,用每年度抵免限额抵免当年应抵税额后的余额进行抵补。

(5) 该企业当年境内、境外所得应缴所得税额=96.5-16-24=56.5(万元)

九、企业所得税的税收优惠

(一) 免征、减征优惠

企业取得的下列所得,可以免征、减征企业所得税。

1. 从事农、林、牧、渔业项目的所得

免征企业所得税的项目有:蔬菜、谷物、薯类、油料、豆类、棉花、麻类、糖料、水果、坚果的种植;农作物新品种的选育;中药材的种植;林木的培育和种植;牲畜、家禽的饲养;林产品的采集;灌溉、农产品初加工、兽医、农技推广、农机作业和维修等农、林、牧、渔服务业项目;远洋捕捞等。

减半征收企业所得税的项目有:花卉、茶以及其他饮料作物和香料作物的种植;海水养殖、内陆养殖等。

2. 从事国家重点扶持的公共基础设施项目的所得

企业从事国家重点扶持的公共基础设施项目的投资经营的所得,自项目取得第一笔生产经营收入所属纳税年度起,第1年至第3年免征企业所得税,第4年至第6年减半征收企业所得税。

企业承包经营、承包建设和内部自建自用本条规定的项目,不得享受本条规定的企业所得税优惠。

3. 从事符合条件的环境保护、节能节水项目的所得

符合条件的环境保护、节能节水项目包括公共污水处理、公共垃圾处理、沼气综合开发利用、节能减排技术改造、海水淡化等。

企业从事符合条件的环境保护、节能节水项目的所得,自项目取得第一笔生产经营收入所属纳税年度起,第1年至第3年免征企业所得税,第4年至第6年减半征收企业所得税。

上述享受减免税优惠的项目,在减免税期限内转让的,受让方自受让之日起,可以在剩余期限内享受规定的减免税优惠;减免税期限届满后转让的,受让方不得就该项目重复享受减免税优惠。

4. 符合条件的技术转让所得

一个纳税年度内,居民企业转让技术所有权的所得不超过500万元的部分,免征企业所得税;超过500万元的部分,减半征收企业所得税。

(二) 加计扣除优惠

企业的下列支出,可以在计算应纳税所得额时加计扣除。

1. 开发新技术、新产品、新工艺发生的研究开发费用

研究开发费是指从事规定范围内的研究开发活动发生的相关费用。制造企业在开展研发活动中实际发生的研究开发费用,未形成无形资产计入当期损益的,在按规定据实扣除的基础上,再按实际发生额的100%加计扣除。形成无形资产的,按照无形资产成本的200%摊销。

委托给外单位进行研究开发的,由委托方计算加计扣除,受托方不得再进行加计扣除。受托方应提供该研发项目的费用支出明细情况。

制造业以外的企业(烟草制造业、住宿和餐饮业、批发和零售业、房地产业、租赁和商务服务业、娱乐业、财政部和国家税务总局规定的其他行业企业除外)开展研发活动中实际发生的研发费用,未形成无形资产计入当期损益的,在2023年12月31日前,在按照规定据实扣除的基础上,再按照本年度实际发生额的75%,从本年度应纳税所得额中加计扣除;形成无形资产的,按照无形资产成本的175%在税前摊销。

2. 安置残疾人员及国家鼓励安置的其他就业人员所支付的工资

企业安置残疾人员的,在按照支付给残疾职工工资据实扣除的基础上,可以按照支付给残疾职工工资的100%加计扣除。

(三) 加速折旧优惠

固定资产加速折旧包括缩短折旧年限和采用加速折旧方法两种类型。加速折旧方法可以采用双倍余额递减法或年数总和法。采取缩短折旧年限方法的,固定资产的最低折旧年限不得低于税法规定折旧年限的60%。

制造业以及信息传输、软件和信息服务业,新购进的设备、器具(不动产以外的固定资产),允许采用加速折旧。新购进的单位价值不超过500万元的设备、器具允许一次性计入成本费用,在当期计算应纳税所得额时扣除。

(四) 其他税收优惠

(1) 创业投资企业从事国家需要重点扶持和鼓励的创业投资,可以按投资额的一定比例抵扣应纳税所得额。

创业投资企业采取股权投资方式投资于未上市的中小高新技术企业2年以上的,可以按照其投资额的70%在股权持有满2年的当年抵扣该创业投资企业的应纳税所得额;当年不足抵扣的,可以在以后纳税年度结转抵扣。

(2) 企业综合利用资源,生产符合国家产业政策规定的产品所取得的收入,可以在计算应纳税所得额时减计收入。

减计收入,是指企业以《资源综合利用企业所得税优惠目录》规定的资源作为主要原材料,生产国家非限制和禁止并符合国家和行业相关标准的产品取得的收入,减按90%计入收入总额。

(3) 企业购置用于环境保护、节能节水、安全生产等专用设备的投资额,可以按一定比例实行税额抵免。

企业购置并实际使用《环境保护专用设备企业所得税优惠目录》《节能节水专用设备企业所得税优惠目录》和《安全生产专用设备企业所得税优惠目录》规定的环境保护、节能节水、安全生产等专用设备的,该专用设备的投资额的10%可以从企业当年的应纳税额中抵

免;当年不足抵免的,可以在以后 5 个纳税年度结转抵免。企业购置上述专用设备在 5 年内转让、出租的,应当停止享受企业所得税优惠,并补缴已经抵免的企业所得税税款。

(4)国家鼓励的集成电路设计、装备、材料、封装、测试企业和软件企业,自获利年度起,第 1 年至第 2 年免征企业所得税,第 3 年至第 5 年按照 25% 的法定税率减半征收企业所得税。

(5)国家鼓励的重点集成电路设计企业和软件企业,自获利年度起,第 1 年至第 5 年免征企业所得税,后续年度减按 10% 的税率征收企业所得税。

第三节 企业所得税的会计核算

一、所得税会计的理论基础

企业的会计核算和税务处理分别遵循不同的原则,服务于不同的目的,会计的确认、计量、报告应当遵从会计准则的规定,目的在于真实、完整地反映企业的财务状况、经营成果和现金流量等,为投资者、债权人以及其他会计信息使用者提供对其决策有用的信息。税务处理则应遵从税法的规定,税法是以足额课税为目的,要求纳税人根据有关税收法律、法规的规定,正确计算确定一定时期内纳税人应缴纳的税额并及时申报缴纳。

现代所得税会计理论认为企业所得税是企业为取得收益而发生的利益流出,与企业生产经营的各种支出一样,应归入费用项目,并与当期收益相配比,以正确计算企业的净收益,因此所得税会计的核算目标是对收入、费用项目正确确认和适时确认,对根据会计准则核算的会计利润(或亏损)与按照现行税法确认的应税所得(或亏损)之间的差异进行税务处理。

在进行所得税会计处理时,是将按照应纳税所得与现行税率计算的所得税金额作为本期所得税费用,还是将按照收益与费用配比原则计算的所得税金额作为本期所得税费用,以及对企业发生的会计利润与应纳税所得之间的差异是否需要在会计报表上作为一项要素予以确认和计量,有两种不同的理论观点:当期计列法和跨期所得税分摊法。

1. 当期计列法

当期计列法是以企业纳税申报表上所列示的本期应纳所得税作为本期所得税费用,列入利润表。采用这种方法,会计准则与税法之间产生的各种差异,无论是进行纳税调增还是进行纳税调减,均于本期确认所得税费用,本期所得税费用根据本期应纳税所得与现行税率计算,金额上等于本期应交所得税,与本期会计利润无直接联系。

当期计列法理论的基本观点是:不必将所得税费用与企业的会计利润联系起来,所得税只来源于当期应纳税所得,即只有当经济事项的所得与确定为该期的应税所得结合起来时才产生所得税,因此,根据当期应纳税所得额计算的应纳所得税应全部确认为当期的所得税费用。以"当期计列法"为理论依据进行所得税会计核算的方法被称为"应付税款法"。

2. 跨期所得税分摊法

跨期所得税分摊法理论的基本观点是:所得税是由交易或事项引起的,一个时期的经营成果与所得税有密切的联系,因此,当交易或事项产生会计利润时,应于同期确认相应的所得税费用,以遵循配比原则,采用跨期所得税分摊法时本期计算的应交所得税不会全部确认为当期所得税费用,而是将会计利润与应纳税所得额之间的差异区分为永久性差异和暂时性差异,由于暂时性差异将会在将来某个期间转回,具有时间性,即当期因暂时性差异的存在而需调增(调减)所得额,但将来某个期间将会因此而调减(调增)所得额,因此暂时性差异对所得税的影响金额不确认为当期的所得税费用,而是根据其对未来期间所得税的影响计入递延所得税资产(或递延所得税负债)。跨期所得税分摊法所计算确认的本期所得税费用直接与本期税前会计利润相联系,能真实反映企业各期的净利润,从而避免了采用当期计列法所造成各期间净利润忽高忽低的情况。以"跨期所得税分摊法"为理论依据进行所得税会计核算的方法有两种,分别被称为"递延法"和"债务法",其中"债务法"又包括利润表债务法和资产负债表债务法,各种会计核算方法下的账务处理有所不同。

二、资产的税务处理

根据所得税法的规定,企业的各项资产,包括固定资产、生物资产、无形资产、长期待摊费用、投资资产、存货等,应以历史成本为计税基础,企业持有各项资产期间资产增值或者减值,除国务院财政、税务主管部门规定可以确认损益外,不得调整该资产的计税基础。各项资产的初始价值确定、折旧以及摊销的有关规定如下。

(一) 固定资产

固定资产,是指企业为生产产品、提供劳务、出租或者经营管理而持有的、使用时间超过 12 个月的非货币性资产,包括房屋、建筑物、机器、机械、运输工具以及其他与生产经营活动有关的设备、器具、工具等。

1. 初始价值

固定资产按照以下方法确定初始价值:

(1) 外购的固定资产,以购买价款和支付的相关税费以及直接归属于使该资产达到预定用途发生的其他支出为计税基础;

(2) 自行建造的固定资产,以竣工结算前发生的支出为计税基础;

(3) 融资租入的固定资产,以租赁合同约定的付款总额和承租人在签订租赁合同过程中发生的相关费用为计税基础,租赁合同未约定付款总额的,以该资产的公允价值和承租人在签订租赁合同过程中发生的相关费用为计税基础;

(4) 盘盈的固定资产,以同类固定资产的重置完全价值为计税基础;

(5) 通过捐赠、投资、非货币性资产交换、债务重组等方式取得的固定资产,以该资产的公允价值和支付的相关税费为计税基础;

(6) 改建的固定资产,应根据改建过程中发生的改建支出增加计税基础。此外,改建的固定资产延长使用年限的,还应当适当延长折旧年限。

2. 折旧方法及折旧年限

固定资产按照直线法计算的折旧,准予扣除。企业应当自固定资产投入使用月份的次月起计算折旧;停止使用的固定资产,应自停止使用月份的次月起停止计算折旧。企业应当根据固定资产的性质和使用情况,合理确定固定资产的预计净残值。固定资产的预计净残值一经确定,不得变更。

除国务院财政、税务主管部门另有规定外,固定资产计算折旧的最低年限如下:

(1) 房屋、建筑物为 20 年;

(2) 飞机、火车、轮船、机器、机械和其他生产设备为 10 年;

(3) 与生产经营活动有关的器具、工具、家具等为 5 年;

(4) 飞机、火车、轮船以外的运输工具为 4 年;

(5) 电子设备为 3 年。

企业的固定资产由于技术进步,产品更新换代较快的固定资产,常年处于强震动、高腐蚀状态的固定资产,确需加速折旧的,可以缩短折旧年限或者采取加速折旧的方法。采取缩短折旧年限方法的,最低折旧年限不得低于上述折旧年限的 60%;采取加速折旧方法的,可以采取双倍余额递减法或者年数总和法。

3. 折旧范围

下列固定资产不得计算扣除折旧:

(1) 房屋、建筑物以外的尚未投入使用的固定资产;

(2) 以经营租赁方式租入的固定资产;

(3) 以融资租赁方式租出的固定资产;

(4) 已足额提取折旧仍继续使用的固定资产;

(5) 与经营活动无关的固定资产;

(6) 单独估价作为固定资产入账的土地;

(7) 其他不得计算折旧扣除的固定资产。

(二) 生产性生物资产

生产性生物资产是指企业为生产农产品、提供劳务或者出租等而持有的生物资产,包括经济林、薪炭林、产畜和役畜等。

1. 初始价值

生产性生物资产按照以下方法确定初始价值:①外购的生产性生物资产,以购买价款和支付的相关税费为计税基础;②通过捐赠、投资、非货币性资产交换、债务重组等方式取得的生产性生物资产,以该资产的公允价值和支付的相关税费为计税基础。

2. 生产性生物资产的折旧

生产性生物资产按照直线法计算的折旧,准予扣除。企业应当自生产性生物资产投入使用月份的次月起计算折旧;停止使用的生产性生物资产,应当自停止使用月份的次月起停止计算折旧。企业应当根据生产性生物资产的性质和使用情况,合理确定生产性生物资产的预计净残值,预计净残值一经确定,不得变更。

生产性生物资产计算折旧的最低年限:林木类生产性生物资产为 10 年;畜类生产性生物资产为 3 年。

(三) 无形资产

无形资产是指企业为生产产品、提供劳务、出租或者经营管理而持有的、没有实物形态的非货币性长期资产,包括专利权、商标权、著作权、土地使用权、非专利技术、商誉等。

1. 初始价值

无形资产按照以下方法确定初始价值:

(1) 外购的无形资产,以购买价款和支付的相关税费以及直接归属于使该资产达到预定用途发生的其他支出为计税基础;

(2) 自行开发的无形资产,以开发过程中该资产符合资本化条件后至达到预定用途前发生的支出为计税基础;

(3) 通过捐赠、投资、非货币性资产交换、债务重组等方式取得的无形资产,以该资产的公允价值和支付的相关税费为计税基础。

2. 无形资产摊销

无形资产按照直线法计算的摊销费用,准予扣除,摊销年限不得低于 10 年。

作为投资或者受让的无形资产,有关法律规定或者合同约定了使用年限的,可以按照规定或者约定的使用年限分期摊销。

下列无形资产不得计算摊销费用扣除:

(1) 自创商誉;

(2) 自行开发且开发支出已在计算应纳税所得额时扣除的无形资产;

(3) 与经营活动无关的无形资产;

(4) 其他不得计算摊销费用扣除的无形资产。

(四) 长期待摊费用

在计算应纳税所得额时,企业发生的下列支出作为长期待摊费用,按照规定摊销的,准予扣除。

1. 已足额提取折旧的固定资产的改建支出

固定资产的改建支出,是指改变房屋或者建筑物结构、延长使用年限等发生的支出。已足额提取折旧的固定资产的改建支出应列入长期待摊费用,按照固定资产预计尚可使用年限分期摊销。未足额提取折旧的固定资产的改建支出不计入长期待摊费用,应适当延长固定资产的折旧年限。

2. 租入固定资产的改建支出

租入固定资产的改建支出,按照合同约定的剩余租赁期限分期摊销。

3. 固定资产的大修理支出

固定资产的大修理支出,是指同时符合下列条件的支出:①修理支出达到取得固定资产时的计税基础 50% 以上;②修理后固定资产的使用年限延长 2 年以上。固定资产的大修理支出应按照固定资产尚可使用年限分期摊销。

4. 其他应当作为长期待摊费用的支出

其他应当作为长期待摊费用的支出,自支出发生月份的次月起,分期摊销,摊销年限不得低于 3 年。

(五) 投资资产

投资资产是指企业对外进行权益性投资和债权性投资形成的资产。企业在转让或者处置投资资产时,投资资产的成本准予扣除。

投资资产按照以下方法确定成本:

（1）通过支付现金方式取得的投资资产，以购买价款为成本；

（2）通过支付现金以外的方式取得的投资资产，以该资产的公允价值和支付的相关税费为成本。

（3）以非货币性资产对外投资而取得的股权，以该非货币性资产的原计税成本为计税基础。

（4）投资企业从被投资企业撤回或减少投资收回的资产中，相当于初始投资的部分应确认为投资收回；相当于被投资企业累计未分配利润和累计盈余公积按减少实收资本比例计算的部分，应确认为股息所得；其余部分确认为投资资产转让所得。

（5）被投资企业发生的经营亏损，投资企业不得调整减少其投资成本，也不得确认为投资损失。

（六）存货

存货是指企业持有以备出售的产品或者商品、处在生产过程中的在产品、在生产或者提供劳务过程中耗用的材料和物料等。

存货按照以下方法确定成本：

（1）通过支付现金方式取得的存货，以购买价款和支付的相关税费为成本；

（2）通过支付现金以外的方式取得的存货，以该存货的公允价值和支付的相关税费为成本；

（3）生产性生物资产收获的农产品，以产出或者采收过程中发生的材料费、人工费和分摊的间接费用等必要支出为成本。

企业使用或者销售的存货的成本计算方法，可以在先进先出法、加权平均法、个别计价法中选用一种。计价方法一经选用，不得随意变更。

三、计税基础的概念及暂时性差异的确认

根据跨期所得税分摊法进行所得税会计处理需要区分永久性差异和暂时性差异，对于暂时性差异，《企业会计准则——所得税》明确规定：企业应于资产负债表日，分析比较资产、负债的账面价值与其计税基础，两者之间存在的差异即为暂时性差异，根据暂时性差异可以计算确认递延所得税资产、递延所得税负债及相应的递延所得税费用（或收益）。所得税会计的关键在于确定资产、负债的计税基础，在确定资产、负债的计税基础时，应严格遵循税收法规中对于资产的税务处理以及可税前扣除的费用等规定进行。

（一）资产的计税基础

资产的计税基础是指企业收回该项资产的账面价值过程中，计算应纳税所得额时按照税法规定可以自应税经济利益中抵扣的金额——即该资产未来计税时按照税法规定可以税前扣除的金额，即不需要缴税的资产价值。

资产的账面价值应根据会计准则进行确认、计量，资产的账面价值代表企业持续持有及最终处置该资产的一定期间内，该资产为企业带来的未来经济利益的流入，这一期间内实际带来的经济利益的流入扣除该资产的账面价值即为相应的利润形成，而计税基础则代表在这一期间按照税法规定可以自收益中税前扣除的金额。

1. 固定资产

按照会计准则的规定，以各种方式取得的固定资产，入账价值应当按照成本进行初始计

量,按会计准则确认的固定资产入账价值基本上是被税法认可的,但固定资产在持有期间进行后续计量时,会计准则规定固定资产账面价值按照"成本－累计折旧－固定资产减值准备"进行计量,税法规定固定资产的计税基础按照"成本－按照税法规定已在以前期间税前扣除的折旧额"进行计量,固定资产的账面价值与计税基础的差异主要产生于折旧方法、折旧年限的不同以及固定资产减值准备的提取。

关于折旧方法,会计准则规定,企业应当根据与固定资产有关的经济利益的预期实现方式合理选择折旧方法,可以按直线法计提折旧,也可以按照双倍余额递减法、年数总和法等加速折旧法计提折旧,前提是有关的方法能够反映固定资产在为企业带来经济利益时的价值损耗情况。税法则规定固定资产按照直线法计算的折旧准予扣除(经批准可以采用加速折旧法的除外)。

另外税法还就每一类固定资产的折旧年限作出了规定,而会计处理时按照准则规定折旧年限是由企业根据固定资产的性质和使用情况合理确定的。若会计处理时确定的折旧年限与税法规定不同,也会产生固定资产持有期间账面价值与计税基础的差异。

在持有固定资产期间,会计处理时若对固定资产计提了减值准备,因税法规定企业持有各项资产期间资产增值或者减值,除国务院财政、税务主管部门规定确认损益外,不得调整该资产的计税基础,也会造成固定资产的账面价值与计税基础的差异。

【例 8-4】 某企业于 2022 年年末以 260 万元购入一台生产设备,预计使用寿命为 5 年,按照直线法计提折旧,预计净残值为 0。税法规定的最低折旧年限为 10 年。

2023 年年末:

$$固定资产计税基础＝260－(260÷10)×1＝234(万元)$$
$$固定资产账面价值＝260－(260÷5)×1＝208(万元)$$

该项固定资产的计税基础 234 万元与其账面价值 208 万元之间产生 26 万元差额,由于折旧年限的不同,第 1 年至第 5 年每年的暂时性差异额均为 26 万元,第 6 年开始直至第 10 年,继续可以根据税法规定的折旧年限在税前抵扣折旧费用。但会计上已提足折旧,差异为－26 万元,因此,在未来期间这一暂时性差异将会转回。

如果会计处理时采用加速折旧法,由于税法规定的折旧方法为直线法,则账面价值与计税基础的差异又会有所不同。

【例 8-5】 续[例 8-4] 如果该企业在 2023 年年底还提取了固定资产减值准备 20 万元,则 2023 年年末:

$$固定资产计税基础＝260－(260÷10)×1＝234(万元)$$
$$固定资产账面价值＝260－(260÷5)×1－20＝188(万元)$$

该项固定资产的计税基础 234 万元与其账面价值 208 万元之间产生 46 万元暂时性差异,根据税法规定,固定资产损失在实际发生时才允许税前扣除,在该固定资产清理或处置的会计期间这一暂时性差异将会转回。

2. 无形资产

无形资产在初始确认时按照会计准则规定确定的入账价值与按照税法规定确定的成本之间一般不存在差异,差异主要产生于对无形资产是否需要摊销及无形资产减值准备的提取。会计准则规定,无形资产在取得以后,应根据其使用寿命情况,区分为使用寿命有限的无形资产与使用寿命不确定的无形资产。对于使用寿命不确定的无形资产,不要求摊销,但持有期间每年应进行减值测试。

税法规定,无形资产按照直线法计算的摊销费用,准予扣除,摊销年限不得低于10年,作为投资或者受让的无形资产,有关法律规定或者合同约定了使用年限的,可以按照规定或者约定的使用年限分期摊销。即税法中没有界定使用寿命不确定的无形资产,所有的无形资产成本均应在一定期间内摊销。对于使用寿命不确定的无形资产,计税时允许按照税法规定确定的摊销额允许税前扣除,造成该类无形资产的账面价值与计税基础的差异。

在对无形资产计提减值准备的情况下,与固定资产相同,税法规定企业持有各项资产期间资产增值或者减值,除国务院财政、税务主管部门规定确认损益外,不得调整该资产的计税基础,即无形资产的计税基础不会随减值准备的提取发生变化,但其账面价值会因无形资产减值准备的提取而下降,从而造成无形资产的账面价值与计税基础的差异。

3. 以公允价值计量且其变动计入当期损益的金融资产

按照《企业会计准则第22号——金融工具确认和计量》的规定,对于以公允价值计量且其变动计入当期损益的金融资产,某一会计期末的账面价值为该时点的公允价值,而相关交易费用则直接计入当期损益。

税法规定,投资资产的成本按照以下方法确定:通过支付现金方式取得的投资资产,以购买价款为成本;通过支付现金以外的方式取得的投资资产,以该资产的公允价值和支付的相关税费为成本。资产在持有期间市价变动损益在计税时不予考虑,即有关金融资产在某一会计期末的计税基础为其取得成本。

因此,对于以公允价值计量且其变动计入当期损益的金融资产,与会计处理时账面价值的确定不同,税法的计税基础包括初始交易税费;另外在公允价值变动的情况下,该类金融资产的账面价值与计税基础之间也会存在差异。

企业持有的可供出售金融资产计税基础的确定,与以公允价值计量且其变动计入当期损益的金融资产类似,可比照处理。

【例8-6】 2023年3月15日,某公司通过证券公司购入×公司A股流通股20 000股,每股股价为11元,支付价款22万元,还支付了证券交易手续费44元,作为交易性金融资产核算。2023年12月31日,该股票的市价为29万元。

2023年12月31日:

该交易性金融资产的计税基础=22+0.004 4=22.004 4万元

该项交易性金融资产的账面价值=29万元

该交易性金融资产的账面价值29万元与其计税基础22.004 4之间产生了-6.995 6万元的差异,在该资产处置的会计期间这一暂时性差异将会转回。

4. 其他资产

因会计准则规定与税收法规规定不同,企业持有的其他资产,也有可能产生账面价值与计税基础之间的差异,例如采用公允价值模式计量的投资性房地产,税法视为固定资产,计税基础与账面价值之间存在差异;其他计提了资产减值准备的各项资产(应收账款、存货等),由于税法规定企业持有各项资产期间资产增值或者减值,除国务院财政、税务主管部门规定确认损益外,不得调整该资产的计税基础,账面价值和计税基础也存在差异;再比如生物资产税法上也具体规定了计税基础及折旧方法、折旧年限等,造成其账面价值与计税基础之间的差异。

(二) 负债的计税基础

负债的计税基础是指未来不可以扣税的负债价值,即负债的账面价值减去未来期间计算应纳税所得时按照税法规定可予抵扣的金额。

$$负债的计税基础 = 账面价值 - 未来期间可税前抵扣的金额$$

一般情况下,负债的初始确认如果计入本期损益,与税法的规定相同,不会产生差异,而负债的偿还,与资产的收回不同,尽管意味着预期会导致经济利益流出企业,但通常不会对偿还期间损益和应纳税所得额产生影响,未来期间计算应纳税所得额时按照税法规定可予抵扣的金额为0,如短期借款、应付票据、应付账款等,因此无论是初始确认还是后续计量,负债的计税基础即为账面价值,一般没有差异。

但在某些情况下,负债的确认在影响本期损益的同时,由于税法确认的不同规定,会进而影响不同期间的应纳税所得额,使其计税基础与账面价值之间产生差额,如预计负债、预收账款。

1. 企业因销售商品提供售后服务等原因确认的预计负债

根据《企业会计准则——或有事项》的规定,企业对于预计提供售后服务将发生的支出在满足有关确认条件时,销售当期即应确认为费用,同时确认预计负债,实际发生售后服务时冲减相应的预计负债。而税法则规定,与销售产品相关的支出应于实际发生时税前扣除。

因此,由于相关的售后服务支出实际发生时才可全部税前扣除,在预计负债确认时,其账面价值的金额就是未来期间实际发生时计算应纳税所得时按照税法规定可予抵扣的金额合计,当期不能在税前扣除,即账面价值=未来期间可税前抵扣的金额,因此计税基础为0,该项预计负债的账面价值与计税基础之间产生差额。随着售后服务的提供,预计负债的账面价值减少,未来期间计算应纳税所得时按照税法规定可予抵扣的金额也随之减少,应等于预计金额扣除已实际发生的金额。

【例8-7】 某企业2023年销售产品共确认收入1 200万元,该产品保修2年,企业当年估计相应的保修费用为80万元,作为预计负债确认,2023年未发生保修支出。

根据《企业会计准则——或有事项》的规定,预计负债应当按照履行相关现时义务所需支出的最佳估计数进行初始计量。在本例中,该企业将确认的预计负债即产品质量保证80万元计入当期损益。但按税法规定,该项费用只有在实际发生时才准予税前扣除,2023年年末,由于未发生保修支出,按照税法规定未来期间计算应纳税所得时才可予抵扣80万元。

2023年年末:

$$预计负债账面价值 = 80 万元$$
$$预计负债计税基础 = 80 - 80 = 0 万元$$

该负债的计税基础为零,其账面价值与计税基础之间形成80万元的暂时性差异,差异在未来期间实际发生保修支出时将会转回。

2. 预收账款

企业在收到客户预付的款项时,因不符合收入确认条件,会计上将其确认为负债,计入"预收账款"账户。税法中对于收入的确认原则一般与会计规定相同,即权责发生制原则。会计上未确认收入时,计税时一般亦不计入应纳税所得额,该部分经济利益在未来期间计税时可予税前扣除的金额为0,计税基础等于账面价值。

在某些情况下,根据会计准则的规定不符合收入确认条件,未确认为收入的预收款项,按照税法规定却应计入当期应纳税所得额,例如电信企业预收话费收入及电话卡、上网卡类业务收入均应计入当期应税收入;再如房地产开发企业采取预售方式销售开发产品的预售收入应先按规定的利润率计算出预计营业利润额,再并入当期应纳税所得统一计算企业所得税,待开发产品完工时再进行计算调整,这时,已计入所得额的预收账款的金额在未来期间计税时可以税前扣除,这是因为其产生时已经计入应纳税所得,未来期间可按此金额税前扣除,该预收账款的计税基础不等于账面价值。

【例 8-8】 某房地产公司 2023 年共取得预售房地产收入 8 500 万元,税局规定的计税利润率为 20%。

按照税法规定,该项预收款应按 20% 利润率计算预计利润 170 万元计入当期的应纳税所得额并计算缴纳所得税,与该项负债相关的经济利益已在取得当期计算缴纳所得税,未来期间按照会计准则规定应确认收入时,该部分金额不再计入应纳税所得额,即其于未来期间计算应纳税所得额时可予税前扣除的金额为 170 万元。2023 年年末:

$$预收账款账面价值 = 8\ 500\ 万元$$
$$预收账款计税基础 = 8\ 500 - 170 = 8\ 330\ 万元$$

该项负债的账面价值 8 500 万元与其计税基础 8 330 之间产生的 170 万元暂时性差异,将在未来期间会计确认收入时转回,会减少企业未来期间的应纳税所得额,减少企业未来期间的应纳所得税。

【例 8-9】 某电信公司 2023 年共取得预收话费 9 000 万元,根据会计准则的规定,作为预收账款入账核算。

按照税法规定,该项预收款应计入取得当期的应纳税所得额计算缴纳所得税,与该项负债相关的经济利益已在取得当期计算缴纳所得税,未来期间按照会计准则规定应确认收入时,该部分金额不再计入应纳税所得额,即其于未来期间计算应纳税所得额时可予税前全额扣除。2023 年年末:

$$预收账款账面价值 = 9\ 000\ 万元$$
$$预收账款计税基础 = 9\ 000 - 9\ 000 = 0\ 万元$$

该项负债的账面价值 9 000 万元与其计税基础 0 之间产生的 9 000 万元暂时性差异,会在将来转回,在实际确认会计收入的期间减少企业的应纳税所得额。

(三) 特殊交易或事项中产生资产、负债计税基础的确定

除企业在正常生产经营活动过程中取得的资产和负债以外,对于某些特殊交易如企业合并过程中产生的资产、负债,其计税基础的确定应遵从税法规定。由于会计准则与税收法规对企业合并的划分标准不同,处理原则不同,某些情况下,会造成企业合并中取得的有关

资产、负债的入账价值与其计税基础的差异。

四、会计利润与应纳税所得额之间的差异

会计利润与应纳税所得额之间的差异区分为永久性差异和暂时性差异。

(一)永久性差异

永久性差异是指从利润表出发进行分析,在某一会计期间,由于会计准则、制度和税法在计算收益、费用或损失时的口径不同、标准不同,税前会计利润与应纳税所得额之间所存在的差异。这种差异应在本期计算应纳税所得额时进行调整,不影响其他会计报告期,也不会在其他期间得到补偿。永久性差异在本期发生,并随本期净收益确定而结转,并不在以后各经营期间转回,若不及时在计算应纳税所得额时进行调整,这种差异将永久存在,因此习惯上称其为永久性差异。其税务处理原则是:该项差异一经发生,即应在本期调整。

永久性差异根据调整方式区分为两种情况:

1. 需调减应纳税所得额的项目

包括根据会计准则的规定确认为收入、收益,但税法规定不作为应纳税所得额的项目和根据会计准则规定不确认为费用或损失,但根据税法规定可以在所得税前扣除的项目。计算应纳税所得时,从会计利润中减去这些项目,才能得出应纳税所得额。

2. 需调增应纳税所得额的项目

包括根据会计准则规定不确认为收入,但税法规定要作为应税收入的项目以及根据会计准则规定可以列为成本、费用或损失,但超过了税法规定的扣除标准或按税法规定不允许扣除的项目。这些项目使会计利润小于应纳税所得额,计算应纳税所得时,从会计利润中加上这些项目,才能得出应纳税所得额。

(二)暂时性差异

《企业会计准则——所得税》明确规定:企业应于资产负债表日,分析比较资产、负债的账面价值与其计税基础,两者之间的差异即为暂时性差异,暂时性差异具体表现为计入当期会计利润的费用与计算应纳税所得所允许的税前扣除不同,应调整应纳税所得额,暂时性差异对所得税影响数不计入当期所得税费用,而是确认为当期的递延所得税资产或递延所得税负债,并在以后暂时性差异转回期间减少或增加该期间的应纳所得税。

按照暂时性差异对纳税的影响,暂时性差异可分为应纳税暂时性差异和可抵扣暂时性差异。

1. 应纳税暂时性差异

应纳税暂时性差异是指当期产生的会计利润和应纳税所得额之间的差异在未来收回资产或清偿负债期间确定应纳税所得额时,将导致该期间产生应纳税金额,该差异在未来期间转回时,会增加转回期间的应纳税所得额和应交所得税金额,因此被称为应纳税的暂时性差异。在应纳税暂时性差异产生当期,应调减应纳税所得额,该差异对应纳所得税额的影响应确认为相关的递延所得税负债。

应纳税暂时性差异通常产生于以下两种情况。

(1)资产的账面价值大于其计税基础。资产的账面价值代表的是企业在持续使用或最终出售该项资产时将取得的经济利益的总额,而计税基础代表的是该资产在未来期间可予

税前扣除的金额。如果资产的账面价值大于其计税基础,意味着该项资产未来期间产生经济利益流入时可以税前扣除的金额是其计税基础的相应金额,而账面价值大于计税基础的部分不能税前抵扣,也就是说两者之间的差额将会在未来期间增加应纳税所得额,因此,这个差异我们称之为应纳税暂时性差异。

例如,一项固定资产年末账面价值200万元,计税基础150万元,两者之间存在差异50万元,未来固定资产回收期间计算应纳税所得额时允许扣除的金额为150万元,而不是200万元,但计算会计利润时的扣除金额为200万元,这50万元的差异在未来期间将会增加应纳所得额及应纳所得税额。在差异产生当期,符合确认条件的情况下,应确认相应的递延所得税负债。

(2)负债的账面价值小于其计税基础。负债的账面价值为企业预计在未来期间清偿该项负债时的经济利益流出,而计税基础代表的是账面价值在扣除税法规定未来期间允许税前扣除的金额之后的差额。因负债的账面价值与其计税基础不同产生的暂时性差异,本质上是税法规定就该项负债在未来期间可以税前扣除的金额,即与该项负债相关的费用支出(或收益)在未来期间可予税前扣除的金额。可以通过公式运算得出结论:

$$暂时性差异=账面价值-计税基础$$
$$负债的计税基础=负债的账面价值-未来期间可税前抵扣的金额$$
$$负债产生的暂时性差异=负债的账面价值-负债的计税基础$$
$$=负债的账面价值-(负债的账面价值-未来期间可税前抵扣的金额)$$
$$=未来期间可税前抵扣的金额$$

负债的账面价值小于其计税基础,意味着就该项负债在未来期间可以税前抵扣的金额为负数,即应在未来期间应纳税所得额的基础上调增,增加应纳税所得额和应交所得税金额,因此会产生应纳税暂时性差异,符合确认条件时,应确认为相关的递延所得税负债。

2. 可抵扣暂时性差异

可抵扣暂时性差异是指未来在确定未来收回资产或清偿负债期间的应纳税所得额时,将导致产生可抵扣金额的暂时性差异。该差异在未来期间转回时会减少转回期间的应纳税所得额,减少未来期间的应交所得税。在可抵扣暂时性差异产生当期,符合确认条件时,应确认为相关的递延所得税资产。

可抵扣暂时性差异一般产生于以下两种情况。

(1)资产的账面价值小于其计税基础。从经济含义来看,资产在未来期间产生的经济利益时补偿的资产成本少于按照税法规定允许税前扣除的金额,账面价值与计税基础之间的差额意味着企业在未来期间可以减少应纳税所得额并减少应交所得税,符合有关条件时,应当确认相关的递延所得税资产。例如,一项资产的账面价值为200万元,计税基础为260万元,则企业在未来期间计算应纳税所得时可以在资产取得经济利益的基础上多扣除60万元。从整体上来看,未来期间应纳税所得额会减少,应交所得税也会减少,从而形成可抵扣暂时性差异,符合确认条件时,应确认为相关的递延所得税资产。

(2)负债的账面价值大于其计税基础。负债产生的暂时性差异实质上是税法规定就该项负债可以在未来期间税前扣除的金额。负债的账面价值大于其计税基础,意味着未来期间按照税法规定与该项负债相关的全部或部分支出可以自未来应税经济利益中扣除,减少未来期间的应纳税所得额和应交所得税。例如,企业对将发生的产品保修费用在销售当期确认预计负债 50 万元，但税法规定有关费用支出只有在实际发生时才能够税前扣除，其计税基础为 0；企业确认预计负债的当期相关费用不允许税前扣除，但在以后期间有关费用实际发生时允许税前扣除，使得未来期间的应纳税所得额和应交所得税减少，产生可抵扣暂时性差异，符合确认条件时，应确认为相关的递延所得税资产。

3. 特殊项目产生的暂时性差异

1) 未作为资产、负债确认的项目产生的暂时性差异

某些交易或事项发生以后，因为不符合资产、负债的确认条件而未体现为资产负债表中的资产或负债，但按照税法规定能够确定其计税基础的，其账面价值与计税基础之间的差异也构成暂时性差异。

如企业在开始正常的生产经营活动以前发生的筹建等费用，会计准则规定应于发生时计入当期损益，不体现为资产负债表中的资产。按照税法规定，企业发生的该类费用可以在开始正常生产经营活动后的 5 年内分期摊销，自税前扣除。该类事项不形成资产负债表中的资产，但按照税法规定可以确定其计税基础，两者之间的差异也形成暂时性差异。

【例 8-10】 某公司在开始正常生产经营活动之前发生了 250 万元的筹建费用，在开始正常生产经营活动的当月计入当期损益，按照税法规定，企业在筹建期间发生的费用，允许在开始正常生产经营活动之后 5 年内分期税前扣除。

该项费用支出因按照会计准则规定在发生时已计入当期损益，不体现为资产负债表中的资产，即如果将其视为资产，其账面价值为 0。按照税法规定，该费用可以在开始正常的生产经营活动后 5 年内分期税前扣除，假定企业在 2020 年开始正常生产经营活动，当期税前扣除了 50 万元，其于未来期间可税前扣除的金额为 200 万元，即其在 2020 年 12 月 31 日的计税基础为 200 万元。该项资产的账面价值为 0，与计税基础 200 万元之间产生了 200 万元的暂时性差异，该暂时性差异在未来期间可减少企业的应纳税所得额，为可抵扣暂时性差异，符合确认条件时，应确认为相关的递延所得税资产。

2) 可抵扣亏损及税款抵减产生的暂时性差异

对于按照税法规定可以结转以后年度的未弥补亏损及税款抵减，虽不是因资产、负债的账面价值与计税基础不同产生的，但本质上可抵扣亏损和税款抵减与可抵扣暂时性差异具有同样的作用，均能够减少未来期间的应纳税所得额和应交所得税，视同可抵扣暂时性差异，在符合确认条件的情况下，应确认与其相关的递延所得税资产。

【例 8-11】 甲公司于 2022 年因政策性原因发生经营亏损 4 000 万元，按照税法规定，该亏损可用于抵减以后 5 个年度的应纳税所得额。该公司预计其于未来 5 年期间能够产生足够的应纳税所得额弥补该经营亏损。

该经营亏损虽不是因比较资产、负债的账面价值与其计税基础产生的，但从其性质上来看会减少未来期间的应纳税所得额和应交所得税，因此视同可抵扣暂时性差异。在企业预计未来期间能够产生足够的应纳税所得额利用该可抵扣亏损时，当年应确认相关的递延所得税资产 4 000 万元。

五、所得税的会计核算

我国企业根据不同的性质，上市公司、非上市公司、小企业目前分别采用不同的所得税会计核算方法，上市公司根据《企业会计准则第 18 号——所得税》的要求，采用资产负债表

债务法进行所得税核算;小企业根据2004年发布的《小企业会计制度》要求采用应付税款法核算所得税;非上市公司可以选择采用应付税款法或资产负债表债务法核算所得税。

(一) 应付税款法

应付税款法是将本期税前会计利润与应税所得之间产生的差异,直接计入当期损益,而不递延到以后各期的方法。这种方法的特点是:本期所得税费用是按照本期应税所得额与适用的所得税税率计算的应纳所得税,即本期所得税费用等于应交所得税。

采用应付税款法时,企业的账面会计利润与应纳税所得额之间存在的差异(包括永久性差异和暂时性差异),要按照税法的规定进行计算并调整,计算出应纳税所得额,计入当期损益的所得税费用等于当期应缴纳的所得税。

1. 应付税款法的计算步骤

(1) 确定会计利润,即按企业的会计制度计算出本期会计利润。

(2) 根据税法的规定,确定出各类需调整的差异额,包括永久性差异和暂时性差异。

(3) 按照会计利润加、减纳税调整额,计算出本期的应纳税所得额。

(4) 按照应纳税所得额乘以适用所得税税率,计算出本期应纳的所得税,并按计算出的应纳所得税额进行会计处理。

2. 应付税款法的会计核算

采用应付税款法进行所得税会计核算应设置"所得税费用"和"应交税费——应交所得税"两个相关账户。

"所得税费用"账户核算企业按规定从本期损益中扣除的所得税费用。其借方发生额,反映企业计入本期损益的所得税费用的金额;其贷方发生额,反映转入"本年利润"账户的所得税费用的金额。期末结转本年利润后,"所得税费用"账户无余额。

"应交税费——应交所得税"账户用来核算企业应交未交的所得税税款。其借方登记预交数或补交数,其贷方登记应交数。该账户贷方余额表示欠缴数,借方余额表示多缴数。

应付税款法将所得税视同收益分配,根据税法计算出来的所得税列示在利润表上,作为利润总额的抵减项目,同时还应确认纳税义务的产生计入"应交所得税"账户。在确认所得税费用和应交所得税时,应等额借记和贷记这两个账户。

其优点是:简便,不必确认递延所得税。其缺点是:违背了权责发生制原则和配比原则。由于这一方法违背了财务会计的这两项基本原则,以致逐渐被淘汰。对于所有的永久性差异的会计处理,由于税收刚性的原因,实际上都只能采用应付税款法。因此,应付税款法的局限性只是就其对暂时性差异的纳税影响的财务会计处理而言的。在应付税款法下,不管税前会计利润多少,在计算缴纳所得税时均应按税法规定对税前会计利润进行调整,调整为纳税所得,再按纳税所得计算出应交的所得税,记入所得税费用和应交所得税账户。计入本期的所得税费用不受会计准则的影响,体现根据所得税法规定计算的所得税金额。

(二) 资产负债表债务法

资产负债表债务法是从资产负债表出发,于资产负债表日通过分析比较资产、负债的账面价值与其计税基础,两者之间的差异即为暂时性差异。根据该差异属于应纳税暂时性差异或者可抵扣暂时性差异据以确认相应的递延所得税资产、递延所得税负债。递延所得税资产和递延所得税负债的确认,需调整当期计入利润表的所得税费用,成为递延所得税费用(或收益)。

1. 资产负债表债务法的计算步骤

(1) 确定产生暂时性差异的项目。比较各项资产和负债的账面价值与计税基础,分析哪些资产和负债项目存在暂时性差异以及所产生的暂时性差异的类别,以便确定使用的会计科目和入账方向。如果产生的是可抵扣暂时性差异,则确认为递延所得税资产,如果产生的是应税暂时性差异,则确认为递延所得税负债。

(2) 计算各项暂时性差异。将存在暂时性差异的资产或负债每年的账面价值与计税基础进行比较,确定各年的暂时性差异。

(3) 计算各期差异对纳税的影响。即将各年的暂时性差异乘以所得税税率,计算出各期期末的递延所得税资产(负债)的时点值(余额)。

(4) 确定当期各项递延所得税资产(负债)的发生额,计算公式为:

$$当期递延所得税资产发生额 = 当期期末递延所得税资产时点值(余额) - 上期期末递延所得税资产时点值(余额)$$

当期递延所得税资产的发生额大于零时,记入"递延所得税资产"账户的借方,当期递延所得税资产的发生额小于零时,记入"递延所得税资产"账户的贷方。

$$当期递延所得税负债发生额 = 当期期末递延所得税负债时点值(余额) - 上期期末递延所得税负债时点值(余额)$$

当期递延所得税负债的发生额大于零时,记入"递延所得税负债"账户的贷方,当期递延所得税负债的发生额小于零时,记入"递延所得税负债"账户的借方。

(5) 计算当期应纳所得税额。

$$\begin{aligned}当期应纳所得税额 &= 当期应纳税所得额 \times 所得税税率 \\ &= (会计利润 \pm 调整项目) \times 所得税税率 \\ &= (会计利润 \pm 暂时性差异 \pm 永久性差异) \times 所得税税率\end{aligned}$$

(6) 确定本期"所得税费用"。

本期所得税费用根据本期应交所得税和递延所得税资产(负债)的金额计算得出。

$$\begin{aligned}当期所得税费用 &= 当期应交所得税 + 递延所得税负债发生额 - 递延所得税资产发生额 \\ &= 当期应交所得税 + (当期递延所得税负债的贷方发生额 - 当期递延所得税负债的借方发生额) \\ &\quad - (当期递延所得税资产的借方发生额 - 当期递延所得税资产的贷方发生额)\end{aligned}$$

2. 资产负债表债务法的会计核算

采用资产负债表债务法需要在设置"所得税费用""应交税费——应交所得税"两个相关账户的基础上再增加设置"递延所得税资产"和"递延所得税负债"两个账户来核算暂时性差异对未来应纳税所得额的影响。

"递延所得税资产"账户用于核算企业由可抵扣暂时性差异确认的递延所得税资产及按能够结转后期的尚可抵扣的亏损和税款抵减的未来应税利润确认的递延所得税资产。借方登记确认的各类递延所得税资产,贷方反映当企业确认为递延所得税资产的可抵扣暂时性差异发生转回时的所得税影响额,税率变动或开征新税调整的递延所得税资产相应计入该账户的借方或者贷方。余额反映尚未转回的递延所得税资产。

"递延所得税负债"账户用于核算企业由应纳税暂时性差异确认的递延所得税负债。贷方登记确认的各类递延所得税负债,借方登记当企业确认为递延所得税负债的应税暂时性差异发生转回时的所得税影响额,税率变动或开征新税调整的递延所得税负债相应计入该账户的借方或者贷方。余额反映尚未转回的递延所得税负债。

需要特别注意的是:当税率变动或开征新税时,递延所得税负债或递延所得税资产的账面余额,要按照税率的变动或新征税款进行调整,同时将调整金额计入"所得税费用"账户。

具体来说,在计算暂时性差异对未来所得税的影响金额时,应按企业本期实际执行的税率计算确定;如果在未来转销暂时性差异的期间内,将要采用已公布、但在暂时性差异产生时尚未执行的税率,应按已公布尚未执行的税率计算确定;如果在暂时性差异产生时不存在已公布将要执行的税率,应按实际执行税率计算确定,待税率变更时,再对递延所得税负债或递延所得税资产的余额进行调整,调整额计入当期的所得税费用;如果以前各期已经确认的暂时性差异对所得税的影响金额未考虑开征新税的因素,应根据未来开征新税对已经确认的递延所得税负债或递延所得税资产的账面余额进行调整。

六、应用实例

【例 8-12】 某企业 2022 年全年计税工资总额为 100 万元,2022 年列支了职工福利费 15 万元,税收罚款 5 万元。假设无其他纳税调整事项。该企业 2021 年按会计准则核算的税前会计利润为 1 500 万元,已知该企业适用的企业所得税税率为 25%。请运用应付税款法进行所得税会计核算。

根据上述资料,应纳所得税额计算如下:

(1) 职工福利费税前列支限额=100×14%=14 万元,实际列支 15 万元,超支部分 1 万元(15-14)不得税前扣除,应调增应纳税所得 1 万元。

(2) 税收罚款不得税前扣除,应调增应纳税所得 5 万元。

(3) 应纳税所得额=1 500+1+5=1 506(万元)。

(4) 应纳所得税税额=1 506×25%=376.5(万元)。

企业应作如下会计处理:

借:所得税费用　　　　　　　　　　　　　　　　　　　　　　　3 765 000
　　贷:应交税费——应交所得税　　　　　　　　　　　　　　　　　　3 765 000

实际缴纳所得税时:

借:应交税费——应交所得税　　　　　　　　　　　　　　　　　　3 765 000
　　贷:银行存款　　　　　　　　　　　　　　　　　　　　　　　　　3 765 000

【例 8-13】 某企业于 2020 年 12 月购买取得一项固定资产,原值为 400 万元,预计净残值 20 万元,会计处理采用年数总和法计提折旧,预计使用年限为 4 年,根据税法规定应采用直线法计提折旧,折旧年限为 4 年,假定企业每年的会计利润均为 100 万元,无其他纳税调整项目,所得税税率为 25%,请运用资产负债表债务法进行所得税会计核算。

步骤一：确定产生暂时性差异的项目——固定资产。

会计处理时计提折旧采用年限总和法，税法允许扣除的折旧费用只能采用直线法，会导致在固定资产的存续期间账面价值小于其计税基础，产生可抵扣暂时性差异，应记入"递延所得税资产"。

步骤二、三、四：确定该固定资产存续期间各年的账面价值及计税基础，据以计算暂时性差异及该项差异对纳税的影响时点值和当期发生额，如表8-3所示。

表8-3　　　　　　　　　暂时性差异纳税影响计算表　　　　　　　　单位：万元

	各期期末	2021年	2022年	2023年	2024年
1	资产原价	400	400	400	400
2	当年计提折旧（会计）	152	114	76	38
3	累计折旧（会计）	152	266	342	380
4	账面价值（1-3）	248	134	58	20
5	资产原价	400	400	400	400
6	允许扣除的折旧费用（税法）	95	95	95	95
7	累计允许扣除的折旧费用（税法）	95	190	285	380
8	计税基础（5-7）	305	210	115	20
9	暂时性差异（8-4）	57	76	57	0
10	当年的暂时性差异	57	19	-19	-57
11	所得税税率	25%	25%	25%	25%
12	差异影响时点值（期末余额）（9×11）	14.25	19	14.25	0
13	当期入账数（发生额）	14.25	4.75	-4.75	-14.25

步骤五：计算应纳所得税额，如表8-4所示。

表8-4　　　　　　　　　应纳所得税额计算表　　　　　　　　单位：万元

各期期末	应纳所得税额
2021年	(100+57)×25%=39.25
2022年	(100+19)×25%=29.75
2023年	(100-19)×25%=20.25
2024年	(100-57)×25%=10.75

步骤六：计算"所得税费用"，并编制会计分录。所得税费用计算如表8-5所示。

表8-5　　　　　　　　　所得税费用计算表　　　　　　　　单位：万元

会计年度	2021年	2022年	2023年	2024年
所得税费用	25	25	25	25
递延所得税资产	14.25	4.75	-4.75	-14.25
应纳所得税	39.25	29.75	20.25	10.75

2021年：借：所得税费用　　　　　　　　　　　　　　　　　　250 000
　　　　　　递延所得税资产　　　　　　　　　　　　　　　142 500
　　　　　　　贷：应交税费——应交所得税　　　　　　　　　　　　392 500

2022年：借：所得税费用　　　　　　　　　　　　　　　　　　250 000
　　　　　　递延所得税资产　　　　　　　　　　　　　　　　47 500
　　　　　　　贷：应交税费——应交所得税　　　　　　　　　　　　297 500

2023年：借：所得税费用　　　　　　　　　　　　　　　　　　250 000
　　　　　　贷：递延所得税资产　　　　　　　　　　　　　　　　47 500
　　　　　　　　应交税费——应交所得税　　　　　　　　　　　　202 500

2024年：借：所得税费用　　　　　　　　　　　　　　　　　　250 000
　　　　　　贷：递延所得税资产　　　　　　　　　　　　　　　142 500
　　　　　　　　应交税费——应交所得税　　　　　　　　　　　　107 500

"递延所得税资产"账户2024年年末余额为0。

【例8-14】 假定[例8-13]中该企业2022年的税率由25%调减到15%，请运用资产负债表债务法进行账务处理。

步骤一：同[例8-13]。

步骤二、三、四：确定各年的暂时性差异及该项差异对纳税的影响时点值和当期发生额，如表8-6所示。

表8-6　　　　　　　　　　　暂时性差异纳税影响计算表　　　　　　　　　单位：万元

	各期期末	2021年	2022年	2023年	2024年
1	资产原价	400	400	400	400
2	当年计提折旧（会计）	152	114	76	38
3	累计折旧（会计）	152	266	342	380
4	账面价值（1－3）	248	134	58	20
5	资产原价	400	400	400	400
6	允许扣除的折旧费用（税法）	95	95	95	95
7	累计允许扣除的折旧费用（税法）	95	190	285	380
8	计税基础（5－7）	305	210	115	20
9	暂时性差异（8－4）	57	76	57	0
10	当年的暂时性差异	57	19	－19	－57
11	所得税率	25%	15%	15%	15%
12	差异影响时点值（期末余额）（9×11）	14.25	11.4	8.55	0
13	当期入账数（发生额）	14.25	－2.85	－2.85	－8.55

步骤五：计算应纳所得税额，如表8-7所示。

表 8-7　　　　　　　　　应纳所得税额计算表　　　　　　　　单位:万元

各期期末	应纳所得税额
2021 年	(100＋57)×25％＝39.25
2022 年	(100＋19)×15％＝17.85
2023 年	(100－19)×15％＝12.15
2024 年	(100－57)×15％＝6.45

步骤六:计算"所得税费用",并编制会计分录,如表 8-8 所示。

表 8-8　　　　　　　　　所得税费用计算表　　　　　　　　单位:万元

会计年度	2021 年	2022 年	2023 年	2024 年
所得税费用	25	20.7	15	15
递延所得税资产	14.25	－2.85	－2.85	－8.55
应纳所得税	39.25	17.85	12.15	6.45

2021 年:

　　借:所得税费用　　　　　　　　　　　　　　　　　　　　　　　250 000
　　　　递延所得税资产　　　　　　　　　　　　　　　　　　　　　142 500
　　　　贷:应交税费——应交所得税　　　　　　　　　　　　　　　　　392 500

2022 年:

　　借:所得税费用　　　　　　　　　　　　　　　　　　　　　　　207 000
　　　　贷:递延所得税资产　　　　　　　　　　　　　　　　　　　　28 500
　　　　　　应交税费——应交所得税　　　　　　　　　　　　　　　　178 500

2023 年:

　　借:所得税费用　　　　　　　　　　　　　　　　　　　　　　　150 000
　　　　贷:递延所得税资产　　　　　　　　　　　　　　　　　　　　28 500
　　　　　　应交税费——应交所得税　　　　　　　　　　　　　　　　121 500

2024 年:

　　借:所得税费用　　　　　　　　　　　　　　　　　　　　　　　150 000
　　　　贷:递延所得税资产　　　　　　　　　　　　　　　　　　　　85 500
　　　　　　应交税费——应交所得税　　　　　　　　　　　　　　　　64 500

"递延所得税资产"账户 2021 年年末余额为 0。

七、减免所得税的会计核算

纳税人符合有关减免税优惠条件的,应在年度终了后两个月内向主管税务机关申请减免所得税,并提供以下资料:减免税申请报告、财务报表、工商营业执照、税务登记证的复印件以及税务机关要求提供的其他材料。

（一）先计后退的账务处理

1. 计提所得税

借：所得税费用
　　贷：递延所得税负债
　　　　应交税费——应交所得税

或

借：所得税费用
　　递延所得税资产
　　贷：应交税费——应交所得税

2. 减免所得税

借：应交税费——应交所得税
　　贷：所得税费用

（二）先缴后退的账务处理

1. 计提所得税

借：所得税费用
　　贷：递延所得税负债
　　　　应交税费——应交所得税

或

借：所得税费用
　　递延所得税资产
　　贷：应交税费——应交所得税

2. 上缴所得税

借：应交税费——应交所得税
　　贷：银行存款

3. 收到退税款

借：银行存款
　　贷：其他收益

（三）法定直接减免

不作账务处理。

八、预提所得税的账务处理

预提所得税属于分享性质，收入来源国征税后，居住国一般给予抵免。外国企业在中国境内未设立机构、场所，而有取得来源于中国境内的利润（股息）、利息、租金、特许权使用费和其他所得,按规定其所得税应由支付人在每次支付的款额中扣除,并在自代扣之日起 7 日内缴入国库。扣缴义务人扣缴时作如下账务处理:

借:其他应付款(应付利息等)
  贷:应交税费——应交预提所得税

对外国企业在中国境内从事建筑、安装、装配、勘探等工程作业和提供咨询、管理、培训等劳务活动的所得,税务机关可以指定工程价款或劳务费的支付人为所得税扣缴义务人,税款在支付的款额中扣缴。扣缴时作如下账务处理:

借:应付账款
  贷:应交税费——应交预提所得税

实际代缴时,编制会计分录:

借:应交税费——应交预提所得税
  贷:银行存款

第四节 企业所得税的征收管理

一、纳税期限

企业所得税按纳税年度计算,纳税年度自公历 1 月 1 日起至 12 月 31 日止。企业在一个纳税年度中间开业,或者终止经营活动,使该纳税年度的实际经营期不足 12 个月的,应当以其实际经营期为 1 个纳税年度。企业依法清算时,应当以清算期间作为 1 个纳税年度。

(一)分月或者分季预缴方法

企业所得税实行按年计征、分期预缴、年终汇算清缴、多退少补的方法。企业应当自月份或者季度终了之日起 15 日内,向税务机关报送预缴企业所得税纳税申报表,预缴税款。

企业根据规定分月或者分季预缴企业所得税时,应当按照月度或者季度的实际利润额预缴;按照月度或者季度的实际利润额预缴有困难的,可以按照上一纳税年度应纳税所得额的月度或者季度平均额预缴,或者按照经税务机关认可的其他方法预缴。预缴方法一经确定,该纳税年度内不得随意变更。

企业应当自年度终了之日起 5 个月内,向税务机关报送年度企业所得税纳税申报表,并进行汇算清缴,结清应缴应退税款。企业在报送企业所得税纳税申报表时,应当按照规定附送财务会计报告和其他有关资料。

(二)源泉扣缴办法

源泉扣缴是指在相关主体向纳税人支付款项时从该款项中预先扣除该款项所应当承担的税款的制度。它是在税源发生地或发生环节进行征税的税收征管的一种方法,是为了从源头上管理税收,防止税款的流失。

非居民企业在中国境内未设立机构、场所的,或者虽设立机构、场所但取得的所得与其所设机构、场所没有实际联系的,其来源于中国境内的所得应按规定计算缴纳企业所得税,并实行源泉扣缴的办法,以支付人为扣缴义务人。支付人,是指依照有关法律规定或者合同约定对非居民企业直接负有支付相关款项义务的单位或者个人。税款由扣缴义务人在每次支付或者到期应支付时,从支付或者到期应支付的款项中扣缴。

对非居民企业在中国境内取得工程作业和劳务所得应缴纳的所得税,由县级以上税务机关指定工程价款或者劳务费的支付人为扣缴义务人,并同时告知扣缴义务人所扣税款的计算依据、计算方法、扣缴期限和扣缴方式。可以指定扣缴义务人的情形包括:

(1) 预计工程作业或者提供劳务期限不足一个纳税年度,且有证据表明不履行纳税义务的;

(2) 没有办理税务登记或者临时税务登记,且未委托中国境内的代理人履行纳税义务的;

(3) 未按照规定期限办理企业所得税纳税申报或者预缴申报的。

扣缴义务人每次代扣的税款,应当自代扣之日起七日内缴入国库,并向所在地的税务机关报送扣缴企业所得税报告表。扣缴义务人未依法扣缴或者无法履行扣缴义务的,由纳税人在所得发生地缴纳。纳税人未依法缴纳的,税务机关可以从该纳税人在中国境内其他收入项目的支付人应付的款项中,追缴该纳税人的应纳税款。

【补充资料】

非居民企业在中国境内取得工程作业和劳务所得应缴纳的所得税,税务机关可以指定工程价款或者劳务费的支付人为扣缴义务人。扣缴义务人由县级以上税务机关指定,并同时告知扣缴义务人所扣税款的计算依据、计算方法、扣缴期限和扣缴方式。可以指定扣缴义务人的情形包括:①预计工程作业或者提供劳务期限不足一个纳税年度,且有证据表明不履行纳税义务的;②没有办理税务登记或者临时税务登记,且未委托中国境内的代理人履行纳税义务的;③未按照规定期限办理企业所得税纳税申报或者预缴申报的。

二、纳税地点

居民企业应以企业登记注册地为纳税地点,登记注册地在境外的,以其实际管理机构所在地为纳税地点。居民企业在中国境内设立不具有法人资格的营业机构的,如设立分公司或者其他分支机构,由于这些营业机构不具有法人资格,不能成为企业所得税的独立纳税人,应当与总机构汇总计算并缴纳企业所得税。

非居民企业以机构、场所所在地为纳税地点。非居民企业在中国境内设立两个或者两个以上机构、场所的,经各机构、场所所在地税务机关的共同上级税务机关审核批准,可以选择由其主要机构、场所汇总缴纳企业所得税。非居民企业经批准汇总缴纳企业所得税后,需要增设、合并、迁移、关闭机构、场所或者停止机构、场所业务的,应当事先由负责汇总申报缴纳企业所得税的主要机构、场所向其所在地税务机关报告;需要变更汇总缴纳企业所得税的主要机构、场所的,需要经各机构、场所所在地税务机关的共同上级税务机关审核批准。

非居民企业在中国境内未设立机构、场所,或者虽然设立了机构、场所但取得的所得与该机构、场所没有实际联系的,以扣缴义务人所在地为纳税地点。

三、纳税申报

企业所得税按纳税年度计算。纳税年度自公历1月1日起至12月31日止。企业在一个纳税年度中间开业,或者由于合并、关闭等原因终止经营活动,使该纳税年度的实际经营期不足12个月的,应当以其实际经营期为1个纳税年度。企业依法清算时,应当以清算期间作为1个纳税年度。企业在纳税年度内无论盈利或者亏损,都应当依照规定的期限,向税务机关报送预缴企业所得税纳税申报表、年度企业所得税纳税申报表、财务会计报告和税务机关规定应当报送的其他有关资料。

【关键术语】

居民企业　非居民企业　应纳税所得额　计税基础　暂时性差异　永久性差异　应付税款法　资产负债表债务法

【问题思考】

1. 如何判断纳税人属于居民企业还是非居民企业?
2. 为什么税法要规定扣除项目的具体范围和标准?
3. 我国现行企业所得税的税收优惠政策有何特点?
4. 永久性差异与暂时性差异的区别体现在哪些方面?
5. 暂时性差异产生的原因是什么?

练　习　题

一、名词解释

1. 居民企业
2. 非居民企业
3. 实际管理机构
4. 不征税收入
5. 当期计列法
6. 跨期所得税分摊法
7. 永久性差异
8. 暂时性差异
9. 应付税款法
10. 纳税影响会计法

二、单项选择题

1. 计算应纳税所得额时，下列（　　）不计入纳税人的应税收入。
   A. 国债的利息收入　　　　　　　B. 企业出售住房的净收入
   C. 固定资产盘盈收入　　　　　　D. 企业接受捐赠的实物资产

2. 纳税人取得的股息、红利等权益性投资所得，应按照（　　）确定所得来源地。
   A. 纳税人所在地　　　　　　　　B. 投资企业所在地
   C. 被投资企业所在地　　　　　　D. 机构、场所所在地

3. 国家需要重点扶持的高新技术企业，适用的企业所得税税率是（　　）。
   A. 25%　　　　B. 10%　　　　C. 20%　　　　D. 15%

4. 计算企业应纳税所得额时，应计入应税收入的项目是（　　）。
   A. 国债利息收入　　　　　　　　B. 出口退回的增值税
   C. 先征后退的增值税返还　　　　D. 收取的押金

5. 企业收取的包装物押金，已超过（　　）年仍未偿还的，原则上要确认为期满之日所属年度的收入。
   A. 3　　　　　B. 5　　　　　C. 1　　　　　D. 2

6. 下列税金中，不可以在计算所得税前扣除的是（　　）。
   A. 印花税　　　B. 增值税　　　C. 车船税　　　D. 消费税

7. 下列支出允许在税前扣除的是（　　）。
   A. 支付的银行罚息　　　　　　　B. 对联营单位的赞助支出
   C. 购置生产设备的支出　　　　　D. 税收的滞纳金

8. 企业发生的下列借款利息，在计算应纳税所得额时准予列支的是（　　）。
   A. 借款用于固定资产的购置、建造，在该资产投入使用前发生的利息
   B. 借款用于购进原材料而发生的不高于一般商业贷款利率计算的利息
   C. 以融资租赁方式租入设备而发生的利息
   D. 借款用于投资而发生的利息

9. 纳税人发生年度亏损，可以用下一纳税年度的所得弥补，下一纳税年度的所得不足弥补

的,可以逐年延续弥补,但是延续弥补最长不得超过( )年。
A. 5 B. 3 C. 7 D. 15

10. 企业来源于境外所得,已在境外实际缴纳的所得税税款,在汇总纳税并按规定计算的扣除限额扣除时,如果境外实际缴纳的税款超过扣除限额,对超过的部分可处理的方法是( )。
   A. 列为当年费用支出
   B. 从本年度的应纳所得税额中扣除
   C. 用以后年度税额扣除的余额补扣,补扣期限最长不得超过5年
   D. 从以后年度境外所得中扣除

11. 居民企业在一个纳税年度内转让技术所有权的所得,不超过( )万元的部分免征企业所得税。
   A. 50 B. 80 C. 500 D. 300

12. 下列项目中属于永久性差异的是( )。
   A. 税法规定采用直线法提取折旧,而会计核算采用加速折旧法产生的差异
   B. 将企业自产的产品用于公益性捐赠
   C. 因税法和会计制度规定的无形资产摊销期限不同而产生的差异
   D. 提取存货跌价准备

13. 企业发生的下列税前会计利润与应纳税所得额之间的差异,属于暂时性差异的是( )。
   A. 企业购买国债的利息收入   B. 超标准列支的三费支出
   C. 企业支付的税收滞纳金   D. 企业提取的无形资产减值准备

14. 将本期税前会计利润与应纳税所得额之间的暂时性差异造成的影响纳税的金额直接计入当期损益,而不递延到以后各期的方法是( )。
   A. 暂时性差异   B. 永久性差异
   C. 应付税款法   D. 纳税影响会计法

15. 将本期税前会计利润与应纳税所得额之间的暂时性差异造成的影响纳税的金额递延和分配到以后各期的方法是( )。
   A. 暂时性差异   B. 永久性差异
   C. 应付税款法   D. 纳税影响会计法

16. 将导致使用或处置资产、清偿负债的未来期间内增加应纳税所得额时,由此产生递延所得税负债的暂时性差异是( )。
   A. 永久性差异   B. 时间性差异
   C. 应纳税暂时性差异   D. 可抵扣暂时性差异

17. 采用( )进行所得税会计核算时,需要设置"递延所得税资产"账户。
   A. 应付税款法   B. 递延税款法
   C. 利润表债务法   D. 资产负债表债务法

18. 在企业收回资产账面价值的过程中,计算应纳税所得额时按照税法规定可以自应税经济利益中抵扣的金额,称为( )。
   A. 资产的计税基础   B. 资产的账面价值
   C. 负债的计税基础   D. 负债的账面价值

19. 年末库存商品的账面价值为400万元,其中已计提存货跌价准备70万元,则存货的计税基础是( )万元。
   A. 500	B. 400	C. 330	D. 470

20. 预提所得税的扣缴义务人代扣所得税时,应( )。
   A. 借：利润分配(等有关账户)
         贷：应交税费——应交预提所得税
   B. 借：其他应付款(等有关账户)
         贷：应交税费——应交预提所得税
   C. 借：银行存款
         贷：应交税费——应交预提所得税
   D. 借：应交税费——应交预提所得税
         贷：银行存款

21. 对于先计后退的所得税减免,当确认减免所得税时应借记"应交税费——应交所得税"账户,贷记( )账户。
   A. "所得税费用"	B. "营业外收入"
   C. "其他收益"	D. "本年利润"

22. 对于法定减免的所得税,应贷记( )。
   A. 所得税费用	B. 营业外收入
   C. 资本公积	D. 不做账务处理

23. 纳税人在一个纳税年度的中间开业,应当以( )为纳税年度。
   A. 满12个月	B. 下一年度
   C. 实际经营期	D. 半年

24. 企业所得税实行按年计征、分期预缴、年终汇算清缴的方法。企业应当自月份或季度终了( )内,预缴税款。
   A. 15日	B. 45日	C. 4个月	D. 5个月

25. 企业所得税纳税人应当在年度终了后( )内,办理年度汇算清缴。
   A. 15日	B. 45日	C. 4个月	D. 5个月

三、多项选择题

1. 下列企业或组织属于企业所得税纳税义务人的有( )。
   A. 个人独资企业	B. 私营企业
   C. 外商投资企业	D. 股份有限公司

2. "实际管理机构"应同时符合以下( )条件。
   A. 对企业有实质性管理和控制的机构
   B. 有独立办公场所的机构
   C. 对企业生产经营、人员、账务、财产等实行全面管理和控制的机构
   D. 有一定的管理权限的机构

3. 下列关于企业所得税适用税率的表述中,正确的有( )。
   A. 居民企业适用的税率是25%
   B. 在中国境内未设立机构、场所的非居民企业适用的税率是20%

C. 符合条件的小型微利企业,减按20%税率
D. 国家需要重点扶持的高新技术企业,减按15%税率

4. 在中国境内未设立机构、场所的外国企业取得的( )所得属于来源于中国境内的所得。
   A. 将境外的房产租给境内企业取得的租金
   B. 将在中国境外注册的商标提供给境内企业而收取的使用费
   C. 转让中国境内的房产
   D. 从中国的居民企业取得的红利

5. 在中国境内未设立机构、场所的外国企业取得下列所得,不属于来源于中国境内的有( )。
   A. 销售货物给中国境内的居民企业
   B. 提供商标权给中国境内的居民企业
   C. 将位于境外的房产转让给境内居民企业
   D. 将位于境内的房产转让给境外非居民企业

6. 下列各项中,属于居民企业应税收入的有( )。
   A. 销售商品、提供劳务取得的收入
   B. 因持有权益性投资而从被投资方取得的股息、红利
   C. 将企业生产的货物作为样品提供给客户
   D. 企业代收的具有专项用途的财政性资金

7. 根据税法规定,企业取得的( )收入为不征税收入。
   A. 国债利息收入   B. 财政拨款
   C. 政府性基金   D. 行政事业性收费

8. 根据税法规定,企业取得的( )收入为免税收入。
   A. 符合条件的股息收入   B. 符合条件的非营利组织的收入
   C. 国债利息收入   D. 债券利息收入

9. 企业下列收入,应计入收入总额计算缴纳企业所得税的有( )。
   A. 租金收入   B. 接受的捐赠收入
   C. 外单位欠款支付的利息   D. 转让固定资产收入

10. 在计算应纳税所得额时,准予扣除的税金包括( )。
    A. 车船税   B. 增值税   C. 消费税
    D. 印花税   E. 资源税   F. 房产税

11. 在计算应纳税所得额时,允许从收入额中扣除的项目有( )。
    A. 税金及附加   B. 销售产品支付的运输费
    C. 购买专利权的支出   D. 已售商品的成本

12. 企业在计算应纳税所得额时,下列支出按实际发生数扣除的有( )。
    A. 向金融机构借款的利息   B. 支付给职工的合理的工资、福利费
    C. 用于公益、救济性质的捐赠   D. 按照规定缴纳的职工社会保险费

13. 税法规定广告费支出应满足的条件包括( )。
    A. 由专门的广告公司制作

B. 通过经工商部门批准的专门机构制作
C. 已付款并取得相应发票
D. 广告通过一定的媒体进行传播

14. 在计算应纳税所得额时,不得从收入总额中扣除的项目有( )。
   A. 赞助支出
   B. 捐赠支出
   C. 税收滞纳金
   D. 购建固定资产的支出

15. 在计算应纳税所得额时,可以从收入总额中扣除的项目有( )。
   A. 广告支出
   B. 提取的固定资产减值准备
   C. 企业参加财产保险,按规定缴纳的保险费用
   D. 支付的罚息

16. 企业从事( )项目的所得,可以减半征收企业所得税。
   A. 花卉种植
   B. 海水养殖
   C. 香料作物种植
   D. 蔬菜种植

17. ( )行业新购进的固定资产可以采取加速折旧方法。
   A. 生物制药
   B. 通信设备制造
   C. 信息传输
   D. 信息技术服务

18. 以"跨期所得税分摊法"为理论依据进行所得税会计核算的方法有( )。
   A. 应付税款法
   B. 资产负债表债务法
   C. 递延法
   D. 利润表债务法

19. 下列无形资产中,( )不得计算摊销费用在所得税前扣除。
   A. 著作权
   B. 土地使用权
   C. 自创商誉
   D. 自行开发且开发支出已在税前扣除的

20. 企业的税前会计利润与应纳税所得额之间的差异可以分为( )。
   A. 一般性差异
   B. 永久性差异
   C. 时间性差异
   D. 暂时性差异

21. 永久性差异包括( )情况。
   A. 根据会计准则确认为收入、收益,但税法规定不作为应纳税所得额的项目。
   B. 根据会计准则不确认为收入,但按税法规定要作为应税收入的项目。
   C. 根据会计准则确认为成本、费用或损失,但税法上不允许扣除的项目。
   D. 根据会计准则不确认为成本、费用或损失,但税法规定可以在所得税前扣除。

22. 暂时性差异产生的原因主要包括( )。
   A. 资产的账面价值与计税基础的差异
   B. 负债的账面价值与计税基础的差异
   C. 特殊交易中产生的资产的账面价值与计税基础的差异
   D. 特殊交易中产生的负债的账面价值与计税基础的差异

23. 应纳税暂时性差异产生的原因有( )。
   A. 资产的账面价值大于其计税基础
   B. 资产的账面价值小于其计税基础
   C. 负债的账面价值大于其计税基础
   D. 负债的账面价值小于其计税基础

24. 可抵扣暂时性差异产生的原因有( )。
    A. 资产的账面价值大于其计税基础
    B. 资产的账面价值小于其计税基础
    C. 负债的账面价值大于其计税基础
    D. 负债的账面价值小于其计税基础

25. 以下说法正确的有( )。
    A. 应纳税暂时性差异应确认为当期的递延所得税资产
    B. 应纳税暂时性差异应确认为当期的递延所得税负债
    C. 应纳税暂时性差异将增加未来期间应纳所得税
    D. 应纳税暂时性差异将减少未来期间应纳所得税

26. 以下说法正确的有( )。
    A. 可抵扣暂时性差异应确认为当期的递延所得税资产
    B. 可抵扣暂时性差异应确认为当期的递延所得税负债
    C. 可抵扣暂时性差异将增加未来期间应纳所得税
    D. 可抵扣暂时性差异将减少未来期间应纳所得税

27. 下列关于"递延所得税资产"的论述中,正确的有( )。
    A. 借方反映确认的各类递延所得税资产
    B. 贷方反映递延所得税资产转回的所得税影响额
    C. 期末余额,反映尚未转回的递延所得税资产
    D. 借贷方还用于反映税率变动或开征新税调整的递延所得税资产

28. 下列关于"递延所得税负债"的论述中,正确的有( )。
    A. 贷方反映确认的各类递延所得税负债
    B. 借方反映递延所得税负债转回的所得税影响额
    C. 期末余额,反映尚未转回的递延所得税负债
    D. 借贷方还用于反映税率变动或开征新税调整的递延所得税资产

29. 企业选择资产负债表债务法时,应设置( )账户进行所得税会计核算。
    A. "所得税费用"
    B. "递延所得税资产"
    C. "递延所得税负债"
    D. "递延税款"

30. 企业缴纳所得税采取按期预缴、年终汇算清缴的方法,经主管税务机关核定,其中可以采取的预缴方法有( )。
    A. 按月度实际利润额计算预缴
    B. 按上一年度应纳税所得额的月平均数计算预缴
    C. 按季度实际利润额计算预缴税款
    D. 按上一年度应纳税所得额的季平均数计算预缴

四、判断题
1. 企业所得税是对企业的生产经营所得征收的一种税。 ( )
2. 生产经营所得和其他所得是指来源于中国境内的所得。 ( )
3. 在境外成立但在中国境内设立了机构、场所的企业是居民企业。 ( )
4. 非居民企业应就其来源于中国境内的所得缴纳企业所得税。 ( )
5. 企业取得的权益性投资资产的转让所得应按照被投资企业所在地确定所得的来源地。
   ( )

6. 企业取得的特许权使用费所得应按照转让企业的所在地确定所得的来源地。（   ）
7. 在企业在预缴所得税时，只能按实际数预缴，而不能采用其他方法。（   ）
8. 国家需要重点扶持的高新技术企业可减按15％的税率征收企业所得税。（   ）
9. 企业接受的捐赠收入可转入企业资本公积，不予计征企业所得税。（   ）
10. 非居民企业从居民企业取得的股息、红利等权益性投资收益属于免税收入。（   ）
11. 非营利组织接受其他单位或个人捐赠的收入属于免税收入。（   ）
12. 准予从收入总额中扣除的税金，是指企业按规定缴纳的增值税、消费税、营业税、城市维护建设税、资源税、土地增值税，以及教育费附加。（   ）
13. 企业发生的直接捐赠不得在计算应纳税所得额时扣除。（   ）
14. 超过扣除标准的业务招待费准予在以后纳税年度的限额内结转扣除。（   ）
15. 企业将自产的货物作为福利发放给职工，应当视同销售货物，计入应税收入。（   ）
16. 企业违反经济合同而支付的违约金不得在计算应纳税所得额时扣除。（   ）
17. 纳税人因逾期归还银行贷款而支付的罚息，不得在计算应纳税所得额时扣除。（   ）
18. 企业可以用境外业务的所得弥补境内业务的亏损。（   ）
19. 企业发生亏损时，无需进行所得税的纳税申报。（   ）
20. 企业从事符合条件的节能节水项目的所得，自获利年度开始，第1年至第3年免征企业所得税，第4年至第6年减半征收企业所得税。（   ）
21. 委托给外单位进行研究开发的，委托方不得计算研究开发费用的加计扣除。（   ）
22. 企业安置残疾人员的，在按照支付给残疾职工工资据实扣除的基础上，可以按照支付给残疾职工工资的100％加计扣除。（   ）
23. 企业新购进的设备，价值不超过100万元的，允许一次性计入当期成本费用在计算应纳税所得额时扣除。（   ）
24. 根据税法规定，房屋、建筑物的最低折旧年限为20年。（   ）
25. 根据税法规定，林木类生产性生物资产的最低折旧年限为3年。（   ）
26. 单独估价作为固定资产入账的土地不得在计算企业所得税时扣除折旧。（   ）
27. 由于会计制度与税法在计算收益、费用或损失时的口径不同，所产生的税前会计利润和应纳税所得额之间的差异是暂时性差异。（   ）
28. 暂时性差异是指资产或负债的账面价值与其计税基础之间的差额。（   ）
29. "递延所得税负债"账户的期末余额表示企业期末尚未支付的所得税款。（   ）
30. "所得税费用"属于损益类账户。（   ）

五、简答题

1. 如何理解"实际管理机构"？
2. 简述居民企业及非居民企业的征税范围。
3. 简述企业所得税法中规定的"不征税收入"的含义及内容。
4. 计算应纳税所得额时，不得扣除的项目有哪些？
5. 简述跨期所得税分摊法的基本理论观点。
6. 我国企业所得税法对固定资产计算折旧的最低年限是如何规定的？
7. 简述永久性差异的类型。
8. 简述暂时性差异的类型。

9. 简述应付税款法的计算步骤。
10. 简述资产负债表债务法的计算步骤。

六、计算及实务题

1. 天河华清公司2021年度实现利润总额1 200万元,其中主营业务收入2 500万元,其他业务收入578万元,投资收益180万元,上年未弥补亏损120万元,本年度计缴企业所得税需调整的项目如下：

(1) 企业当年取得技术转让所得520万元。

(2) 企业本年度列支工资费用155万元,职工福利费30万元,职工教育经费10万元。

(3) 向其他企业拆借资金列支利息费用12万元。(按同期商业银行贷款利率计算的利息为10万元)

(4) 列支业务招待费45万元。

(5) 本年度列支广告费25万元。

(6) 提取坏账准备25万元。

(7) 将库存的价值150万元(账面成本100万元)的商品通过红十字会捐赠给灾区。

【要求】根据上述资料,用间接法计算该企业的应纳所得税额。

2. 2021年8月5日,天河华立公司通过证券公司购入××公司A股流通股50 000股,每股股价为21元,支付价款105万元,还支付了证券交易手续费300元,作为交易性金融资产核算。2021年12月31日,该股票的市价为129万元。

【要求】请分析该交易性金融资产的账面价值、计税基础及产生的暂时性差异。

3. 天河华达公司于2020年12月以80万元购入一台生产设备,预计使用寿命为5年,按照双倍余额递减法计提折旧,预计净残值为0。税法规定的最低折旧年限为5年,只允许按平均年限法计提折旧。

【要求】请分析2021—2025年该固定资产的账面价值、计税基础及产生的暂时性差异。并运用资产负债表债务法进行会计处理。

4. 天河万家股份有限公司适用的企业所得税税率为25%,2020年度取得主营业务收入2 100万元,其他业务收入80万元,投资收益85万元,利润总额800万元,上年度亏损120万元,与所得税有关的经济业务事项如下：

(1) 2020年12月末,期末存货中有部分库存商品(账面余额400万元)发生了价值减损,天河公司对此计提了存货跌价准备30万元。

(2) 2019年12月,万家公司购入一台管理用电子设备,入账价值为270万元,预计使用年限5年,预计净残值为0,按年数总和法计提折旧。按照税法规定,应采用直线法计提折旧,折旧年限和预计净残值与会计规定一致。

(3) 2020年末,公司所持有的交易性证券的公允价值为60万元,其购入成本为64万元,公司已按会计准则的要求确认了相关的损失,将其计入了当期损益。

(4) 2020年1月1日,万家公司投资于越秀公司,占越秀公司表决权资本的40%,准备长期持有,对越秀公司具有重大影响。投资成本为320万元;至2020年年末,因确认越秀公司净利润中本公司所拥有的份额而增加长期股权投资的账面价值30万元。

(5) 当年取得技术转让所得50万元。

(6) 管理费用中列支业务招待费30万元。

(7) 本年度列支广告费 250 万元。
(8) 向希望工程捐款 120 万元。

假定万家公司除上述事项外,不存在其他与所得税计算缴纳相关的事项;暂时性差异在可预见的未来很可能转回,而且以后年度很可能获得用来抵扣可抵扣暂时性差异的应纳税所得额。

【要求】请对上述业务事项进行分析说明,判断是否形成永久性差异或暂时性差异,并计算万家公司 2020 年的应纳企业所得税额,运用资产负债表债务法进行所得税会计处理。

第九章 个人所得税

教学目标

本章主要介绍个人所得税的税制要素及会计核算。通过学习,学生应熟悉我国个人所得税的基本法律规定,了解个人所得税的优惠政策及征收管理,能够正确计算个人所得税的应纳税额,掌握个人所得税的会计核算方法及纳税申报。

第一节 征税范围与纳税义务人

个人所得税是指以自然人取得的各项应税所得为征税对象而征收的一种税,是政府利用税收对个人收入进行调节的一种手段。

我国现行的个人所得税具有以下特点。

一是实行综合征收。个人所得税从制度上可划分为三种类型:分类所得税制、综合所得税制和混合所得税制。这三种税制各有所长,各国可根据本国具体情况选择与运用。我国现行个人所得税采用的是混合征收,将个人取得的各种所得划分为九项,分别扣除不同的费用和适用不同的税率,即将工资、薪金所得,劳务报酬所得,稿酬所得和特许权使用费所得采用综合征收,除这些之外的其他各项所得采用分类征收。设置专项扣除项目,不仅可以为民众减负,而且还能间接促进公民对于纳税本质的认知。以家庭为主体征收单位、包括被赡养人口扣除额以及其他可扣除额的个人所得税制,有利于实现既定的政策目标,使税法更为公平。

二是超额累进税率与比例税率并用。分类所得税制一般采用比例税率,综合所得税制通常采用累进税率。比例税率计算简便,便于实行源泉扣缴;累进税率则能合理调节收入调节分配,体现公平。我国现行个人所得税根据各类个人所得税的不同性质和特点,将这两种形式的税率运用于个人所得税制。其中,对工资、薪金所得,劳务报酬所得,稿酬所得,特许权使用费所得,经营所得使用超额累进税率,实现量能负担。其他各项应税所得采用比例税率。

三是定额定率扣除。我国个人所得税对纳税人的各项所得,视情况不同分别采用内外有别、定额扣除和定率扣除的办法:即对工资、薪金所得实行每月定额扣除5 000元,在此基础上再扣除专项扣除费用和专项附加扣除费用,取得中低水平所得的个人大多数不用负担个人所得税;对其他所得采取定额扣除800元或定率扣除20%费用的办法。

四是源泉扣缴与自行申报相结合。我国个人所得税在征收管理上,采取由支付单位源泉扣缴和纳税人自行申报两种方法。对凡是可以在应税所得的支付环节扣缴个人所得税的，均规定必须由支付单位作为扣缴义务人，履行代扣代缴义务；对没有扣缴义务人或者个人在两处以上取得工资、薪金所得的，由纳税人自行申报纳税。这样，简化了征收手续，节省了征税成本和纳税费用，又方便征纳双方。

五是计算较复杂。我国个人所得税自2019年1月1日起采用混合征收模式，对综合所得和经营所得的费用扣除既采取总额扣除法，又采取分类分项的多种扣除方法。如专项附加扣除在同一个家庭中还得分为不同的纳税主体分别扣除，在按月或按次预缴的基础上，年终要进行汇算清缴，增加了税款的计算复杂程度和税务机关征收管理的难度。

【课程思政】

个人所得税改革以培育诚信意识、践行社会主义核心价值观为根本。有利于建立健全个人所得税纳税信用记录，完善守信激励与失信惩戒机制，加强个人信息安全和权益维护，有效引导纳税人诚信纳税，公平享受减税红利，推动税务领域信用体系建设迈上新台阶。

一、征税范围

我国现行个人所得税实行分类课征与综合课征相结合的征收制度，具体征税范围包括以下各项所得。

（一）工资、薪金所得

工资、薪金所得是指个人因任职或者受雇而取得的工资、薪金、奖金、年终加薪、劳动分红、津贴、补贴以及与任职或者受雇有关的其他所得。

一般来说，工资、薪金所得属于非独立个人劳动所得。所谓非独立个人劳动，是指个人所从事的是由他人指定、安排并接受管理的劳动，工作或服务于公司、工厂、行政、事业单位的人员（私营企业主除外）均为非独立劳动者。

根据我国目前个人收入的构成情况，规定对于一些不属于工资、薪金性质的补贴、津贴或者不属于纳税人本人工资、薪金所得项目的收入，不予征税。这些项目包括：独生子女补贴；执行公务员工资制度未纳入基本工资总额的补贴、津贴差额和家属成员的副食品补贴；托儿补助费；差旅费津贴、误餐补助。

另外，对于公司职工取得的用于购买国有股权的劳动分红，纳入工资、薪金所得项目；对于个人因公务用车和通讯制度改革取得的补贴收入，扣除一定标准公务费用后，计入工资、薪金所得。

（二）劳务报酬所得

劳务报酬所得是指个人独立从事各种非雇佣的各种劳务所取得的所得，包括个人从事设计、装潢、安装、制图、化验、测试、医疗、法律、会计、咨询、讲学、新闻、广播、翻译、审稿、书画、雕刻、影视、录音、录像、演出、表演、广告、展览、技术服务、介绍服务、经纪服务、代办服务以及其他劳务取得的所得。个人担任董事职务所取得的董事费收入也属于劳务报酬所得。

上述各项所得一般属于个人独立从事自由职业取得的所得或属于独立个人劳动所得。是否存在雇佣与被雇佣关系，是判断一种收入是属于劳务报酬所得还是属于工资、薪金所得的重要标准。

(三) 稿酬所得

稿酬所得是指个人因其作品以图书、报刊形式出版、发表而取得的所得。这里的"作品",包括文学作品、书画作品、摄影作品,以及其他作品。

稿酬所得具有特许权使用费、劳务报酬所得等的性质,将其单列一个应税项目,主要是考虑出版、发表作品的特殊性:一是依靠较高智力创作的精神产品;二是具有普遍性;三是与社会主义精神文明和物质文明密切相关;四是报酬相对偏低。因此,稿酬所得应当与一般劳务报酬相对区别,并给予适当优惠照顾。

根据《国家税务总局关于个人所得税若干业务问题的批复》(国税函〔2002〕146号),对报纸、杂志、出版等单位的职员在本单位的刊物上发表作品、出版图书取得所得征税的问题明确如下:

(1) 任职、受雇于报纸杂志等单位的记者、编辑等专业人员,因在本单位的报纸、杂志上发表作品取得的所得,属于因任职、受雇而取得的所得,应与其当月工资收入合并,按"工资、薪金所得"项目征收个人所得税。

除上述专业人员以外,其他人员在本单位的报纸、杂志上发表作品取得的所得,应按"稿酬所得"项目征收个人所得税。

(2) 出版社的专业作者撰写、编写或翻译的作品,由本社以图书形式出版而取得的稿费收入,应按"稿酬所得"项目计算缴纳个人所得税。

(四) 特许权使用费所得

特许权使用费所得是指个人提供专利权、商标权、著作权、非专利技术以及其他特许权的使用权取得的所得。提供著作权的使用权取得的所得,不包括稿酬所得。

专利权、商标权、著作权、非专利技术四种权利及其他权利由个人提供或转让给他人使用时,会取得相应的收入。这类收入不同于一般所得,所以单独列为一类征税项目。对特许权使用费所得的征税办法,各国不尽一致。如有的国家对转让专利权所得征收资本利得税,而我国是将使用权和所有权的转让合在一起,一并列入个人所得税的征税范围。

居民个人取得上述第(一)项至第(四)项所得称为"综合所得",按纳税年度合并计算个人所得税;非居民个人取得上述第(一)项至第(四)项所得,按月或者按次分项计算个人所得税。

(五) 经营所得

(1) 个体工商户从事生产、经营取得的所得,个人独资企业投资人、合伙企业的个人合伙人来源于境内注册的个人独资企业、合伙企业的生产经营所得。

(2) 个人依法从事办学、医疗、咨询以及其他有偿服务活动取得的所得。

(3) 个人对企业、事业单位承包经营、承租经营以及转包、转租取得的所得。

(4) 个人从事其他生产、经营活动取得的所得。

(六) 利息、股息、红利所得

利息、股息、红利所得是指个人拥有债权、股权而取得的利息、股息、红利所得。其中,利息是指个人拥有债权而取得的利息,包括存款利息、贷款利息和各种债券的利息。股息、红利是指个人拥有股权取得的股息、红利。其中,按照一定的比率对每股发给的息金称为股息;公司、企业应分配的超过股息部分的利润,按股派发的红股称为红利。

(七) 财产租赁所得

财产租赁所得是指个人出租建筑物、土地使用权、机器设备、车船以及其他财产取得的所得。个人取得的财产转租收入,属于"财产租赁所得"的征税范围。

(八) 财产转让所得

财产转让所得是指个人转让有价证券、股权、建筑物、土地使用权、机器设备、车船以及其他财产取得的所得。目前对个人取得的股票转让收入所得暂不征收个人所得税。

(九) 偶然所得

(1) 个人为单位或他人提供担保获得收入。

(2) 房屋产权所有人将房屋产权无偿赠与他人,受赠人因无偿受赠房屋取得的受赠收入。

(3) 企业在业务宣传、广告等活动中,随机向本单位意外的个人赠送礼品(包括网络红包);企业在年会、座谈会等活动中向本单位以外的个人赠送礼品,个人取得的礼品收入(具有价格折扣或折让性质的消费券、代金券、抵用券、优惠券等礼品除外)。

(4) 个人得奖、中奖、中彩以及其他偶然性质的所得。

二、纳税义务人

个人所得税的纳税人是指在中国境内有住所,或者虽无住所但在境内居住累计满183天,以及无住所又不居住或居住不满183天但从中国境内取得所得的个人,包括中国公民、个体工商业户、个人独资企业、合伙企业以及有来源于中国境内所得的外籍人员和中国香港、澳门、台湾同胞。上述纳税义务人依据住所和居住时间两个标准,区分为居民和非居民,分别承担不同的纳税义务。

(一) 居民纳税人与非居民纳税人的界定

根据《2018年个人所得税法修正案草案》规定:在中国境内有住所,或者无住所而一个纳税年度内在中国境内居住累计满183天的个人,为居民个人。居民个人从中国境内和境外取得的所得,依照规定缴纳个人所得税。

在中国境内无住所又不居住,或者无住所而一个纳税年度内在中国境内居住累计不满183天的个人,为非居民个人。非居民个人从中国境内取得的所得,依照本法规定缴纳个人所得税。

纳税年度,自公历1月1日起至12月31日止。

1. 住所标准

即以个人在一国境内拥有的住所确定其居民身份的判定标准。我国税法将"在中国境内有住所的个人"判定为居民纳税人。这里的"在中国境内有住所的个人",是指因户籍、家庭、经济利益关系而在中国境内习惯性居住的个人。所谓习惯性居住,是判断纳税义务人是居民或非居民的一个法律意义上的标准,不是指实际居住或在某一个特定时期内的居住地。如因学习、工作、探亲、旅游等而在中国境外居住的,在上述原因消除之后,必须回到中国境内居住的个人,则中国即为该纳税人习惯性居住地。

2. 居住时间标准

居住时间是指个人在一国境内实际居住的日数。

在中国境内有住所,或者无住所而一个纳税年度内在中国境内居住累计满183天的个人,为居民个人。居民个人从中国境内和境外取得的所得,依照规定缴纳个人所得税。

在中国境内无住所又不居住,或者无住所而一个纳税年度内在中国境内居住累计不满183天的个人,为非居民个人。非居民个人从中国境内取得的所得,依照本法规定缴纳个人所得税。

我国税法规定的住所标准和居住时间标准,是判定居民身份的两个并列性标准,个人只要符合或达到其中任何一个标准,就可以被认定为居民纳税人。

(二)居民纳税人与非居民纳税人的纳税义务

我国个人所得税不同纳税人的纳税义务,是按照属地主义和属人主义双重税收管辖权来确立的。按照属地主义税收管辖权(即收入来源地税收管辖权),凡来源于本国的所得均要征税;按照属人主义税收管辖权(即居住国税收管辖权),凡本国公民(居民),对其来源于国内外所得均要征税。参照国际通行的做法,我国个人所得税采取属地兼属人的税收管辖权课征方式。居民纳税人须承担无限纳税义务,应就其来源于中国境内、境外的全部所得纳税;非居民纳税人只承担有限纳税义务,仅就其来源于中国境内的所得纳税。

(三)扣缴义务人

个人所得税采取源泉扣缴和自行申报相结合的办法征收。根据税法规定,采取源泉扣缴的,凡是支付应纳税所得额的单位或个人,都是个人所得税的扣缴义务人。扣缴义务人在向纳税人支付各项应纳税所得(经营所得除外)时,应履行个人所得税的代扣代缴义务。

第二节 个人所得税应纳税额的计算

一、税率

现行税法按纳税人所得项目的不同,将个人所得税税率分别设计为以下几类。

(一)综合所得适用税率

居民个人取得工资薪金所得、劳务报酬所得、稿酬所得、特许权使用费所得,应由扣缴义务人分别按月或者按次进行预扣预缴。这四项所得在年度终了后,应按纳税年度合并计算个人所得,称为综合所得。综合所得由纳税人在次年的3~6月合并进行综合所得的汇算清缴,适用七级超额累进税率,见表9-1。

表 9-1　　　　　　　　居民个人综合所得年度税率表

级数	全年应纳税所得额	税率	速算扣除数
1	不超过 36 000 元的部分	3%	0
2	超过 36 000 元至 144 000 元的部分	10%	2 520
3	超过 144 000 元至 300 000 元的部分	20%	16 920
4	超过 300 000 元至 420 000 元的部分	25%	31 920
5	超过 420 000 元至 660 000 元的部分	30%	52 920
6	超过 660 000 元至 960 000 元的部分	35%	85 920
7	超过 960 000 元的部分	45%	181 920

非居民个人取得上述所得,应按月或者按次分项计算个人所得税,适用3%～45%的七级超额累进税率,见表9-2。

表9-2　　　　　　　　　个人综合所得月度税率表

级数	月应纳税所得额(含税)	税率	速算扣除数
1	不超3 000元	3%	0
2	超过3 000元至12 000元	10%	210
3	超过12 000元至25 000元	20%	1 410
4	超过25 000元至35 000元	25%	2 660
5	超过35 000元至55 000元	30%	4 410
6	超过55 000元至80 000元	35%	7 160
7	超过80 000元	45%	15 160

(二) 经营所得

个体工商户的生产、经营所得、对企事业单位的承包经营、承租经营所得、个人独资企业和合伙企业的生产经营所得,适用5%～35%的五级超额累进税率,见表9-3。

表9-3　　　　　　　　　经营所得税率表

级数	全年应纳税所得额	税率	速算扣除数
1	不超过30 000元的部分	5%	0
2	超过30 000元至90 000元的部分	10%	1 500
3	超过90 000元至300 000元的部分	20%	10 500
4	超过300 000元至500 000元的部分	30%	40 500
5	超过500 000元的部分	35%	65 500

(三) 利息、股息、红利所得,财产租赁所得,财产转让所得和偶然所得

利息、股息、红利所得,财产租赁所得,财产转让所得和偶然所得,适用比例税率,税率为20%。

二、应纳税所得额的确定

由于个人所得税的应税项目不同,并且取得某项所得所需费用也不相同,因此计算个人应纳所得额,需按不同应税项目分项计算。以某项应税项目的收入额减去税法规定的该项费用减除标准后的余额,为该项目应纳税所得额。同时,在确定应纳税所得额时,绝大部分应税项目的应纳税所得额都是按次计算的。因此,费用扣除和每次收入的规定,对应纳税所得额的计算十分重要。

(一) 应纳税所得额的一般规定

个人所得税的应纳税所得额是个人取得的各项收入减去税法规定的扣除项目或扣除金

额之后的余额。正确计算应纳税所得额,是依法征收个人所得税的基础和前提。

1. 收入的形式

个人取得的收入一般是货币形式。除现金外,纳税人的所得为实物的,应当按照所取得的凭证上注明的价格计算应纳税所得额;无凭证的实物或者凭证上所注明的价格明显偏低的,参照市场价格核定应纳税所得额;纳税人的所得为有价证券的,根据票面价格和市场价格核定应纳税所得额;所得为其他形式的经济利益的,参照市场价格核定应纳税所得额。

2. 费用扣除的方法

在计算应纳税所得额时,除特殊项目外,一般允许从个人的应税收入中减去税法规定的扣除项目或扣除金额,包括为取得收入所支出的必要的成本或费用。因为个人在取得收入过程中,大多需要支付一些必要的成本或费用。从世界各国征收个人所得税的实践来看,一般都允许纳税人从其收入、所得总额中扣除必要的费用,仅就扣除费用后的余额征税。由于各国具体情况不同,其扣除项目、扣除标准及扣除方法也不尽一致。

我国现行的个人所得税采取分项确定、分类扣除,根据其所得的不同情况分别实行定额、定率和会计核算三种扣除办法。

(1) 对综合所得(工资、薪金所得,劳务报酬所得,稿酬所得,特许权使用费所得)涉及的个人生计费用,采取定额扣除的办法。

(2) 对经营所得(个体工商户的生产、经营所得和对企事业单位的承包经营、承租经营所得、个人独资企业和合伙企业的生产经营所得)及财产转让所得,因涉及与生产、经营有关成本或费用的支出,采取会计核算办法扣除有关成本、费用或规定的必要费用。

(3) 对财产租赁所得,因涉及既要按一定比例合理扣除费用,又要避免扩大征税范围两个需同时兼顾的因素,故采取定额和定率两种扣除办法。

(4) 利息、股息、红利所得和偶然所得,因不涉及必要费用的支付,不得扣除任何费用。

(二) 应纳税所得额的特殊规定

个人将其所得通过中国境内的社会团体、国家机关向教育和其他社会公益事业以及遭受严重自然灾害地区、贫困地区的捐赠,捐赠额未超过纳税人申报的应纳税所得额30%的部分,可以从应纳税所得额中扣除,超过部分不得扣除。

个人捐赠住房作为公共租赁住房,符合税收法律法规规定的,对其公益性捐赠支出未超过其申报的应纳税所得额30%的部分,准予从其应纳税所得额中扣除。

从2000年开始,个人通过中国教育发展基金会用于公益救济性的捐赠,准予在缴纳个人所得税前全额扣除。

三、个人所得税应纳税额的计算

由于个人所得税采取分项计税的办法,每项个人收入的扣除范围和扣除标准不尽相同,应纳所得税额的计算方法存在差异,下面分别介绍应纳税所得额的确定和应纳税所得额的计算方法。

(一) 居民个人的综合所得

1. 居民个人综合所得汇算清缴的计算

以居民个人每一纳税年度收入额减去免征额60 000元,再减去专项扣除、专项附加扣

除和依法确定的其他扣除后的余额,为年度应纳税所得额。计算公式为:

应纳税所得额＝纳税年度收入－免征额－专项扣除－专项附加扣除－其他扣除

(1) 居民个人综合所得对应的纳税年度收入,是指居民个人取得的工资、薪金收入、劳务报酬收入、稿酬收入、特许权使用费收入。

需要注意的是,汇算清缴时,劳务报酬所得、稿酬所得、特许权使用费所得以收入减除定额费用后的余额为收入额。其中,稿酬所得的收入额减按70%计算。劳务报酬所得、稿酬所得、特许权使用费所得每次收入不超过4 000元的,减除费用按800元计算;每次收入4 000元以上的,减除费用按20%计算。

(2) 专项扣除:包括居民个人按照国家规定的范围和标准缴纳的基本养老保险、基本医疗保险、失业保险等社会保险费和住房公积金(简称"三险一金")。

(3) 专项附加扣除:包括子女教育、继续教育、大病医疗、住房贷款利息或者住房租金、赡养老人等6项支出。

第一,子女教育专项附加扣除。

政策享受条件:①子女年满3周岁以上至小学入学前;②子女正在接受小学、初中、高中阶段教育(普通高中、中等职业教育、技工教育);③子女正在接受高等教育(大学专科、大学本科、硕士研究生、博士研究生教育)。

注意:上述受教育地点,包括中国境内和境外。

扣除标准和方式:①按照每个子女每月1 000元(每年12 000元)的标准定额扣除;②父母可以选择由其中一方按扣除标准的100%扣除,也可以选择由双方分别按扣除标准的50%扣除,具体扣除方式在一个纳税年度内不能变更;③如果一对父母有多个符合扣除条件的子女,每个子女均可享受扣除;④纳税人子女在中国境外接受教育的,纳税人应当留存境外学校录取通知书、留学签证等相关教育的证明资料备查。

第二,继续教育专项附加扣除。

政策享受条件:

① 纳税人正在接受学历(学位)继续教育;

② 纳税人在纳税年度内取得了技能人员或专业技术人员的职业资格证书;在此范围外的继续教育支出,不在扣除范围内。

扣除标准和方式:

① 纳税人在中国境内接受学历(学位)继续教育的支出,在学历(学位)教育期间按照每月400元(每年4 800元)定额扣除。同一学历(学位)继续教育的扣除期限不能超过48个月(4年)。

② 纳税人接受技能人员职业资格继续教育、专业技术人员职业资格继续教育支出,在取得相关证书的当年,按照3 600元/年进行定额扣除。

注意:由于接受继续教育的纳税人一般都已经就业,因此,继续教育专项附加扣除一般由本人扣除。

如果子女已经就业,且正在接受本科及以下学历(学位)继续教育,可以选择由其父母扣除,也可以选择由本人扣除,但不得同时扣除。

第三,大病医疗专项附加扣除。

政策享受条件:在一个纳税年度内,纳税人本人,或者其配偶,或者其未成年子女,发生的与基本医保相关的医药费用支出,扣除医保报销后个人负担(指医保目录范围内的自付部分)累计超过15 000元的部分,由纳税人在办理年度汇算清缴时,在80 000元限额内据实扣除。

扣除标准和方式:大病医疗的扣除,只能在年度汇算清缴时扣除。就个人负担超过15 000元/年的部分,限额据实扣除(不是定额扣除),最多可以扣除80 000元/年。

具体扣除时:纳税人或者其配偶发生的大病医疗支出,既可以由纳税人本人扣除,也可以由配偶扣除。未成年子女发生的医药费用支出可以选择由其父母一方扣除。

纳税人应当留存医药服务收费及医保报销相关票据原件(或者复印件)等资料备查。医疗保障部门应当向患者提供在医疗保障信息系统记录的本人年度医药费用信息查询服务。

第四,住房贷款利息专项附加扣除。

政策享受条件:纳税人本人或者配偶单独或者共同使用商业银行或者住房公积金个人住房贷款为本人或者其配偶购买中国境内住房,发生的首套住房贷款利息支出,在实际发生贷款利息的年度,按照每月1 000元(每年12 000元)的标准定额扣除,扣除期限最长不超过240个月(20年)。

纳税人只能享受一次首套住房贷款的利息扣除。所称首套住房贷款是指购买住房享受首套住房贷款利率的住房贷款。一个纳税人一辈子只能享受一次"首套住房贷款利息支出"的专项附加扣除。

扣除标准和方式:

① 每月1 000元(每年12 000元),扣除期限最长不超过240个月;

② 经夫妻双方约定,可以选择由其中一方扣除,具体扣除方式在一个纳税年度内不能变更;

③ 夫妻双方婚前分别购买住房发生的首套住房贷款,其贷款利息支出,婚后可以选择其中一套购买的住房,由购买方按扣除标准的100%扣除,也可以由夫妻双方对各自购买的住房分别按扣除标准的50%扣除,具体扣除方式在一个纳税年度内不能变更。

纳税人应当留存住房贷款合同、贷款还款支出凭证备查。

第五,住房租金专项附加扣除。

政策享受条件:

① 本人及配偶在主要工作的城市没有自有住房;

② 已经实际发生了住房租金支出;

③ 本人及配偶在同一纳税年度内,没有享受住房贷款利息专项附加扣除政策。也就是说,住房贷款利息与住房租金两项扣除政策只能享受其中一项,不能同时享受。

主要工作城市是指纳税人任职受雇的直辖市、计划单列市、副省级城市、地级市(地区、州、盟)全部行政区域范围;纳税人无任职受雇单位的,为受理其综合所得汇算清缴的税务机关所在城市。

扣除标准和方式:

① 直辖市、省会(首府)城市、计划单列市以及国务院确定的其他城市,扣除标准为每月1 500元(每年18 000元);

② 除上述①所列城市以外,市辖区户籍人口超过100万的城市,扣除标准为每月1 100元(每年13 200元);

③ 除上述①所列城市以外,市辖区户籍人口不超过100万的城市,扣除标准为每月800元(每年9 600元)。

这里市辖区户籍人口,以国家统计局公布的数据为准。

夫妻双方主要工作城市相同的,只能由一方扣除住房租金支出。住房租金支出由签订租赁住房合同的承租人扣除。纳税人应当留存住房租赁合同、协议等有关资料备查。

第六,赡养老人专项附加扣除。

政策享受条件:

① 被赡养人年满60周岁(含);

② 被赡养人为父母(生父母、继父母、养父母),以及子女均已去世的祖父母、外祖父母;

③ 纳税人赡养一位及以上被赡养人的赡养支出,统一按照标准定额扣除。也就是说,纳税人赡养2位及以上老人的,不按老人的人数为倍数加倍扣除。

扣除标准及方式:

① 纳税人为独生子女的,按照每月2 000元(每年24 000元)的标准定额扣除;

② 纳税人为非独生子女的,由其与兄弟姐妹分摊每月2 000元(每年24 000元)的扣除额度,每人分摊的额度最高不得超过每月1 000元(每年12 000元)。可以由赡养人均摊或者约定分摊,也可以由被赡养人指定分摊。约定或者指定分摊的须签订书面分摊协议,指定分摊优先于约定分摊。具体分摊方式和额度在一个纳税年度内不能变更。

(4) 其他扣除,包括个人缴付符合国家规定的企业年金、职业年金,个人购买符合国家规定的商业健康保险、税收递延型商业养老保险的支出,以及国务院规定可以扣除的其他项目。

专项扣除、专项附加扣除和依法确定的其他扣除,以居民个人一个纳税年度的应纳税所得额为限额;一个纳税年度扣除不完的,不得结转以后年度扣除。

【例9-1】 天河公司公司某男职工小王与女职工小刘是一对夫妻,双方均是独生子女,双方父母健在且是岁数已过60岁,育有一儿;夫妻商定,在计算个人所得税时,子女教育费,房贷的专项扣除选择小王的工资中扣除。小王月薪扣除社保和公积金后为15 000元,每月赡养费2 000元,子女教育费1 000元,房贷1 000元。

年度应纳税所得额=15 000×12−60 000−2 000×12−1 000×12−1 000×12=72 000(元)

应纳个人所得税额=72 000×10%−2 520=4 680(元)

2. 居民个人综合所得预扣预缴税款的计算方法

1) 居民个人工资、薪金所得预扣预缴税款的计算方法

扣缴义务人向居民个人支付工资、薪金所得时,应当按照累计预扣法计算预扣税款,并按月办理全员全额扣缴申报。

累计预扣法,是指扣缴义务人在一个纳税年度内预扣预缴税款时,首先以纳税人在本单位截至当前月份工资、薪金所得累计收入减除累计免税收入、累计减除费用、累计专项扣除、累计专项附加扣除和累计依法确定的其他扣除后的余额为累计预扣预缴应纳税所得额,然后适用个人所得税预扣率表,计算出累计应预扣预缴税额,最后再减除累计减免税额和累计已预扣预缴税额,其余额即为本期应预扣预缴税额。

预扣预缴税额的余额为负值时,暂不退税。纳税年度终了后该余额仍为负值时,由纳税人通过办理综合所得年度汇算清缴,进行税款的多退少补。

具体计算公式如下:

累计预扣预缴应纳税所得额＝累计收入－累计免税收入－累计减除费用－累计专项扣除
　　　　　　　　　　　－累计专项附加扣除－累计依法确定的其他扣除

本期应预扣预缴税额＝(累计预扣预缴应纳税所得额×预扣率－速算扣除数)－累计减免税额
　　　　　　　　－累计已预扣预缴税额

上述公式中:累计减除费用,按照5 000元/月乘以纳税人当年截至本月在本单位的任职受雇月份数计算。

七项专项附加扣除中,除大病医疗之外,其他专项附加扣除可由纳税人选择在预扣预缴税款时进行扣除。纳税人在预扣预缴税款阶段享受专项附加扣除,以居民个人在取得工资、薪金所得时,向扣缴义务人提供的专项附加扣除信息为前提。居民个人向扣缴义务人提供有关信息并依法要求办理专项附加扣除的,扣缴义务人应当按照规定在工资、薪金所得按月预扣预缴税款时予以扣除,不得拒绝。

纳税人同时从两处以上取得工资、薪金所得,并由扣缴义务人减除专项附加扣除的,对同一专项附加扣除项目,在一个纳税年度内只能选择从一处取得的所得中减除。居民个人工资、薪金所得个人所得税预扣税率表见表9-4。

表9-4　　　　　　　　居民个人工资、薪金所得个人所得税预扣税率表

级数	累计预扣预缴应纳税所得额	预扣率(%)	速算扣除数
1	不超过36 000元的部分	3	0
2	超过36 000元至144 000元的部分	10	2 520
3	超过144 000元至300 000元的部分	20	16 920
4	超过300 000元至420 000元的部分	25	31 920
5	超过420 000元至660 000元的部分	30	52 920
6	超过660 000元至960 000元的部分	35	85 920
7	超过960 000元的部分	45	181 920

2) 居民个人劳务报酬、稿酬、特许权使用费所得预扣预缴税款的计算方法

扣缴义务人向居民个人支付劳务报酬所得、稿酬所得、特许权使用费所得,以每次或每月收入额减除规定的费用后为预扣预缴应纳税所得额,按次或按月计算每项所得应预扣预缴的个人所得税。其中劳务报酬所得适用三级超额累进预扣率,稿酬所得、特许权使用费所得适用20%的比例预扣率。劳务报酬所得个人所得税税率表见表9-5。

表9-5　　　　　　　　劳务报酬所得个人所得税税率表

级数	预扣预缴应纳税所得额	预扣率(%)	速算扣除数
1	不超过20 000元的部分	20	0
2	超过20 000元至50 000元的部分	30	2 000
3	超过50 000元的部分	40	7 000

劳务报酬所得应预扣预缴税额＝预扣预缴应纳税所得额×预扣率－速算扣除数
稿酬所得、特许权使用费所得应预扣预缴税额＝预扣预缴应纳税所得额×20%

劳务报酬所得、稿酬所得、特许权使用费所得以收入减除费用后的余额为预扣预缴应纳税所得额。其中,稿酬所得的收入额减按70%计算。

减除费用:劳务报酬所得、稿酬所得、特许权使用费所得每次收入不超过4 000元的,减除费用按800元计算;每次收入4 000元以上的,减除费用按20%计算。

预扣率:劳务报酬所得适用20%～40%的三级超额累进预扣率,稿酬所得、特许权使用费所得适用20%的比例预扣率。

【例9-2】 假设中国某居民个人一次性取得劳务报酬收入2 000元,请计算该所得应预扣预缴个人所得税额。

$$应纳税所得额=2\ 000-800=1\ 200(元)$$

$$应预扣预缴税额=1\ 200\times 20\%=240(元)$$

假设该居民个人一次性取得劳务报酬收入80 000元,请计算该所得应预扣预缴个人所得税额。

$$应纳税所得额=80\ 000\times(1-20\%)=64\ 000(元)$$

$$应预扣预缴税额=64\ 000\times 40\%-7\ 000=18\ 600(元)$$

3. 个人取得全年一次性奖金

根据《财政部税务总局关于个人所得税法修改后有关优惠政策衔接问题的通知》(财税〔2018〕164号)第一条的规定:个人取得全年一次性奖金,符合《国家税务总局关于调整个人取得全年一次性奖金等计算征收个人所得税方法问题的通知》(国税发〔2005〕9号)规定的,在2021年12月31日前,可以不并入当年综合所得单独计算纳税,也可以选择并入当年综合所得计算纳税。

单独计算纳税应以全年一次性奖金收入除以12个月得到的数额,按照按月换算后的综合所得税率表(月度税率表,见表9-2),确定适用税率和速算扣除数。

该规定在财政部、国家税务总局的2021年第42号公告中,继续延续实施至2023年12月31日。

首先将雇员取得的全年一次性奖金,除以12个月,按其商数确定适用税率和速算扣除数。如果在发放年终一次性奖金的当月,雇员当月工资、薪金所得低于税法规定的费用扣除额,应将全年一次性奖金减除"雇员当月工资、薪金所得与费用扣除的差额"后的余额,按上述办法确定全年一次性奖金的适用税率和速算扣除数。

其次将雇员取得的全年一次性奖金,按上述第一条确定的适用税率和速算扣除数计算征税,计算公式如下:

如果雇员当月工资、薪金所得高于或等于税法规定的费用扣除额的,适用公式为:

$$应纳税额=雇员当月取得全年一次性奖金\times 适用税率-速算扣除数$$

如果雇员当月工资、薪金所得低于税法规定的费用扣除额的,适用公式为:

$$应纳税额=(雇员当月取得全年一次性奖金-雇员当月工资、薪金所得与费用扣除额的差额)\times 适用税率-速算扣除数$$

【例9-3】 天河公司职工王某2022年每月工资收入6 800元,专项扣除为1 000元,12月

30 日领取年终奖 60 000 元。请计算王某 12 月份取得的工资以及年终奖金应纳个人所得税额。

年终奖金应纳个人所得税额：

60 000÷12＝5 000(元)，年终奖适用税率和速算扣除数分别为：10％和 210 元。

$$应纳个人所得税额＝60\ 000×10％－210＝5\ 790(元)$$

另外，假设该职工当月工资收入为 5 000 元，专项扣除为 800，则取得的年终奖应纳个人所得税额的计算如下：

$$工资与费用扣除差额＝5\ 000－(5\ 000＋800)＝－800$$

(60 000－800)÷12＝4 933(元)，其适用税率和速算扣除数分别为 10％和 210 元。

$$应纳个人所得税额＝[(60\ 000－800)]×10％－210＝5\ 710(元)$$

(二) 非居民个人的综合所得

非居民个人取得工资、薪金所得，劳务报酬所得，稿酬所得和特许权使用费所得，有扣缴义务人的，由扣缴义务人代扣代缴税款，不办理汇算清缴。

扣缴义务人向非居民个人支付工资、薪金所得，劳务报酬所得，稿酬所得和特许权使用费所得时，应当按以下方法按月或者按次代扣代缴个人所得税：

(1) 非居民个人的工资、薪金所得，以每月收入额减除费用 5 000 元后的余额为应纳税所得额；

(2) 劳务报酬所得、稿酬所得、特许权使用费所得，以每次收入额为应纳税所得额，适用月度税率表(见表 9-2)计算应纳税额。其中，劳务报酬所得、稿酬所得、特许权使用费所得以收入减除 20％的费用后的余额为收入额。稿酬所得的收入额减按 70％计算。

$$应纳税额＝应纳税所得额×税率－速算扣除数$$

【例 9-4】 2022 年 3 月，某外商投资企业雇员丽莎(非居民个人)取得薪金收入 30 000 元、劳务报酬收入 15 000 元、稿酬收入 12 000 元。请依照现行税法规定计算丽莎 3 月应纳的个人所得税。

(1) 薪金收入应缴纳个人所得税＝(30 000－5 000)×20％－1 410＝3 590(元)。

(2) 劳务报酬收入应缴纳个人所得税＝15 000×(1－20％)×10％－210＝990(元)。

(3) 稿酬收入应缴纳个人所得税＝12 000×70％×(1－20％)×10％－210＝462(元)。

(4) 丽莎 3 月共计应缴纳个人所得税＝3 590＋990＋462＝5 042(元)。

(三) 经营所得

1. 个体工商户生产、经营所得

个体工商户生产、经营所得应纳税所得额的计算时，可根据个体工商户会计制度健全与否、账簿和税务资料提供等情况，分别采取以下两种方法计算缴纳个人所得税：

1) 查账征收

以每一纳税年度的收入总额，减除成本、费用、税金、损失、其他支出以及允许弥补的以前年度亏损后的余额，为应纳税所得额。

$$应纳税所得额＝收入总额－成本－费用－税金－损失－其他支出－允许弥补的以前年度亏损$$
$$应纳个人税额＝应纳税所得额×适用税率－速算扣除数$$

这里所说的全年收入总额,是指个体工商户从事生产、经营以及与生产、经营有关的活动所取得的各项收入,包括商品(产品)销售收入、营运收入、劳务服务收入、工程价款收入、财产出租或转让收入、利息收入、其他收入和营业外收入;成本、费用,是指个体工商户从事生产、经营所发生的各项直接支出和分配计入成本的间接费用以及销售费用、管理费用、财务费用;所说的损失,是指纳税义务人在生产、经营过程中发生的各项营业外支出。

个体工商户业主的费用扣除标准自2018年第四季度开始,减除费用按照5 000元/月执行。适用税率及速算扣除数见表9-3。

【例9-5】 假定某市大华酒家系个体经营户,账证比较健全,2022年12月取得营业额为120 000元,购进菜、肉、蛋、面粉、大米等原料费为60 000元,缴纳电费、水费、房租、煤气费等为15 000元,缴纳税前允许扣除的税费合计为6 600元。当月支付给2名雇员工资共6 000元,业主个人费用扣除标准为5 000元。1~11月累计应纳税所得额为55 600,1~11月累计已预缴个人所得税为3 600元。请依照现行税法规定计算该个体业户12月应缴纳的个人所得税。

(1) 12月应纳税所得额=120 000－60 000－15 000－6 600－6 000－5 000=27 400(元)
(2) 全年累计应纳税所得额=55 600＋27 400=83 000(元)
(3) 12月应缴纳个人所得税=83 000×10%－1 500－3 600=3 200(元)

对个体工商户生产经营所得应纳所得税额的计算与缴纳,可采取按年计算、分月预缴,年终汇算清缴,多退少补的办法。因此,在具体计算时,可按以下步骤进行:

首先,在月份预缴所得税时,应将当月累计应纳税所得额,换算成全年应纳税所得额,根据换算的全年应纳税所得额,确定适用税率。计算公式为:

$$全年应纳税所得额=当月累计应纳税所得额÷当月月数×12$$

其次,根据确定的税率及速算扣除数,计算全年应纳所得税额。其计算公式为:

$$全年应纳个人所得税额=全年应纳税所得额×适用税率－速算扣除数$$

最后,换算出当月累计应纳税额,用当月累计应纳税额减去以前月份已预缴的税款,即为当月应预缴的税款。计算公式如下:

$$当月累计应纳个人所得税额=全年应纳税额÷12×当月月数$$
$$当月应预缴税额=当月累计应纳税额－上月累计预缴税额$$

【例9-6】 某个体工商户2022年6月累计经营收入170 000元,经税务机关核定其成本费用及损失累计为70 000元,1~5月已预缴个人所得税14 000元。请计算该个体户当月应预缴的个人所得税额。

将当月累计应纳税所得额换算为全年应纳税所得额:

$$(170\ 000－70\ 000)÷6×12=200\ 000(元)$$

用换算的全年应纳税所得额计算全年应纳个人所得税额:

$$200\ 000×20\%－10\ 500=29\ 500(元)$$

计算当月累计应纳个人所得税额:

$$29\ 500÷12×6=14\ 750(元)$$

计算当月应预缴个人所得税额：

$$14\ 750-14\ 000=750(元)$$

【例 9-7】 某个体工商户 2022 年度所得税汇算清缴时,经计算确定其全年生产、经营所得为 250 000 元,经税务机关核定其成本费用及损失累计为 170 000 元,全年分月累计已预缴所得税额 5 000 元。请计算该个体工商户年终应补(退)缴的所得税额。

全年应纳税所得额为：250 000－170 000＝80 000(元)
全年应纳个人所得税额为：80 000×10%－1 500＝6 500(元)
年终应补缴税额为：6 500－5 000＝1 500(元)

2) 核定征收

对于个体工商户个人所得税的征收,除了上述查账征收方式征收外,对会计制度不健全、会计资料不齐全、收入成本费用不准确的,可采取核定征收方式征税。核定征收方式,具体包括定额征收、核定应税所得率征收以及其他合理的方法征收。

【例 9-8】 某个体工商户年度商品销售收入 90 万元,销售成本 60 万元,销售费用 8 万元,销售税金及附加 8 000 元。但该个体工商户成本费用支出核算不准确,实行按收入核定征税,应税所得率为 20%。请计算该个体工商户应纳个人所得税额。

应纳税所得额＝900 000×20%＝180 000(元)
应纳个人所得税额＝180 000×20%－10 500＝25 500(元)

2. 个人独资企业和合伙企业投资者生产、经营所得

个人独资企业、合伙企业的生产经营所得依照"个体工商户的生产、经营所得"项目计征个人所得税,其应纳税所得额的确定,对于个人独资企业,应以投资者为纳税人,以其全部生产经营所得为应纳税所得额;对于合伙企业,应以每一个合伙人为纳税人,按照合伙企业的全部生产经营所得和合伙协议约定的分配比例,确定应纳税所得额;合伙协议没有约定分配比例的,以全部生产经营所得和合伙人数量平均计算每个投资者的应纳税所得额。投资者兴办两家或两家以上企业的(包括参与兴办),年度终了时,应当汇总从所有企业取得的应纳税所得额,据此确定适用税率并计算缴纳应纳所得税款。对个人独资企业和合伙企业实行查账征税和核定征税两种方法。

【例 9-9】 甲、乙两人创办的合伙企业 2022 年度实现商品销售收入 100 万元,销售成本 70 万元,销售费用 10 万元,销售税金及附加 8 000 元。根据投资协议,合伙企业的利润分配比例为 6:4,请分别按查账征收和核定征收两种方法计算合伙人甲、乙的应纳个人所得税额(假设按收入核定征收的应税所得率为 20%)。

(1) 查账征收。

应纳税所得额＝(1 000 000－700 000－100 000－8 000)＝192 000(元)
甲应纳个人所得税额＝(192 000×60%×35%－14 750)＝25 570(元)
乙应纳个人所得税额＝(192 000×40%×30%－9 750)＝13 290(元)

(2) 核定征收。

应纳税所得额＝1 000 000×20%＝200 000(元)
甲应纳个人所得税额＝(200 000×60%×35%－14 750)＝27 250(元)
乙应纳个人所得税额＝(200 000×40%×30%－9 750)＝14 250(元)

(四) 对企事业单位承包、承租经营所得

根据税法规定,对企事业单位的承包经营、承租经营所得,应以每一纳税年度的收入总额,减除必要费用后的余额,为应纳税所得额。计算公式为:

应纳税所得额＝纳税年度收入总额－必要扣除费用

应纳个人所得税额＝应纳税所得额×适用税率－速算扣除数

这里所说的每一纳税年度的收入总额,是指纳税义务人按照承包经营、承租经营合同规定分得的经营利润和工资、薪金性质的所得;所说的减除必要费用,是税法规定,指每月减除 5 000 元。适用税率及速算扣除数见表 9-3。

【例 9-10】 2022 年 1 月 1 日李某与某高等学校签订承包合同,经营校办商店。根据合同协议承包期为 3 年,李某 2019 年每月固定领取工资收入 1 000 元,年终盈利部分承包人和发包人五五分成。到年终时,经核算,实现经营利润 160 000 元。请计算该承包人应纳个人所得税额。

应纳税所得额＝160 000×50％＋1 000×12－5 000×12＝21 200(元)

应纳个人所得税额＝21 200×5％＝1 060(元)

税法规定,实行承包、承租经营的纳税人,应以每一纳税年度的承包、承租经营计算纳税。如果承包、承租期不足一年的,在一个纳税年度内,承包、承租经营不足 12 个月的,以其实际承包、承租经营的月份数为一个纳税年度计算纳税。其计算公式为:

应纳税所得额＝该年度承包承租经营收入总额－(5 000×该年度实际承包承租经营月份数)

应纳个人所得税额＝应纳税所得额×适用税率－速算扣除数

【例 9-11】 2022 年 4 月 1 日钱某个人与某企业签订承包合同,经营该企业下属酒店,根据合同协议承包期为两年。年终酒店实现利润总额 250 000 元,钱某全年上缴承包费 150 000 元,请计算钱某本年应纳个人所得税额。

应纳税所得额＝250 000－150 000－5 000×9＝55 500(元)

应纳个人所得税额＝55 000×10％－1 500＝4 000(元)

(五) 财产租赁所得

财产租赁所得以个人每次(月)出租财产取得的收入,定额或定率减除规定费用后的余额为应纳税所得额。每次收入不超过 4 000 元的,定额减除费用 800 元;4 000 元以上的,定率减除 20％的费用。财产租赁所得以一个月内取得的收入为一次。

在确定财产租赁的应纳税所得额时,纳税人在出租财产过程中缴纳的税金和教育附加,可持完税(缴税)凭证,从其财产租赁收入中扣除。准予扣除的项目除了规定费用和有关税费外,还准予扣除能够提供有效、准确凭证,证明由纳税人负担的该出租财产实际开支的修缮费用。允许扣除的修缮费用,以每次 800 元为限,一次扣除不完的,准予在下一次继续扣除,直至扣完为止。

个人将承租房屋转租取得的租金收入,属于个人所得税应税所得,应按"财产租赁所得"项目计算缴纳个人所得税。取得转租收入的个人向房屋出租方支付的租金,凭房屋租赁合同和合法支付凭据允许从该项转租收入中税前扣除。

在计算缴纳个人所得税时,上述费用的扣除顺序为:(1)财产租赁过程中缴纳的税费;(2)向出租方支付租金;(3)由纳税人负担的该出租财产实际开支的修缮费用;(4)税法规定的费用扣除标准。

财产租赁所得应纳所得税的计算公式如下:

(1) 每次收入不超过 4 000 元的:

$$应纳税所得额=每次(月)收入额-准予扣除项目-修缮费用(800元为限)-800元$$
$$应纳个人所得税额=应纳税所得额×适用税率$$

(2) 每次收入在 4 000 元以上的:

$$应纳税所得额=[每次(月)收入额-准予扣除项目-修缮费用(800元为限)]×(1-20\%)$$
$$应纳个人所得税额=应纳税所得额×适用税率$$

财产租赁所得适用 20% 的比例税率。但对个人按市场价格出租的居民住房取得的所得,自 2001 年 1 月 1 日起暂减按 10% 的税率征收个人所得税。

【例 9-12】 李某于 2022 年 1 月将其自有的四间房屋出租给某公司作营业用房,租期两年,每年租金 84 000 元。2022 年李某每月缴纳营业税等 385 元,并于 8 月份支付房屋修缮费用 3 600 元(有发票收据)。请计算李某 2022 年度应纳个人所得税额。

$$每次收入额=84\,000\div12=7\,000(元)$$

应纳税所得额:

$$1\sim7月份应纳个人所得税额=(7\,000-385)\times(1-20\%)=5\,292(元)$$
$$8\sim11月份应纳个人所得税额=(7\,000-385-800)\times(1-20\%)=4\,652(元)$$
$$12月份费用扣除额=(7\,000-385-400)\times(1-20\%)=4\,972(元)$$

各月应纳税额:

$$1\sim7月份应纳个人所得税额=5\,292\times20\%=1\,058.4(元)$$
$$8\sim11月份应纳个人所得税额=4\,652\times20\%=930.4(元)$$
$$12月份应纳个人所得税额=4\,972\times20\%=994.4(元)$$

全年应纳个人所得税税额:

$$1\,058.4\times7+930.4\times4+994.4=12\,124.8(元)$$

【例 9-13】 假定郑某于 2022 年 1 月将其自有的 4 间面积为 150 平方米的房屋出租给张某居住,租期 1 年。郑某每月取得租金收入 6 000 元,全年租金收入 72 000 元。请依照现行税法规定计算郑某全年租金收入应缴纳的个人所得税。

财产租赁收入以每月内取得的收入为一次,计算郑某每月及全年应纳税额。

$$每月应纳税额=6\,000\times(1-20\%)\times10\%=480(元)$$
$$全年应纳税额=480\times12=5\,760(元)$$

(六) 财产转让所得

财产转让所得以个人每次转让财产取得的收入额减除财产原值和合理费用后的余额为应纳税所得额。这里所说的每次是指以一件财产的所有权一次转让取得的收入为一次。所说的财产原值,是指:(1)有价证券,为买入价以及买入时按照规定缴纳的有关费用;(2)建筑物,为建造费或者购进价格以及其他有关费用;(3)土地使用权,为取得土地使用权所支付的金额、开发土地的费用以及其他有关费用;(4)机器设备、车船,为购进价格、运输费、安装费以及其他有关费用;(5)其他财产,参照以上方法确定。对于以上财产,纳税义务人未提供完整、准确的原值凭证,不能正确计算财产原值的,由主管税务机关核定其原值。所说的合理费用,是指卖出财产时按照规定支付的有关费用。

财产转让所得应纳个人所得税的计算公式为:

$$应纳税所得额=收入总额-财产原值-合理费用$$
$$应纳个人所得税额=应纳税所得额\times 适用税率(20\%)$$

【例 9-14】 张某建房一栋,原造价 36 000 元,支付费用 2 000 元。现转让该房屋,售价 60 000 元,在卖房过程中按规定支付交易等有关费用 2 500 元,请计算张某应纳个人所得税额。

$$应纳税所得额=60\ 000-(36\ 000+2\ 000)-2\ 500=19\ 500(元)$$
$$应纳个人所得税额=19\ 500\times 20\%=3\ 900(元)$$

(七)利息、股息、红利所得、偶然所得和其他所得

对于利息、股息、红利所得、偶然所得和其他所得,其应纳所得税的计算公式为:

$$应纳税所得额=每次收入总额$$
$$应纳税额=应纳税所得额\times 适用税率(20\%)$$

【例 9-15】 某个人参加某社会福利部门举办的有奖销售活动,购买福利彩券时中得奖金 100 000 元。请计算该社会福利部门应代扣代缴个人所得税额。

$$代扣代缴个人所得税额=100\ 000\times 20\%=20\ 000(元)$$
$$该个人实际可领取的奖金为:100\ 000-20\ 000=80\ 000(元)$$

四、境外所得的税额扣除

(一)境外所得税额扣除的含义

境外所得的税额扣除是指纳税义务人从中国境外取得的所得,准予其在计算应纳税额时扣除已在境外缴纳的个人所得税税额。但扣除额不得超过该纳税义务人境外所得依照我国现行个人所得税法规定计算的应纳税额。

境外所得的税额扣除是我国为了消除国际重复征税和避免国内重复征税而采取的单边措施。根据税法规定,居民纳税人所取得的境内外所得均须缴纳个人所得税。这样,对于纳税人取得的境外所得,由于所得来源国依据属地主义税收管辖权已对其征税,而我国(即居住地所在国)依据属人主义税收管辖权也可对其征收个人所得税,从而出现了重复纳税。依照国际惯例和避免双重纳税原则,我国现行税法允许纳税人境外所得已纳税额予以扣除。

境外所得的税额扣除包括三个方面的规定:

1. 准予扣除的境外所得税税额

是指纳税义务人"已在境外缴纳的个人所得税税额",即纳税义务人从中国境外取得的

所得,依照该所得来源国家或者地区的法律应当缴纳并且实际已经缴纳的税额。

对于境外所得的税额扣除,纳税义务人应当提供境外税务机关填发的完税凭证原件。

2. 境外所得税的扣除限额

是指纳税义务人"依照我国税法规定计算的应纳税额",即纳税义务人从中国境外取得的所得,区别不同国家或者地区和不同应税项目,依照我国税法规定的费用减除标准和适用税率计算的应纳税额;同一国家或者地区内不同应税项目的应纳税额之和,为该国家或者地区的扣除限额。

3. 境外所得税的补缴与延期扣除

是指纳税义务人在中国境外一个国家或者地区实际已经缴纳的个人所得税税额,低于依照我国税法规定计算出的该国家或者地区扣除限额的,应当在中国缴纳差额部分的税款;超过该国家或者地区扣除限额的,其超过部分不得在本纳税年度的应纳税额中扣除,但是可以在以后纳税年度的该国家或者地区扣除限额的余额中补扣。补扣期限最长不得超过5年。

另外,为了保证正确计算扣除限额及合理扣除境外已纳税额,在中国境内有住所,或者无住所而在境内居住满1年的个人,从中国境内和境外取得的所得,应当分别计算应纳个人所得税额。

(二) 境外所得税额扣除的计算

我国在对纳税人所得在境外已纳税额采取了分不同情况从应征税额中予以扣除的做法(即分国分类计算方法),这是因为个人所得税是分类所得税制,对纳税人来说不同项目的所得适用不同的费用扣除标准和税率,所以,在计算抵免限额时,不仅应分国计算,还需分类计算。

【例9-16】 纳税人张某为我国居民,2022年在A国某公司任职,取得工资、薪金所得69 600元(每月5 800元),因提供一项专利使用权,一次性取得特许权使用费所得30 000元,该两项所得已向A国缴纳个人所得税5 000元。因在B国出版著作,取得稿酬15 000元,已向B国缴纳个人所得税1 720元。请计算张某应纳我国个人所得税额。

A国已纳税额的扣除:

$$境外工资、薪金所得税的扣除限额=(69\ 600÷12-5\ 000)×3\%×12=288(元)$$
$$境外特许权使用费所得税的扣除限额=30\ 000×(1-20\%)×20\%=4\ 800(元)$$

扣除限额合计为288+4 800=5 088(元),张某在A国实际缴纳个人所得税5 000元,低于抵免限额,可以全额抵扣,并需在中国补缴差额部分税款,即:5 088-5 000=88(元)。

B国已纳税额的扣除:

$$境外稿酬所得税的扣除限额=[15\ 000×(1-20\%)×20\%]×(1-30\%)=1\ 680(元)$$

扣除限额为1 680元,张某在B国实际缴纳个人所得税为1 800元,说明B国所得税税率高于我国税率,所以只能按扣除限额抵扣,该项所得不需向中国纳税,未抵扣完的120元可以在以后5个年度的扣除限额内抵扣。

五、个人所得税的税收优惠

为了鼓励科学发明,支持社会福利、慈善事业和照顾某些纳税人的实际困难,个人所得税法对有关所得项目做出免税、减税的优惠规定。

(一) 法定免税项目

根据现行税法,下列项目免缴个人所得税。

(1) 省级人民政府、国务院部委和中国人民解放军军以上单位,以及外国组织、国际组织颁发的科学、教育、技术、文化、卫生、体育、环境保护等方面的奖金。

(2) 国债和国家发行的金融债券利息。其中国债利息是指个人持有中华人民共和国财政部发行的债券而取得的利息所得;国家发行的金融债券利息,是指个人持有经国务院批准发行的金融债券而取得的利息所得。

(3) 按照国家统一规定发给的补贴、津贴。这里所说的按照国家统一规定发给的补贴、津贴,是指按照国务院规定发给的政府特殊津贴、院士津贴、资深院士津贴,以及国务院规定免纳个人所得税的其他补贴、津贴。

(4) 福利费、抚恤金、救济金。这里所说的福利费,是指根据国家有关规定,从企业、事业单位、国家机关、社会团体提留的福利费或者工会经费中支付给个人的生活补助费;所说的救济金,是指国家民政部门支付给个人的生活困难补助费。

(5) 保险赔款。

(6) 军人的转业费、复员费。

(7) 按照国家统一规定发给干部、职工的安家费、退职费、退休工资、离休工资、离休生活补助费。

(8) 依照我国有关法律规定应予免税的各国驻华使馆、领事馆的外交代表、领事官员和其他人员的所得。这里的依照我国法律规定应予免税的各国驻华使馆、领事馆的外交代表、领事官员和其他人员的所得,是指依照《中华人民共和国外交特权与豁免条例》和《中华人民共和国领事特权与豁免条例》规定免税的所得。

(9) 中国政府参加的国际公约、签订的协议中规定免税的所得。

(10) 对乡镇及以上人民政府或经县(含县)以上人民政府主管部门批准成立的有机构、有章程的见义勇为基金或者类似性质组织,奖励见义勇为的奖金或奖品,经主管税务机关核准,免征个人所得税。

(11) 企业和个人按省级以上人民政府规定的比例提取并缴付的住房公积金、医疗保险金、基本养老保险金、失业保险金,不计入个人当期的工资薪金收入,免征个人所得税。

(12) 对个人取得的教育储蓄存在利息以及国务院财政部门确定的其他专项储蓄存款或者储蓄性专项基金存款的利息所得,免征个人所得税。

(13) 储蓄机构内从事代扣代缴工作的办税人员取得的扣缴利息手续费所得,免征个人所得税。

(14) 国务院财政部门批准免税的所得。

(二) 暂免征税项目

根据财政部、国家税务总局有关规定,下列所得,暂免征收个人所得税。

(1) 外籍个人以非现金形式或实报实销形式取得的住房补贴、伙食补贴、搬迁费、洗衣费。

(2) 外籍个人按合理标准取得的境内、外出差补贴。

(3) 外籍个人取得的探亲费、语言训练费、子女教育费等,经当地税务机关审核批准为合理的部分。

(4) 个人举报、协查各种违法、犯罪行为而获得的奖金。

(5) 个人办理代扣代缴税款手续，按规定取得的扣缴手续费。

(6) 个人转让自用达5年以上，并且是唯一的家庭生活用房取得的所得。

(7) 外籍个人从外商投资企业取得的股息、红利所得。

(8) 对个人购买福利彩票、赈灾彩票、体育彩票，一次中奖收入在1万元以下(含)的暂免征收个人所得税，超过1万元的，全额征收个人所得税。

(9) 经国务院财政部门批准暂予免税的其他所得。

(三) 法定减税项目

根据现行税法，有下列情形之一的，经批准可以减征个人所得税。

(1) 残疾、孤老人员和烈属的所得。

(2) 因严重自然灾害造成重大损失的。

(3) 其他经国务院财政部门批准减税的。

上述所得减征的幅度和期限由省、自治区、直辖市人民政府规定。

第三节 个人所得税的会计核算

一、设置账户

在个人所得税中，个体工商户的生产经营所得应纳税额是其为了取得收入而必要的费用支出，个体工商户应通过设置"留存收益或以前年度损益调整"和"应交税费——应交个人所得税"账户进行会计处理，其账户结构及其缴纳所得税的核算程序、基本内容，均与企业所得税基本相同。除此而外，其他项目的个人所得税从本质上讲不属于企业的纳税业务，但依照税收征收管理办法，个人所得税采取代扣代缴方式计算缴纳税款，即凡是支付个人所得的企业或单位，在支付应税所得时均应按规定代扣代缴个人所得税款。这样，企业单位为了核算代扣代缴的个人所得税，一般应设置"应交税费——代扣代缴个人所得税"账户进行会计处理。该账户的贷方登记代扣的个人所得税，借方登记已缴纳代扣的个人所得税，期末贷方余额为其尚未上缴代扣的个人所得税税额。

二、个人所得税的会计核算

个人所得税的会计核算可分为两种类型：一是企业作为扣缴义务人代扣代缴个人所得税的账务处理；二是个体工商户生产经营所得应缴个人所得税的账务处理。

(一) 企业代扣代缴个人所得税

1. 代扣代缴工资、薪金所得应纳个人所得税

企业作为个人所得税的扣缴义务人，应按规定代扣代缴职工应缴纳的个人所得税。代扣个人所得税时，借记"应付职工薪酬"，贷记"应交税费——代扣代缴个人所得税"账户；代

缴个人所得税时,借记"应交税费——代扣代缴个人所得税",贷记"银行存款"账户。

企业为职工代扣代缴个人所得税有两种情况:第一,职工自己承担个人所得税,企业只负有扣缴义务。第二,企业既承担税款,又负有扣缴义务。

【例9-17】 天河公司为许某、钱某每月各发工资8 000元。但合同约定,许某自己承担个人所得税;钱某个人所得税由该企业承担,即钱某收入8 000元为税后所得。许某钱某专项扣除费均为2 000元,月末发工资时,请计算该企业代扣代缴个人所得税额并进行会计处理。

(1) 为许某扣缴个人所得税时:

$$\text{许某应纳个人所得税额} = (8\,000 - 5\,000 - 2\,000) \times 3\% = 30(元)$$

发放工资时编制会计分录如下:

借:应付职工薪酬　　　　　　　　　　　　　　　　　　　　　　　　8 000
　　贷:库存现金　　　　　　　　　　　　　　　　　　　　　　　　　7 970
　　　　应交税费——代扣代缴个人所得税　　　　　　　　　　　　　　　30

(2) 为钱某承担税款时:

由于钱某工资为税后所得,则需要换算为税前所得,再计算个人所得税。其计算公式如下:

$$\text{应纳税所得额} = (\text{不含税收入额} - \text{扣除标准} - \text{速算扣除数})/(1 - \text{税率})$$

$$\text{应纳个人所得税额} = \text{应纳税所得额} \times \text{适用税率} - \text{速算扣除数}$$

企业应为钱某承担税款如下:

$$(8\,000 - 5\,000 - 2\,000) \div (1 - 3\%) \times 3\% = 30.93(元)$$

计提个人所得税时编制会计分录如下:

借:管理费用等　　　　　　　　　　　　　　　　　　　　　　　　　30.93
　　贷:应付职工薪酬　　　　　　　　　　　　　　　　　　　　　　　30.93

发放工资时编制会计分录如下:

借:应付职工薪酬　　　　　　　　　　　　　　　　　　　　　　　8 030.93
　　贷:库存现金　　　　　　　　　　　　　　　　　　　　　　　　8 000
　　　　应交税费——代扣代缴个人所得税　　　　　　　　　　　　　　30.93

【例9-18】 经计算汇总,天河公司8月份应付工资总额为400 000元,其中生产工人工资250 000元,车间管理人员工资50 000元,公司管理人员工资100 000元;按税法规定应代扣代缴个人所得税8 000元。请进行相应的会计处理。

(1) 取工资时:

借:生产成本　　　　　　　　　　　　　　　　　　　　　　　　　250 000
　　制造费用　　　　　　　　　　　　　　　　　　　　　　　　　　50 000
　　管理费用　　　　　　　　　　　　　　　　　　　　　　　　　100 000
　　贷:应付职工薪酬　　　　　　　　　　　　　　　　　　　　　　400 000

(2) 支付工资并代扣个人所得税时：

借：应付职工薪酬　　　　　　　　　　　　　　　　　　400 000
　　贷：库存现金　　　　　　　　　　　　　　　　　　　　392 000
　　　　应交税费——代扣代缴个人所得税　　　　　　　　　　8 000

(3) 实际代缴税款时：

借：应交税费——代扣代缴个人所得税　　　　　　　　　　8 000
　　贷：银行存款　　　　　　　　　　　　　　　　　　　　　8 000

2. 代扣代缴其他各项所得应纳个人所得税

这里的"其他各项所得"包括劳务报酬所得、稿酬所得、特许权使用费所得、财产租赁所得、利息、股息、红利所得、偶然所得和其他所得等。支付上述所得时，应借记"管理费用""销售费用""无形资产"等有关账户；代扣个人所得税时，应借记"其他应付款"，贷记"应交税费——代扣代缴个人所得税"账户。

【例9-19】 天河公司在开业十周年庆典活动中，支付外请多位歌星的出场费400 000元。请进行相应的会计处理。

代扣代缴个人所得税税额＝400 000×(1－20%)×20%＝64 000(元)

借：管理费用　　　　　　　　　　　　　　　　　　　　400 000
　　贷：应交税费——代扣代缴个人所得税　　　　　　　　　64 000
　　　　库存现金　　　　　　　　　　　　　　　　　　　 336 000

【例9-20】 张工程师向天河公司提供一项专利使用权，一次取得收入500 000元。请计算天河公司应代扣代缴张工程师特许权使用费所得额并进行相应会计处理。

该公司代扣代缴应纳税额＝500 000×(1－20%)×20%＝80 000(元)

该公司计提扣缴个人所得税时：

借：无形资产　　　　　　　　　　　　　　　　　　　　500 000
　　贷：应交税费——代扣代缴个人所得税　　　　　　　　　80 000
　　　　库存现金　　　　　　　　　　　　　　　　　　　 420 000

该公司实际上交扣缴的个人所得税时：

借：应交税费——代扣代缴个人所得税　　　　　　　　　80 000
　　贷：银行存款　　　　　　　　　　　　　　　　　　　　80 000

3. 代扣代缴单位取得代扣代缴手续费时

根据有关规定，扣缴义务人扣缴税款时，可按扣缴税款的2%取得代扣代缴手续费，该项费用应作为扣缴义务人的"营业外收入"处理。其会计分录为：

借：银行存款
　　贷：营业外收入

(二) 个体工商户、独资及合伙企业

个体工商户、个人独资和合伙企业的生产经营所得应缴纳的个人所得税，采取查账征收方法,并按年计算、分月预缴、年度终了后汇算清缴个体工商户个人所得税,应在"应交税费"账户下设置"应交个人所得税"明细账户。该账户核算个体户、独资及合伙企业预缴和应缴的个人所得税,以及年终汇算清缴后个人所得税的补交和退回情况。

【例 9-21】 某个体户经过主管税务机关核定,按照上年度实际应交个人所得税金额确定本年各月的预缴个人所得税金额。经核实,上年的应交个人所得税金额为 120 000 元,本年实际的应交个人所得税为 160 000 元。请计算该个体工商户应纳个人所得税额并作出相应会计处理。

各月个人所得税预缴金额＝120 000÷12＝10 000(元)

各月预缴个人所得税时作会计分录如下:

借:应交税费——应交个人所得税　　　　　　　　　　　　　　　10 000
　　贷:银行存款　　　　　　　　　　　　　　　　　　　　　　　　　　10 000

年度终了,确定本年度生产经营活动应交的个人所得税为 160 000 元。汇算清缴全年的个人所得税时作会计分录如下:

借:留存收益　　　　　　　　　　　　　　　　　　　　　　　　160 000
　　贷:应交税费——应交个人所得税　　　　　　　　　　　　　　　160 000

全年 1～12 月已经预缴个人所得税 120 000 元(10 000×12),记入"应交个人所得税"明细账户的借方,借方与贷方的差额 40 000 元为应补缴的个人所得税。补缴个人所得税时作会计分录如下:

借:应交税费——应交个人所得税　　　　　　　　　　　　　　　40 000
　　贷:银行存款　　　　　　　　　　　　　　　　　　　　　　　　　　40 000

采取核定征收办法计算与缴纳个人所得税时,也应设置"应交税费——应交个人所得税"账户,反映个体工商户、独资及合伙企业所得税的计算与缴纳情况。以下举例说明其账务处理。

【例 9-22】 以前述[例 9-8]的业务资料为例。请对该个体工商户生产经营所得应纳税额进行相应会计处理。

期末计算应纳所得税时:

借:留存收益　　　　　　　　　　　　　　　　　　　　　　　　25 500
　　贷:应交税费——应交个人所得税　　　　　　　　　　　　　　　25 500

实际上交时:

借:应交税费——应交个人所得税　　　　　　　　　　　　　　　25 550
　　贷:银行存款　　　　　　　　　　　　　　　　　　　　　　　　　　25 500

第四节　个人所得税的征收管理

根据个人所得税法和税收征管法的规定,个人所得税采取自行申报纳税(汇算清缴)和源泉扣缴纳税相结合的办法进行税款的申报与缴纳。同时,对生产、经营规模小,达不到《个体工商户建账管理暂行办法》规定设置账簿标准的个体工商户则采取核定征收管理办法进行税款的申报与缴纳。

一、自行申报纳税

（一）适用范围

自行申报纳税方式是指纳税人在取得所得后或纳税年度终了后,应自行向当地税务主管机关申报缴纳个人所得税的方式。凡依据个人所得税法负有纳税义务的纳税人,有下列情形之一的,应当按规定自行办理个人所得税纳税申报。

(1) 取得综合所得需要办理汇算清缴（为进一步减轻纳税人特别是中低收入群体负担,暂定两年内对综合所得年收入不超过 12 万元或年度补税金额较低的纳税人,免除汇算清缴义务）。

(2) 取得应税所得没有扣缴义务人。

(3) 取得应税所得,扣缴义务人未扣缴税款。

(4) 取得境外所得。

(5) 因移居境外注销中国户籍。

(6) 非居民个人在中国境内从两处以上取得工资、薪金所得。

（二）纳税地点

申报纳税地点一般应为收入来源地的税务机关。但是,纳税人在两处或两处以上取得工资、薪金所得的,可选择并固定在一地税务机关申报纳税;从境外取得所得的,应向境内户籍所在地或经常居住地税务机关申报纳税。

对在中国境内几地工作或提供劳务的临时来华人员,应以税法所规定的申报纳税日期为准,在某一地区达到申报纳税的日期,即应在该地申报纳税。但为了方便纳税,也可准予个人提出申请,经批准后固定在一地申报纳税。对由在华企业或办事机构发放工资、薪金的外籍纳税人,由在华企业或办事机构集中向当地税务机关申报纳税。

纳税人要求变更申报纳税地点的,须经原主管税务机关备案。

（三）纳税期限

(1) 居民个人取得综合所得,按年计算个人所得税;有扣缴义务人的,由扣缴义务人按月或者按次预扣预缴税款;需要办理汇算清缴的,应当在取得所得的次年 3 月 1 日至 6 月 30 日内办理汇算清缴。

居民个人向扣缴义务人提供专项附加扣除信息的,扣缴义务人按月预扣预缴税款时应当按照规定予以扣除,不得拒绝。

非居民个人取得工资、薪金所得,劳务报酬所得,稿酬所得和特许权使用费所得,有扣缴义务人的,由扣缴义务人按月或者按次代扣代缴税款,不办理汇算清缴。

(2) 纳税人取得经营所得,按年计算个人所得税,由纳税人在月度或者季度终了后 15 日内向税务机关报送纳税申报表,并预缴税款;在取得所得的次年 3 月 31 日前办理汇算清缴。

纳税人取得利息、股息、红利所得，财产租赁所得，财产转让所得和偶然所得，按月或者按次计算个人所得税，有扣缴义务人的，由扣缴义务人按月或者按次代扣代缴税款。

（四）纳税申报方式

纳税人可以根据实际情况，选择以下方式申报缴纳税款。

（1）数据电文方式。纳税人采取数据电文方式申报的，应当按照税务机关规定的期限和要求保存有关纸质资料。

（2）邮寄方式。纳税人采取邮寄方式申报的，以邮政部门挂号信函收据作为申报凭据，以寄出的邮戳日期为实际申报日期。

（3）直接申报纳税方式。即纳税人直接到主管税务机关申报缴纳税款。

（4）其他申报纳税方式。即采取符合主管税务机关规定的其他方式申报，如纳税人可以委托有税务代理资质的中介机构或者他人代为办理纳税申报。

二、源泉扣缴税款

（一）扣缴义务人

源泉扣缴税款方式也称代扣代缴纳税方式，是指按照税法规定负有扣缴税款义务的单位或个人，在向纳税人支付应纳税所得时，应计算应纳税额，从其所支付的所得中扣除并缴入国库，同时向税务机关报送扣缴个人所得税报告表的方式。这种方式，从税源上控制税款，有利于加强个人所得税的征收管理，防止偷税、漏税和逃税。

税法规定，个人所得税，以所得人为纳税义务人，以支付所得的单位或者个人为扣缴义务人。这里所称的"支付所得"，包括以现金支付、汇拨支付、转账支付和以有价证券、实物以及其他形式支付的所得；所称的"单位或者个人"，具体包括企业（公司）、事业单位、机关、社会组织、军队、驻华机构（不包括外国驻华使领馆和联合国及其依法享有外交特权和豁免的国际组织驻华机构）、个体工商户等单位或个人。

（二）具体规定

1. 源泉扣缴的范围

源泉扣缴范围包括除个体工商户所得外的其他所有所得，具体包括：①工资、薪金所得；②对企事业单位的承包经营、承租经营所得；③劳务报酬所得；④稿酬所得；⑤特许权使用费所得；⑥财产租赁所得；⑦利息、股息、红利所得；⑧财产转让所得；⑨偶然所得；⑩经国务院财政部门确定征税的其他所得。

2. 采取代扣代缴方法

扣缴义务人在向个人支付应税的各项所得时，应当依照税法规定代扣税款，按时在代扣税款的次月 15 日内缴库，并专项记载备查。

3. 实行全员全额扣缴申报制度

全员全额扣缴申报是指扣缴义务人在代扣税款的次月内，向主管税务机关报送其支付所得个人的基本信息、支付所得数额、扣缴税款的具体数额和总额以及其他相关涉税信息。

4. 代扣代缴税款的手续费

税务机关应根据扣缴义务人所扣缴的税款,付给2%的手续费,由扣缴义务人用于代扣代缴费用开支和奖励代扣代缴工作做得较好的办税人员。

三、核定征收

(一) 适用范围

核定征收方式是指按照征管法的有关规定对无法查账征收的纳税人所采用的一种征收形式。主要是指对个体工商户、独资、合伙企业生产经营所得征税。若个体工商户、独资、合伙企业发生下列情形之一的,税务机关应当采取核定征收方式征收个人所得税:(1)企业依照国家有关规定应当设置账簿而没有设置账簿的;(2)企业虽然设置账簿,但是账目混乱或者成本资料、收入凭证、费用凭证残缺不全,难以查账的;(3)纳税人发生纳税义务,没有按照规定的期限办理纳税申报,经税务机关责令限期申报逾期仍不申报的。

(二) 计算方法

核定征收方式,包括定额征收、核定应税所得率征收以及其他合理的征收方式。

1. 定额征收方式的

是指税务机关依照法律、行政法规及《个体工商户税收定期定额征收管理办法》的规定,对个体工商户在一定经营地点、一定经营时期、一定经营范围内的应纳税经营额(包括经营数量)或所得额进行核定,并以此为计税依据,确定其应纳税额的一种征收方式。

2. 实行核定应税所得率征收方式的

应纳所得税额的计算公式如下:

$$应纳所得税额 = 应纳税所得额 \times 适用税率 - 速算扣除数$$
$$应纳税所得额 = 收入总额 \times 应税所得率$$

或:

$$应纳税所得额 = 成本费用支出额 \div (1 - 应税所得率) \times 应税所得率$$

应税所得率应按下列规定的标准执行:工业、交通运输业、商业为5%~20%,建筑业、房地产开发业为7%~20%,饮食服务业为7%~25%,娱乐业为20%~40%,其他行业为10%~30%。

企业经营多业的,无论其经营项目是否单独核算,均应根据其主营项目确定其适用的应税所得率。

实行核定征税的投资者,不能享受个人所得税的优惠政策。

【关键术语】

个人所得税 居民纳税人 非居民纳税人 工资、薪金所得 劳务报酬所得 稿酬所得 特许权使用费所得 财产租赁所得 财产转让所得 利息、股息、红利所得 超额累进税率

【问题思考】

1. 如何确定个人所得税的"次"?
2. 个人所得税的征税对象包括哪些所得?
3. 超额累进税率如何体现税收的公平性?
4. 分类所得税制与综合所得税制相比较有何优缺点?
5. 如何进行个人所得税的会计处理?

练 习 题

一、名词解释
1. 居民纳税人
2. 非居民纳税人
3. 工资、薪金所得
4. 劳务报酬所得
5. 财产租赁所得
6. 财产转让所得

二、单项选择题
1. 我国现行个人所得税采用的税制类型是（　　）。
   A. 分类所得税制
   B. 综合所得税制
   C. 混合所得税制
   D. 单一所得税制

2. 下列各项中，应当按照"工资、薪金所得"项目征收个人所得税的是（　　）。
   A. 个人兼职取得的收入
   B. 个人因从事彩票代销业务而取得的所得
   C. 退休人员再任职取得的收入
   D. 编剧从其任职的电视剧制作单位取得的剧本使用费收入

3. 美国人约翰在中国境内无住所，同时在中国境内、境外机构担任职务，2019年7月7日来华，11月11日离开。期间因工作原因，曾于9月20日离境，10月4日返回。在计算个人所得税时，2019年约翰在中国境内居住天数为（　　）天。
   A. 109
   B. 115
   C. 111
   D. 113

4. 下列各项中，应当按照"特许权使用费所得"项目征收个人所得税的是（　　）。
   A. 作者去世后，财产继承人取得的遗作稿酬
   B. 个人取得特许权的经济赔偿收入
   C. 个人出租土地使用权取得的收入
   D. 个人发表摄影作品取得的所得

5. 中国居民王某2019年3月因购买社会福利有奖募捐奖券一次中奖收入8 000元；因在某商场消费达到一定额度而得到一次额外的抽奖机会，一次中奖20 000元，当即拿出7 000元通过国家机关捐赠给受灾地区。王某就上述中奖所得应缴纳个人所得税（　　）元。
   A. 2 600
   B. 2 800
   C. 4 200
   D. 4 400

6. 中国居民张某为境内上市公司的职员，张某2022年12月份取得全年一次性奖金60 000元，针对该笔收入张某选择不并入当年综合所得计税，则张某12月份取得全年一次性奖金应缴纳的个人所得税为（　　）元。
   A. 0
   B. 3 480
   C. 5 790
   D. 13 840

7. 居民个人取得综合所得需要办理汇算清缴的，应当在取得所得的次年（　　）内办理汇

算清缴。
A. 3月1日至5月31日 B. 5月1日至6月30日
C. 6月30日至12月31日 D. 3月1日至6月30日

8. 2022年8月我国某作家出版一部短篇小说，取得稿酬30 000元，该作家上述稿酬所得被预扣预缴个人所得税（　　）元。
   A. 1 008   B. 3 360   C. 6 240   D. 7 360

9. 中国公民王某将一套闲置住房出租给李某居住，按照市场价格每月收取租金3 500元，假定不考虑其他税费，王某每月租金收入应缴纳个人所得税（　　）元。
   A. 350   B. 270   C. 540   D. 700

10. 下列各项中，属于专项扣除的是（　　）。
    A. 基本养老保险费　　B. 继续教育支出
    C. 赡养老人支出　　D. 符合国家规定的商业健康保险

11. 某个体工商户2022年全年实现销售收入800万元，出租不动产取得收入200万元，本年实际发生与生产经营业务直接相关的业务招待费8万元。2018年该个体工商户计算应缴纳的个人所得税时，允许扣除的业务招待费为（　　）万元。
    A. 4.8   B. 5   C. 4   D. 3

12. 根据个人所得税的有关规定，税务机关应根据扣缴义务人所扣缴的税款，付给（　　）的手续费，由扣缴义务人用于代扣代缴费用开支和奖励代扣代缴工作做得较好的办税人员。
    A. 1%   B. 2%   C. 5%   D. 10%

13. 在我国无住所的非居民个人汤姆，2022年7月在我国境内出版一篇小说，取得稿酬收入60 000元。汤姆应在我国缴纳个人所得税（　　）元。
    A. 6 720   B. 5 740   C. 4 490   D. 8 490

三、多项选择题

1. 下列各项中，应当按照"工资、薪金所得"项目征收个人所得税的有（　　）。
   A. 劳动分红　　B. 独生子女补贴
   C. 差旅费津贴　　D. 年终加薪
   E. 托儿补助费

2. 根据个人所得税的有关规定，下列各项中，应按照"经营所得"项目计算缴纳个人所得税的有（　　）。
   A. 个人专营种植业、养殖业、饲养业取得的收入
   B. 从事个体出租车运营的出租车驾驶员取得的收入
   C. 个体工商户对外投资取得的股息所得
   D. 出租车属于个人所有，但挂靠出租汽车经营单位或企事业单位，驾驶员向挂靠单位缴纳管理费的，出租车驾驶员从事客货运营取得的收入
   E. 出租汽车经营单位对出租车驾驶员采取单车承包或承租方式运营，出租车驾驶员从事客货营运取得的收入

3. 根据个人所得税的有关规定，居民个人与非居民个人的划分标准有（　　）。
   A. 户籍所在地标准　　B. 住所标准

第九章 个人所得税

  C. 居住时间标准 D. 国籍标准
  E. 工作地点所在地标准

4. 根据个人所得税的有关规定,下列所得,不论支付地点是否在中国境内,均为来源于中国境内的所得有(   )。
  A. 外籍个人在中国境内任职、受雇而取得的工资、薪金所得
  B. 中国公民转让位于境外的土地使用权取得的所得
  C. 外籍个人将小汽车出租给承租人在中国境内使用而取得的所得
  D. 外籍个人转让在中国境内使用的专利权所得
  E. 中国公民因持有中国境内上市公司发行的债券,取得的债券利息所得

5. 下列居民个人取得的所得中,在个人所得税汇算清缴时,可以采用3%~45%的七级超额累进税率的有(   )。
  A. 工资、薪金所得 B. 经营所得
  C. 劳务报酬所得 D. 稿酬所得
  E. 财产租赁所得

6. 根据个人所得税的有关规定,下列捐赠支出中,准予在个人所得税税前全额扣除的有(   )。
  A. 个人通过非营利性社会团体对公益性青少年活动场所的捐赠
  B. 个人直接对某学校的捐赠
  C. 个人通过国家机关向遭受严重自然灾害地区的捐赠
  D. 个人通过非营利性的社会团体向福利性老年服务机构的捐赠
  E. 个人通过国家机关向农村义务教育的捐赠

7. 下列关于各专项附加扣除项目的扣除金额的表述中,正确的有(   )。
  A. 纳税人的子女接受全日制学历教育的相关支出,按照每个子女每月1 000元的标准定额扣除
  B. 纳税人在中国境内接受学历(学位)继续教育的支出,在学历(学位)教育期间按照每月400元定额扣除
  C. 在一个纳税年度内,纳税人发生的与基本医保相关的医药费用支出,全额按照80 000元的标准定额扣除
  D. 纳税人为独生子女的赡养老人支出,按照每月2 000元的标准定额扣除
  E. 纳税人在主要工作城市(属于直辖市)没有自有住房而发生的住房租金支出,按照每月1 500元的标准定额扣除

8. 根据个人所得税的有关规定,在计算个体工商户的生产、经营所得时,下列费用准予在所得税前扣除的有(   )。
  A. 个体工商户发生的与生产经营有关的修理费用
  B. 个体工商户向其从业人员实际支付的合理的工资、薪金支出
  C. 个体工商户缴纳的税收滞纳金
  D. 个体工商户业主的工资支出
  E. 个体工商户分配给投资者的股利

9. 下列各项所得中,在扣缴个人所得税时,采用定率和定额相结合的方法扣除费用的有(   )。

A. 工资、薪金所得　　　　　　　B. 劳务报酬所得
C. 特许权使用费所得　　　　　　D. 稿酬所得
E. 偶然所得

10. 根据个人所得税的有关规定,下列选项中,说法正确的有(　　)。
    A. 个人将承租房屋转租取得的租金收入,应按"财产租赁所得"项目征收个人所得税
    B. 取得转租收入的个人向房屋出租方支付的租金,在计算个人所得税时不允许从收入中减除
    C. 个人转让财产,未提供完整、准确的财产原值凭证,不能正确计算财产原值,由主管税务机关核定其财产原值
    D. 个人购买和处置债权过程中发生的拍卖招标手续费、诉讼费、审计评估费以及缴纳的税金等合理税费,在计算个人所得税时不允许扣除
    E. 个人取得的财产租赁所得,在计算个人所得税时,允许扣除实际发生合理的修缮费,以每次800元为限

11. 下列情形中,纳税人应当依法自行办理纳税申报的有(　　)。
    A. 取得综合所得需要办理汇算清缴
    B. 取得经营所得
    C. 因移居境外注销中国户籍
    D. 取得应税所得,扣缴义务人未扣缴税款
    E. 非居民个人在中国境内从两处以上取得稿酬所得

12. 根据个人所得税的有关规定,外籍个人的下列所得中,暂免征收个人所得税的有(　　)。
    A. 以现金形式取得的住房补贴
    B. 以实报实销形式取得的伙食补贴
    C. 按合理标准取得的境内、境外出差补贴
    D. 经当地税务机关审核批准为合理的探亲费、语言训练费
    E. 从外商投资企业取得的股息、红利所得

13. 根据个人所得税的有关规定,下列各项中,有扣缴义务人的,由扣缴义务人扣缴税款的有(　　)。
    A. 工资、薪金所得　　　　　　　B. 劳务报酬所得
    C. 经营所得　　　　　　　　　　D. 财产转让所得
    E. 利息、股息、红利所得

14. 个人所得税是世界各国普遍征收的一个税种,我国个人所得税的特点有(　　)。
    A. 实行分类征收
    B. 超额累进税率与比例税率并用
    C. 费用扣除额较宽
    D. 计算较复杂
    E. 采取源泉扣缴和个人申报两种征纳方法

15. 李某将一项专利转让给某公司,该公司代扣代缴个人所得税的会计分录有(　　)。
    A. 借:无形资产
    B. 贷:应交税费——应交个人所得税

C. 借:个人所得税
D. 贷:应交税费——代扣代缴个人所得税

16. 企业向个人支付现金股利并代扣代缴个人所得税的会计分录有( )。
   A. 借:应付股利   B. 贷:现金
   C. 借:利润分配——应付股利   D. 贷:应交税费——代扣个人所得税

四、判断题

1. 个人兼职收入应按照"劳务报酬所得"项目计征个人所得税。( )
2. 在个人所得税法中所谓的"境内住满一年"是指在中国境内居住满365天。( )
3. 王先生年薪200 000元,单位已经足额代扣代缴个人所得税,因此他无须再自行申报个人所得税。( )
4. 个人转让土地使用权所得一律按"财产转让所得"征收个人所得税。( )
5. 劳务报酬所得按月征收,稿酬所得按次征收。( )
6. 个人所得税的纳税义务人分为居民纳税义务人和非居民纳税义务人。居民纳税义务人是指在中国境内有住所的个人。( )
7. 股份制企业向法人股东支付股利,无须代扣代缴所得税。( )
8. 年终按国家规定给职工多发的一个月工资,应单独作为一个月的工薪所得计税,原则上没有免征额。( )
9. 某教授出版专著一本,分两次取得稿酬,分别为3 000元、12 000元,应分别计算两次的稿酬所得。( )
10. 个人取得的应税所得包括现金、实物和有价证券。( )
11. 对企事业单位的承包经营、承租经营所得税的核算,因企业属于承包经营、承租经营,所以只需缴纳个人所得税,而无需缴纳企业所得税。( )
12. 两个以上的纳税人共同取得同一项所得的应先交税后分款。( )
13. 个体工商户生产、经营所得税,应通过"所得税"和"应交税金——应交个人所得税"账户进行核算。( )
14. 劳务报酬所得、稿酬所得、特许权使用费所得、财产租赁所得,减除20%的费用,其余额为应纳税所得额。( )
15. 在外商投资企业工作的中方人员取得的工资、薪金收入,凡是由雇佣单位和派遣单位分别支付的,可确定由雇佣单位一方按税法规定代扣代缴个人所得税。( )

五、简答题

1. 如何界定个人所得税纳税人的居民和非居民身份?
2. 个人工资、薪金所得与劳务报酬所得的主要区别是什么?两者分别应当如何计算缴纳个人所得税?
3. 个体商户如何进行所得税的会计处理?
4. 我国个人所得税的征收方式有哪些?
5. 简述我国个人所得税自行申报纳税的适用范围。
6. 简述我国个人所得税的源泉扣缴税款方式的相关规定。

六、计算及实务题

1. 中国公民李某为某大学的教授,同时也是一位作家,2022年1~12月除了从所在大

学取得工资薪金收入外(13 500元/月),还取得以下收入:

(1) 2月份受某出版社委托进行审稿,取得审稿收入26 000元。

(2) 3月份发表一篇文章,取得稿酬10 000元。

(3) 4月份与某出版社签订出版合同,李某的一篇学术论文由该出版社出版,取得稿酬48 000元。

(4) 5月份取得国债利息收入2 000元、企业债券利息收入3 000元。

其他相关资料:李某每月自行负担的"三险一金"为2 500元,李某全年税前可以扣除的全部符合规定的专项附加扣除包括子女教育支出(1个女儿且100%由李某扣除)和住房贷款利息支出(100%由李某扣除)。

【要求】根据上述资料,计算下列问题:

(1) 李某取得劳务报酬应预扣预缴的个人所得税为多少元?

(2) 李某取得稿酬所得应预扣预缴的个人所得税合计为多少元?

(3) 李某取得利息所得共应缴纳个人所得税为多少元?

(4) 李某全年综合所得的应纳税所得额为多少元?

2. 中国居民王某为境内某上市公司的职员,2022年取得收入情况如下:

(1) 每月工资16 000元,应按照所在省规定的办法和比例每月扣除住房公积金和各项社会保险费2 000元,12月份取得除当月工资外的全年一次性奖金30 000元。

(2) 2月将旅游见闻向某杂志投稿,取得稿酬收入1 700元。

(3) 11月份购入企业债券20 000份,每份买入价5元,支付相关税费1 000元,12月份卖出该债券10 000份,每份卖出价7元,支付相关税费700元。

(4) 通过拍卖行将一副祖传珍藏多年的字画拍卖,取得拍卖收入500 000元,主管税务机关核定王某收藏该字画发生的费用100 000元,拍卖时支付相关税费50 000元。

其他相关资料:王某女儿就读小学二年级;王某作为独生子需要赡养年满60周岁的父母;王某发生的与基本医保相关的医药费用支出,扣除医保报销后王某自行负担(指医保目录范围内的自付部分)35 000元。针对子女教育和赡养老人支出均由王某100%扣除且选择在汇算清缴时扣除。针对全年一次性奖金,王某选择不并入综合所得计税。

【要求】根据上述资料,回答下列问题。

(1) 描述关于王某可以扣除的专项附加扣除的项目。

(2) 王某取得的全年一次性奖金收入应缴纳个人所得税为多少?

(3) 王某取得的稿酬收入应预扣预缴的个人所得税为多少?

(4) 王某取得转让债券所得应缴纳个人所得税为多少?

(5) 王某取得的拍卖字画所得应缴纳个人所得税为多少?

(6) 王某当年综合所得的应纳税所得额为多少?